Politische und wirtschaftliche, aber auch künstlerische und wissenschaftliche Machtpositionen werden bis in die Gegenwart häufig durch die Zugehörigkeit zu einer bekannten Adels-, Unternehmer- oder Künstlerdynastie errungen. Die Autoren dieses Bandes beschreiben anschaulich, durch welche Verdienste und Umstände Familien in Deutschland berühmt wurden und wie die Nachkommen einflußreicher Häuser ein großes Erbe oder auch nur einen glanzvollen Namen nutzten, um eine ähnliche Karriere als Politiker, Unternehmer oder Schriftsteller zu machen wie ihre Vorfahren oder – wie etwa der Bankierssohn Aby Warburg – eine Laufbahn auf einem ganz anderen Feld einzuschlagen. Zur Sprache kommen aber auch die Schicksale derjenigen, die an den Ansprüchen ihrer berühmten Abstammung gescheitert sind.

Volker Reinhardt, geboren 1953, ist Professor für Allgemeine und Schweizer Geschichte der Neuzeit an der Universität Fribourg. Zahlreiche Veröffentlichungen zur deutschen und italienischen Geschichte sowie zur Geschichte der Historiographie.
Die *Autorinnen und Autoren* der Beiträge lehren an Universitäten in Deutschland und der Schweiz.

DEUTSCHE FAMILIEN

Historische Portraits von
Bismarck bis Weizsäcker

*Herausgegeben
von Volker Reinhardt
unter Mitarbeit von Thomas Lau*

Deutscher Taschenbuch Verlag

Mit 12 Abbildungen

Ausführliche Informationen über
unsere Autoren und Bücher
finden Sie auf unserer Website
www.dtv.de

April 2010
Deutscher Taschenbuch Verlag GmbH & Co.KG,
München
© Verlag C.H.Beck oHG, München 2006
Das Werk ist urheberrechtlich geschützt. Sämtliche, auch
auszugsweise Verwertungen bleiben vorbehalten.
Umschlagkonzept: Balk & Brumshagen
Satz: Fotosatz Amann, Aichstetten
Umschlaggestaltung unter Verwendung eines Entwurfs von Roland Angst
Druck und Bindung: Druckerei C.H. Beck, Nördlingen
Gedruckt auf säurefreiem, chlorfrei gebleichtem Papier
Printed in Germany · ISBN 978-3-423-34580-4

Inhalt

Einleitung *von Volker Reinhardt*	7
Die Bismarcks *von Michael Epkenhans*	25
Die Hohenzollern *von Monika Wienfort*	45
Die Krupps *von Barbara Wolbring*	73
Die Manns *von Volker Reinhardt*	95
Die Moltkes *von Olaf Jessen*	118
Die Mommsens *von Stefan Rebenich*	147
Die Thurn und Taxis *von Wolfgang Behringer*	180
Die Thyssens *von Werner Plumpe und Jörg Lesczenski*	208
Die Wagners *von Stefan Bodo Würffel*	244
Die Warburgs *von Bernd Roeck*	275
Die Weizsäckers *von Thomas Lau*	307
Die Wittelsbacher *von Eberhard Straub*	333
Anmerkungen und Literaturhinweise	355
Abbildungsnachweis	370
Autorinnen und Autoren	371
Personenregister	373

Einleitung

von Volker Reinhardt

Rankings sind in. Ende November 2003 erfuhren die Deutschen in der zeitgemäßen Form der Fernsehshow, wer ihr «Bester» ist: Konrad Adenauer triumphierte vor Martin Luther; auf ferneren Plätzen rangierten Goethe, Einstein und Beethoven, weit abgeschlagen Boris Becker, Dieter Bohlen etc. Abgesehen von den Achtundsechzigern, die beim Sieg des «Restaurations-Kanzlers» das Totenglöcklein ihrer Ideale läuten hörten, wußten die Bildungsbürger nicht, ob sie weinen oder jubeln sollten. Dabei hätten sie Grund gehabt, sich bestätigt zu fühlen. Denn das Bedürfnis, das sich in solchen Konkurrenzen und in Fragespielen vom Typ «Wer wird Millionär?» ausdrückt, ist ihr ureigenes Anliegen: Hierarchie durch Leistung. Gewiß, dieses Ringen um Wertebestätigung nimmt durch den hemmungslosen Willen zur Prominenz, und sei sie noch so flüchtig, schrille Formen an; doch sind die Kriterien, die bei dieser Abstimmung durch Anruf über Prestige und Rang entscheiden, in vieler Hinsicht traditionell. Nicht nur, daß jeder Kandidat für die Kanonisierung als größter Deutscher einen eloquenten Fürsprecher brauchte und ganz wie bei echten Heiligsprechungen im Bild präsent war – als ausschlaggebend für die finale Plazierung erwiesen sich mit Image und Mythos Kategorien, wie sie die höfischen Mediengesellschaften seit der Renaissance in Italien herausgebildet haben.

Vorrang, Status, Prestige: alle diese Wertvorstellungen des aristokratischen Europas sind im «Promi» der Starmagazine noch erkennbar. Daß erfolgreiche Strategien der Vornehmheit darin bestehen, die Vorstellung von der eigenen Bedeutung in möglichst vielen fremden Köpfen einzupflanzen: nicht nur diese Grundregel gilt weiter, sondern auch das alteuropäische Gesetz, wonach aus der Kerngruppe der Berühmtheit herausfällt, wer sich nicht mit der gebotenen Regelmäßigkeit selbst vorführt. Und auch das Endziel ist das gleiche: Übertragbarkeit. Adam von Müller definierte am Anfang des 19. Jahrhunderts «Nation» als die mystische Gemeinschaft der Lebenden und der Toten mit den künftigen Geschlechtern und dementsprechend den Adel mit seinen lückenlosen Abstammungsnachweisen als deren ideale Verkörperung. Heute ist der «kleine Feldbusch» schon vor seiner Geburt im Fernsehen allgegenwärtig. Rang wird erst vollwertig, wenn er sich über Generationen verfestigt, Realitysoaps vom Schlage «Wir machen ein Kind» erfassen den Zeittrend. Der Glaube der siebziger Jahre, daß Erziehung und Milieu den Menschen ausmachen, ist tot – es lebe das Gen. Daß der Einzelne das, was er ist, in hohem Maße seinen Eltern verdankt bzw. vorzuwerfen hat, diese Überzeugung prägt den Zeitgeist des frühen 21. Jahrhunderts wie kaum eine andere. Auf allen literarischen Ebenen ist «Familie» zum Schicksalsthema geworden. Nach der Konfession, der Nation, der Rasse und der Klasse wird jetzt, am Ende aller Ideologien, die Abstammung als Vorherbestimmung entdeckt.

Daraus läßt sich der Schluß ziehen, daß die Gegenwart mit der so verbreiteten Bereitschaft, Eigenschaften als überindividuell anzuerkennen, ausgezeichnete Voraussetzungen dafür bietet, Dynastien zu bilden. Die zweite Präsidentschaft der Familie Bush in den USA ist dafür der bemerkenswerteste, doch keineswegs einzige Beleg; man denke etwa an das Comeback des Hauses Sachsen-Coburg-Gotha in Bulgarien. Ob sich Familienpräsenzen in Parlamenten, wie sie in Italien mit Vater und Sohn Segni bezeugt sind, auch in Mitteleuropa durchsetzen, bleibt abzuwarten. Sehr viel massiver, ja geradezu von einem Erwartungsdruck der Öffentlichkeit begleitet (wenn nicht sogar provoziert) sind derartige Kontinuitätsbildungen im Bereich von Bühne, Film und Fernsehen. Hier wird die Weitergabe der Begabung vom Publikum offenbar vorausgesetzt.

Die Wiederauferstehung des uraristokratischen Kriteriums der Abstammung im Zeitalter der medial gesteuerten Massendemokratie führt folgerichtig zu einer geradezu monströs intensivierten Observierung «regierender» Dynastien. Viel stärker als im Ancien régime ziehen Königshäuser, die längst nicht mehr herrschen, die Aufmerksamkeit ihrer Untertanen auf sich, die längst keine mehr sind. Mehr noch: die Stoßrichtung hat sich umgekehrt. Diktierte einst der Hof die Gesetze der Politik wie der Vornehmheit, so seufzen die «Royals» heute unter dem Joch der Menge und deren Doppelmoral. Diese schreibt ihnen einerseits Korrektheitsregeln vor, die für die übrige Gesellschaft längst nicht mehr gelten, möchte also das Königshaus als eine Art lebendes Wertemuseum konservieren; andererseits soll diese innerweltliche Heiligkeit volksverbunden ausfallen, was allenfalls in der uralten Rolle der Märchenprinzessin zu verwirklichen ist. Diese leidet und triumphiert noch im Tod, siehe den Kult um Diana, die ehemalige Prinzessin von Wales. Verklärung aber erzeugt den unwiderstehlichen Drang zu entlarven, Sakralität verlangt nach Profanierung. So giert die Öffentlichkeit nach der Übertretung der von ihr selbst vorgeschriebenen Regeln, d. h. nach Belegen dafür, daß auch blaues Blut durch die üblichen Reizmittel zum Kochen gebracht wird. Liegen die Beweise dafür vor, darf man sich indigniert und zugleich gerechtfertigt fühlen, nach dem Muster: die Vornehmen sind auch nicht anders. Darüber hinaus aber führt die nagende Enttäuschung über diese Entzauberung zur Wiederherstellung der Märchenwelt – bis zum nächsten vorprogrammierten «Sündenfall.» Erst wenn dieser Mechanismus sich erschöpft hat, dürfte es mit den europäischen «Monarchien» ein Ende haben. So aber darf man ihnen getrost eine glänzende Zukunft vorhersagen; sie werden mental benötigt.

Der Schluß läßt sich übertragen und ausweiten: Eliten in Gestalt von Familien sind ein unverzichtbarer Bestandteil kollektiver Vorstellungswelten. Der darin laut Adam von Müller manifestierte Wunsch, ein Stück irdische Ewigkeit zu realisieren, wird aber nicht nur vom Adel, sondern mindestens so intensiv vom «Volk» gehegt. Nachdem bis zum 18. Jahrhundert aristokratische Normen dominierten, danach adelige und bürgerliche Werte in Konkurrenz zueinander traten und die letzteren sich schließlich im 20. Jahrhundert durchsetzten, scheint heute durch die Macht der Medien eine eigentümliche Vermischung der Mentalitäten eingetreten zu sein. Sie läßt sich als zunehmende Infiltration der «Elitenkultur» durch die «Volkskultur» umreißen. Diese Umformung zeigt sich u. a. daran, daß Überzeugungen und Verhaltensweisen wie Astrologie, Geisterseherei und Wahrsagerei, welche die Aufklärung als volkstümlichen Aberglauben abtat, heute auch in den «höheren» Schichten en vogue, ja voll und ganz akzeptiert sind, und zwar unter tätiger Mithilfe der Medien. Wer daran zweifelt, möge die entsprechenden Kleinanzeigen großer Tageszeitungen oder Fernsehsendungen vom Format «Terra X» zur Kenntnis nehmen. Dabei ist die Imagination der Masse wie seit Jahrhunderten dem Schicksal der Hochgeborenen innig zugetan und zugleich wertkonservativ. Daß auch die Schönen und Reichen sterben müssen, ja dem Elend der condition humaine mindestens ebenso schutzlos ausgeliefert sind wie die kleinen Leute: Diese Gleichheit in letzter Instanz macht die ungeheure Differenz der Vermögen und Machtchancen erst erträglich, ja prickelnd. Daß im hier vorgelegten Band ehemals königliche Dynastien wie die Wittelsbacher und Hohenzollern ihren Platz finden, ist ein nüchterner Reflex dieser ganz speziellen Bedeutung.

Adel und Bürgertum

Bezeichnen Eliten in Familienform das Ende der Aufklärung? Immerhin verkündet die Französische Revolution ab 1789 das Ende aller Erblichkeit (außer der des Vermögens). Damit sind die Wertvorstellungen des aristokratischen Europas delegitimiert. Daß sich bestimmte Charaktereigenschaften – Uneigennützigkeit, Opferbereitschaft, Edelmut etc. – allein durch die Reinheit des Blutes und die Erziehung im richtigen Milieu weitergeben lassen, Führungspositionen in Armee, Staat und Kirche daher den immer gleichen Familien vorbehalten sein müssen – über diese uralte Adelsideologie verkündet das neue Bürgertum jetzt ein hochtönendes Verdikt. Sein alternatives Credo lautet: Prüfungszeugnis statt Adelszertifikat. Bei konsequenter Anwendung des Prinzips «Aufstieg durch individuelle Leistung» mußte somit jeglicher generationenübergreifender Elitenbildung die Grundlage entzogen werden. Doch die alt etablierten Führungsschichten durften sich beruhigt zurücklehnen: so schrecklich meritokratisch kam es nicht.

Denn die höheren Kreise des Bürgertums handeln ihren Kampfrufen entgegen und statt dessen ihren eigenen Traditionen gemäß. In der Ständegesellschaft des späten Ancien régime nämlich hatten sich Professoren, Pastoren und Kaufleute, so nachgeordnet sie gegenüber dem Adel auch waren, mit eigenen Privilegien relativ komfortabel eingerichtet. Speziell an den Universitäten konnten sich Familien wie die Gmelin in Tübingen durch Verschwägerung und sonstige Klientelbildung eine regelrechte dynastische Vorherrschaft sichern. So aber hätte freier Wettbewerb nebst konsequenter Chancengleichheit schwer erkämpfte Bastionen geschleift. Entsprechend gemäßigt fiel denn auch überwiegend der Kampf der bürgerlichen Intellektuellen neuen Stils gegen die Vorrechte des Adels aus. Der Anspruch, die aufgeklärten Leitwerte der Ratio und der vernünftigen Empfindsamkeit am reinsten zu verinnerlichen und damit auch die Aristokratie zu einer veredelten Lebensführung anzuleiten, verquickte sich in der Regel mit ausgeprägter Duldsamkeit gegenüber dem Existenzrecht dieser Geburtselite. Voraussetzung dafür war deren Bereitschaft zur Kooptation, d. h. nach den neuen Würdigkeitskriterien Bildung und Besitz glänzend ausgewiesene bürgerliche Familien in einen Elitenverband aufzunehmen, der auf diese Weise erweitert und zeitgemäß gerechtfertigt wurde. Nicht die Abschaffung des Adels, sondern dessen Durchdringung mit bürgerlicher Moral bzw. dessen Ergänzung um neue Segmente blieb das vorrangige Anliegen der Möchtegern-Aufsteiger auch im 19. Jahrhundert. Adeliges Prestige war deswegen hoch, weil Aristokratie in der preußischen Tradition seit dem «Soldatenkönig» Friedrich Wilhelm I. (1713–1740) – so zumindest die Wahrnehmung breiter bürgerlicher Kreise – nicht mehr höfischen Müßiggang nebst Mätressenwirtschaft wie in Frankreich, sondern militärisches Opfer- oder auch administratives Arbeitsethos bedeutete. Schranken schienen so überschreitbar.

So blieb zumindest bis zur Mitte des 19. Jahrhunderts das strategische Ziel vieler höherer Bürgerfamilien die Aufnahme in den Adel durch Nobilitierung, d. h. die Verleihung eines entsprechenden Titels durch den Herrscher. Mindestens ebenso wichtig wie dieses formelle Kriterium war die standesgemäße Tätigkeit: in der höheren Verwaltung, der Justiz wie im gehobenen Bildungsbereich und damit die Abgrenzung von Lebensführung und Status nach unten. Die damit gewonnene Vornehmheit durch Distinktion – Gemeinmerkmal aller

Eliten zu allen Zeiten – fand ebenso selbstverständlichen Ausdruck außerhalb der Berufswelt: in den spezifischen Formen der Geselligkeit, der kulturellen Betätigung, des Heiratsverhaltens. Unter dem eigenen Stand zu heiraten und so seinen Stand zu verlieren, war bis weit in die Mittelschichten hinein eine Angstvorstellung, die umgekehrte Blickrichtung eine verlockende Perspektive. In welchem Maße sie Wirklichkeit wurde, d. h. wie weit sich der Adel Eheschließungen mit nicht-aristokratischen Familien öffnete, also nicht nur Sippen, sondern auch Geisteshaltungen und Wertvorstellungen verschmolzen, mußte in vordemokratischen Staaten den Gang der Nationalgeschichte wesentlich beeinflussen. Daß sich dabei in Europa gewichtige Differenzen – von weitreichender «Verbürgerlichung» des Adels in Frankreich bis zu konsequenter «Aristokratisierung» des Bürgertums im preußischen Deutschland – mit welthistorischen Folgen ergaben, ist in die Theorien vom deutschen Sonderweg als Kernbeleg eingeflossen.

Neuere Untersuchungen haben dieses Bild von der mentalen Vereinnahmung bürgerlicher Oberschichten durch eine ebenso standesbewußte wie krisengeschüttelte «Junkerklasse» differenziert. Zwar fand zwischen bürgerlichen Eliten und niederen bzw. mittleren Adelsfamilien, speziell nobilitierten Sippen, im 19. und frühen 20. Jahrhundert fraglos eine Osmose statt; die Eltern Otto von Bismarcks, der väterlicherseits einer «Junkerdynastie» und mütterlicherseits einer Familie des hohen Beamtentums entstammte, verkörperten diese Durchlässigkeit. Sie brachte nicht selten auch einen Austausch, ja eine Verschränkung der Werte und Lebensformen hervor, welche angesichts des gemeinsamen ständischen Erbes und speziell der Vorstellung von der Erblichkeit der Eigenschaften und des Ranges keine Seite ihrer Identität beraubte. In seinen höheren Rängen aber erwies sich der Adel als weitgehend geschlossen. D. h. er verweigerte sich den – zu Beginn des 19. Jahrhunderts von seiten verschiedener deutscher Territorialfürsten unternommenen – Versuchen, eine neue, auf staatliche Funktionserfüllung und Grundbesitz gestützte Elite überständischer Natur hervorzubringen. Und je konsequenter solche «Adelserneuerungsprogramme» von der alteingesessenen Aristokratie boykottiert wurden, desto mehr wandte sich auch das in Handel,

Bank und Industrie reich bzw. in Wissenschaft oder Kunst selbstbewußt gewordene Bürgertum von solchen Strategien ab. Verschmelzungen von Genealogie und Geld, wie sie sich Thomas Mann in «Königliche Hoheit» mit der Ehe zwischen einem Thronfolger und einer Millionärstochter ausmalte, blieben überwiegend aus; auf der obersten Ebene der regierenden Häuser waren sie ausgeschlossen. Vornehmere Adelsfamilien, die gelegentlich von der im Roman idealisierten Möglichkeit Gebrauch machten, durch eine bürgerliche Heirat ihren welkenden Glanz aufzupolieren, hatten diese Sanierung ihrer Finanzen teuer zu bezahlen: durch Verlust von Prestige und sozialem Kapital.

Dieses Eigenleben aristokratischer Kerngruppen schloß naturgemäß mannigfaltige Kontakte, Foren der Kommunikation und auch Standardisierung von Verhaltensformen nicht aus, wie sie sich in einer immer arbeitsteiligeren Gesellschaft notwendigerweise ergaben. Als Angleichungen aber sind sie nicht anzusehen. Wenn sich Bürger duellierten und Adelige an Universitäten studierten, so ist über die äußere Ähnlichkeit des Handelns hinaus nach dem Stellenwert für das jeweilige Selbstverständnis zu forschen. Dann aber zeigen sich hinter scheinbarer Gleichartigkeit Differenzen. Im Zweikampf stand für den Aristokraten die Reputation des Hauses und die Bewahrung eines gewachsenen sozialen Ranges im Vordergrund; bürgerliche Ehre hingegen meinte vorrangig die persönliche Honorigkeit in Berufswelt und Privatsphäre. Auf der anderen Seite bedeutete das akademische Diplom für den Adeligen nicht die Besiegelung sozialen Aufstiegs bzw. die Bestätigung, den Stand zu wahren, sondern weit eher die zielgerichtete Übernahme fremder Normen zwecks Bewahrung der eigenen Identität. Mit diesen Strategien partieller Anpassung aber vermochte sich die etablierte Aristokratie, speziell in Preußen, bis zum Zusammenbruch der Monarchie 1918 als prestigeträchtiger Elitenkern insgesamt vorzüglich zu behaupten. So aber herrschte, trotz mancher gemeinsamer Schnittmengen von Wertvorstellungen, eine beträchtliche Konkurrenz der Ideen: was das Wesen von Führungsschichten ausmache und welche Qualitäten zukunftsweisend seien.

Aufgliederung und Rivalitäten

Mit der rasanten Verwandlung der Lebenswelten im Gefolge der sukzessiven Industrialisierungsschübe fächerte sich das ohnehin nie homogene Elitengefüge durch neu auftretende bzw. Ansprüche anmeldende Gruppen weiter auf. Im letzten Viertel des 19. Jahrhunderts präsentierte sich in Gestalt der Führungszirkel der Arbeiterbewegung erstmals eine Gegenelite, welche sich aufgrund ihrer ideologischen Fundamentalopposition der Eingliederung in das stetig erweiterte Spektrum der Partizipation und des Basiskonsenses definitiv zu verweigern schien. Der Vielzahl der um Vorrang und Führungsansprüche konkurrierenden Gruppen entsprach der Verlust integrierender Leitbilder. Verständigung über das, was eine nationale Elite ausmache, war nur noch als Überhöhung von Vergangenheit möglich. Hier spielte der Breitbandmythos von Friedrich dem Großen seine eigentümliche Rolle. Die Gestalt des ebenso aufgeklärten wie kriegerischen, Kunst liebenden bzw. praktizierenden wie machiavellistischen Preußenkönigs wurde nachgerade zur multiplen Verklärungs- und Identifikationsfigur, auf welche Adelige, Bürger und gemäßigtere Arbeiterführer ihre Werte und Wunschvorstellungen projizierten, und zwar in erstaunlicher Vielschichtigkeit von ganz links, den deutschen «Jakobinern» um Georg Friedrich Rebmann, bis nach ganz rechts, den Propagatoren alldeutscher Weltmachtgröße um 1900.

Diese Auffächerungen kontrastierten mit der Elitenlandschaft des Ancien régime, die gleichfalls alles andere als einheitlich, jedoch weitaus stärker durch verbindliche Werte verklammert war. Reich abgestuft war vor allem die Adelsgesellschaft selbst. Zeitgenössische Hierarchisierungen gliederten oft bis zur Unübersichtlichkeit auf, so daß am Ende als einzig unteilbare Einheit die Sippe selbst oder sogar nur die Familie als agnatische, d. h. auf die männliche Abstammungslinie zurück geführte Prestigegemeinschaft übrig zu bleiben schien: als ein Gebilde sui generis, unvergleichbar in seinen Traditionen, Ruhmestiteln und Ansprüchen. Alle Vereinheitlichungen aus historischer Rückblicksperspektive bedeuten hier immer auch unzulässige Verallgemeinerungen. Das galt selbst für die schon in der frühneuzeitlichen europäischen Polemik tief gezeichneten Trennlinien zwischen einem Schwertadel mit militärischem Ethos und einem seit dem 16. Jahrhundert aufgestiegenen Roben- oder Amtsadel, der die Dienste des Friedens, d. h. der Verwaltung und der Justiz, höher bewertete als die des Krieges. Zum einen war diese Grenze im Europa des 18. Jahrhunderts nicht unüberschreitbar; zum anderen sind die Rangunterschiede innerhalb der beiden idealtypischen Großgruppen immens.

So kontrovers also die Plazierung einzelner Segmente in der Adelswelt des europäischen Ancien régime auch sein mochte, so weitgehend unstrittig verständigten sich die zahlreichen herausgehobenen Korporationen dieser Privilegien- und Nischengesellschaft dennoch auf gemeinsame Leitwerte. Zu ihnen gehörten neben der Anciennität und der Lückenlosigkeit standesgemäßer Abstammung die Uneigennützigkeit des Dienstes, die Unantastbarkeit der Ehre – des Individuums wie des Hauses –, die Unersetzlichkeit von aufopferungsbereiter Gesinnung zugunsten des Gemeinwesens, die Unverzichtbarkeit der persönlichen Ergebenheit, die Unerschütterlichkeit des gegebenen Wortes und die Unbestechlichkeit durch materielle Werte. Diese selbst zugeschriebenen Qualitäten fanden ihren Ausdruck in einer Wirtschafts- und Sozialethik, die durch die Verachtung des Geldes und der Käuflichkeit sowie durch die Pflicht zur Protektion der Schwächeren geprägt war. Daß der so definierte Rang der Visualisierung durch Riten und durch dauerhaft versinnbildlichende Zeichen – Palast, Grablege, Villa, Gemäldegalerie etc. – bedurfte: diese Regel war wie das Normenpaket als ganzes zumindest bis zur Mitte des 18. Jahrhunderts auch für die nachrückenden Sekundäreliten verpflichtend. Der bei allen nationalen Bindungen zugleich übernationalen Ausrichtung der alteuropäischen Aristokratie entsprachen ihre Mythen. So wurde Prinz Eugen von Savoyen für mindestens drei Generationen des europäischen Adels zum grenz-, sprach- und konfessionsübergreifenden Ideal der eigenen Eigenschaften und Lebensformen: durch vornehme Geburt nebst immerwährender höchster persönlicher Bewährung, d. h. militärische Führungskompetenz, souveräne Menschen- und nicht zuletzt Netzwerkführung, Kumulierung von Ruhm, Großartigkeit der Selbstdarstellung und Großzügigkeit der Kulturförderung zusammen mit persönlicher Anspruchslosigkeit. Und als höchster Prestigetitel waren alle diese Eigenschaften untrennbar mit ungebrochener Loyalität zur habsburgischen Dynastie verbunden, die mehr als eine Familie, nämlich Trägerin der überzeitlichen Mission des Reiches und seines nie erlöschenden Anspruchs auf Universalität war.

Welche Gruppierungen traten nun im Deutschland des 19. und frühen 20. Jahrhunderts mit dem klar artikulierten Anspruch auf, nationale Elite zu sein und damit Führungsaufgaben zu übernehmen? Am unmittelbarsten wurde diese Selbsteinschätzung naturgemäß von den regierenden Häusern der neunzehn 1871 im deutschen Reich zusammengeschlossenen Fürstentümer umgesetzt. De facto darunter – in eigenen Augen jedoch eher auf gleicher Ebene – rangierten die sogenannten standesherrlichen Familien, die bei der territorialen Flurbereinigung ab 1803 ihre Herrschaftsfunktionen eingebüßt, den damit verknüpften sozialen Rang und die entsprechende Verherrlichungshoheit jedoch behalten hatten. Die Stellung dieser Häuser zum «feindlichen» 19. Jahrhundert konnte im einzelnen ganz unterschiedlich ausfallen: vom trotzigen Verharren im soziopolitischen Schmollwinkel über nostalgische Bemühungen um Restauration bis hin zu erfolgreicher unternehmerischer Tätigkeit. Unterhalb dieser nadelfeinen Spitze der Adelspyramide retteten weitere aristokratische Verbände ihre kollektive Identität mehr oder weniger unversehrt ins 19. Jahrhundert hinüber: in Süd- und Westdeutschland Teile des alten Stiftsadels und der Reichsritterschaft, in Preußen natürlich die – allzu oft in ihren mentalen und sozioökonomischen Konturen verzeichneten – Junker. Für sie alle dürfte, unbeschadet weltanschaulicher und konfessioneller Unterschiede, noch ein gemeinsames Leitbild gegolten haben: der Aristokrat als uneigennütziger Vermittler zwischen Herrscher und Volk, ja als Sprachrohr der einfachen Leute. Diesen nämlich stand er, seiner Selbsteinschätzung gemäß, durch patriarchalische Schutzverhältnisse viel näher als der durch Schacher und Wucher emporgekommene Bürger. Dementsprechend verstand er sich als Verkörperung von Gemeinsinn und Überparteilichkeit, als mäßigende Zwischengewalt, welche die

Schroffheit der Machtausübung und der Rangunterschiede abmilderte, oder sogar, im Sinne der politischen Romantik, als Fleisch gewordene Ewigkeit der Nation.

Als eine durch Gesinnung homogene Funktionselite, die ihre Vorzüge aus der erblichen Übertragung von «Charakter» ableitete, präsentierte sich um 1900 ein Militäradel, der auf eine bewußt gegensätzliche Versinnbildlichung von Rang setzte: durch einen spartanischen, ehelosen, den preußischen Traditionen der Anspruchslosigkeit verpflichteten, dem patriotischen Waffendienst gewidmeten Lebensstil mit ostentativer Verachtung für alle Annehmlichkeiten des bürgerlichen Lebens. Gerade diese Sonderform, die ihr Vorbild im älteren Moltke, dem «Schlachtendenker», fand, wurde vor dem Ersten Weltkrieg von ausländischen Besuchern als eine unheimliche Verkörperung des preußisch-deutschen Nationalgeistes in seiner Andersartigkeit, ja als eine pervertierte Kriegerkaste ohne Heimatrecht im zivilisierten Europa angesehen. Ihr abstoßendes Emblem war der millimeterkurz geschorene Leutnant mit Zwicker, Kasernenhofkommandoton, unbegrenzt trinkfest, duellierfreudig und ganz und gar ungebildet, der typische Repräsentant des deutschen Babylon zu Pferde. Und schließlich waren im 19. Jahrhundert Adelskarrieren eines neuen Typs möglich. Wurde im Ancien régime der Aufstieg aus der niederen in die höhere Aristokratie überwiegend durch loyalen Fürstendienst bewerkstelligt, so erlaubte – wie der Erfolg der Familien Bismarck und Moltke belegt – die mächtig anschwellende Öffentlichkeit bzw. Medienvielfalt jetzt ganz neue Imagebildungen, ja regelrechte virtuelle Identitäten: als Verkörperung der Nation und ihres Ruhmes, ja als ihr Retter, wenn nicht gar Schöpfer. Die führende Rolle adeliger Militärs und Politiker bei den nationalen «Erhebungen» und Kriegen des 19. Jahrhunderts wurde ganz traditionell durch Grafen- bzw. Fürstentitel belohnt – und ließ die ohnehin schwache antiaristokratische Abwehrfront weiter bröckeln.

Brückenschläge zwischen Adel und Bürgertum wurden am vielfältigsten in der Sphäre des gehobenen zivilen Staatsdienstes vollzogen. Zwischen akademisch (aus)gebildeten, durch ihre Tätigkeit machtnahen Amtsträgern in Administration und Justiz und den weniger prominent plazierten Adelsgruppen gab es bereits zu Beginn des 19. Jahrhunderts manche Durchlässigkeiten, nicht zuletzt in Preußen, wie das Beispiel der Familie Bismarck belegt. Diese Funktionselite, mit oder ohne «von» vor dem Namen, erfuhr ihre Basisprägung in den Regierungszeiten des «aufgeklärten Absolutismus», d. h. in Preußen unter Friedrich II. (1740–1786), in Österreich unter Joseph II. (1780–1790), und zwar dort nicht selten mit radikalen, manchmal revolutionären Langzeitwirkungen, die kontrapunktisch bis in die Ära Metternich hinein anhielten.

Demgegenüber bildete sich ein Wirtschaftsbürgertum, das sich seiner nationalen Unverzichtbarkeit bewußt war und entsprechende Forderungen stellte, als deutlich definierbares Elitensegment mit eigenem Profil in Deutschland später aus. Aus diesem Grund waren in der frühesten Radikalisierungsphase deutscher Bürgerlichkeit in den 1790er Jahren ökonomische Reformforderungen, wie sie in England und Frankreich schon früher vorgetragen wurden, kaum anzutreffen; die künftig zu schaffende Wirtschaftsordnung blieb der alles beherrschenden moralischen Erziehung des Menschengeschlechts nach den Deformierungen des Despotismus untergeordnet. Daß sich die durch Handel und Banken, ab dem zweiten Viertel des 19. Jahrhunderts zunehmend auch durch industrielle Produktion reich gewordenen Bürger mit den herrschenden fürstlichen bzw. aristokratischen Gewalten arrangierten, spiegelte ohne Frage auch die Strukturen des Deutschen Reiches bzw. Bundes mit den so bezeichnenden dezentralen, kleinräumigen Herrschaftsbildungen und Abhängigkeiten wider.

Die relativ weitgehende Separierung von Wirtschafts- und Bildungsbürgertum erscheint in einem anderen Licht, wenn man das fortdauernde Desinteresse so vieler meinungsbildender deutscher Intellektueller an ökonomischen Fragen mit ihrer Herkunft aus dem protestantischen Pfarrhaus oder verwandten Milieus in Beziehung setzt. Die dabei aufscheinende Fremdheit der Lebenswelten und der Werte vertieft sich angesichts des kometenhaften Aufstiegs von Industriellendynastien wie der Familien Krupp oder Thyssen. Der Haltung Martin Luthers gegenüber den Fuggern nicht ganz unähnlich, betrachten die auf bescheidene Staatssaläre angewiesenen Pastoren, Lehrer und Professoren diese kometenhaften Karrieren mit Mißtrauen, ja als Verkehrung einer auf Verdienst gegründeten Rangordnung. Je unaufholbarer sie gegenüber diesen «Plutokraten» in Macht- und Einflußrückstände gerieten, desto intensiver konnte sich diese Abneigung um die Jahrhundertwende zu einer regelrechten Perhorreszierung nicht nur der Industriegesellschaft und der Großstadt, sondern der Moderne schlechthin steigern – und in «Lebensreformbewegungen» mit Fluchtbewegungen nach rückwärts, ja in reaktionären Utopien ihren Ausdruck finden.

Auf diese Weise präsentierte das deutsche Bürgertum seit der Mitte des 19. Jahrhunderts, über seine Rolle in der höheren Staatsverwaltung hinaus, vor allem zwei Legitimationstitel für Elitenzugehörigkeit: Industrie und Wissenschaft. Ungeachtet aller ideologischen Abgrenzung und Gegensätzlichkeit der Interessen waren hier auch Übergänge möglich; sie spiegelten sich z. B. in der Lebensgeschichte des Privatdozenten für Physik Ernst Abbe, der zum Chef des Weltkonzerns Zeiss in Jena aufstieg. Lange Zeit eher Ausnahmen, schienen solche Grenzüberschreitungen ab 1900 häufiger zu werden. So ergriff – um ein Beispiel aus einer der Familiengeschichten dieses Bandes anzuführen – ein Sohn des Historikers Theodor Mommsen den Bankiersberuf, durchaus mit Billigung des zwar weltberühmten, doch finanziell nicht auf Rosen gebetteten Gelehrtenvaters; umgekehrt entstammte, wie gleichfalls in einem eigenen Essay nachzulesen, der bedeutende Kulturwissenschaftler Aby Warburg einer Bankiersfamilie. Überhaupt erwiesen sich Großwissenschaft und Großindustrie als dynastiefähig, wenn auch wohl nicht in gleichem Maße. Im Zeichen des voll ausgebildeten Prüfungswesens war die generationenübergreifende Verstetigung von Führungspositionen im akademischen Bereich auf komplexere Strategien angewiesen als im Alten Reich. Doch sticht – zumindest in Kernbereichen der Geisteswissenschaft wie der Geschichte – die verblüffende Kontinuität der Elitenbildung, nicht nur durch die Protektion einflußreicher Großordinarien, sondern auch durch Verschwägerung ins Auge. Daß man durch die Heirat einer Professorentochter den sichersten und schnellsten Weg zum eigenen Lehrstuhl einschlage, ist nicht nur geflügeltes Wort, sondern bewährte sich auch in der sozialen Praxis, und zwar über das Jahr 1945 hinaus.

Daß nicht nur der Anspruch, aus dem Verständnis der Vergangenheit der Nation den Weg in die Zukunft zu weisen, sondern auch künstlerische Begabung die Anwartschaft auf Elitenzugehörigkeit verleihe, diese Vorstellung kam erst im 19. Jahrhundert auf. Die Einzigartigkeit des Talents, wie sie der Geniekult der Romantik verkündete, als vererbbar auszuweisen, machte ein weiterer Grundzug des Zeitalters, sein biologischer Determinismus, möglich. Bezeichnenderweise waren solche Versuche einer «Künstlerdynastiebildung» in Deutschland im wesentlichen auf die Bereiche der Musik und der Literatur beschränkt. Hier genügt es, zwei bis heute magische Namen zu nennen: Wagner und Mann.

Zerfall und Neuformierung

Durch den Untergang der Monarchien im Herbst 1918 geriet das deutsche Elitengefüge in eine Phase der krisenhaften Neusortierung. Der Entzug der monarchischen Stütze und damit der offiziellen Anerkennung adeliger Grundwerte ebenso wie die klägliche Rolle des Kaiserhauses und des hocharistokratischen Militärs im Ersten Weltkrieg mußte Rechtfertigungszwänge hervorbringen. Erschwert wurde diese Selbstbehauptung in einer noch pluralistischer gewordenen Gesellschaft dadurch, daß jetzt die letzten, doch wesentlichen Reste des feudalen Rechts, vor allem die Fideikommisse, untergingen, die den Vorrang eines einzigen Familienzweiges zum Nachteil der Nachgeborenen verankerten. Neue Strategien waren gefragt.

Alteuropäisch seinem Ursprung wie dem Kern seiner Wertordnung nach, reagierte der deutsche Adel auf diese Herausforderungen mit um so festerem Zusammenschluß zur Interessengruppe, aber auch mit der Neuausrichtung seiner politischen Optionen. Hier lauteten die wichtigsten Alternativen: Wiederherstellung der Monarchie; ein neues, zugleich geburts- und geistaristokratisches Führertum (dementsprechend der Adelsanteil im Kreis um Stefan George); oder Anschluß an Bewegungen, die Elite durch Rasse und antisemitische Ausgrenzung bestimmten. Daß auch die bürgerlichen Führungsschichten auf die republikanische Ordnung so überwiegend mit Ablehnung oder zumindest Reserve reagierten, dürfte ebenfalls in hohem Maße darauf zurückzuführen sein, daß sich Selbstdarstellungsformen, Prestigeskalen und damit sichtbare soziale Hierarchien in der neuen, ihrem Anspruch nach nivellierten Ordnung grundlegend verschoben hatten – und daß im neuen politischen System zumindest anfangs Protagonisten einer offiziell verpönten Sekundärelite, der Arbeiterbewegung, dominierten. Daß diese nicht wenige Normen und Mentalitäten des alten Staates und seiner Gesellschaft tief verinnerlicht hatten, nahmen ihre Gegner weit weniger wahr.

Mit der Erschütterung des politischen und sozialen Gefüges nach 1918 erwies sich ein für den Adel wie das gehobene Bürgertum selbstverständliches Element der Elitenbildung, die Erblichkeit von Rang, als vielfach diskreditiert. Die Sehnsucht nach dem «Führer» war gewiß schon vor der Urkatastrophe des Ersten Weltkriegs in intellektuellen Kreisen Europas lebendig; im Deutschland nach 1918 drückte sich darin nicht zuletzt das Unbehagen an traditionellen Führungskreisen aus, die durch Saturiertheit und Verkrustung den Stürmen einer neuen Zeit nicht gewachsen zu sein schienen. Diese Mängel ließen sich, so eine verbreitete Überzeugung, auf einen Grunddefekt zurückführen: Charisma, wie es der Führer der italienischen Faschisten, Benito Mussolini, als Protagonist und Prototyp einer post-liberalen Staats- und Gesellschaftsordnung in den Augen so vieler europäischer Intellektueller zu besitzen schien, war nicht auf die nächste Generation übertragbar. Wie in Italien arrangierten sich auch in Deutschland ab 1933 die alten Eliten mit dem Führerstaat des Nationalsozialismus aufs beste. Wie südlich der Alpen bot ihnen die neue, ihrem Anspruch nach national-revolutionäre Ordnung mehr als ausreichende Garantien für die Bewahrung von gewachsenem Status und zudem beste Karrierechancen in der bald darauf immens erweiterten Armee. Mit der jetzt herrschenden Vorstellung von der kollektiven Nobilitierung durch «Rassenzugehörigkeit» war historisch ausgewiesener Rang sehr wohl vereinbar. Zum einen hegten die Parvenüs der Parteidiktatur oft genug die für Aufsteiger typischen Unterlegenheitsgefühle gegenüber alt etabliertem Sozialprestige. Und zum anderen mußte die jetzt vorherrschende Glaubenslehre generationenübergreifenden Elitenstatus als Ausdruck biologisch-geschichtlich verbriefter Führungsqualitäten geradezu sakralisieren – was sich nicht nur in «arischen» Abstammungsnachweisen und Erbhofgesetzen, sondern auch im Versuch einer neuen Elitenbildung in Gestalt der SS unter der Führung des Adelsbewunderers Himmler niederschlug. Daß gerade in dieser verbrecherischen Organisation eine krude Mischung alteuropäischer Adelsnormen – von der «Ordensgründung» über die «Züchtung» reinrassigen Nachwuchses bis hin zu Planungen gemeinsamer Begräbnisplätze – in pervertierter Gestalt wieder auferstand, erklärte nicht zum geringsten, daß in ihr wie in der NSDAP insgesamt «echte» Aristokraten von Beginn an weit überdurchschnittlich vertreten waren. Das galt allerdings ebenfalls für den Widerstand gegen das untergehende nationalsozialistische Regime. Auch diese Opposition artikulierte sich in verschiedener Hinsicht den uralten Standesprinzipien entsprechend. Stand am Anfang die individuelle Aufkündigung eines Paktes mit der Macht, deren zutiefst inhumaner Charakter längst zu Tage getreten war, so wurden konkrete Aktionen innerhalb der spezifisch adeligen Netzwerke von Verwandtschaft und Verschwägerung organisiert. Und nicht zuletzt ließ sich die in hohem Maße prä-demokratische, korporativ-ständestaatliche Orientierung solcher Widerstandsgruppen aus diesen Wurzeln ableiten.

Daß unter diesen Umständen nach 1945 allein schon der Begriff «Elite» in weiten Kreisen negativ besetzt war, schlug sich in Gründungsmythen nieder, die laut Giambattista Vico (1668–1744) jede Gesellschaft zwecks Vergewisserung ihrer Werte kreiert: im Mythos der Stunde Null, der 40-DM-Egalität der Währungsreform, der sozialen Mobilität durch das sogenannte Wirtschaftswunder. Solche Legenden, die sozialen Sinn, d. h. Wir-Gefühl und Partizipationsfreudigkeit, erzeugten, schienen sich in Politik und Wirtschaft eindrucksvoll zu bestätigen: homines novi, neue Männer, und – zunehmend seit den 70er Jahren – endlich auch Frauen an den Schaltstellen von Macht und Einfluß. Um dieselbe Zeit schärfte sich der Sinn für die dessen ungeachtet bestehenden Elitenkontinuitäten. Als besonders anstößig wurden die bruchlosen Karrieren der aktiven Mitläufer oder sogar Mittäter des Nationalsozialismus empfunden, die in so reichem Maße in der neuen Demokratie eine sozioprofessionelle oder gar politische Heimat fanden.

Gleichfalls schweres Ärgernis erregten die um dieselbe Zeit vorgenommenen Enthüllungen, daß auch die ökonomische Potenz der Bundesrepublik keineswegs ausschließlich in neuen Händen lag, daß es neben den Newcomern wie Grundig und Neckermann gerade in der Großindustrie schweres altes Geld gab, und zwar nicht immer wohlriechendes. So erfuhr das staunende Publikum, daß nicht wenige der altadeligen Dynastien vom Range der Fürstenberg, Thurn und Taxis und Hohenlohe riesige Vermögenswerte weitgehend unbeschadet durch alle Zusammenbrüche und Katastrophen hindurch gerettet hatten. Immerhin schien dieser Einfluß vor den demokratischen Institutionen Halt zu machen. Auch wenn mit Richard von Weizsäcker einer von bislang acht Bundespräsidenten das «von» im Namen führt, gelten Repräsentanten der «echten», nicht erst unter Wilhelm I. oder II. nobilitierten Aristokratie in den Parlamenten der Länder wie des Bundes als Exoten. Von seinem Selbstverständnis und seiner kollektiven Befindlichkeit her scheint der deutsche Hochadel – glaubt man den gelegentlich publizierten Zeugnissen einzelner mit ihm entzweiter Mitglieder – auch nach 1945 auf die egalitäre Herausforderung der diesmal dauerhaften republikanischen Ordnung wie gehabt zu reagieren: die Reihen fest geschlossen. Interna dringen nur nach außen, wenn Streitigkeiten so heftig ausgetragen werden, daß eine Schlichtung von dritter Seite unvermeidlich wird. Bei solchen Gelegenheiten erfährt die Öffentlichkeit dann von der Existenz so unzeitgemäß anmutender (und zugleich die Phantasie anregender) Einrichtungen wie aristokratischer Hausgesetze, die über statusgerechte Eheschließungen und Nachlaßantrittsberechtigungen entscheiden. Mögen solche Einblicke auch lästig fallen, insgesamt sind die elektronischen Medien – hier schließt sich der argumentative Kreis – dem Adel zur Existenzgarantie geworden. Traumquoten bei Direktübertragungen von Fürstenhochzeiten sprechen dafür, daß diese Unverzichtbarkeit auch künftig gewährleistet bleibt.

Die zwölf Familiengeschichten dieses Bandes aber blicken nicht in die Zukunft, sondern zeichnen strategische Werdegänge nach: Wie – von ganz unterschiedlichen Voraussetzungen aus – Rang durch Generationen ausgebaut und in die vielfältig gewandelten Verhältnisse des 19. bis 21. Jahrhunderts hinein übertragen wurde; wie dabei finanzielles und symbolisches Kapital angesammelt oder auch verloren wurde, wie die Dauerhaftigkeit von Status und Ansehen begründet, gerechtfertigt und bei Bedarf neu formuliert wurde; und nicht zuletzt mit welchen Methoden der Veranschaulichung die Zugehörigkeit zur Elite stets aufs neue vorgewiesen und in den Köpfen verankert wurde. Insofern handelt dieses Buch der großen Familien nicht weniger von deren Publikum – und somit von unser aller Befindlichkeit.

Die Bismarcks

von Michael Epkenhans

Als Otto von Bismarck im März 1890 seinen von Kaiser Wilhelm II. geradezu ultimativ erzwungenen Rücktritt einreichte, folgte ihm innerhalb weniger Tage auch sein ältester Sohn Herbert: Zum Unwillen des Kaisers, der diesen allein aus «kosmetischen» Gründen gerne noch behalten hätte, trat dieser vom Amt des Staatssekretärs des Äußeren zurück. Ohne den Vater sah er sich nicht in der Lage, dessen äußere Politik, deren Prinzipien er teilte, fortzuführen. Ob Herbert sich angesichts des Willens des Kaisers, sein «persönliches Regiment» zu errichten, länger hätte halten können, wäre er nicht zurückgetreten, ist eine müßige Frage. Interessant und bedeutsam sind hingegen das enge Verhältnis zwischen Herbert von Bismarck und seinem Vater und, vor allem, die Tatsache, daß eine «Familie» über viele Jahre entscheidenden Einfluß in einem staatlichen Arkanbereich wie der Außenpolitik ausüben konnte. Wie stark dieser Einfluß tatsächlich war, wird deutlich, wenn man weiterhin bedenkt, daß Bismarcks Schwiegersohn, Cuno Graf Rantzau, ebenfalls einer der engsten Mitarbeiter des «Eisernen Kanzlers» in der Außenpolitik war und auch der jüngere Sohn Wilhelm, genannt «Bill», lange Jahre in der Reichskanzlei tätig war und als Oberpräsident von Ostpreußen zweifellos auch deren Politik in ihren Grundlinien unterstützte.

Wie nur wenige Familien in der deutschen Geschichte – regierende Familien wie die der Hohenzollern oder der Wittelsbacher nicht eingerechnet –, so der hier an einem Beispiel aufgezeigte Eindruck, hat die Familie von Bismarck wenigstens zeitweise die Geschicke des Reiches maßgeblich bestimmt und dadurch zugleich ein Ansehen und einen Wohlstand erworben, von dem sie auch heute noch «zehren» kann. Wie aber, so gilt es zu fragen, ist es dazu gekommen, welches waren die Wurzeln ihres Ansehens, ihres Einflusses und ihres Reichtums, und wie hat sie versucht, diese Säulen ihrer Stellung trotz aller Umbrüche im 20. Jahrhundert zu bewahren? Und – last but not least – inwieweit ist es ihr tatsächlich auch gelungen?

Vom Patrizier zum Junker

Wer waren die Bismarcks, und wer sind die Bismarcks heute? Wenn man von *den* Bismarcks spricht, ist heute in der Regel die Familie ihres bekanntesten Sprosses – Otto von Bismarck – gemeint. Dabei wird freilich übersehen, daß die Familie Bismarck eine lange Geschichte hat und ihre Mitglieder – wie viele adlige Familien – sich im Laufe der Jahrhunderte aufgrund von Erbteilungen, Heiraten usw. in verschiedene Zweige aufgeteilt haben. Die entsprechenden Namens-«Anhängsel» machen dies auch heute noch deutlich, obwohl sie der Einfachheit halber in der Regel weggelassen werden. So ist beispielsweise die Ehefrau des ehemaligen schleswig-holsteinischen Ministerpräsidenten Barschel ein Mitglied der Familie Bismarck-Döbbelin; der ehemalige Intendant des Westdeutschen Rundfunks, Klaus von Bismarck, als Nachfahre von Otto von Bismarcks Bruder Bernhard zwar ein Urgroßneffe des Reichskanzlers, nicht aber Teil der heute das öffentliche Bild der Bismarcks prägenden fürstlichen Linie. Sie alle gehen freilich auf Rudolph Bismarck zurück, einen Bürger, dessen Vorfahren vermutlich aus der Stadt «Bismark» in der Altmark stammten, der es am Ende des 13. Jahrhunderts als Angehöriger der Gewandschneider- und Kaufmannsgilde in Stendal zu Wohlstand und Reichtum gebracht hatte und als Mitglied des Stadtpatriziats auch über erheblichen Einfluß verfügte. Sein Sohn Claus schaffte den Sprung in den Adelsstand, als er sich in der ersten Hälfte des 14. Jahrhunderts im Rahmen der Auseinandersetzungen zwischen dem Markgrafen von Brandenburg und dem Herzog von Braunschweig auf die Seite des Markgrafen schlug. Dieses Verhalten hatte zwar die Ausweisung aus Stendal zur Folge, als Entschädigung dafür wurde er jedoch mit einer der Hauptburgen des Landes, Burgstall, belehnt. Wenn auch zögerlich, wurde aus einem städtischen Patrizier damit ein märkischer Ritter, schließlich sogar ein Inhaber eines der höchsten Ämter am damaligen markgräflichen Hof, das des Hofmeisters. Claus' Nachfahren waren weniger prominent, und auch die Beziehungen zu den Brandenburger Landesherren blieben auf die Dauer nicht ungetrübt: Deren Jagdleidenschaft beeinträchtigte ihre Rechte, und nach zähem Widerstand mußten die vier betroffenen Brüder der Familie von Bismarck 1562 Burgstall gegen die Propstei des Klosters Crevese, Schönhausen und Fischbeck abtreten. Wirtschaftlich war dieser unfreiwillige Tausch, der in der Familienerinnerung lange haften blieb, freilich ein in jeder Hinsicht schlechtes Geschäft. Familiengeschichtlich war er jedoch die Grundlage für die Herausbildung der einzelnen Familienzweige, darunter jener der Bismarck-Schönhausens, als deren Stammvater Friedrich I. von Bismarck gilt. 1589 hatte dieser Schönhausen von seinen kinderlos verstorbenen Onkeln Jobst und Georg von Bismarck geerbt. Doch was sich genealogisch im nachhinein als bedeutsam erweisen sollte, blieb zunächst eher folgenlos: Die «zwangsumgesiedelten» Bismarcks reihten sich statt dessen nunmehr in den märkischen Adel ein, der seine Rechte im 17. Jahrhundert erst gegen den Machtanspruch der preußischen Könige zu verteidigen versuchte und dann im 18. Jahrhundert mit diesem für die Macht und Größe Preußens in den Schlesischen Kriegen und in den Kriegen gegen Napoleon kämpfte.

Zu den zahlreichen Offizieren, die die Familie von Bismarck in diesen Kriegen stellte, gehörte auch Ferdinand von Bismarck, Otto von Bismarcks Vater. Offizier ohne große Leidenschaft, war er bereits 1795 aus dem Armeedienst wieder ausgeschieden, um sein Erbteil, das Gut Schönhausen, als «gutmütiger», aber doch in vielem typischer Junker zu bewirtschaften. 1806 heiratete er Wilhelmine Louise Mencken, die Tochter eines aus dem Bürgertum aufgestiegenen königlichen Kabinettsrats. Diese Heirat eines preußischen Junkers mit einer Bürgerlichen war keineswegs eine «Mesalliance». Angesichts der Stellung der Menckens am Berliner Hof sowie ihres Bestrebens, sich gesellschaftlich mit dem Adel zu verbinden, handelte es sich eher um eine gesellschaftliche Aufwertung für Ferdinand von Bismarck, der in Schönhausen, zumal als «kleiner» Leutnant a. D., dadurch seine Stellung als Gutsherr nur stärken konnte. Aus dieser Verbindung stammten drei Kinder – Bernhard, Otto und Malwine –, die allesamt ihren Weg gingen, wobei Bernhard und Malwine dem «großen» Bruder zeitlebens eng verbunden blieben. Wirklich prominent war allerdings nur eines der Kinder, Otto von Bismarck, der «Stammvater» der heutigen Bismarcks und der eigentliche Begründer ihres Ansehens und ihrer Stellung bis heute. Obwohl er lieber die Freundin eines Freundes geheiratet hätte, vermählte er sich 1847 mit Johanna von Puttkammer, der eher bescheidenen und zurückhaltenden Tochter eines pommerschen Gutsbesitzers. Dieser ungemein glücklichen Verbindung entstammten drei Kinder: Marie, Herbert und Wilhelm (Bill). Diese sollten, wenn auch in unterschiedlicher Funktion, den Weg des Vaters in der Politik zeitlebens mehr oder weniger direkt begleiten. Weniger das Ausscheiden aus dem Amt als Otto von Bismarcks Tod scheinen die Familienbande allerdings gelockert zu haben. Der frühe Tod der Söhne – Bill starb 1901, Herbert 1904 – trug mit dazu bei, daß nunmehr deren vergleichsweise sehr junge Witwen – Gräfin Sybille, geb. von Arnim, in Varzin, Fürstin Herbert, geb. Gräfin Hoyos, in Schönhausen und Friedrichsruh – das Regiment für ihre unmündigen Kinder übernahmen. Abgesehen von dem bei beiden vorhandenen Willen, das historische Erbe des Schwiegervaters und der jeweiligen Ehemänner durch die Öffnung der Familien- und Gutsarchive für vertrauenswürdige Historiker zu pflegen – Wilhelm Windelband in Varzin, Erich Marcks und Gerhard Ritter in Friedrichsruh und Schönhausen – scheinen die Verbindungen zwischen der Varziner und der Friedrichsruher Linie aber eher abgerissen zu sein. Politisch und gesellschaftlich spielte der Varziner Zweig der Familie in der Folgezeit keine Rolle mehr. Anders die Friedrichsruher Linie: mit Otto (II.) Fürst von Bismarck trat diese ganz bewußt das Erbe des großen Vorfahren an. Wie einst sein Urgroßvater heiratete dieser 1928 eine «Bürgerliche», die Tochter eines schwedischen Industriellen, Ann-Mari Fürstin von Bismarck. Durch ihr soziales Engagement sollte sie später über Jahrzehnte das Bild der Bismarcks in der Öffentlichkeit prägen. Der 1930 geborene erste Sohn aus dieser Verbindung, Ferdinand, ist seit 1975 «Chef» des Hauses; die damit verbundene «Prominenz» muß er sich zumindest im

«Blätterwald» der Boulevard-Medien mit einigen seiner Geschwister – vor allem mit seiner jüngeren, in Marbella beheimateten Schwester Gunilla – teilen. Inzwischen drängt auch eine nachgewachsene Generation – die aus der Ehe des Familienoberhaupts mit Elisabeth Gräfin Lippens hervorgegangenen Kinder – nach vorn und versucht, ihren eigenen Weg in Politik und Gesellschaft zu gehen.

Der Mythos und seine Folgen

Konstitutiv für die politische und gesellschaftliche Stellung der Bismarcks und – wie man heute eher sagen würde – für ihr «Image» war deren Zugehörigkeit zum Adel im allgemeinen und deren Familiengeschichte und die daraus abgeleitete öffentliche Reputation im besonderen. Als «einfache» Mitglieder des märkischen Landadels ragten sie zunächst aus der Masse der Standesgenossen nicht sonderlich hervor, von den Taten einzelner – wie oben beschrieben – abgesehen. Und wenn sie sich auch, wie von Ernst Engelberg farbig beschrieben, im 18. und auch zu Beginn des 19. Jahrhunderts als «klassische» preußische Gutsherren aufführten, so verhielten sie sich nicht anders als ihre adligen Nachbarn und Verwandten. Um in Staat und Gesellschaft «dazuzugehören», reichte das «von» allemal aus, auch wenn die damit verbundenen Privilegien im Zeichen der Französischen Revolution und des allmählichen Durchbruchs bürgerlicher Normen und Werte zunehmend in Frage gestellt wurden. «In der nach Pestalozzi'schen und Jahn'schen Grundsätzen eingerichteten Plamanschen Erziehungsanstalt», schrieb Otto von Bismarck rückblickend in den 1890er Jahren, «war das ‹von› vor meinem Namen von Nachteil für mein kindliches Behagen im Verkehre mit Mitschülern und Lehrern.»[1] Doch je mehr der Adel unter Druck geriet, um so mehr besann er sich auf Rang und Stand, so auch die Bismarcks: «Ich bemerke dazu,» heißt es in «Gedanke und Erinnerung», «daß ich mich von Jugend auf ohne ‹v.› unterschrieben und meine heutige Unterzeichnung v. B. erst aus Widerspruch gegen die Anträge auf Abschaffung des Adels 1848 angenommen habe.»[2] Gegen die Deutung, damit einem – und d. h. seinem – Stand gegen die Tendenzen der Zeit mit seiner Politik unberechtigte Vorteile verschafft zu haben, hat Otto von Bismarck sich stets gewehrt. Das «Staatsinteresse» habe ihn vielmehr immer geleitet, und, so betonte er rückblickend, «es ist eine Verleumdung, wenn selbst wohlwollende Publicisten mich beschuldigen, daß ich je für ein Adelsregiment eingetreten sei. Die Geburt hat mir niemals als Ersatz für Mangel an Tüchtigkeit gegolten.»[3] Im Einzelfall war dies zweifellos richtig, allgemein betrachtet verfolgte seine «weiße Revolution» jedoch das Ziel, die Grundlagen einer «alten Welt» in die Moderne hinüberzuretten. Die Erhebung in den Grafen-, dann in den Fürstenstand 1865 bzw. 1871 hob ihn und seine Familie, so sehr Otto von Bismarck auch die damit verbundenen «Kosten» beklagen mochte, aus dem «Rahmen seiner Standesgenossen» heraus.[4] «Unsere Theezimmer», klagte seine Frau Johanna, «sind jetzt allabendlich überfüllt von allen Möglichen, die nie da waren und sich verpflichtet fühlen, zum Fürsten zu gratulieren, den ich jeden Augenblick vergesse und immer ganz verblüfft drein schaue, wenn die wohlgesetzten Phrasen von Stapel gelassen werden ... Bism[arck] wollte die Geschichte mit allerhöflichster Untertänigkeit ablehnen – weil's uns zu sehr gegen den Strich, aber Se. M. ließ ihn gar nicht zu Worte kommen mit Umarmen und Küssen. So saßen und sitzen wir drin und fühlen uns nicht sehr glücklich.»[5]

Was tatsächlich «Last» war und inwieweit am Ende doch auch der Stolz auf die damit verbundene Anerkennung seiner Leistung und das daraus abgeleitete Prestige überwogen, ist letztlich kaum zu sagen. Wie zuvor unterschrieb Bismarck in der Regel weiterhin mit seinem «einfachen» Titel «v. B.», lehnte allein aus Zorn über die Art der Entlassung 1890 den ihm von Wilhelm II. verliehenen Titel eines «Herzogs von Lauenburg» ab – allenfalls wenn er «inkognito» reiste, wollte er ihn benutzen. Seine Nachfahren haben dies dann allerdings schnell anders gesehen. Der Fürstentitel – obwohl seit dem Tode von Otto (II.) Fürst von Bismarck aufgrund der Änderungen des Namensrechts in der Weimarer Republik eigentlich rechtlich erloschen; nur der Grafentitel «Graf von Bismarck-Schönhausen» ist Bestandteil des Familiennamens –, ist bis heute das «Markenzeichen» der Familie. Gleichermaßen ein «Markenzeichen» ist das Bismarcksche Schloß: ursprünglich ein Restaurant und Hotel, wurde dieses von seinen Nachfahren ganz bewußt zu einem Schloß mit all seinen «Insignien» – von der großen Eingangshalle bis zum Schloßpark – umgebaut, um hier standesgemäß Hof halten zu können.

«Memoria» hat in der Familiengeschichte, im eigenen Selbstverständnis und in der Darstellung nach außen von jeher eine, wenn auch unterschiedlich bedeutsame Rolle gespielt. Im 17., 18. und auch über weite Strecken des 19. Jahrhunderts beschränkten sich Selbstdarstellung und Wahrnehmung von außen auf jene Zeichen und Wappen, Bilder und Denkmäler, die allgemein sichtbar entsprechend den im Adel üblichen «Regeln» in den Patronats- und Dorfkirchen aufgehängt bzw. aufgestellt wurden. Diese Zeichen- und Bildersprache dokumentierte die Geschichte der Familie, deren Leistungen, das damit verbundene Sozialprestige und die daraus resultierenden Machtansprüche zumindest auf lokaler und regionaler Ebene. In einem Brief an seine zukünftige Braut, Johanna von Puttkammer, hat Otto von Bismarck diese Bedeutung der Familienüberlieferung eindrucksvoll beschrieben: «Ich kann nicht läugnen, daß ich einigermaßen stolz bin auf dieses langjährige Walten des conservativen Prinzips hier im Hause, in welchem meine Väter seit Jahrhunderten in denselben Zimmern gewohnt haben, geboren und gestorben sind, wie die Bilder im Hause und in der Kirche sie zeigen, vom eisenklirrenden Ritter [bis] auf den langgelockten zwikkelbärtigen Cavalier des 30jährigen Krieges, dann die Träger der riesenhaften Allonge-Perücken, die mit talons rouges auf diesen Dielen einherstolzirten, und den bezopften Ritter, der in Friedrichs des Großen Schlachten blieb, bis zu dem verweichlichten Sprossen, der jetzt einem schwarzhaarigen Mädchen zu Füßen liegt.»[6] So vage manche Erinnerung vielleicht auch war, so deutlich ist hier doch der Stolz auf die eigene Herkunft und die Leistungen der Vorfahren zu spüren. Der «bezopfte Reiter» war beispielsweise kein anderer als der Urgroßvater Otto von Bismarcks, August Friedrich. Seit 1711 Soldat, hatte dieser im Ersten Schlesischen Krieg regelrechte Bravourstücke vollbracht, für die er mit dem soeben erst gestifteten Orden «Pour le mérite» ausgezeichnet wurde. Und nachdem er, in der Schlacht von Czaslau-Chotusitz schwer verwundet, von österreichischen Husaren beim Transport in ein Feldlazarett einfach erschossen worden war, soll Friedrich der Große dessen derb-dreiste Lebensart und Kampfeslust in späteren Jahren immer wieder lobend erwähnt haben.

Weitere Mitglieder der Familie, die sich am Ende des 18. Jahrhunderts teilte und deren Angehörige wie der Begründer der süddeutschen Linie, Friedrich-Wilhelm von Bismarck, und Otto von Bismarcks Onkel, der preußische Major Leopold von Bismarck, in den napoleonischen Kriegen sogar gegeneinander kämpften, spielten in der Familienerinnerung ebenfalls eine wichtige Rolle. Andere – wie der langjährige CDU-Abgeordnete und Präsident des Goethe-Instituts, Philipp von Bismarck, bzw. der Intendant des Westdeutschen Rundfunks, Klaus von Bismarck –, haben es in den ersten Jahrzehnten der noch jungen Bundesrepublik zu großem Ansehen gebracht und dem Namen «Bismarck» eine spezifische Prägung gegeben. Den Zusammenhalt aller Bismarcks sichert ein – lockerer – Familienverband, wirklich eng verbunden sind, wie eh und je, nur die direkten Angehörigen der fürstlichen Familie.

Der wohl wichtigste Aspekt im eigenen Selbstverständnis, zugleich aber auch ein wesentlicher Faktor bei der Wahrnehmung und damit verbundenen Einschätzung Außenstehender, ist das Vermächtnis, ja der Mythos des großen Vorfahren. Dieser hatte dazu ein zwar grundsätzlich positives, häufig aber auch eher ambivalentes Verhältnis. Nach den als schmerzlich empfundenen Anfeindungen der frühen Jahre als preußischer Ministerpräsident genoß er die teilweise überschwengliche Begeisterung und die öffentlichen Huldigungen der späteren Jahre. Vor allem nach der Entlassung 1890 waren sie gleichermaßen ein Element der Politik des «Kanzlers ohne Amt» (Manfred Hank) wie die «Pressegespräche», in denen er gezielt zu aktuellen politischen Fragen Stellung nahm. Seine Erben, zunächst Herbert, dann, nach dessen frühem Tod 1904, seine Ehefrau Marguerite, später über viele Jahrzehnte Herberts ältester Sohn und Erbe des Fürstentitels, Otto (II.) Fürst von Bismarck, und schließlich dessen Erben haben das ihnen hinterlassene Vermächtnis als Auftrag empfunden und zu pflegen versucht. So gab Herbert noch 1898, unterstützt von dem Leipziger Oberlehrer Horst Kohl, die «Memoiren» seines Vaters unter dem Titel «Gedanken und Erinnerungen» heraus. Bereits 1900 folgte ein opulent ausgestatteter Band mit dessen «Brautbriefen». Parallel beteiligte

Herbert sich an den zahlreichen Enthüllungen von Bismarck-Denkmälern und öffnete das Mausoleum in Friedrichsruh wie auch das Bismarck-Museum in Schönhausen, das eine Sammlung der unzähligen Geschenke enthielt, für Besucher und Gedenkfeiern. Die eigentliche «Pflege des Erbes» lag zunächst aber und letztlich für mehrere Jahrzehnte in den Händen von Herberts Witwe, der Fürstin Herbert, wie sie allgemein genannt wurde. Mit großem Engagement verteidigte sie das ihr hinterlassene Vermächtnis. Die Auseinandersetzungen zwischen der Familie, dem Kröner-Verlag und einflußreichen konservativen Kreisen über die Veröffentlichung des «berühmten» dritten Bandes von «Gedanken und Erinnerungen» belegen, daß es ihr dabei – soweit es Wilhelm II. betraf – teilweise um Wiedergutmachung, wenn nicht Revanche ging. Nun drohten die «Erinnerungen», vor allem die massive Kritik an Wilhelm II. und anderen führenden Persönlichkeiten, dem monarchischen Gedanken nachhaltig zu schaden. An Paul von Hindenburg, der sich mit seiner ganzen Autorität als «ältester Offizier» dafür eingesetzt hatte, den Band nicht erscheinen zu lassen – ein Anliegen, mit dem die Familie v. Bismarck durchaus übereinstimmte –, schrieb sie 1919: «Für alle tieferen Menschen ist der Kaiser durch diese Enthüllungen moralisch gerichtet, aber die Befürchtung, die Sie in Ihrem Brief andeuten, ist sicher nicht berechtigt. […] Die jetzigen Machthaber werden dem Kaiser für sein Verhalten in der Soci-Frage recht geben und seine Popularität bei der Mehrheit eher steigern. […] Die Entlassung meines Schwiegervaters», so fügte sie vielsagend hinzu, «war eine weltgeschichtliche Catastrophe, die ihre Sühne finden musste und die Sühne steht im Verhältnis zum Verbrechen.»[7]

Nahezu dreißig Jahre nach der Entlassung Bismarcks und angesichts der tiefen Umbrüche in Politik und Gesellschaft war dies zweifellos ein bemerkenswert emotionales Urteil – so sehr die Kritik an Wilhelm II. im einzelnen auch berechtigt war. Große Unterstützung erhielten daher jene Historiker, die mit Hilfe der Veröffentlichung von Bismarcks «Gesammelten Werken» «die Blicke aller Deutschen auf den Mann, dessen Persönlichkeit und Leistung Unvergängliches an Größe und Kraft für alle Zeit bedeuten», lenken wollten.[8] Kritiker wie Emil Ludwig erhielten daher keinen Zugang zum Nachlaß. Dessen Bemühungen, eine kritische Edition der «Gedanken und Erinnerungen» zu publizieren, wurden in engem Zusammenspiel mit konservativen Historikern wie Gerhard Ritter zu Beginn der 1930er Jahre gezielt unterlaufen. Die Verteidigung dieses Erbes hatte freilich auch ihre problematischen Seiten, wie die Taufe des damals größten deutschen Schlachtschiffes auf den Namen des großen Vorfahren und Adolf Hitlers symbolträchtiger Besuch an dessen Grab im Februar 1939 offenbarten.

Diese einerseits bedeutsame Symbolik, andererseits aber auch gezielte politische Instrumentalisierung des Namens erwies sich nach 1945 zunächst jedoch als schwere Bürde, gehörte der berühmte Vorfahr doch nunmehr bis tief ins liberale Lager hinein – so wie es die Nationalsozialisten auf ihren Propagandapostkarten ausdrucksstark suggeriert hatten – zu jenen, die durch die starre Verteidigung der Grundlagen des preußisch-deutschen Obrigkeitsstaates mit all seinen Facetten diesem überhaupt erst den Weg bereitet hatten. Bismarck – und damit der «Glanz» seines Namens überhaupt – war daher zunächst «umstrittener denn je»,[9] und die Veröffentlichung der «Gedanken und Erinnerungen» mit einem Vorwort von Bundespräsident Theodor Heuss 1951 wurde insofern von der Familie auch mit großer Erleichterung aufgenommen. Um insbesondere «bei der Jugend die Erinnerung an den Großvater wach zu halten, den die Historiker in den letzten Jahren in ein scharfes Kreuzverhör genommen haben»,[10] eröffnete diese bereits 1951 das Familienmuseum in Friedrichsruh. 1965 schließlich konnte sie ihre Bemühungen, dem Namen des großen Vorfahren – und damit natürlich auch seiner Nachfahren – wieder positive Resonanz zu verschaffen, als endgültig gelungen betrachten. Nicht nur in Friedrichsruh, sondern auch im Bonner Bundestag war der 150. Geburtstag des Reichsgründers Anlaß für eindrucksvolle Gedenkfeiern. Mit Hans Rothfels und Percy Ernst Schramm würdigten dabei zwei namhafte Historiker dessen Politik und Wirken. Im nachhinein stellten sich diese Gedenkfeiern jedoch – anders als von der Familie von Bismarck erhofft – nicht als Anfang einer «unbefangenen» und eher traditionellen Würdigung des Reichskanzlers dar, sondern als deren Endpunkt. Der Aufschwung der «kritischen Geschichtswissenschaft» im Gefolge der 68er Bewegung sezierte die strukturellen Schwächen des Kaiserreichs, die maßgeblich

Bismarck angelastet wurden, mit bis dahin nicht gekannter Präzision. Historiker und Publizisten griffen zugleich die 1945 zwar aufgeworfene, dann aber nicht weiterverfolgte Frage nach den Kontinuitäten und Diskontinuitäten «von Bismarck zu Hitler» auf – so der griffige Titel eines von Sebastian Haffner verfaßten, äußerst erfolgreichen Buches zu diesem Thema.[11] Die Lothar Galls bahnbrechender Bismarck-Biographie folgenden umfangreichen Werke von Ernst Engelberg und Otto Pflanze haben, wenngleich aus unterschiedlicher Perspektive, einer differenzierteren Bewertung und damit einer Historisierung dann doch relativ schnell den Weg geebnet.

Die Familie von Bismarck hat sich mit manchen Urteilen über Bismarcks Innen- und Außenpolitik nur schwer anfreunden können, drohte doch der Glanz des Urahnen im Grau differenzierter Betrachtungen zu verschwimmen, von weiterhin deutlich negativen Urteilen zu einzelnen Aspekten seiner Politik und über die unübersehbaren Grenzen seiner Erfolge einmal ganz abgesehen. In verschiedenen Formen setzte sie diesen Interpretationen zwar ihre eigenen in unterschiedlicher Form entgegen, war dennoch aber gleichzeitig bereit, auch Kritikern den unverzichtbaren Zugang zum Nachlaß, der weiterhin in ihrer Hand war, zu erlauben.

Das eigene Verständnis von der Pflicht, das Erbe Otto von Bismarcks zu wahren, führte schließlich dazu, daß die Familie von Bismarck seit Anfang der 1990er Jahre mit der Bundesregierung wie auch der Landesregierung Schleswig-Holstein Verhandlungen über die Überführung des Nachlasses in eine unabhängige Bundesstiftung nach dem Muster amerikanischer Presidential Libraries und daran angelehnter bereits vorhandener Stiftungen zur Wahrung des Andenkens bedeutender deutscher Staatsmänner – Konrad Adenauer, Friedrich Ebert, Theodor Heuss und Willy Brandt – aufnahm. Diese hatten 1994 die Gründung der bundesunmittelbaren «Otto-von-Bismarck-Stiftung» zur Folge, in welche die Familie von Bismarck als kostenlose Dauerleihgabe den Familiennachlaß sowie einige ausgewählte Objekte aus ihrem Besitz – darunter die goldene Feder, mit der 1871 der Frankfurter Friede mit Frankreich unterzeichnet wurde – einbrachte. Im Hinblick auf das gegenteilige Verhalten anderer großer Häuser, die den «Run» auf die Nachlässe bedeutender

Vorfahren oder kostbare Objekte aus deren Besitz in den 1980er und 1990er Jahren dazu benutzten, daraus teilweise erhebliches Kapital zur Aufbesserung des eigenen Einkommens oder zur Begleichung von Steuerschulden zu schlagen, war dieser Schritt Ausdruck einer offenkundig tief empfundenen Verpflichtung, diesen Teil des Erbes tatsächlich der «Nation» zu überlassen. Ähnlich wie bei den anderen Stiftungen ist die Familie von Bismarck auch in den Gremien vertreten. Die wissenschaftliche wie auch die historisch-politische Arbeit erfolgen auf der Grundlage eines für alle Stiftungen gleichlautenden Errichtungsgesetzes; wissenschaftlicher Maßstab ist dabei der jeweilige Stand der Forschung. Auch wenn die Familie von Bismarck in die Arbeit der Stiftung auf unterschiedliche Weise eingebunden ist, bedeutet dies nicht, daß nicht auch weiterhin das als Verpflichtung empfundene Erbe in eigenen Veranstaltungen mit entsprechenden eigenen Akzenten und besonderer Betonung einzelner Themen wie Reichsgründung, Friedens- und Sozialpolitik von ihr gepflegt wird. Teile dieser «Pflege» sind vor allem die Gedenkfeiern am 3. Oktober, dem – symbolisch bedeutsamen – «Tag der Einheit», aber auch Veranstaltungen mit traditionellen Bismarck-Vereinigungen.

«Erbe» bedeutet für die Bismarcks aber nicht allein Pflege eines großen Urahns und – in einem übertragenen Sinne – Anwendung seiner Prinzipien auf die heutige Zeit, sondern, vielleicht in Anlehnung an dessen Sozialpolitik, wurde und wird dieses auch als Verpflichtung in einem ganz unmittelbaren sozialen Sinne empfunden. So unterstützte die Familie von Bismarck in den letzten Kriegswochen die Bemühungen des ihr eng vertrauten Vizepräsidenten des schwedischen Roten Kreuzes, Graf Folke Bernadotte, zur Rettung von 7000 skandinavischen KZ-Insassen aus Neuengamme im April 1945. Nach Kriegsende nutzte Ann-Mari Fürstin von Bismarck ihre familiären Verbindungen nach Schweden, um ein Flüchtlingshilfswerk aufzubauen. Zwischen 1945 und 1965 erhielten allein annähernd 190000 Personen davon Unterstützung in der Form von Kleidung und Hausgeräten. In Aumühle wurde zudem ein Kindergarten errichtet und Anfang der 1950er Jahre Geld gesammelt, um 179 Siedlungshäuser zu bauen. Auch heute engagiert sich die Familie im sozialen Bereich, darunter insbesondere in der Deutschen Muskelschwundhilfe.

Politik und «society» im 20. Jahrhundert

War für Otto von Bismarck und seine Söhne der Titel und die damit verbundene Stellung letztlich das Ergebnis einer Auffassung, die, um mit Max Weber zu sprechen, «Politik als Beruf» betrachtete, so war dies bei den späteren Nachfahren tendenziell eher umgekehrt. Eigene Berufung und der Wille anderer, sich des geschichtsträchtigen Namens zu bedienen, gingen dabei eine untrennbare und unverkennbare Symbiose ein. Bei den öffentlichen Gedenkfeiern aus Anlaß des 100. Geburtstages des Reichskanzlers vertrat Otto (II.) Fürst von Bismarck erstmals öffentlich die Familie und machte damit zugleich auch Bekanntschaft mit der «Politik». Politisch Karriere machte er, trotz des Umbruchs 1918/19, in den 1920er Jahren als Reichstagsabgeordneter der Deutschnationalen Volkspartei, dann, seit 1927, im Auswärtigen Amt als Diplomat auf mehreren Posten, darunter London und Rom. Bereits 1933 trat er der NSDAP bei, überließ die aktivere Rolle jedoch seinem jüngeren Bruder Gottfried, der in Partei und SS rasch aufstieg und es schließlich sogar zum Regierungspräsidenten von Potsdam brachte. Wie viele Konservative, die sich anfänglich selbst getäuscht hatten, ging er während des Krieges in den Widerstand, wurde verhaftet und gefoltert, angeklagt, jedoch – möglicherweise aufgrund seines Namens – nicht hingerichtet, sondern mangels Beweisen frei gesprochen. Sein Bruder hingegen hatte sich inzwischen aus dem diplomatischen Dienst auf seine Güter zurückgezogen.

Die «deutsche Katastrophe» des Jahres 1945 war in vielerlei Hinsicht zunächst ein tiefer Bruch für den deutschen Adel im allgemeinen wie auch für die Familie von Bismarck im besonderen, wenn auch dessen Folgen sich alsbald nicht als so schwerwiegend herausstellen sollten wie von vielen zunächst befürchtet. Bereits 1953 zog Otto (II.) Fürst von Bismarck als Abgeordneter der CDU in den Deutschen Bundestag ein und soll sogar zeitweise als Kandidat Adenauers für das Amt des Außenministers gehandelt worden sein. Dennoch war unverkennbar, daß sich die Zeiten gewandelt hatten. «Unsere Adligen sind keine Privilegierten mehr, wie sollten sie auch»[12], meinte Walter Henkels, einer der besten Beobachter der jungen Bundesrepublik, als er 1965 in seinen «99 Bonner Köpfe[n]» die prominentesten Abgeordneten des Deutschen Bundestages mit spitzer Feder porträtierte. «Aber», so heißt es dann weiter in dem Porträt des Enkels des Reichskanzlers, Otto (II.) Fürst von Bismarck, «zum Vordergründigen des Bonner Parlamentarismus gehört, daß die meisten Adligen im Bundestag für die auswärtige Politik prädestiniert scheinen. Das Vordergründige wird zum Hintergründigen, wenn man erfährt, daß die CDU/CSU in der 3. Legislaturperiode des Bundestages den Fürsten Bismarck, den Freiherrn zu Guttenberg und den Baron Manteuffel-Szoege als ordentliche Mitglieder, dazu den Grafen Adelmann als stellvertretendes Mitglied in den Bundestags-Ausschuß für auswärtige Angelegenheiten geschickt hatte. Für sie scheint das ‹Auswärtige› als wahrhaft standesgemäßes Betätigungsfeld in der Politik zu gelten. Tatsächlich vermögen die Herren dank ihres Namens hier eine gewisse Rolle zu spielen. Bismarck und Guttenberg lassen sich das Metier privat sogar einiges kosten; sie haben in Bonn teure Häuser gemietet, wo sie mit Tafelrunden und Abendgesellschaften oder, um das neumodische Wort zu gebrauchen, mit Cocktail Parties das ‹Gesellschaftliche› pflegen. Wer gelten und zählen will, dem ist eine Einladung beim Fürsten Bismarck tatsächlich fast soviel wert wie eine Einladung zum Bundespräsidenten.» Diese Diagnose war zweifellos zutreffend. Einerseits war inzwischen unverkennbar, daß die schwer definierbare Ausstrahlungskraft des Adels – erkennbar an der wachsenden Zahl von Berichten in den Illustrierten – und die Attraktivität der «Tradition» auf die neuen bürgerlichen Eliten trotz aller Umbrüche wieder erheblich zugenommen hatten. Andererseits war aber auch unübersehbar, daß sich der Adel seinerseits in dem restaurativen Klima der Adenauerschen Bundesrepublik und infolge der Rehabilitation des ganzen Standes, ja der Feier der Männer des 20. Juli, mit dieser und den diese tragenden Schichten versöhnt hatte. Dies galt auch für den prominentesten Vertreter der Familie von Bismarck, jenen, wie Walter Henkels sich ausdrückte, «vornehme[n], liebenswürdige[n] und anziehende[n] Mann, ohne aristokratische Allüren und Prätentionen», der «ein Farbtupfen eigener Art im Bundestag» war. Gleichwohl war trotz dessen Anwesenheit im Parlament unverkennbar, daß die Rolle des Adels in der Politik «tatsächlich nur noch als unbedeutende Nachhut des Feudalismus anzusehen»[13] war.

Politisch sind die Bismarcks erst in den 1990er Jahren mit der Kandidatur von Carl-Eduard Graf von Bismarck, dem ältesten Sohn des Chefs des Hauses, für den Deutschen Bundestag (2002) wieder in die Fußstapfen ihrer Vorfahren getreten. «Tradition und Innovation» lautete dabei der Wahlslogan, geholfen hat er jedoch vorerst nicht. So wie sein Urgroßvater Herbert Graf von Bismarck 1878 im Wahlkreis Herzogtum Lauenburg einst gegen einen liberalen Abgeordneten verlor, mußte dieser sich – trotz der Unterstützung durch namhafte, der Familie verbundene politische Prominenz – im gleichen Wahlkreis einem SPD-Kandidaten geschlagen geben. Geschichte wiederholt sich manchmal doch – auch bei «großen» Namen.

Während der politische Erfolg daher vorerst auf sich warten läßt, ist die gesellschaftliche Stellung wie eh und je unangefochten. Wenn auch «nur» zum niederen Adel gehörend, ist die Strahlkraft des Namens ungebrochen. Walter Henkels' Beschreibung der Rolle der Bismarcks in den 1950er und 1960er Jahren gilt auch heute noch: Sie gehen zwar heute «normalen» Berufen nach – der «Chef» des Hauses ist nicht nur Grundbesitzer, sondern war als Jurist auch lange bei der EWG, dann Inhaber einer eigenen Anwaltskanzlei –, sie sind aber auch in der Welt des Jetsets zu Hause, dessen Parties heute die mondänen Berliner Salons der Jahrhundertwende oder die noblen Kurorte ersetzen, in denen man sich traf, übereinander klatschte und dennoch zugleich «große» Politik machte. Allein die großen Jagden im Sachsenwald erinnern heute noch an die Leidenschaft der Vorfahren, aber auch an die nicht zu unterschätzende politische und gesellschaftliche Bedeutung dieses «Waidwerks». Die Boulevard-Blätter greifen dabei jede Nachricht über die Bismarcks – ob es sich um Hochzeiten, Liebschaften oder Scheidungen, vermeintliche «Skandale», ausschweifendes Leben oder auch soziales Engagement handelt – begierig auf. Manchmal dürfte es sich dabei freilich auch um ein gegenseitiges Geben und Nehmen handeln, denn in den einschlägigen Blättern oder Nachrichtenmagazinen zu stehen, hat auch seinen Reiz – zumindest für einige Mitglieder der Familie.

Finanzielles

Die Bismarcks waren Landjunker im klassischen Sinne. «Land» war daher auch die Grundlage ihres Vermögens und damit – in der Verlängerung – ihres Einflusses. Stammsitz der Bismarck-Schönhausens war Schloß Schönhausen in der Altmark bei Stendal. Erbaut um 1700, war dieses zur Zeit Otto von Bismarcks eher ein Schatten seines ursprünglichen Glanzes: «Seit vollen 4 Wochen», schrieb dieser im Frühjahr 1836 an seinen Jugendfreund Gustav Scharlach, «sitze ich hier in einem alten verwünschten Schlosse, mit Spitzbogen und 4 Fuß dicken Mauern, einigen 30 Zimmern wovon 2 meubliert, prächtigen Damasttapeten, deren Farbe an wenigen Fetzen noch zu erkennen ist, Ratten in Masse, Camine, in denen der Wind heult, kurz in ‹meiner Väter altem Schloss›, wo sich alles vereint, was geeignet ist, eine[n] prächtigen Spleen zu unterhalten.»[14] In dieser ihm eigenen sehr offenen Weise beschrieb Otto von Bismarck damit zugleich auch den Zustand des Bismarckschen Besitzes überhaupt: Ursprünglich nur im Besitz des Guts Schönhausen, hatte der Vater 1816 von der Witwe eines verstorbenen Vetters die Güter Jarchlin, Kniephof und Külz in Hinterpommern erworben. Ende der 1830er Jahre waren diese infolge des Strukturwandels in der Agrarwirtschaft jedoch erheblich verschuldet. Kniephof und Schönhausen, deren Wert ca. 180 000 Taler betrug, waren mit Hypothekenschulden in Höhe von 98 000 Talern belastet. Die Schulden waren so drückend, daß Otto von Bismarck 1848 sogar den Verkauf Schönhausens erwog, um die Schulden loszuwerden. Nachdem beide Güter schließlich an Pächter abgegeben worden waren, die offenbar besser wirtschaften konnten als die Eigentümer, blieb trotz der jeweils fälligen Zinsen eine bescheidene Summe übrig, um ein einfaches, aber doch sorgenfreies Leben zu führen. Die geschickte Anlage von erspartem Vermögen durch Meyer Carl von Rothschild und schließlich Gerson von Bleichröder in den 1850er und 1860er Jahren machten Otto von Bismarck jedoch bereits vor 1866 zu einem wohlhabenden Mann. Ein wirklich reicher Mann wurde er jedoch erst durch die Dotation von 400 000 Talern, die er 1866 nach dem Sieg über Österreich mit

Otto von Bismarck mit Familie und Freunden auf Gut Friedrichsruh bei Hamburg, 1890. Am Tisch sitzen Bismarcks Schwiegersohn Graf Rantzau (ganz links), Graf Herbert Bismarck, Frau von Lenbach, Gräfin Rantzau, Fürstin Bismarck und Fürst Bismarck; dahinter stehen (von links) drei Enkelkinder Bismarcks, sein Sekretär Dr. Chrysander, der Kindererzieher Lindon, Hausarzt Dr. Schweninger, Gräfin Herbert Bismarck und ganz rechts der Maler Franz von Lenbach.

der Auflage erhielt, davon ein Erbgut zu kaufen. Da der Rückkauf des Stammsitzes Schönhausen (II) aus finanziellen Gründen nicht in Frage gekommen war, erwarb Bismarck daher nun den zum Verkauf stehenden Herrschaftssitz Varzin in Hinterpommern. Über lange Jahre sollte dieser nicht nur den Mittelpunkt seines Lebens darstellen, sondern mit seinen Betrieben auch ein Grundstock seines Vermögens sein. 1871 kam als Dotation für den Sieg im Deutsch-Französischen Krieg Friedrichsruh mit dem umliegenden Sachsenwald hinzu. Abgesehen von den Einnahmen aus Land- und Forstwirtschaft sowie einiger Nebenbetriebe – Holzschliff- und Papiermühle in Varzin, Kornbrennerei in Friedrichsruh – vergrößerten auch Gewinne von gut angelegtem Kapital, das «sein» Bankier Gerson von Bleichröder mit viel Geschick zu dessen Nutzen verwaltete, sein Vermögen. Die Einnahmen daraus beliefen sich nach Schätzung Bleichröders 1890 schließlich auf 332 000 Mark – 27 000 Mark davon waren Ruhegehalt, 40 300 Mark Zinsen, der Rest Erträge der Güter.

Nach dem Tode Otto von Bismarcks wurde dieses Vermögen unter seinen Kindern aufgeteilt; Bill erhielt Varzin, Herbert Friedrichsruh und Schönhausen. Nach dieser Aufteilung des Vermögens war Friedrichsruh – nicht zuletzt aufgrund seiner Größe – bald weit mehr als Schönhausen die wichtigste Grundlage des Vermögens. Die Umbrüche von Krieg, Revolution und allgemeiner Wirtschaftskrise machten aber auch vor einem im Vergleich zu vielen ostelbischen Gütern «gesunden» Betrieb nicht halt. Ohne daß konkrete Zahlen über die finanzielle Lage des Besitzes vorliegen, scheinen die späten 1920er Jahre teilweise existenzbedrohend gewesen zu sein. So sah sich das Familienoberhaupt, Otto (II.) Fürst von Bismarck, 1931 gezwungen, sich vom Auswärtigen Amt beurlauben zu lassen, um die Verhältnisse in Friedrichsruh neu zu ordnen. Das «Reichserbhofgesetz» vom September 1933, das den Zusammenhalt des Betriebs, der seit 1871 ein Fideikommiß gewesen war und nach 1919 eigentlich hätte aufgelöst werden müssen, sicherte, bot dafür eine geeignete rechtliche Grundlage. Neben den Grafen zu Dohna-Finkenstein gehörten die Bismarcks daher zu den ersten adligen Familien, die davon profitierten und ihrer Freude über die dadurch ermöglichte Stabilisierung ihrer ökonomischen Lage auch öffentlich Ausdruck verliehen.

Die totale Niederlage 1945 zerstörte nicht nur die politische Macht und die gesellschaftliche Stellung des Adels, sondern drohte auch, diesem die ökonomischen Grundlagen seiner Existenz zu entziehen. Besonders deutlich war dies in den Gebieten östlich der Elbe, wo mit großem Propagandaaufwand «Junkerland in Bauernland» verwandelt wurde. Aber auch im Westen, in der englischen wie auch in der amerikanischen Besatzungszone, drohte eine Bodenreform. Im Osten haben die Bismarcks die Enteignung ihrer Besitzungen in und um Schönhausen hinnehmen müssen. Auch der beim Einmarsch der russischen Armee teilweise zerstörte, dann wieder aufgebaute Stammsitz der Familie wurde 1958 von Pionieren der Nationalen Volksarmee gesprengt. Verantwortlich dafür war wohl eher die allgemeine Baufälligkeit des Gebäudes, weniger der Wille, aus politisch-ideologischen Gründen eine «Junkerburg» zu beseitigen. Im Westen gelang es hingegen, durch eine Aufteilung des bisherigen «Erbhofs» auf die zahlreichen Mitglieder der Familie und die Umwandlung einzelner Betriebe – Dampfsägewerk und Kornbrennerei – in GmbHs, alle Enteignungsbestrebungen, die ohnehin relativ halbherzig waren und schließlich versandeten, zu unterlaufen. Grundlage des Reichtums der Familie blieb trotz erheblicher Abholzungen durch die englische Besatzungsregierung, die dringend Feuerholz für die Hamburger Bevölkerung benötigte, der legendäre Sachsenwald. Dieser wurde in der Folgezeit mit großem Aufwand wieder aufgeforstet und nach wechselnden Prinzipien bewirtschaftet. Von den ursprünglich 6 000 ha sind inzwischen nicht unerhebliche Teile verkauft worden. Dennoch ist der Sachsenwald, der zugleich auch eines der größten geschlossenen Jagdreviere und – wie schon im 19. Jahrhundert – das wichtigste Naherholungsgebiet der Hamburger Bevölkerung ist, nicht nur weiterhin der wertvollste Besitz der Familie, sondern auch das bedeutendste in der Öffentlichkeit mit ihrem Namen verknüpfte Symbol. Immerhin befinden sich darin sowohl das erst jüngst renovierte Schloß als auch das Familien-Mausoleum, das aus Anlaß des 100. Todestages Otto von Bismarcks 1998 ebenfalls aufwendig erneuert wurde.

Weitere Einnahmequellen waren – wie ehedem – die Schönauer Kornbrennerei, die Fürst-Bismarck-Quelle in Aumühle sowie diverse gastronomische Betriebe. Teile davon sind jedoch bereits in den 1970er Jahren verkauft oder verpachtet worden. Hinzu kamen neue touristische Angebote wie der Schmetterlingsgarten in Friedrichsruh, bereits in den 1950er Jahren Investitionen in Hotelbetriebe an der spanischen Mittelmeerküste und – nach 1990 – in den neuen Bundesländern sowie in Wald- und landwirtschaftliche Flächen in Paraguay und in den USA. Alles in allem beläuft sich das damit verbundene Vermögen nach jüngsten Schätzungen auf ca. 0,4 Milliarden Euro, ist damit allerdings aus nicht zu klärenden Gründen erheblich niedriger als noch vor einigen Jahren.

Gegenwart und Ausblick

«Es gibt Namen, an denen kommt man in Deutschland nicht vorbei und ‹von Bismarck› gehört definitiv dazu», schrieb im Februar 2003 eine ZDF-Reporterin in einem Bericht über Carl-Eduard Graf von Bismarck und dessen politische Ambitionen.[15] Allein das sich hierin spiegelnde und sich aus vielen Quellen – Neugier, Voyeurismus, Berichterstattung – speisende Interesse an den Bismarcks einerseits, andererseits deren Bereitschaft, ihren Namen in der Öffentlichkeit stolz zu tragen, mit diesem sowohl Geschäfte als auch Politik zu machen und – nicht zuletzt – das übernommene «moralische und politische Erbe» zu pflegen, stellen sicher, daß diese Familie auch weiterhin eine so oder so bedeutende Rolle spielen wird.

Die Hohenzollern

von Monika Wienfort

Von den süddeutschen Zollern zu den preußischen Hohenzollern

Die Familiengeschichte der Hohenzollern begann nicht in Preußen, sondern in Süddeutschland, in Schwaben und in Franken. Die Dynastie bezog ihre Legitimation nicht zuletzt aus der Genealogie, die Friedrich II. in seiner *Geschichte des Hauses Brandenburg* mit dem Grafen Tassilo aus dem 8. Jahrhundert beginnen ließ, einer Gestalt, die allerdings bereits die historische Forschung des 19. Jahrhunderts in das Reich der Legende verwiesen hat. Die erste Erwähnung der (Hohen-)zollernfamilie stammt aus dem Jahr 1061. Berthold von Reichenau berichtete in seinen Annalen vom Tod zweier männlicher Familienmitglieder, Burchard und Wezil. Der Bau der Stammburg der Familie, der Zollernburg in Schwaben, läßt sich ebenfalls auf das 11. Jahrhundert datieren, auch wenn ihre heutige neugotische Gestalt nach Zerstörungen im 15. Jahrhundert und umfassenden Baumaßnahmen in der zweiten Hälfte des 19. Jahrhunderts mit dem ersten Bau nichts mehr gemein hat.

Vom 11. Jahrhundert an ähnelt die Geschichte der Zollern, der Name Hohenzollern bürgerte sich erst fünfhundert Jahre nach der ersten Erwähnung ein, derjenigen anderer deutscher Fürstengeschlechter, die meist in Anlehnung an die jeweilige Königsfamilie ihren politischen Einfluß steigern konnten. Die Bedeutung des Grafenhauses wuchs dabei mit dem Zugewinn an Territorialbesitz. Die wichtigsten Stationen ihrer Geschichte markierten stets eine Vergrößerung des Herrschaftsbereiches: Im Jahr 1192 wurde Graf Friedrich III. als *Prefectus de Nurenberg,* später als *burggravius de Nürnberg* in den Quellen erwähnt. Zu der Vergrößerung und Arrondierung des

Besitzes in Schwaben kam mithin die Verankerung in Franken hinzu. Aber mit der Ausdehnung des Besitzes und der Steigerung der Bedeutung des Geschlechts ging bereits im 14. Jahrhundert eine gegenläufige Tendenz einher. Zahlreiche Erbteilungen, am wichtigsten die des Jahres 1402 zwischen den feindlichen Brüdern Eitel Friedrich und Friedrich XII., ließen die Bedeutung der schwäbischen Hohenzollern zurückgehen, Verwüstungen durch Fehden taten ein Übriges.

Die Ausdehnung des Geschlechts der Hohenzollern nach Franken begann mit dem neben den Grundsätzen des Erbens zweiten konstitutiven Element adelsherrschaftlichen Familienwesens, der Eheschließung. Heiraten besaßen in der vormodernen Welt nicht primär eine emotionale Grundlegung nach Art des modernen Ideals der Liebesheirat, sondern bezogen sich stets auf herrschaftliche, dynastische und in diesem Sinne politische Überlegungen. Friedrich hatte seine Belehnung mit dem Burggrafenamt wohl nicht ausschließlich, aber auch seiner Eheschließung mit der Erbtochter des letzten Burggrafen, Sophia, zu verdanken. Von Nürnberg aus gelangen Konrad, dem Sohn Friedrichs, und seinen Nachkommen schließlich bedeutende fränkische Erwerbungen wie Bayreuth und Ansbach.

Die Verbindung der Hohenzollern mit den preußischen Stammlanden wurde im 15. Jahrhundert hergestellt. König Sigismund übertrug im Jahr 1411 die Mark Brandenburg an den Burggrafen Friedrich VI. (fortan Friedrich I. von Brandenburg) als Dank für die Hilfe Friedrichs bei Sigismunds Wahl zum römisch-deutschen König. Der König erhielt für das Grenzland einen ihm besonders verbundenen Fürsten, für die Mark endete eine Phase häufigen Dynastiewechsels. Friedrich I. beschäftigte sich als Markgraf und Kurfürst zunächst mit der Unterwerfung des landsässigen Adels und der Opposition der Städte. Die brandenburgische Staatsbildung wurde seither von dem auch in anderen Territorien charakteristischen Dualismus von Fürstenherrschaft und Ständewesen bestimmt. War Brandenburg neben Ansbach-Bayreuth das wichtigste Territorium der Hohenzollern, kam im 16. Jahrhundert Preußen hinzu. Für die frühneuzeitliche Adelsfamilie typische Bedingungen bildeten auch hier den Ausgangspunkt. Der als achtes von insgesamt siebzehn Kindern 1490 geborene Sohn des fränkischen Hohenzollern Friedrich und der polnischen Königstocher Sophie, Albrecht, wurde als nachgeborener Sohn für den geistlichen Stand bestimmt. Die Reichskirche bildete bis zur Reformation bzw. für den katholischen Adel bis zur Auflösung des Heiligen Römischen Reiches Deutscher Nation 1806 ein wichtiges Versorgungsinstitut für nachgeborene Söhne der regierenden Dynastien. Albrecht wurde 1511 zum Hochmeister des Deutschen Ordens gewählt, nach Gesprächen mit Martin Luther schloß er sich der Reformation an. Mit dem nun säkularisierten Ordensland als Herzogtum Preußen belehnte der polnische König Sigismund 1525 Albrecht. Es fiel schließlich 1618 an die brandenburgischen Hohenzollern.

Regierung und Verwaltung des frühmodernen brandenburgischen und preußischen Staates wurden um die Person des Herrschers gebaut. Der Große Kurfürst Friedrich Wilhelm I. war bei den Sitzungen seines Geheimen Rates selbst anwesend und zog sämtliche Kompetenzen der Finanz- und Heeresverwaltung im Generaldirektorium unter seinem Vorsitz zusammen. 1701 wurde Kurfürst Friedrich III. als Friedrich I. König in Preußen. Mit dieser Rangerhöhung zogen die Hohenzollern mit den Rivalen, den Welfen und dem sächsischen Kurfürsten August dem Starken, gleich, der sich die polnische Königskrone gesichert hatte. Der preußische Militär- und Beamtenstaat des 18. Jahrhunderts gründete sowohl in einer bürokratisch-zentralistischen Herrschaftsstruktur, an deren Spitze der König stand, als auch im Selbstverständnis Friedrich Wilhelms I. und seines Nachfolgers in der Person des Fürsten. Friedrich Wilhelm sah sich als von Gott beauftragter Herrscher, Friedrich II. als «Diener des Staates». Als Amtsträger stand dem Fürsten der Gehorsam der Untertanen, einschließlich der Mitglieder der königlichen Familie, unbedingt zu. Friedrich II. hatte diese Auffassung seines Vaters spätestens mit der erzwungenen Unterwerfung und der Hinrichtung seines Freundes Katte sehr deutlich und schmerzhaft zu spüren bekommen.

Herrscherinnen und Mätressen, Thronfolger und Prinzen

Die Eheschließungen der frühneuzeitlichen Preußenherrscher orientierten sich primär an staatspolitischen Interessen. Ebenbürtigkeit blieb das erste Kriterium für die Wahl einer Braut, die also aus einer der regierenden europäischen Dynastien kommen mußte. Ebenbürtigkeit im Adelsrang sicherte zunächst und vor allem die Sukzessionsfähigkeit des aus der Ehe hoffentlich hervorgehenden Erben. Auch das konfessionelle Argument spielte eine Rolle, eine zukünftige preußische Kurfürstin oder Königin sollte Protestantin sein oder es werden. Politische Zielsetzungen, sei es im Hinblick auf die Erringung neuer Erbansprüche für die Dynastie, sei es als Bekräftigung und Verstärkung von Staatenbündnissen, konnten, mußten aber nicht in jedem Fall eine Rolle spielen. Der Plan der preußischen Königin Sophie Dorothea, ihren Sohn Friedrich (II.) mit der Prinzessin Amalie von England-Hannover zu verheiraten, betraf die Interessen der europäischen Mächte Großbritannien und Österreich, und führte selbst innerhalb der preußischen Königsfamilie zu erbitterten Auseinandersetzungen. Persönliche Neigungen fanden bis ins 18. Jahrhundert kaum Berücksichtigung. Friedrichs II. erzwungene Heirat mit der braunschweigischen Prinzessin Elisabeth, die von König Friedrich Wilhelm vor allem wegen ihrer Verwandtschaft mit den Habsburgern ausgewählt wurde, bildete einen krassen Fall, da die Homosexualität des Königs ein Zusammenleben unmöglich machte. Es war daher auch kein Wunder, daß die Ehe kinderlos blieb.

Die Erbfolgeordnung als erster und im Regelfall einziger Weg des Übergangs des herrscherlichen Status auf die nächste Generation unterlag um die Wende zum 18. Jahrhundert wichtigen Veränderungen. Friedrich I. hatte 1710 «alle Zergliederungen und … alienationes solcher Provincien und Lande aufs kräftigste verboten» und damit die Unteilbarkeit des brandenburgisch-preußischen Staates auf Dauer durchgesetzt.[1] Im regierenden Adel bis dahin vorherrschende ältere Traditionen, in denen die Versorgung und eine gewisse Gleichbehandlung zumindest der Söhne bedeutsam gewesen waren, wurden zugunsten der Machtkonzentration der Dynastie und der

Einheit des Staates aufgegeben. Von nun an konnte es nur noch darum gehen, jüngere Söhne materiell angemessen auszustatten.

Für die Familiengeschichte der Hohenzollern wie anderer Dynastien hatte diese Grundsatzentscheidung gravierende Folgen. Die Position des Thronfolgers und die seiner Brüder unterschieden sich von nun an deutlicher voneinander. Allerdings blieb in Kindheit und Jugend der Nachfolgegeneration stets zu berücksichtigen, daß der älteste Sohn und Erbe vorzeitig, d. h. vor der Geburt eines eigenen erbberechtigten Sohnes, sterben konnte. Änderungen in der Erbfolge waren unter den Bedingungen von Tod durch Krankheit oder Krieg, der in der Frühen Neuzeit auch in den herrschenden Familien allgegenwärtig war, jederzeit möglich. Friedrich I., der den Hohenzollern die Königskrone sicherte, wurde 1657 als dritter Sohn geboren. Der älteste Sohn starb noch als Säugling, und erst der Tod des Bruders Karl Emil 1674 beförderte Friedrich zum Kurprinzen. Entscheidend wurde damit nicht die einzelne Persönlichkeit des Thronfolgers, sondern die Kontinuität der Dynastie.

Die Rolle der Landesfürstin als Gattin und Mutter verband sich in der Wahrnehmung der Nachgeborenen beinahe immer mit der Frage nach ihrem politischen Einfluß. Politische Bedeutung konnte die Fürstin in der Regel jedoch nur durch die Einwirkung entweder auf den königlichen Gatten oder auf den Sohn erlangen. Die Monarchin hatte als Mutter regelmäßig die Möglichkeit, Einfluß auf die Erziehung des Thronfolgers zu nehmen. Genutzt wurde diese Möglichkeit allerdings unterschiedlich. Über die Erziehung des 1688 geborenen Kurprinzen Friedrich Wilhelm gerieten die Eltern, Kurfürst Friedrich und die aufgeklärte und gebildete Kurfürstin, die Welfenprinzessin Sophie Charlotte, bald in Streit. Der junge Friedrich Wilhelm wiederum entzog sich den einander widersprechenden Anforderungen durch seine ausgeprägte Neigung zum Militär, die beiden Eltern gleichermaßen fernlag.

Sehr viel klarer aber läßt sich meist die Bedeutung der Monarchin für die Hofgesellschaft bezeichnen, die die alltägliche Umgebung, aber auch die repräsentative Öffentlichkeit für die Fürstenfamilie darstellte. Das herrschaftliche Zeremoniell, in das auch die Mitglieder der Familie einbezogen wurden, diente der Statussicherung und -vergewisserung sowohl in den Augen der eigenen Untertanen als auch des Auslands in Gestalt der konkurrierenden und rivalisierenden europäischen Monarchien. Der brandenburgische Hof in der Residenzstadt Berlin gewann nach 1700 mit der Erringung der Königswürde durch einen die Repräsentation liebenden König europaweit an Bedeutung. Der barocke Umbau des Berliner Stadtschlosses durch Andreas Schlüter und Eosander inszenierte glanzvoll den neuen Machtanspruch. Freilich blieb der Zuschnitt der höfischen Repräsentation von der Persönlichkeit des Monarchen abhängig. Mit dem Regierungsantritt Friedrich Wilhelms I. im Jahr 1713 hatten Glanz und Pracht zunächst ein Ende. Der neue König verlegte sich aufs Sparen und durchforstete den Etat für die Hofhaltung persönlich. Vierhunderttausend Taler jährlich konnten so für den Staatsschatz – und die Reorganisation und den Ausbau der Armee – gesichert werden.

Für Friedrich II., der vor allem wegen seiner persönlichen Anspruchslosigkeit und Askese bereits den Zeitgenossen als Musterbild eines preußischen Königs galt, spielte die Familie eine geringere Rolle als für seine Vorgänger oder Nachfolger. Thronfolger wurde Friedrichs Neffe, der spätere Friedrich Wilhelm II., der in Persönlichkeit und Charakter die vom König demonstrierten Werte von Strenge, Askese und Aufopferung für die Größe und den Machtgewinn des preußischen Staates ablehnte. Friedrich Wilhelm II. (1786–1797) wurde zwar gemäß den Instruktionen seines königlichen Onkels erzogen, verhielt sich aber nach seinem Regierungsantritt wie ein Rokokofürst. Wie in der Frühen Neuzeit üblich, verbanden sich auch für Friedrich Wilhelm II. familiär-dynastische mit außenpolitischen Fragen. Besonders gut sichtbar wurde dieser Zusammenhang von Familie und Politik in den 1780er Jahren, als Friedrich Wilhelms Schwester Wilhelmine, die mit dem niederländischen Erbstatthalter Wilhelm V. verheiratet war, ihren Bruder wegen der gegen die Oranier opponierenden Patriotenpartei um militärische Hilfe bat. Der König schickte eine preußische Invasionsarmee, welche die Interessen der königlichen Schwester, gleichzeitig aber auch die bereits lange bestehenden verwandtschaftlichen Bindungen der Oranier und der Hohenzollern, schließlich die außenpolitische Position des preußischen Staates sicherte.

Literarisch gebildet und künstlerisch begabt, als Mäzen für Theater und Musik und als Auftraggeber repräsentativer Bauten, etwa des Brandenburger Tors in Berlin, besonders engagiert, erregte Friedrich Wilhelm II. in der Öffentlichkeit durch seine langjährige Mätresse Wilhelmine Encke Aufsehen, die er zur Gräfin von Lichtenau erhob. Der Hohenzollernherrscher schloß neben standesgemäßen Ehen mit Elisabeth von Braunschweig-Wolfenbüttel und Friederike Luise von Hessen-Darmstadt zwei morganatische Ehen. Morganatische Ehen, auch «Ehen zur linken Hand» genannt, wurden von männlichen Mitgliedern des regierenden Adels traditionell genutzt, wenn eine kirchenrechtlich gültige Eheschließung mit einer nicht standesgemäßen Braut vollzogen werden sollte. Morganatisch getrauten Ehefrauen wie Julia von Voss und Sophie Dönhoff stand der königliche Titel des Ehemannes Friedrich Wilhelm II. nicht zu, Kinder aus diesen Ehen waren nicht sukzessionsberechtigt. Die morganatischen Ehen, die sichtlich den privaten Interessen des Königs galten, und die illegitimen Kinder aus weiteren Verbindungen entsprachen keineswegs den sittlichen Vorstellungen des aufstrebenden preußischen Bürgertums. Vielfach galt das königliche Familienleben als Sinnbild für den moralischen Verfall und die Dekadenz von Königtum und Adel. Es wundert daher kaum, daß die Regierungszeit Friedrich Wilhelms II. bereits von den Zeitgenossen zwiespältig beurteilt wurde. Für den Sohn und Nachfolger Friedrich Wilhelms boten die Zustände am Hof allerdings weitreichende Möglichkeiten. Sein eigenes Familienleben konnte sich so besonders deutlich von der Vergangenheit abheben. Das bürgerliche Zeitalter begann damit auch und gerade am preußischen Hof in Berlin.

Bürgerliches Familienleben und dynastische Verpflichtung

Mit dem Regierungsantritt Friedrich Wilhelms III. (1797–1840) und der Königin Luise begann eine neue Phase hohenzollernscher Familien- und Dynastiegeschichte. Das galt zunächst in einem chronologischen Sinn. Die beiden ältesten Söhne aus dieser Verbindung, Friedrich Wilhelm IV. (1840–1861) und Wilhelm I. (1861–1888) regierten Preußen beinahe bis zum Ende des 19. Jahrhunderts und damit bis ins Industriezeitalter. Das galt aber auch und vor allem in einer neuen Verbindung von Familie und Dynastie. Schon die Vorgeschichte dieser Eheschließung setzte neue Akzente. 1793 lernten sich der eher zurückhaltende preußische Kronprinz und die siebzehnjährige Prinzessin Luise von Mecklenburg-Strelitz kennen. Vorausgegangen war wie im dynastischen Adel üblich die Suche nach Heiratskandidatinnen für den Kronprinzen und dessen Bruder Ludwig. Am preußischen Hof stieß man praktischerweise auf zwei Schwestern, Luise und Friederike, die über die wichtigsten Eigenschaften für eine Einheirat in das preußische Herrscherhaus verfügten: Sie waren ebenbürtig, protestantischen Glaubens, zudem jung und den Beschreibungen nach zu urteilen von angenehmem Äußeren. Offenbar ohne weitergehende Verabredungen zu treffen, wurde – mitten in den kriegerischen Auseinandersetzungen mit Frankreich – ein Besuch des preußischen Königs und seiner Söhne bei der Landgräfin von Hessen-Darmstadt, der Großmutter der Schwestern, arrangiert. Friedrich Wilhelm hat in späteren Jahren seinen Eindruck von diesem ersten Treffen beschrieben: «Zuerst kam Prinzeß Friederike, dann meine ewig unersetzliche und unvergeßliche Luise. (...) das Resultat dieses Dejeunes war, daß sie mir beide recht wohl gefielen, und daß ich schon innerlich den Entschluß faßte, eine von ihnen, allein welche von beiden, das wußte ich noch nicht, zu wählen.»[2] Der Wandel war deutlich: Eine feste Heiratsverabredung zwischen den beiden Vätern, dem preußischen König und dem mecklenburgischen Herzog, gab es offenbar noch nicht, und der Kronprinz selbst ging offenbar davon aus, auf jeden Fall zwischen den Schwestern wählen zu können. Der Anteil der Freiwilligkeit an einer insgesamt keineswegs freien Entscheidung zur Ehe war für den preußischen Kronprinzen unübersehbar gewachsen.

Schließlich fiel seine Entscheidung für Luise. Die arrangierte Verbindung entwickelte sich in den folgenden Monaten zur Liebesheirat: «Ich glaube sie versichern zu können, daß meine Liebe zu Ihnen sich durch unsere Trennung nicht etwa verringert, sondern im Gegenteil noch verstärkt, und daß der Augenblick, wo sie meine Gattin sind, der glücklichste meines Lebens sein wird»[3], versicherte der

Kronprinz aus dem Feld seiner Braut. Die Liebe Friedrich Wilhelms wurde erwidert. Knapp ein Jahr nach der Eheschließung Weihnachten 1793 schrieb Luise an ihren Bruder Georg: «Mein Mann grüßt dich (..) er macht mich zum glücklichsten *Weibe* (Hervorh. im Original, M.W.) der Erde. Er ist ein seltener Mann.»[4] Das bürgerliche Modell der Liebesehe, das Friedrich Wilhelm und Luise in der deutschen Öffentlichkeit paradigmatisch für das gesamte 19. Jahrhundert verkörperten, stellte allerdings keineswegs den nun grundsätzlich gültigen Standard für dynastische Eheverbindungen dar. Sichtbar wurde das für die Zeitgenossen schon durch die zweite Ehe zwischen den Hohenzollern und dem Haus Mecklenburg-Strelitz. Friedrich Wilhelms Bruder Ludwig fügte sich sichtlich ohne Neigung in die Ehe mit Luises erst fünfzehnjähriger Schwester Friederike. Mit dem frühen Tod des Prinzen Ludwig endete diese Ehe bereits 1796.

Aus der Ehe Friedrich Wilhelms III. mit Luise gingen neun Kinder hervor. Eine konstant fürsorgende Elternliebe, wie sie unter den Aristokraten des Ancien régime selten war, bildete für Friedrich Wilhelm und Luise die selbstverständliche Grundlage ihres Familienlebens. Luises erste Schwangerschaft hatte 1794 mit einer Totgeburt geendet. Voller Trauer schrieb sie an den Bruder: «Wenn ich Dir auch von meinem Kinde schreiben könnte, so aber kann ich Dir leider nur sagen: Es war schön! Meine Tränen ersticken mich. Ich murre nicht, ich trage mit Ergebung den Willen Gottes, der bei allen seinen Fügungen unser Glück und unser bestes vor Augen hat.»[5] Die Kinder wurden von den Eltern, vor allem von der Mutter, sorgfältig beobachtet, die Prinzipien der Erziehung in vielen Einzelheiten mit den Hofmeistern besprochen und geplant, dann aber auch den Kindern mitgeteilt. Im Sommer 1806 schrieb die Königin an ihren Sohn, den Kronprinzen Friedrich Wilhelm, über einen Ausflug der königlichen Familie auf die Pfaueninsel: «Carl (der fünfjährige Sohn Luises, M.W.) ist nicht von der Fête gewesen, es überfiel ihn plötzlich eine Angst, die ihm alles verdarb, nämlich die Freude, und so ließ ich ab, ihn zu quälen, denn alle Dinge, woraus *nicht wahrer Vorteil* oder *wahrer Schaden* für Euch hervorleuchtet, werden von mir nicht erzwungen werden. Nur dann, wenn ich eine Sache für *gut* erkenne, werdet ihr mich unerschütterlich finden» (Hervorh. im Org., M.W.).

Festigkeit und Konsequenz in der Erziehung verbanden sich mit den sehr bestimmten Erwartungen besonders an den Kronprinzen: «Wirst Du einmal unter den Kriegern gezählt, so wirst Du gewiß Deine Schuldigkeit tun, Papa beistehen als gutes Kind, und durch deinem Exempel im Frieden wie im Krieg jeden aufmuntern, das zu vollbringen, was ihm obliegt. Sonst wärst Du mein Sohn nicht.»[6]

Das Familienbewußtsein Luises reichte über Ehemann und Kinder allerdings deutlich hinaus. Mit ihren Geschwistern unterhielt sie einen lebhaften Briefwechsel, der Mitgefühl und Zuneigung verriet. Als Luise wegen der langen Brieflaufzeiten aus der Zeitung entnehmen mußte, daß der dreijährige Sohn ihrer Schwester Therese von Thurn und Taxis verstorben war, verfaßte sie ein langes Beileidsschreiben, in dem die Spannung zwischen Familienleben und den Verpflichtungen der Königin deutlich wurde: «Aber am Abend mußte ich zu einer großen Gesellschaft gehen, auf der alle Leute wegen meiner rotgeweinten Augen miteinander flüsterten. Ich stand wie auf Kohlen, denn mit meinem schweren, übervollen Herzen wußte ich nicht, wohin ich mich wenden sollte, um eine Ecke zu finden, in der ich meinen Tränen freien Lauf lassen konnte, ohne gesehen zu werden.»[7] Auch während und nach ihrer Flucht von Königsberg nach Memel 1807 berichtete sie den Geschwistern offen von ihrer schwierigen und gesundheitlich bereits problematischen Situation.

Während Friedrich Wilhelm III. in der zweiten Hälfte des 19. Jahrhunderts sowohl in der borussischen Historiographie als auch in der deutschen Öffentlichkeit vergleichsweise wenig Wertschätzung genoß – zu widersprüchlich war die Bilanz seiner Regierung in den Zeiten des gesellschaftlichen Umbruchs, zu sehr standen die Reformpolitiker wie Stein und Hardenberg im Vordergrund des Interesses –, wurde Luise zum preußisch-deutschen Nationalsymbol. Dazu hatten mehrere Umstände beigetragen: Luises früher Tod im Jahr 1810 konnte nur tragisch genannt werden, ihre Typhuserkrankung und die zum Tod führende Lungenentzündung schienen zudem mit der dramatischen Flucht der Königsfamilie vor Napoleon ursächlich verbunden zu sein. Die Wertschätzung erklärte sich daher zunächst politisch. Nicht der König, sondern Luise stand für den

Widerstand gegen Napoleon und damit für die nationale Selbstbehauptung, die letztlich den Sieg 1815 und dann noch einmal im deutsch-französischen Krieg 1870/71 begründete. Der Mythos Luise wurde aber auch deshalb möglich, weil es sich um eine junge Frau handelte, um eine Ehefrau und Mutter, deren Familienleben dem Bürgertum als vorbildlich galt. In Luise wurde die Abwendung vom barocken Fürstenglanz durch Monarchie und Adel gefeiert, und das ließ sich als eine Annäherung an ein «Bürgerkönigtum» konstitutioneller Prägung begreifen. Im Vorgriff auf die erhoffte Zukunft verkörperte die in Darmstadt aufgewachsene Mecklenburgerin Luise gleichzeitig die unter der Führung Preußens und im Kampf gegen die Fremdherrschaft geeinte Nation und die Verbürgerlichung der Monarchie. Luises Abneigung gegen das Hofzeremoniell, die von Zeitgenossen bezeugt wird, und die persönliche Zurückhaltung Friedrich Wilhelms III., der den häuslichen Lebensstil eines Gutsherrn in Paretz bevorzugte, wirkten in dieselbe Richtung.

Die Stilisierung Luises zum weiblichen und nationalen Ideal politisierte auf für das 19. Jahrhundert bezeichnende Weise das «Unpolitische» des Daseins als Frau und Mutter. Luise wurde keineswegs für eine aktive politische Haltung geehrt, obwohl sie zumindest gelegentlich durchaus feste politische Ansichten vertrat. Die romantischen Dichtungen eines Novalis oder Heinrich von Kleist verehrten in ihr vielmehr ein duldendes Frauenideal: «Erwäg ich, wie in jenen Schreckenstagen,/Still deine Brust verschlossen, was sie litt.»[8] Leiden und früher Tod prädestinierten Luise dann schließlich zum Opfer für Nation und Vaterland, an das sich im weiteren 19. Jahrhundert vielfach politisch anknüpfen ließ. In der Verherrlichung der Königin konnten bürgerliche Öffentlichkeit und Monarchie auf harmonische Weise zusammenarbeiten. 1814 stiftete Friedrich Wilhelm III. den Luisenorden, mit dem vor allem Frauen ausgezeichnet wurden, die sich bei der Pflege von Kriegsverwundeten engagiert hatten. Solche Traditionsstiftung blieb selbst nach dem Ende der Hohenzollernmonarchie 1918 wirkungsmächtig. In den 1920er Jahren betätigten sich konservative Frauen im Königin-Luise-Bund, der politisch mit dem Veteranenverband «Stahlhelm» verbunden war. Zumindest in Preußen konnte man sich in konservativen und republikskeptischen

Kreisen immer noch keine andere Persönlichkeit als weibliches Vorbild vorstellen.

Die Idealisierung, die Luise in Preußen nach ihrem Tod erfuhr, hatte allerdings einen Schönheitsfehler, der vor allem Luises Kinder störte: Friedrich Wilhelm III. hatte sich Jahre nach dem Tod seiner Ehefrau nochmals – morganatisch – vermählt. Gräfin Auguste Harrach, später zur Fürstin Liegnitz erhoben, sollte dem König nach dessen eigener Bekundung einen von Harmonie und Fürsorge bestimmten Lebensabend bereiten. Nachdem der Fortbestand der Dynastie durch Luises Kinder gesichert war, nahm sich der Herrscher das Recht, sein Privatleben nach persönlicher Neigung zu ordnen. Nicht nur der Thronfolger und seine Geschwister, sondern auch Teile der preußischen Öffentlichkeit sahen in dieser Ehe eine vermeidbare Mesalliance, die dem Andenken der Mutter keinen Dienst tat. Der König blieb jedoch das einzige Mitglied der königlichen Familie, das solche Entscheidungen autonom fällen konnte. Gegenüber dem Hausgesetz blieb einzig der Monarch in bestimmten Grenzen souverän.

Mit Friedrich Wilhelm III. und Luise stand in der Öffentlichkeit ein bürgerlich-romantisches Eheideal im Mittelpunkt der Wahrnehmung königlichen Familienlebens. Allerdings spielten – begünstigt durch Ähnlichkeit in Charakter und Ansichten – auch Geschwisterbeziehungen innerhalb der Hohenzollernfamilie eine herausragende Rolle. Die Mecklenburgerin Luise etwa hielt enge Verbindung zu ihrem Bruder und den Schwestern; Ähnliches gilt für die Kinder Friedrich Wilhelms III. Sowohl Friedrich Wilhelm IV. als auch Prinz Wilhelm, der spätere Kaiser Wilhelm I., unterhielten mit ihrer Schwester Charlotte, seit 1817 verheiratet mit dem russischen Großfürsten Nikolaus und seit 1825 Zarin, über Jahrzehnte einen intensiven Briefwechsel, der die enge geschwisterliche Beziehung über die große Distanz zwischen Berlin und St. Petersburg dokumentiert. Wilhelm und seine Schwester verband dabei ein politischer Konservativismus, der, besonders in den ersten beiden Jahrzehnten des Briefwechsels, jede Konzession an konstitutionell-liberale Prinzipien strikt ablehnte und den Vater und nach 1840 den ältesten Bruder Friedrich Wilhelm IV. einer politischen Daueruberprüfung unterwarf. Besonders die Revolution von 1848/49 peinigte das Geschwisterpaar, das von Friedrich Wilhelm IV. unbeirrbar die Bewahrung der königlichen Prärogative forderte.

Prinz Wilhelm berichtete seiner Schwester in den 1820er Jahren auch ausführlich über den unglücklichen Ausgang seiner Heiratspläne: «Liebe, teure Charlotte! Ach! Warum kann ich nicht bei dir sein in diesem schrecklichen Augenblicke. Warum kann ich nicht gleich zu dir hineilen, um an deinem gefühlvollen mich so ganz verstehenden Herzen mich auszuweinen! Alles ist vorbei! (...) So ist denn mein Schicksal, das Schicksal der unglücklichen Elisa entschieden! Öde und freudeleer erscheint mir zum zweiten Mal die Zukunft.»[9] Wilhelm hatte sich in die Prinzessin Elisa Radziwill verliebt und plante eine Heirat, Friedrich Wilhelm III. zögerte lange mit einer Entscheidung, da er – unterstützt von den Mitgliedern seines Rates – die Ebenbürtigkeit der polnischen Magnatenfamilie anzweifelte. Nach zunächst positiven, dann bedenklichen Signalen verweigerte der König 1826 endgültig seine Zustimmung. Diese dynastische Entscheidung brachte familiär durchaus Probleme mit sich. Wilhelm mußte sich sagen, daß die Ablehnung seiner Heirat mit Elisa auch mit der befürchteten Kinderlosigkeit des Thronfolgers Friedrich Wilhelm (IV.) zusammenhing, die Wilhelm zum nächsten Erben machte – ein Faktor, der sich dem Einfluß der königlichen Familie vollkommen entzog. Auf der anderen Seite säte die Verweigerung familiäre Zwietracht, denn die Mutter Elisa Radziwills war eine geborene preußische Prinzessin, deren eigene Ehe damit Gefahr lief, offiziell als nicht ebenbürtig zu gelten.

Die Liebesehe war also keineswegs zum monarchisch-adeligen Ideal schlechthin geworden, sondern sollte nach Möglichkeit die dynastischen Vorteile einer Heiratsverbindung ergänzen. Im Fall des Prinzen Wilhelm überwogen allerdings die dynastischen Beweggründe gegenüber familiären Rücksichten, denn bei Elisa Radziwill handelte es sich zweifellos um ein Familienmitglied. Familie und Dynastie waren einmal mehr nicht deckungsgleich. Prinz Wilhelm akzeptierte letztlich die Entscheidung des Vaters und bekannte sich damit zur übergeordneten Bedeutung der dynastischen Werte. Der Ausweg, auf die Thronfolgerechte zu verzichten, kam für Wilhelm, der persönlich vom Gottesgnadentum überzeugt war, augenscheinlich nicht in Frage. Die spätere Eheschließung mit der weimarischen Prinzessin Augusta entsprang daher auch eher der Einsicht in die Notwendigkeit einer Heirat als persönlicher Neigung. Dagegen blieb Wilhelms Vertrautheit mit der Schwester, der gegenüber er 1843 ein melancholisches «Glaubensbekenntnis» über das Verhältnis zum Bruder Friedrich Wilhelm IV. ablegte, bis zu ihrem Tod 1860 bestehen.

Dieser Bruder, Friedrich Wilhelm IV., hatte in seiner eigenen Eheschließungsangelegenheit eine auf den ersten Blick überaus empfehlenswerte Wahl getroffen. Er hatte sich in die bayerische Prinzessin Elisabeth, Tochter des Königs Maximilian I., verliebt. An der Ebenbürtigkeit der Wittelsbacherin konnte kein Zweifel bestehen. Allerdings gab es einen anderen Vorbehalt: Elisabeth war katholisch und weigerte sich, vor ihrer Eheschließung zum Protestantismus überzutreten. Kronprinz Friedrich Wilhelms romantischem Glauben an die Bedeutung der eigenen christlichen Überzeugung stand diese Vorstellung nicht entgegen, wohl aber den politisch-pragmatischen Erwägungen seines Vaters. Wie in der Eheangelegenheit Wilhelms schob der König eine Entscheidung lange hinaus, gab aber schließlich seine Einwilligung. Der Kronprinz reagierte enthusiastisch: «In welchem Zustand ich seit 3 Tagen bin, theuerster, verehrtester, heiligster Vater, davon können sie keinen Begriff haben, davon kann keine Ahndung in Ihr Herz kommen! Zuerst war ich wie erstarrt, unfähig zu denken und zu beurtheilen; dann wurde ich von einem Freuden-Rausch – von einem Entzücken, von einem Moment von Glück überrannt – für diesen Augenblick werde ich Gott noch in meiner Todesstunde und in der besseren Welt preisen.»[10] Das Verlangen nach väterlicher Anerkennung war nicht nur für diese hohenzollernsche Vater-Sohn-Beziehung charakteristisch. Elisabeth sollte allerdings versprechen, in der näheren Zukunft zum Protestantismus zu konvertieren. Vollzogen hat sie diesen Schritt dann allerdings erst 1830. Kronprinz Friedrich Wilhelm hat sich mit dieser Heirat gegenüber dem Vater behauptet, indem er erfolgreich für seine Überzeugung eingetreten war, daß ein christliches Gewissen geachtet werden müsse.

Wie bereits angedeutet, litt die Ehe Friedrich Wilhelms IV. und Elisabeths an ihrer Kinderlosigkeit. Als Kronprinzessin unternahm Elisabeth zahlreiche Badereisen und wurde immer wieder von Ärzten behandelt. Die trotz dieser Einschränkung glückliche Ehe Friedrich Wilhelms IV. war auch politisch bedeutungsvoll. Am 29. November 1848 feierte das Königspaar seine silberne Hochzeit. Der Zeitpunkt hätte für die preußische Monarchie kaum gelegener kommen können. Die Deputationen, die aus Städten, Dörfern und Vereinen zur Gratulation erschienen, bekundeten ihre Königstreue wie etwa die Kietzer Fischerinnung, die bemerkte: «da das verflossene Jahr rauh und stürmisch gewesen, so möge Gott durch seinen Beistand E. M. in dem angetretenen goldenen Jahre einen stählernen Arm leihen, damit der Untergang des Vaterlandes abgewendet werde. Dies ist unser Wunsch.»[11] Die Stabilität der königlichen Ehe eignete sich vorzüglich, um konservativen Sehnsüchten der preußischen Bevölkerung eine gesellschaftspolitische Bedeutung zu verleihen. Das Ende der Revolution 1849 ließ sich so bereits im Herbst 1848 an manchen Glückwünschen zu der «Familienfeier» der königlichen Silberhochzeit ablesen.

Die internationale Verwandtschaft des Deutschen Kaisers

Wilhelm I. trat die Nachfolge seines Bruders erst 1861 an, nach einer Phase der Regentschaft, die er für seinen teilweise geistig verwirrten Bruder hatte übernehmen müssen. In Wilhelms Jugend hatte der Vater die wesentlichen Entscheidungen getroffen, die mittleren Jahre wurden von einer außenpolitischen Unentschlossenheit und der innenpolitischen Widersprüchlichkeit Friedrich Wilhelms IV. dominiert, der eine romantisch-neuständische Interpretation des Gottesgnadentums «erfand» und von einer unter der Monarchie geeinten Nation träumte, in der Verfassung, Parlament und Liberalismus überflüssig waren. Wilhelm plädierte lange für eine harte Haltung gegenüber der politischen Opposition, erst mit dem eigenen Regierungsantritt paßte sich sein Konservativismus an den gesellschaftlichen Wandel im Verfassungsstaat Preußen an.

Die Eheschließung mit der weimarischen Prinzessin Augusta war allein der Staatsräson geschuldet, denn das weimarische Fürstenhaus war eng mit der russischen Dynastie der Romanows verwandt und man erhoffte sich eine Festigung der politischen Verbindung zwischen Preußen und Rußland. Wilhelm zeigte jedoch wenig Begeisterung. An die Schwester Charlotte berichtete er noch 1827 mit großer Offenheit über die fünfzehnjährige Prinzessin: «Da ich keine Passion für sie empfinde, so muß nähere Prüfung oder andere Bekanntschaft vorhergehen, die mich etwa allein auf sie zurückführt. Kurzum, es fehlt die Überzeugung noch, daß sie es ist, die mir bestimmt; – und drum, daß ihr Äußeres, wenngleich für manchen vielleicht anziehend, so weit von meinem Ideale entfernt ist, daß ich dies noch nicht überwinden kann.»[12] Trotzdem erreichte die Ehe 1831 ihr wichtigstes Ziel: Ein Thronerbe, der spätere Kaiser Friedrich III., wurde geboren, 1838 folgte Prinzessin Luise. An den persönlichen und politischen Differenzen zwischen dem soldatischen Konservativismus Wilhelms und der liberalen, aber auch an höfischer Repräsentation interessierten Welt Augustas änderte das freilich nichts.

Wilhelm tat sich schwer mit dem neuen Fürstinnentypus, den Augusta und später auch seine Schwiegertochter Victoria verkörperten. Augusta war gebildet, politisch interessiert und engagiert und versuchte, ihre Vorstellungen am Hof zur Geltung zu bringen: «Auch in allen politischen Verhältnissen nimmt sich Auguste jetzt vielmehr zusammen und ist einsichtiger wie sonst. Die französischen jetzigen Zustände haben ihr doch etwas die Augen geöffnet»,[13] berichtete Wilhelm 1840 erleichtert seiner Schwester. Augustas liberale Einstellung machte sie zur Gegnerin Bismarcks am preußischen Hof, angesichts von Bismarcks Erfolgen im preußischen Verfassungskonflikt in den 1860er Jahren blieben ihre Bemühungen um eine politische Richtungsänderung aber letztlich erfolglos.

Auch Mitte des 19. Jahrhunderts wurde der Alltag der Hohenzollernfamilie durch ein elaboriertes Hofzeremoniell bestimmt, das vor allem die feierlichen Ereignisse streng reglementierte. Nicht nur für die Hofdamen stellte ihr Rang im Hofreglement ein äußerst wichtiges Thema dar. Auch der Status der königlichen Familienmitglieder wurde am Hofrang gemessen. Konflikte, gerade auch der Frauen der Familie, waren nicht selten. Als 1840 Friedrich Wilhelm IV. die Regierung antrat, avancierte Wilhelm zum Prinzen vom Preußen; diesen Titel trugen die Thronfolger, die keine Söhne des amtierenden Königs waren. Das Avancement teilte Augusta als Wilhelms Gattin. Augustas ältere Schwester Marie war mit dem jüngeren Hohenzollernprinzen Karl verheiratet. Wilhelm schilderte die Probleme, die sich daraus ergaben: «Etwas penibel ist Augustes Stellung zu Tante Marianne. Auguste darf und kann ihren Rang öffentlich jetzt nicht aufgeben. Marie ist nun aber aufsässig und will auch bei allen Gelegenheiten ihren ihr freilich zukommenden Rang vor der Tante geltend machen, um, wie sie sagen soll, nicht 2 Pas hinter ihrer Schwester zu rangieren.»[14] Wilhelm störte vor allem die Zurücksetzung der älteren Tante, die in der neuen Rangfolge hinter Augusta und Marie plaziert war. Marie dagegen litt offensichtlich unter der höheren Stellung ihrer jüngeren Schwester und versuchte, den – räumlichen – Abstand nicht noch größer werden zu lassen. Die dynastische Rangfolge, die sich an der Nähe zum Thron bemaß, konnte also der familiären Ordnung, die das Alter bevorzugte, entgegenstehen. Persönliche Spannungen zwischen einzelnen Familienmitgliedern waren damit nahezu unausweichlich.

Wilhelms I. Regierungszeit überstieg alle Erwartungen. 1871 machten ihn Bismarck – und die übrigen deutschen Fürsten – zum deutschen Kaiser. Die Reichsgründung verschob die Gewichte zwischen den deutschen Dynastien nochmals deutlich. Es war daher durchaus passend, daß der Kronprinz Friedrich keine mecklenburgische, sächsische oder hessische Prinzessin, sondern Victoria, die älteste Tochter Queen Victorias, geheiratet hatte. Das Ausgreifen der Hohenzollerndynastie auf ganz Deutschland und der ersehnte Aufstieg zur Weltmacht wurden damit gleichsam familiär-dynastisch vorweggenommen. Die Protagonisten dieser Eheverbindung, die Queen und Königin Augusta sowie Victoria und Friedrich selbst, sahen vor allem das Sinnbild deutsch-britischer Verständigung. Familiäre und politische Vor- und Gegenbilder Großbritanniens spielten in der Hohenzollerndynastie seitdem eine tragende Rolle. Schließlich war auch Wilhelm II. einerseits deutscher Kaiser, andererseits der älteste Enkel Queen Victorias und Neffe Edwards VII., eine Konstellation,

Queen Victoria und ihr ältester Enkel Wilhelm (II.) auf der Insel Wight, August 1864. In der zweiten Hälfte des 19. Jahrhunderts waren die Hohenzollern mit der Mehrzahl der protestantischen Dynastien Europas und den Romanows eng verwandt.

welche die Ambivalenzen von Familie und Dynastie einmal mehr scharf hervortreten ließ.

Die Ehe Friedrichs III. und Victorias wurde aus Liebe geschlossen, auch wenn der Enthusiasmus der englischen Königin bei ihrer Entscheidung für den Prinzen Albert 1839 nicht ganz erreicht wurde. Die frühe Neigung der beiden Königskinder entsprach durchaus familiärer Planung. Bereits zu Beginn der 1850er Jahre besuchte Friedrich die englische Königsfamilie, und der 1840 geborenen Princess Royal gefiel der hochgewachsene, blonde und blauäugige Prinz.

Nach der Eheschließung in London 1858 kam die Engländerin Victoria nach Deutschland. Im Zeitalter der Nationalstaaten hatte sich die Bedeutung eines solchen Transfers gewandelt: Aus der britischen Prinzessin wurde eine Untertanin des preußischen Königs, von der als künftiger Königin die Personifikation Preußens erwartet wurde. Was als deutsch-britische dynastische Allianz zumindest für den Liberalismus wünschenswert erschien, bedeutete für Victoria, eine doppelte nationale Identität leben zu müssen. Je weiter aber die Nation in der Rangfolge gesellschaftlicher Werte in den europäischen Staaten aufstieg und sich in manifesten Nationalismus verwandelte, desto schwieriger wurde es, auf dem Besitz doppelter Nationalität zu bestehen.

Die Verbindung Victorias zu ihrer königlichen Mutter und zu ihrem Heimatland blieb überaus eng. Dabei gelang es der Kronprinzessin nicht immer, private Wertschätzung von politischer Parteinahme zu trennen. 1882 beschäftigte sie sich in einem Brief an die Mutter mit der deutschen Orientpolitik und meinte, es sei keineswegs wünschenswert, «wenn die Deutschen und nicht die Engländer die Bahn im Euphrat-Tal bauten. (...) wir Engländer haben ein Interesse im Osten, nicht die Franzosen und die Deutschen.»[15] Bildung, politische Überzeugung und eine gefestigte britische Identität prädestinierten die preußische Kronprinzessin für eine Rolle als Botschafterin des parlamentarischen politischen Systems ihres Heimatlandes. Der von ihr stets gefühlte Gegensatz zum autoritären Konstitutionalismus Preußens, der auch noch die Reichsverfassung mit ihren großzügigen monarchischen Prärogativen bestimmte, ließ sich kaum größer denken. Allerdings mußten Friedrich und Victoria lange auf den Thron warten. 1888, als Wilhelm I. starb, war Friedrich bereits unheilbar krank. Wenige Monate später war er tot. Die Hoffnungen vor allem der Liberalen auf eine Umgestaltung des Verfassungssystems konnten von Friedrich und Victoria nicht mehr erfüllt werden.

In Preußen und auch am Hof stieß Kronprinzessin Victoria vielfach auf Ablehnung. Eine zunehmend in nationalen Gegensätzen denkende Öffentlichkeit interpretierte die enge Verbindung zur Mutter und zum Mutterland als Illoyalität gegenüber Preußen und

Deutschland. Das nationale Entweder-Oder, das der Staatsangehörigkeitswechsel selbst der Princess Royal abverlangte, wurde von Victoria grundsätzlich zurückgewiesen. Wie ihre Schwiegermutter Augusta sah sie in Bismarck ihren Gegner, dem es stets darum ging, den politischen Einfluß der Kronprinzessin zu begrenzen. In einer Monarchie, in der dem Monarchen weiterhin die wichtigsten Regierungskompetenzen, z. B. die Entscheidung über Krieg und Frieden, vorbehalten waren, bedeutete persönlicher Einfluß auf den Monarchen jederzeit auch Einwirkungsmöglichkeiten auf die Politik. Die persönliche Umgebung des Monarchen, die Familie und der Hof standen daher unter ständiger Beobachtung der Öffentlichkeit. Die Frauen der königlichen Familie hatten vor allem in Familienangelegenheiten politischen Einfluß, denn Eheschließungen der Prinzen und Prinzessinnen blieben hochpolitische Angelegenheiten. Als Kaiserin Victoria 1888 versuchte, ihre Tochter auf deren Wunsch mit dem abgedankten Fürsten von Bulgarien zu verheiraten, erwog Bismarck, lieber zurückzutreten als das Reich an eine Engländerin auszuliefern, die «ein Kanal für englische Einflüsse bei uns, ein Werkzeug für ihre Zwecke»[16] sei. Die Heirat einer königlichen Prinzessin war für die Thronfolge in Preußen und im Deutschen Reich zwar vollkommen bedeutungslos, konnte aber am Ende des 19. Jahrhunderts noch immer zum Gegenstand der Außenpolitik werden. Bulgarien spielte vor allem für Großbritannien und Rußland eine wichtige Rolle: Bismarck stellte sich letztlich gegen die Heirat, weil er um den außenpolitischen Handlungsspielraum des Reiches fürchtete, und setzte sich durch.

Die familiäre Verflechtung des regierenden Adels in Europa war gerade in der zweiten Hälfte des 19. Jahrhunderts besonders stark. Die russische Zarenfamilie hatte sich mehrmals mit deutschen Dynastien verbunden. Queen Victoria verheiratete ihre Kinder mit und nach Dänemark, Hessen, Rußland, Schleswig-Holstein, Waldeck-Pyrmont und Preußen. Damit waren praktisch sämtliche protestantischen Dynastien Europas und die Romanows vielfach miteinander verwandt und verschwägert. Diese Internationalisierung der fürstlichen Familien, die Vorstellungen von Ebenbürtigkeit und hohem gesellschaftlichen Ansehen mit der Suche nach politisch vorteilhaften Beziehungen verband, stand allerdings zunehmend im Gegensatz zur Nationalisierung der europäischen Öffentlichkeiten. Während sich der russische Zar, die britische Königin und der deutsche Kaiser als Verwandte ansprachen und viele Familienmitglieder emotional eng miteinander verbunden blieben, verstärkten sich um 1900 die außenpolitischen Gegensätze zwischen den europäischen Mächten. Das verwandtschaftliche Netz – obwohl dicht wie nie – verlor an politischer Bedeutung. Daran konnte auch der Einsatz von Friedrich III. und Victoria für eine deutsch-britische Verständigung letztlich nichts ändern.

Das Ende der Dynastie und der Streit um das Erbe

Die letzte Epoche der preußischen Monarchie bestimmte mit Wilhelm II. ein vielfach widersprüchlicher deutscher Kaiser. Den minutiös erforschten Kaiser sehen wir erst heute. Seine Eltern Friedrich III. und Victoria stellten hohe geistige und körperliche Anforderungen, denen der junge Wilhelm, von Geburt an durch einen verkürzten und gelähmten linken Arm behindert, kaum gewachsen war. Wilhelms Neigung zum Militärischen verband ihn mit seinem kaiserlichen Großvater, löste bei den Eltern allerdings größte Besorgnis aus: «Die Angst daß er ganz und gar ver-Potsdammt u. nicht über den Standpunkt eines Unterofficiers oder Compagnie-Chefs herauskommt wird bei mir immer größer»,[17] schrieb die Kronprinzessin 1880. Die emotionale Distanz, die sich frühzeitig zwischen Eltern und Sohn zeigte, führte Wilhelm gefühlsmäßig und schließlich auch politisch an die Seite seines Großvaters Wilhelm I. Die Entfremdung zwischen den Generationen setzte sich auch nach dem Tod des Vaters und dem Regierungsantritt Wilhelms 1888 fort. Kaiserin Victoria verließ Berlin und ließ sich im Taunus nieder, das Verhältnis zu ihrem ältesten Sohn blieb bis zu ihrem Tod 1901 gespannt.

Der Familie des deutschen Kaisers gehörten um 1900 keineswegs nur Deutsche an. Als Dynastien und Subjekte des Staatsrechts allerdings blieben das Haus Hohenzollern, das Haus Sachsen-Coburg-Gotha, so hieß die britische Königsfamilie seit Queen Victorias Heirat mit Prinz Albert, und die Romanows streng voneinander getrennt. Während die Dynastie Staat und Nation zugeordnet wurde und den Vorrang genoß, trat die transnationale Familie als kaiserliches «Privatleben» gesondert in Erscheinung. Den möglichen negativen Auswirkungen familiärer und persönlicher Skandale im Kaiserhaus wurde zunehmend ein moderner dynastischer Ahnenkult entgegengesetzt, der die Aufmerksamkeit der Öffentlichkeit auf die Rolle der Dynastie als Bindeglied zwischen Vergangenheit und Zukunft richten sollte.

Für Wilhelm II. besaß die Familien- und Dynastiegeschichte der Hohenzollern enorme Bedeutung. Sein Engagement in der Entwicklung eines dynastischen Memorialkults läßt sich an zahlreichen Äußerungen und Handlungen ablesen. Seine Wertschätzung galt zunächst dem verehrten Großvater Wilhelm I., für den er, wenngleich erfolglos, den Beinamen «der Große» durchzusetzen versuchte. Der Bau der Kaiser-Wilhelm-Gedächtniskirche in Berlin stellte möglicherweise das gelungenste Unternehmen in dieser Hinsicht dar. Wilhelm II. griff regelmäßig weit in die Vergangenheit aus, um die Herrschaft der Dynastie durch die Berufung auf die Tradition zu legitimieren: «Lassen Sie mich an meine Vorfahren erinnern, unter ihnen vor allem an den Großen Kurfürsten, von dem Ich immer gerne, besonders zu Ihnen, spreche, da man ihn schon zu seinen Lebzeiten den Großen Brandenburger nannte; an Friedrich den Großen – sie beide haben es jederzeit als ihre erste Pflicht erkannt, das Land, welches sie einst mit ihrer – wie man sagt – schöneren Heimat in Süddeutschland vertauscht hatten, nicht zu ihrem Vorteil zu nutzen, sondern ihre Interessen ganz mit denen ihres neuen Vaterlandes zu verschmelzen ...»[18], erklärte Wilhelm II. 1890 vor dem Brandenburgischen Provinziallandtag und verdichtete damit die Hohenzollerngeschichte vom Beginn der Herrschaft in der Mark bis zu Friedrich II. gleichsam in einem Augenblick.

Die Persönlichkeit der Ehefrau Wilhelms II., Auguste Victoria von Schleswig-Holstein-Sonderburg-Augustenburg, verstärkte zusätzlich die Konzentration der Öffentlichkeit auf Wilhelm II. Bei dieser Wahl hatten wie häufig emotionale Neigungen und politisch-dynastische Überlegungen ineinandergegriffen. Die Ehe konnte politisch als eine Versöhnung zwischen Preußen und dem in den Einigungskriegen entthronten schleswig-holsteinischen Fürstenhaus gedeutet werden – ähnlich wie die 1913 erfolgte Eheschließung zwischen der einzigen Tochter Wilhelms II., Viktoria Luise, und dem Erben der Welfen, Ernst August von Braunschweig –, erfüllte aber auch ihren dynastischen Zweck: Auf die Geburt des späteren Kronprinzen Wilhelm 1882 folgten fünf weitere Söhne und Prinzessin Viktoria Luise.

Der Erste Weltkrieg stellte nicht nur für die Hohenzollern, sondern auch für den gesamten europäischen Adel und für beinahe jede andere Familie in den kriegsbeteiligten Staaten eine bedeutsame Zäsur dar. Das politische Desaster der preußischen Monarchie, bereits angekündigt im «persönlichen Regiment», enthüllte sich nicht zuletzt im Versagen Wilhelms II. als militärischer Oberbefehlshaber. Spätestens im Weltkrieg wurde Wilhelm II. endgültig entmachtet. An seine Stelle trat mit der Obersten Heeresleitung ein erster Entwurf der autoritären Herrschaftssysteme des 20. Jahrhunderts. Wilhelm II. war der letzte deutsche Kaiser und der letzte preußische König. Die Geschichte der Dynastie Hohenzollern endete 1918 mit der Abdankung des Kaisers und der Abschaffung der Monarchie. Die Familie allerdings bestand fort, zunächst und vor allem in Wilhelm II. selbst, der im niederländischen Exil noch zwanzig Jahre, bis 1941, lebte. Wie sein Vorfahr Friedrich Wilhelm III. schloß er nach dem Tod seiner Frau eine zweite Ehe, die nun ganz ausschließlich dem privaten Bedürfnis nach weiblicher Gesellschaft und nach Fürsorge im Alter diente. Mit seiner Ehefrau Hermine von Schönaich-Carolath und deren Kindern aus erster Ehe lebte der ehemalige Kaiser in den 1920er und 1930er Jahren auf Haus Doorn bei Utrecht das Leben eines Gutsherrn, der seine Zeit mit der Abfassung seiner Memoiren und kulturgeschichtlicher Abhandlungen ausfüllte.

Wilhelm II. hat zeitlebens auf eine Rückkehr auf den Thron gehofft. Seine Kinder und Enkel, die aus dem Exil zurückkehren konnten, haben sich dagegen – in unterschiedlicher Weise – an die politischen Gegebenheiten der Weimarer Republik angepaßt. Die Fürstenabfindung 1926 verstaatlichte die preußischen Residenzschlösser, beließ den Hohenzollern aber unter anderem das Palais

Unter den Linden, die Burg Hohenzollern und mehrere Villen in Potsdam. Kronprinz Wilhelm und Kronprinzessin Cäcilie, geboren als Prinzessin von Mecklenburg-Schwerin, konnten sich in der zweiten Hälfte der 1920er Jahre in der Gutsherrschaftsgesellschaft im schlesischen Oels und später im Schloß Cecilienhof, wo 1945 die «Potsdamer Konferenz» stattfinden sollte, einleben. Zwar hatte die Weimarer Reichsverfassung den Adel abgeschafft, die ländlichen Besitzstrukturen aber unangetastet gelassen. Der preußische grundbesitzende Adel bewirtschaftete daher weiterhin seine Güter und huldigte einem – häufig nur symbolischen – Monarchismus, der vor allem die Ablehnung von Republik und Demokratie dokumentieren sollte.

In ihren in den späten 1920er Jahren verfaßten Erinnerungen widmete die Kronprinzessin Cäcilie den meisten Raum den «sorgenlos im Strom der Friedenzeit» verbrachten letzten Jahrzehnten des Kaiserreichs.[19] Einmal mehr läßt sich darin die verwandtschaftliche Verflechtung des europäischen Hochadels verfolgen, etwa wenn Cäcilie die sommerlichen Reisen nach Russland an den Zarenhof, der Heimat ihrer Mutter, beschrieb. Weltkrieg, Revolution und die darauf folgenden Jahre wurden demgegenüber nur knapp berücksichtigt. Über die Ursachen des Ersten Weltkrieges äußerte sich Cäcilie nicht anders als die Mehrzahl der Angehörigen der deutschen Führungsschichten: Die «Einkreisung» durch die europäischen Mächte hätte schließlich einen Verteidigungskrieg erzwungen.

Kronprinz Wilhelm, seine Ehefrau und die sechs Kinder waren zu vermögenden Privatleuten geworden, freilich zu Privatleuten, die in der deutschen Öffentlichkeit immer noch auf besonderes Interesse stießen. Mit ihrem Wunsch nach Wiederherstellung der Monarchie siedelten sich die Hohenzollern in den 1920er und 30er Jahren mehrheitlich auf der nationalen und antirepublikanischen Seite des politischen Spektrums an. Im Exil erklärte Wilhelm II. die Welt durch einen buchstäblich hoffähig gewordenen Antisemitismus. Kronprinz Wilhelm meinte 1924, «dass letzten Endes nur ein Diktator den Karren aus dem Dreck ziehen» könne.[20] August Wilhelm, der vierte Sohn Wilhelms II., wandte sich, wie zahlreiche Angehörige des deutschen Adels, dem Nationalsozialismus zu und wurde zum bekannten Propagandisten.

In der deutschen Gesellschaft der Zwischenkriegszeit blieb auch jenseits von bloßer Nostalgie monarchistisches Gedankengut präsent. Allerdings fehlte vor allem dem preußischen monarchischen Konservatismus die allgemein akzeptierte Identifikationsfigur. Wilhelm II. war durch seine Flucht nach Holland diskreditiert, der ehemalige Kronprinz Wilhelm entfremdete sich seinen Anhängern durch einen aufwendigen Lebensstil. Als sich am Ende der 1930er Jahre Pläne für den Widerstand gegen den Nationalsozialismus und einen Neubau des deutschen Staates konkretisierten, standen zumindest manche konservativen und deutschnationalen Protagonisten wie Carl Goerdeler und Johannes Popitz einer Restauration der Monarchie positiv gegenüber. Allerdings konnte Kronprinz Wilhelm nicht für den Widerstand gewonnen werden, nur sein Sohn Louis Ferdinand unterhielt entsprechende Kontakte. Für einen Teil des militärischen Widerstands gegen Hitler war es immer noch erstrebenswert, Mitglieder der Hohenzollernfamilie auch im Hinblick auf eine politische Neuordnung Deutschlands an seiner Seite zu wissen. Louis Ferdinand allerdings verweigerte schließlich mit Rücksicht auf die ablehnende Haltung seines Vaters als dem Thronprätendenten und «Chef des Hauses» eine aktive Beteiligung. Die jahrhundertealte Verbindung zwischen den Hohenzollern und der deutschen Politik war damit endgültig beendet.

Nach dem Zweiten Weltkrieg konnte von Plänen einer Restauration der Hohenzollern-Monarchie keine Rede mehr sein. Die Gründung der Länder 1945/46 nahm die Auflösung Preußens vorweg, die der Alliierte Kontrollrat am 25. Februar 1947 offiziell verfügte. Bis auf den Stammsitz Burg Hohenzollern ging der Besitz der Schlösser und Villen verloren. In der Familie gerieten schließlich selbst die Grundpfeiler hohenzollernschen Selbstverständnisses ins Wanken. Wichtigster Grundsatz bei Eheschließungen der Hohenzollern war seit Jahrhunderten die Forderung nach Ebenbürtigkeit der Braut zumindest für diejenigen männlichen Familienmitglieder gewesen, die in der Thronfolgeordnung vordere Plätze besetzten. Nach langem Streit hatte schließlich im April 2004 das Bundesverfassungsgericht über die Vereinbarkeit des Grundgesetzes mit den Erbregelungen der Familie Hohenzollern zu befinden. Das Urteil enthält einmal mehr ein Bekenntnis zur republikanischen Staatsform: «Seit dem Inkrafttreten des Grundgesetzes steht der Wiedereinführung der Monarchie Art. 20 Abs. 1GG und Art. 28 Abs. 1 Satz 1 entgegen.»[21] Aber sachlich ging es um anderes: Kronprinz Wilhelm von Preußen hatte 1938 einen Erbvertrag mit seinem zweitältesten Sohn Louis Ferdinand geschlossen, nachdem der älteste Sohn Wilhelm 1933 wegen seiner unstandesgemäßen Ehe mit Dorothea von Salviati auf sämtliche Rechte verzichtet hatte. In diesem Erbvertrag wurde festgelegt, daß auch in Zukunft Erbe nur sein könne, wer aus «einer den Grundsätzen der alten Hausverfassung des Brandenburgisch-Preußischen Hauses entsprechenden Ehe stammt» und «in einer hausverfassungsmäßigen Ehe lebt».

Wurde der Ausschluß vom Erbe der Hohenzollern im Jahr 1933 noch hingenommen, war das sechzig Jahre später anders. Louis Ferdinands ältester Sohn Friedrich Wilhelm wollte den Auschluß wegen seiner nicht ebenbürtigen Eheschließung nicht akzeptieren und klagte gegen den von Louis Ferdinand eingesetzten Erben Georg Friedrich. Während die Vorinstanzen diese Ebenbürtigkeitsklausel als wirksam ansahen, interessanterweise auch unter Verweis auf das stets als bürgerlich begriffene Recht der Testierfreiheit, entschied das Bundesverfassungsgericht anders. Es wies die erste Instanz an, das Grundrecht auf Eheschließungsfreiheit vorrangig zu würdigen. Eine Ebenbürtigkeitsklausel sei geeignet, «unzumutbaren Druck» bei der Wahl der Ehepartnerin zu erzeugen.

Materiell ist damit der Rechtsstreit um das Erbe der Hohenzollern noch nicht entschieden. In Zeiten, in denen selbst die Thronfolger der noch regierenden Dynastien Europas bürgerliche Frauen – von Ebenbürtigkeit zu schweigen – heiraten, scheint das Hausgesetz der Hohenzollern vermutlich nicht nur dem deutschen Bundesverfassungsgericht antiquiert und nicht länger angemessen zu sein. Der Rechtsstreit selbst aber hat mit dem Staat und dem öffentlichen Recht nichts mehr zu tun, denn es geht nicht mehr um die Krone Preußens oder das Kaisertum, sondern nur noch um das im 20. Jahrhundert deutlich verringerte Familienvermögen. Das Verfassungsgericht merkte noch einmal an, daß die Hausgesetze der Hohenzollern in staatsrechtlicher Hinsicht seit 1918 bedeutungslos sind. Das Ebenbürtigkeitsprinzip als Sinnbild einer ständischen Gesellschaftsordnung ist am Ende des 20. Jahrhunderts zur zivilrechtlichen Klausel im Testament verblasst. Die Hohenzollern unterscheiden sich damit auch in dieser Hinsicht nicht mehr von zahlreichen Familien des Bürgertums, in denen vergleichbare Streitigkeiten um das Familienvermögen stattfinden und vor ordentlichen Gerichten entschieden werden.

Von der Katastrophe zur Verklärung

Seit der vorletzten Jahrhundertwende neigt sich der Spannungsbogen der Familiengeschichte der Hohenzollern nach unten. Als Dynastie hat die preußische Herrscherfamilie ihren Zenit im 18. und 19. Jahrhundert erreicht. Das Ende der Dynastie 1918 beendete eine jahrhundertelange Phase, in der Familien- und Dynastiegeschichte manchmal konform gingen, häufig aber auch in unlösbarer Spannung zueinander standen. Dieses Spannungsverhältnis zeigte sich besonders in den Jahrzehnten vor dem Ersten Weltkrieg. Das Repräsentationsbedürfnis der regierenden Häuser in Europa, aber eben auch persönliche Neigung aufgrund schon bestehender Verwandtschaft erleichterten bei der Brautschau den Blick ins Nachbarland. Verwandtschaftliche Beziehungen zwischen den Herrscherhäusern waren Modelle für die Freundschaft der europäischen Nationen. Als Familie ließen sich die Hohenzollern um 1900 kaum so eindeutig als «preußisch» oder «deutsch» beschreiben, wie es die Bedeutung der Nation für die europäischen Gesellschaften verlangte. Die preußische Kronprinzessin Victoria und spätere Kaiserin Friedrich war Engländerin mit deutschem Vater, die bereits als Kind deutsch sprach, ihr Sohn Wilhelm II. benutzte die Sprache seiner Mutter selbstverständlich, um sich mit seiner Großmutter Queen Victoria auf Englisch zu verständigen.

Der Erste Weltkrieg stellte damit für viele hochadelige Häuser eine familiäre Katastrophe dar, in der Vettern in feindlichen Streitkräften gegeneinander kämpften. Der Untergang der Hohenzollern-Dynastie im Weltkrieg vollzog sich gleichzeitig mit dem Untergang der übernationalen Welt der europäischen Hofgesellschaften. In der zweiten Hälfte des 20. Jahrhunderts konzentrierte sich die öffentliche Wahrnehmung der Hohenzollern jenseits eines marginalen Monarchismus folglich in der Hauptsache auf die Vergangenheit. 1975 erregte die Hochzeit des Prinzen Louis Ferdinand jun. mit Donata Gräfin zu Castell-Rüdenhausen zwar einiges Aufsehen in den deutschen Medien; dieses war aber kaum mit dem weltweiten Interesse an manchen europäischen Fürstenhochzeiten zu vergleichen. Der hohenzollernsche Memorialkult bezieht sich bis heute auf die Herrscherpersönlichkeiten der Dynastie, namentlich auf Friedrich II. Dessen feierlicher Umbettung nach Sanssouci im August 1991 wohnten auch hochrangige Politiker bei. Noch einmal treten Familie und Dynastie auseinander: Während das Prinzip der Dynastie auch noch an der Wende zum 21. Jahrhundert fortbesteht – allerdings nicht mehr ausschließlich auf Monarchien, sondern auch auf moderne Diktaturen und große Demokratien bezogen –, sind die Hohenzollern der Gegenwart eine «bürgerliche» Familie geworden. Die Familie hat sich in ein privates Leben zurückgezogen, aber die Dynastie lebt als Gegenstand öffentlicher Erinnerung an Preußen weiter.

Die Krupps

von Barbara Wolbring

1873 stand Alfred Krupp auf dem Gipfel seines Ruhmes. Er war der alleinige Inhaber der Gußstahlfabrik Fried. Krupp, die einer der weltweit führenden Hersteller von Stahl und Stahlprodukten mit fast 12 000 Beschäftigten war. Aus dem Stahl wurden neben Präzisionswalzen eine Vielzahl von Produkten für die Eisenbahn hergestellt, für den Schiffsbau und natürlich die berühmten Kanonen. Mit diesen Kanonen hatte Krupp teilgehabt an den militärischen Erfolgen Preußens, 1866 in Königgrätz und dann vor allem 1870 im deutsch-französischen Krieg. Sein Name war verbunden mit dem wirtschaftlichen, politischen und militärischen Aufstieg Deutschlands, und mancher sah in ihm neben Bismarck und Moltke den dritten Reichsgründer.

Im Februar 1873, zum 25. Jahrestag der Übernahme der Gußstahlfabrik als Alleininhaber, ließ Alfred Krupp ein Gedenkblatt anfertigen mit dem Foto eines kleinen, bescheidenen Häuschens. «Vor fünfzig Jahren», stand darunter in seiner faksimilierten Handschrift, «war diese ursprüngliche Arbeiterwohnung die Zuflucht meiner Eltern. Möchte jedem unserer Arbeiter der Kummer fern bleiben, den die Gründung der Fabrik über uns verhängte. 25 Jahre lang blieb der Erfolg zweifelhaft, der seitdem allmälig die Entbehrungen, Anstrengungen, Zuversicht und Beharrlichkeit der Vergangenheit – endlich so wunderbar – belohnt hat».[1]

Das «Stammhaus», wie es seitdem genannt wird, hatte Krupp erst kurz zuvor wieder herrichten lassen, nachdem es lange Zeit fast in Vergessenheit geraten war. Für die Renovierung hatte er im Januar 1872 genaue Anweisung gegeben. Alle späteren Veränderungen und Einbauten sollten ohne Rücksicht auf die Kosten entfernt werden. Dabei sollte das kleine Haus ausdrücklich keine «geschäftliche Bestimmung» im eigentlichen Sinne erhalten. Es sollte lediglich als Anlaufstelle dienen für seine (inzwischen immer seltener werdenden) Besuche in der Fabrik, und seine Beerdigung, so legte er fest, sollte von hier aus erfolgen. Das Häuschen solle «so lange erhalten bleibe[n], als die Fabrik bestehen wird», bestimmte er, damit «meine Nachfolger so wie ich, mit Dank und Freude hinblicken werden auf dieses Denkmal, diesen Ursprung des großen Werkes».[2]

Ein Denkmal vergangener Armut ließ Krupp also errichten in dem Moment, als er doch eigentlich seinen Erfolg feierte, den Aufstieg der Firma zur größten des Reiches. Zunächst war die Botschaft dieses Denkmals wohl in erster Linie an die Arbeiter gerichtet, die das «Stammhaus» täglich auf dem Fabrikgelände sehen würden. Die Arbeiter begannen sich zu organisieren und Forderungen zu stellen. 1872 hatte es im Ruhrgebiet die ersten größeren Streiks gegeben. Auch wenn Krupp selbst kaum betroffen war, nahm er dies doch ernst, und das «Stammhaus» enthielt eine Botschaft an die Arbeiter: «Das Haus und seine Geschichte mag dem Zaghaften Muth geben und ihm Beharrlichkeit einflößen, es möge warnen, das Geringste zu verachten und vor Hochmuth zu bewahren».[3] Sein Reichtum, hieß das, sei ihm nicht in den Schoß gefallen, sondern durch Entbehrung, Fleiß und harte Mühe erarbeitet. Auch er sei einst sehr arm, ärmer noch als manche seiner jetzigen Arbeiter, gewesen und habe den Aufstieg aus eigener Kraft geschafft. Krupp hatte also eine ganz konkrete, auf die Gegenwart bezogene Absicht, wenn er die Armut seiner Vergangenheit und den mühsamen Beginn der Firma betonte. Das muß man stets im Auge haben, denn seine Darstellung trifft nur teilweise zu.

Ein Patrizierhaus am Essener Flachsmarkt

Es stimmt zwar, daß er Jahre seiner Kindheit und Jugend in dem später sogenannten «Stammhaus» auf dem Fabrikgelände vor den Toren der Stadt zugebracht hatte, dennoch war es kein tatsächliches Stammhaus der Familie Krupp. Diese gehörte vielmehr seit vielen Generationen zu den angesehenen und wohlhabenden Familien des Essener

Bürgertums. Mit Arndt Krupp, der 1587 in der Kaufmannsgilde Aufnahme fand, wurde der erste von ihnen urkundlich erwähnt. Da er geschäftlich erfolgreich war, bekleidete er bald wichtige Ehrenämter des Patriziats in Essen und gehörte seit 1600 dem Rat der Stadt an. Er erwarb ein repräsentatives Haus am Essener Flachsmarkt, das als das eigentliche Stammhaus der Familie bezeichnet werden kann, denn über sieben Generationen war es das Wohnhaus der Familie. Auch Alfred Krupp wurde 1812 dort geboren. Die Familie Krupp schrieb in den folgenden Generationen nicht nur eine Erfolgsgeschichte; doch blieb sie trotz gewisser Rückschläge stets eines der führenden Geschlechter der Stadt, das wichtige Ämter innehatte und mit den anderen Ratsfamilien vielfach verwandt und verschwägert war.

Das Vermögen, das dann die Gründung der als Fried. Krupp firmierenden Gußstahlfabrik und ihren lange Jahre verlustreichen Betrieb ermöglichte, hat größtenteils Helene Amalie, geborene Ascherfeld, erwirtschaftet, die 1732 geborene Großmutter des Firmengründers Friedrich Krupp. Nach nur sechsjähriger Ehe wurde sie mit erst fünfundzwanzig Jahren Witwe und hat die Geschäfte tatkräftig und sehr erfolgreich weitergeführt. Bei ihrem Tod 1810 hinterließ sie ein beträchtliches Vermögen, das auch nach der Aufteilung unter Friedrich und seine beiden Geschwister jedem ein ansehnliches Erbe bescherte.

Friedrich Krupp war also ein vermögender Mann aus einer der angesehensten Essener Familien, als er 1811 die Gußstahlfabrik gründete. Dieser Gußstahl, technisch korrekt ausgedrückt Tiegelstahl, enthielt besonders wenig Schlackenstoffe. Er war ein Spezialwerkstoff, der aufgrund von Napoleons Kontinentalsperre knapp war. Bis dahin wurde er ausschließlich aus England importiert, denn das Herstellungsverfahren war auf dem Kontinent nicht bekannt. Krupp hoffte auf große Gewinne, als er sich mit den Brüdern Kechel zusammentat, die zwar mittellos waren, aber beteuerten, das Geheimnis der Gußstahlerzeugung zu kennen. Ihnen unterstand die technische Leitung, für das Kaufmännische wurde ein Betriebsführer eingestellt, ein sogenannter Faktor. Friedrich Krupp kümmerte sich zunächst wenig um den Betrieb, sondern widmete sich weiterhin vor allem seinen städtischen Ehrenämtern. Seit 1808 war er verheiratet mit Therese Wilhelmi, die ebenfalls einer sehr reichen Familie entstammte. Nach der Tochter Ida 1809 kamen 1812 und 1814 noch die Söhne Alfried – der sich seit den 1830er Jahren nur noch Alfred nannte – und Hermann zur Welt, 1820 Friedrich als Jüngster.

Schon bald zeigte sich, daß die Versprechen der Brüder Kechel nicht eingelöst werden konnten. Ein neuer Teilhaber verstand vom Gußstahl eher noch weniger als seine Vorgänger. Die Fabrik kam daher nicht aus den roten Zahlen heraus. Ein Grundstück nach dem anderen aus dem großmütterlichen Erbe mußte verkauft werden, und schließlich sogar das Wohnhaus am Flachsmarkt. Die Familie mußte nun das repräsentative Stadthaus verlassen und auf das Fabrikgelände umziehen, in jenes winzige Aufseherhäuschen, das Alfred Krupp dann fast fünfzig Jahre später als «Stammhaus» bezeichnete. Der Verlust des Bürgerhauses war der sichtbare Teil eines geschäftlichen Scheiterns und eines sozialen Abstiegs. Mit seinem Vermögen verlor Friedrich Krupp auch sein Ansehen, ja, seinen Stand als Bürger. Er legte Ende 1824 alle städtischen Ämter nieder und wurde wenig später aus der Liste der Essener Kaufleute mit Rechten gestrichen.

Wohnen inmitten der Fabrik

Friedrich Krupp war tief gefallen, finanziell ruiniert und sozial deklassiert. Bei seinem Tod 1826, mit gerade 39 Jahren, hinterließ er große Schulden, so daß seine Witwe das Erbe für ihre minderjährigen Kinder ausschlug. Doch immerhin gab es noch die Fabrik mit ihren Anlagen und die feste Überzeugung, daß man mit dem Tiegelstahl irgendwann auch Gewinne machen würde. Alfred Krupp, der älteste Sohn, war beim Tod seines Vaters gerade vierzehn Jahre alt. Schon zuvor hatte er in der Fabrik mitgearbeitet, nun verließ er das Gymnasium und übernahm gemeinsam mit seiner Mutter den Betrieb. Es folgten jene harten, mühsamen Jahre, auf die Alfred später verwies, als das Unternehmen längst ins Riesenhafte gewachsen war und gigantische Profite erwirtschaftete. Während seine Altersgenossen aus den wohlhabenden Bürgerfamilien zur Schule gingen, stand der junge Alfred mit den wenigen verbliebenen Arbeitern am Schmelzofen der Gußstahlfabrik. Hier lernte er das Handwerkliche der Stahlherstellung und begann bald, neue Produkte zu entwickeln. Doch auch am kaufmännischen Teil des Betriebes nahm er mit der Zeit immer stärkeren Anteil, vor allem am Absatz der Produkte. Seit 1829, mit gerade 17 Jahren, mußte Alfred Krupp selbst als Vertreter der Firma oft mehrere Wochen auf Reisen gehen, um den Stahl sowie die Halbfertig- und Fertigprodukte der Fabrik vorzustellen und neue Kunden zu gewinnen. In den folgenden dreißig Jahren suchte er immer neue Anwendungsmöglichkeiten für seinen Gußstahl und entwickelte neue Produkte, für die er dann Kunden aufspüren mußte. Anders als bei einem traditionellen Handwerksbetrieb gab es keinen vorhandenen Bedarf, der zu befriedigen gewesen wäre. Erst seit Mitte der 1840er Jahre setzte mit dem beginnenden Eisenbahnbau der Aufschwung ein. 1847 und 1848 gab es noch einmal einen Einbruch, doch danach gewann der Aufschwung immer mehr an Fahrt und katapultierte die Gußstahlfabrik Fried. Krupp, wie sie immer noch hieß, und ihren Inhaber Alfred Krupp ganz nach oben.

Die Prägung durch die harten Jahre seiner Jugend hat Alfred Krupp nie abgelegt oder geleugnet – im Gegenteil. Von der Pike auf hatte er alles gelernt, was mit dem Betrieb, der Betriebsführung und der Produktion zu tun hatte. So blieb er zeitlebens der Überzeugung, daß es keiner schulischen oder gar akademischen Bildung und Ausbildung bedürfe, um die Fabrik erfolgreich zu führen, sondern daß das nötige Wissen am besten in der Praxis erworben werden könne. Seinem unbedingten Willen zum Erfolg und seinem Glauben an «seinen» Gußstahl, seinem Einsatz oft über die Erschöpfungsgrenze hinaus schrieb er es vor allem zu, daß nach der langen Durststrecke schließlich doch der Aufstieg gelang. Insofern entsprach es tatsächlich Alfred Krupps tiefer Überzeugung, wenn er auf dem Gedenkblatt von 1873 seinen Erfolg vor allem als Ergebnis seiner «Entbehrungen, Anstrengungen, Zuversicht und Beharrlichkeit» bezeichnete.

Was Krupp allerdings nicht erwähnte, ist derjenige Faktor, ohne den seine Familie die lange Durststrecke nicht hätte überwinden können: die noch immer bestehenden engen, meist auch verwandtschaftlichen Verbindungen zur wohlhabenden Essener Bürgerschaft. Von hier kamen die Kredite, die die Fabrik für ihren Fortbestand und dann auch für die Investitionen benötigte, die der Aufschwung erforderte. Kredite kamen unter anderem von Therese Krupps Vater Wilhelmi, von ihrem Schwager Friedrich von Müller, der mit der Schwester Friedrich Krupps verheiratet war und die Witwe in der Anfangszeit auch mit Ratschlägen unterstützte. Von 1834 bis 1844 war sein Sohn Carl Friedrich von Müller sogar als Teilhaber an der Fabrik beteiligt, sorgte für eine geordnete Betriebsführung und Buchhaltung und ermöglichte durch seine Einlage die Anschaffung der ersten Dampfmaschine zum Antrieb eines Hammerwerkes. Dann war zwischen 1844 und 1859 noch Alfreds Jugendfreund, der Kölner Kaufmann Friedrich Sölling, an der Fabrik beteiligt. Haupteigentümerin jedoch blieb Therese Krupp, auch wenn ihre drei Söhne ihrem Alter entsprechend immer mehr Aufgaben in der Betriebsführung übernahmen. 1848 ging die Fabrik schließlich formal durch einen Kaufvertrag auf Alfred Krupp als Alleininhaber über.

In diesem Kaufvertrag, der Alfred Krupps ältere Schwester Ida und vor allem die jüngeren Brüder Hermann und Friedrich auf Dauer von der Fabrik ausschloß, lag der Kern für ein Grundprinzip der Firma, das Alfred 1872 im sogenannten Generalregulativ festschrieb und an dem auch in den folgenden Generationen immer festgehalten wurde: Die Fabrik müsse immer in einer Hand bleiben, sie dürfe nicht unter die Erben aufgeteilt werden. Die Geschwister erhielten zwar einen gewissen Ausgleich, wurden jedoch keineswegs dem Wert der Firma entsprechend ausgezahlt. Die Fabrik hätte einen solchen Aderlaß nach Krupps Auffassung ebensowenig verkraftet wie eine dauerhafte gemeinschaftliche Leitung gleichberechtigter Brüder. Die Fabrik – diese in der Familie nie aufgegebene Überzeugung wurde hier grundgelegt – bedürfe der Leitung durch ein einziges unangefochtenes Oberhaupt. Die materiellen Interessen der nachgeborenen Geschwister mußten zurückstehen hinter diesem Prinzip, das den Regeln des bürgerlichen Erbrechts widersprach. Die Fabrik wurde damit nicht wie persönlicher Besitz behandelt, sondern wie ein eigener Herrschaftsbereich, ähnlich einem Staat, der auch nur auf einen Erben übergehen kann, wenn er nicht grundlegend geschwächt oder sogar zerstört werden soll.

Hatte der anhaltende Mißerfolg des Unternehmensgründers Friedrich dazu geführt, daß er sein Bürgerhaus verkaufen und vor die Tore der Stadt ziehen mußte, so strebte Alfred keine Rückkehr in die Stadt an, als der Erfolg sich einstellte, die Fabrik immer weiter wuchs und schließlich das alte Essen in seinen Ausmaßen zu übertreffen begann. Vielmehr lag der Wohnsitz der Familie für die folgenden vier Jahrzehnte auf dem Fabrikgelände. Mitte der 1840er Jahre wurde das kleine Häuschen durch einen zweistöckigen Anbau ergänzt, in dem Krupp zunächst auch nach seiner Hochzeit mit Bertha Eichhoff im Jahr 1853 wohnte. 1860 errichtete er ein neues, repräsentatives Wohnhaus wiederum auf dem Fabrikgelände, doch war der Aufenthalt inmitten von Lärm, Qualm und Gestank für die junge Familie kaum erträglich. Daß die Teller im Schrank bei jedem Schlag des Dampfhammers schepperten, war da fast noch das geringste Übel. Krupp suchte daher ein ruhigeres Baugrundstück und fand es oberhalb der Ruhr, etwa zehn Kilometer von der Fabrik entfernt bei Bredeney. Dort, auf dem sogenannten «Hügel», bewohnte er seit 1864 zunächst ein Landhaus, bis er 1873 die seit 1870 nach eigenen Entwürfen errichtete prächtige «Villa Hügel» bezog.

Auf dem «Hügel»

Krupp ist also nicht zurück in die Stadt gezogen und hat auch in anderer Hinsicht ein Wiederanknüpfen an die Rolle seiner Familie innerhalb des Essener Bürgertums nie angestrebt. So lehnte er es stets ab, irgendwelche Ehrenämter und öffentliche Pflichten in Vereinen und Verbänden zu übernehmen, mit dem Argument, das vertrüge sich nicht mit der Leitung der Fabrik. «Wir haben keine Zeit für Lectüre, Politik u. dgl.»[4], war sein früh feststehender Grundsatz, der wohl als eine Reaktion auf die Misere des Vaters zu sehen ist. Statt sich um einen Platz in der «alten» Führungsschicht zu bemühen, errichtete Krupp einen eigenen Herrschaftsbereich. Die auch räumlich wachsende Fabrik, zu der eine stetig größer werdende Anzahl von Personen gehörte, war in ihrer Struktur eher einem Fürstentum vergleichbar als den bürgerlichen Besitztümern seiner Vorfahren. Die Villa Hügel, die er schließlich Anfang 1873 bezog, war weniger auf Bequemlichkeit als auf die Repräsentationspflichten des Fabrikherrn ausgerichtet, der dort Staatsoberhäupter zu empfangen hatte. Schon zum Zeitpunkt seines Einzugs hatte Alfred Krupp als einer der reichsten Männer Deutschlands in vielerlei Hinsicht die Kategorien der «Bürgerlichkeit» gesprengt, und unter seinen Nachfolgern sollte diese Distanz zum Mittelstand weiter wachsen. Trotzdem hielt Krupp demonstrativ an seiner Bürgerlichkeit fest. Er betonte neben der Armut seiner Jugendzeit bürgerliche Tugenden wie Bescheidenheit, Sparsamkeit, Fleiß und Pflichterfüllung und lehnte eine Nobilitierung ebenso wie alle anderen Titel stets ab. Das ist einerseits zu verstehen als Element des Abwehrkampfes gegen die Arbeiterbewegung, deren Klassendenken und Forderungen nach einer anderen Verteilung des Reichtums er die Geschichte seines Aufstieges allein durch Fleiß und Opferbereitschaft entgegensetzte. Das richtete sich jedoch auch an seine Nachfolger, die er durch Maximen und Handlungsanweisungen und nicht zuletzt durch das «Generalregulativ» zu binden versuchte, in dem er 1872 die Grundsätze der Organisation, der Arbeit und der Leitung der Fabrik festlegte. «Der Zweck der Arbeit soll das Gemeinwohl sein. Dann bringt Arbeit Segen, dann ist Arbeit Gebet», schrieb er in diesem Sinne für alle derzeitigen und künftigen Fabrikangehörigen unter das Bild vom «Stammhaus».[5] Die Fabrik war Krupp nicht Mittel zum Lebensunterhalt oder Quelle von Reichtum, sondern in erster Linie Selbstzweck, aus dem sich Pflicht und Auftrag für den Besitzer ergeben mußten. Dies war das oberste Gebot, auf das er seinen Sohn und auch die weiteren Nachfolger verpflichten wollte.

Nachfolger – das war für die nächste Generation der Sohn Friedrich Alfred, der am 17. Februar 1854 zur Welt kam. Fritz, wie er als Kind genannt wurde, war von klein auf anfällig und litt unter häufigen Asthmaanfällen, was sicher ganz wesentlich auf die ungesunde Wohnumgebung seiner frühen Kindheit zurückzuführen ist. Er war ein stiller, blasser und in sich gekehrter Knabe, der vollständig im Hinblick auf die Fortführung des Unternehmens erzogen wurde.

Strenge, Disziplin und Pflichterfüllung waren dabei die Maximen des Vaters, der dem Sohn möglichst viel von den eigenen Erfahrungen zu vermitteln und weiterzugeben bestrebt war. Das mußte selbstverständlich scheitern; doch Fritz, weich, liebenswürdig und ausgleichend, fügte sich dem bestimmenden, oft auch aufbrausenden Vater, der sich von seinen Überzeugungen nicht abbringen ließ. Zu diesen gehörte, daß an der Spitze des Unternehmens ein Generalist nötig sei, der das Unternehmen von innen gründlich kennen, nicht jedoch über akademische Spezialkenntnisse verfügen müsse. Den Wunsch, eine Technische Hochschule zu besuchen, schlug er seinem Sohn deshalb ab. Seit seiner Volljährigkeit war Fritz vielmehr im Unternehmen beschäftigt, ohne allerdings ein eigenes Aufgabengebiet zu erhalten. Erst viel später, als er mit 28 Jahren dem üblichen Studienalter längst entwachsen war, wurde ihm eine wenige Monate währende Stippvisite an der Technischen Hochschule Braunschweig gestattet.

1882, als der Vater seinem Studienwunsch endlich, wenn auch in extrem verkürzter Form, nachgab, wurde er zudem in die Prokura, das Leitungsgremium der Firma, aufgenommen. Ein weiteres Zugeständnis an die Eigenständigkeit des Sohnes lag in der nach jahrelanger Weigerung erteilten Zustimmung zur Hochzeit mit Margarethe Freiin von Ende. Alfred, der alle Ehrentitel stets abgelehnt hatte, wollte keine adelige Schwiegertochter. Auch nach der Hochzeit hat er mit ihr zunächst kaum ein Wort gesprochen. Später wurde ihm Margarethe zunehmend sympathisch, da sie zurückhaltend, aber dennoch energisch, ja zupackend und von angenehmem Äußeren war, ohne eine eigentliche Schönheit zu sein.

Friedrich Alfred Krupp hat nie offen gegen den übermächtigen Vater rebelliert. Er hat das Erbe von klein auf mehr wie eine Bürde übernommen und sich bemüht, den an ihn gestellten Ansprüchen gerecht zu werden. Dennoch hatte er durchaus eigene Ansichten und Standpunkte, an denen er festhielt. Das betraf nicht nur die Wahl seiner Ehefrau, sondern auch geschäftliche Fragen. Zwar hat sich Friedrich Alfred in allen die Fabrik betreffenden Belangen auch nach dem Tod des Vaters, der 1887 im Alter von 75 Jahren starb, nie darum bemüht, aus dessen Schatten zu treten. Doch hat er durchaus eine aktive Rolle übernommen und eigene Akzente gesetzt. Statt sich ganz auf die Außenrepräsentation zu beschränken, was viele erwartet hatten, griff er immer wieder in die Leitung der Firma ein und behielt sich die letzte Entscheidung in wichtigen Fragen vor. Nachdem es in den vorangegangenen anderthalb Jahrzehnten eher langsam vorangegangen war, nahm das Unternehmen in den fünfzehn Jahren, die Friedrich Alfred an der Spitze stand, konjunkturbegünstigt erneut einen stürmischen Aufstieg. Die Belegschaft verdoppelte sich von 20 200 auf knapp 41 000, der Umsatz stieg von 42,2 auf 101,4 Millionen Mark. Mit dem Kauf des Magdeburger Gruson-Werks gelang 1893 die Übernahme eines wichtigen Konkurrenten. Bedeutende Erweiterungen stellten auch die Errichtung eines modernen Hüttenwerkes in Rheinhausen 1895/1897 und der Kauf der Kieler Germania-Werft dar.

Angesichts dieser Entwicklung konnte auch die stets demonstrierte persönliche Bescheidenheit Friedrich Alfred Krupps die Distanz nicht verkleinern, die zwischen dem Inhaber und den Arbeitern mittlerweile bestand. Obwohl er 1888 die ihm angebotene Nobilitierung ablehnte und auch nach seiner Ernennung zum «Wirklichen Geheimen Rat» 1900 auf die ihm dadurch zustehende Anrede «Exzellenz» verzichtete, gehörte er dem Bürgertum im Sinne des Mittelstandes längst nicht mehr an. Für eine bis weit ins bürgerliche Lager der Großindustrie gegenüber zunehmend kritisch eingestellte Öffentlichkeit war er vielmehr die Personifizierung der Industrie, des Kapitalismus, ja der Wirtschafts- und Sozialordnung des wilhelminischen Deutschlands insgesamt.

Bilder und Gobelins für die Villa Hügel

Friedrich Alfred erfüllte die Rolle, die ihm seine Stellung vorgab, doch im Laufe der Jahre spürte er deren Gewicht zunehmend als Last. In Essen gab es allerdings kein Entrinnen. Die Villa Hügel war Stein gewordenes Symbol von Alfreds Erfolg und der neuen Herrschaft der Industrie; sie war ein Ort der Repräsentation, nicht der Geselligkeit. Sie war groß und prächtig, Ausdruck von Reichtum und Technikbegeisterung, nicht jedoch von Kunstsinn und Schönheitsempfinden. Auch mit diesem riesigen Haus hatte der Erbauer sich und seinen Nachkommen eine bestimmte Lebensform vorgegeben. In seiner Technikbegeisterung hatte er eine Belüftungsanlage und eine Zentralheizung installieren lassen, die jedoch beide nie recht funktionierten. Daher war es stets zugig und zudem kalt – die Räume ließen sich kaum über 18 Grad heizen. Aus Angst vor Feuer war das Haus vollständig aus Stein und Stahl errichtet worden und wirkte daher groß, kalt und düster. Friedrich Alfred hat versucht, diesen Eindruck ein wenig zu mildern und Holzvertäfelungen anbringen, Bilder und Gobelins aufhängen lassen, zudem eine Bibliothek eingebaut. Den Charakter des Hauses tatsächlich zu verändern, gelang ihm allerdings nicht. Auch in dieser Gestalt war das Erbe Alfreds eine Verpflichtung, die anderen Aspekten des Lebens keinen Raum zu lassen schien. Um zu atmen, zu lachen und fröhlich zu sein, mußten alle Hügelbewohner Essen verlassen. So ging es Fritz als Kind, und deshalb zog es den erwachsenen Friedrich Alfred seit Ende der 1890er Jahre während der Wintermonate nach Capri. Das milde Klima linderte sein Asthma und den Gelenkrheumatismus, und hier konnte er seinen persönlichen Interessen folgen. Er betrieb – durchaus ernsthaft – Tiefseeforschung, nahm am geselligen Leben der Insel teil und ging auch seinen homosexuellen Neigungen nach, was in Italien, anders als in Deutschland, nicht unter Strafe stand.

Seiner Position und der mit ihr verbundenen Rolle des Protagonisten von Großindustrie und Kapital konnte er jedoch auch hier nicht wirklich entfliehen. Am 15. November 1902 erschien im sozialdemokratischen «Vorwärts» der Artikel «Krupp auf Capri», in dem der Firmeninhaber bezichtigt wurde, auf der Mittelmeerinsel ausschweifende homosexuelle Orgien zu feiern. Das war gehörig aufgebauscht. Der Bericht sollte den Eindruck vermitteln, der unvorstellbar reiche Industrielle fröne im sonnigen Süden dem Müßiggang, umgebe sich mit Luxus und führe ein Leben geprägt von Laster, moralischer Verkommenheit und Perversion, während die Arbeiter seiner Fabriken kaum genug verdienten, um ihre Familien zu ernähren. Der Skandal war keine «Papparazzi»-Affäre, sondern eine politische Kampagne mit dem Ziel, das Großbürgertum, den Kapitalismus, ja, die ganze

Wirtschafts- und Sozialordnung des Kaiserreichs als dekadent und moralisch verkommen zu brandmarken. Genau so wurde der Angriff auf Krupp von der bürgerlichen Presse auch aufgefaßt und zurückgewiesen: «Die Person sollte getroffen werden, um die Gesellschaft zu erschüttern, der sie eine Stütze war», schrieb die nicht parteigebundene Tageszeitung «Der Tag». Die allgemeine Aufregung nahm noch zu, als am 22. November, eine Woche nach dem Artikel im «Vorwärts», die Nachricht vom plötzlichen Tod des Firmeninhabers bekannt wurde. Offiziell hieß es, er sei an den Folgen zweier Schlaganfälle gestorben, doch hinter vorgehaltener Hand vermuteten viele einen Selbstmord.

Zur Beerdigung erschien Wilhelm II. persönlich und führte mit einer Delegation aus hochrangigen Ministern und Militärs den Trauerzug an. Das war eine politische Stellungnahme des Staatsoberhauptes, der den «Schild des deutschen Kaisers» über das Haus Krupp hielt und auf dem Essener Bahnhof kurz vor seiner Abreise eine flammende Rede gegen die Sozialdemokratie hielt.[6] Das Kommen des Kaisers machte deutlich, welche Bedeutung dem größten Stahlproduzenten und wichtigsten Waffenlieferanten des Kaiserreiches zukam. Damit war es Ausdruck des Strukturwandels, der aus dem agrarisch geprägten Deutschland einen Industriestaat hatte werden lassen. Und in diesem gehörten auch die Großindustriellen zu den staatstragenden Eliten.

Die Bürde dieser Position ging nach dem Tod Friedrich Alfred Krupps auf seine älteste Tochter Bertha über, die beim Tod ihres Vaters sechzehn Jahre alt und damit noch minderjährig war. Von klein auf war auch ihr Leben vorgezeichnet, ihr persönlicher Spielraum äußerst gering. Aufbegehrt hat sie noch weniger als ihr Vater, sich vielmehr vollständig der Familientradition und dem von Alfred Krupp vorgegebenen Lebensentwurf untergeordnet, der Disziplin und Pflichterfüllung stets oberste Priorität einräumte. Darauf wurde sie nun um so stärker von ihrer Mutter vorbereitet, die zugleich alles tat, um den hochpeinlichen Skandal und damit auch dessen Opfer im allgemeinen Bewußtsein möglichst weit zurücktreten zu lassen. Bertha sollte ihr Leben in den Dienst des Unternehmens stellen, doch daß sie selber eine geschäftliche Funktion übernehmen würde, war dem Rollenverständnis der Zeit entsprechend undenkbar. Friedrich Alfred Krupp hatte im Hinblick darauf testamentarisch verfügt, daß das Unternehmen bei seinem Tod formal in eine Aktiengesellschaft umgewandelt werden sollte. Von den 160 000 Aktien gingen vier Stück an Verwandte und Freunde des Hauses, die übrigen 159 996 blieben in Berthas Besitz, so daß die Führung faktisch in einer Hand lag – so wie ihr Großvater Alfred es bestimmt hatte. Bis zu ihrer Volljährigkeit wurde die Erbin im Aufsichtsrat von ihrer Mutter vertreten, später sollte ihr Ehemann an deren Stelle treten.

Die Auswahl eines geeigneten Gatten für Bertha war damit weniger eine Frage des persönlichen Lebensglücks als vielmehr eine Entscheidung von höchster Wichtigkeit für das Unternehmen und darüber hinaus, aufgrund der wirtschaftlichen und politischen Bedeutung von Krupp, auch für den Staat. Bertha wußte das, und so wird sie den tieferen Sinn der Rom-Reise zumindest geahnt haben, die sie 1906, als ihr 21. Geburtstag und damit ihre Volljährigkeit kurz bevorstand, gemeinsam mit ihrer Mutter und der ein Jahr jüngeren Schwester Barbara unternahm.

Dort nämlich wurde sie mit dem 16 Jahre älteren Legationsrat an der preußischen Botschaft beim Vatikan, dem promovierten Juristen Gustav von Bohlen und Halbach, bekannt gemacht. Es hieß, die Eheschließung sei in der Umgebung des Kaisers ausgedacht worden, – jedenfalls willigten beide Kandidaten ein. Arrangiert oder nicht – innerhalb der Familiengeschichte war dies die stabilste und auch die kinderreichste Verbindung. Bereits im Frühsommer 1906 fand die Verlobung statt, und am 15. Oktober desselben Jahres die Hochzeit, zu der auch Wilhelm II. erschien. Das kaiserliche Geschenk bestand in einer Sondergenehmigung, welche dem Paar und auch später den jeweiligen männlichen Erben und Alleininhabern des Unternehmens erlaubte, den bisherigen Familiennamen Krupp dem nunmehrigen von Bohlen und Halbach voranzustellen, damit die Einheit von Werk und Familie auch weiterhin sichtbar bliebe.

Ein neuer Hausherr

Der von Alfred Krupp stets abgelehnte Adel war nun endgültig Bestandteil der Familie. Der Name war wohlklingend, doch er stammte nicht von einem alten Aristokratengeschlecht. Gustavs Vorfahren waren vielmehr Kaufleute, sein Großvater mütterlicherseits amerikanischer Bürgerkriegsgeneral; erst sein Vater Gustav Halbach war als badischer Diplomat 1871 geadelt worden und hatte bei dieser Gelegenheit den Geburtsnamen seiner Mutter, Bohlen, dem eigenen Familiennamen vorangestellt. Gesellschaftlich stand Gustav also keineswegs höher als seine Braut – reicher zu sein als sie, war ohnehin unmöglich. Als Diplomat war Gustav gewohnt, sich auf politischem Parkett zu bewegen, und mit den Abläufen der staatlichen Verwaltung einigermaßen vertraut – beides waren wichtige Qualifikationen für seine neue Rolle. Margarethe Krupp wird nach dem peinlichen Skandal um ihren Ehemann auch auf die persönlichen Eigenschaften des Kandidaten geachtet haben: Disziplin, Pflichtgefühl und Bescheidenheit in der Lebensführung waren durchaus nötig, um sich in die von Alfred Krupp geprägten und nun um so stärker betonten Traditionen einfügen zu können. Als der eigentliche Unternehmensgründer wurde dieser nun noch stärker zur alles überragenden Bezugs- und Identifikationsfigur für das Unternehmen und auch für die Familie. Allein mit seinen Maximen, mit der Sorge um das Unternehmen und die Belegschaft sollte der Name Krupp in Verbindung gebracht werden. Ganz in diesem Sinne hat sich Gustav bei der Hochzeit das Motto zu eigen gemacht, das Alfred 1873 gemeinsam mit dem Bild vom «Stammhaus» ausgegeben hatte: «Der Zweck der Arbeit soll das Gemeinwohl sein».

Gustav, innerhalb der Familie «Taffy» genannt, hat sich in seinem Bestreben, sich in Firma und Familie einzugliedern, ein *echter* Krupp zu werden, doch womöglich auch aus einer gewissen Unsicherheit heraus, aus Pflichterfüllung, Ordnung und Pünktlichkeit ein Korsett geschaffen, das ihm Halt geben sollte. Auch die insgesamt acht Kinder, die zwischen 1907 und 1922 geboren wurden, änderten daran nichts, sie mußten sich vielmehr dem strengen Regiment fügen. Ein

Margarethe Krupp an ihrem 70. Geburtstag, dem 15. März 1924, umrahmt von ihren Töchtern Bertha und Barbara, den Schwiegersöhnen Gustav Krupp von Bohlen und Halbach und Thilo von Wilmowsky und den Enkelkindern – links neben seinem Vater der künftige Erbe Alfried.

straffer Zeitplan regelte das gesamte Leben: Die Zeiten für Schulstunden, Reitstunden, Spaziergänge, sogar für die Zeit mit den Eltern und die Mahlzeiten waren streng festgelegt. Selbst bei offiziellen Einladungen wurde jeder Gang abgetragen, wenn der Hausherr, der ein schneller Esser war, fertig war – gleichgültig, ob die Teller der Gäste noch halb voll waren. Pünktlich um Viertel vor zehn erschien ein Diener mit dem Hinweis, der Wagen warte am Haupttor. Um Viertel nach zehn ging Gustav täglich zu Bett, und damit hatten auf dem Hügel die Lichter zu verlöschen.

Ein privates Leben gab es auch für die Krupps dieser Generation nur außerhalb Essens. 1916 wurde das Jagdschloß Blühnbach aus dem Besitz des ermordeten Erzherzogs Franz Ferdinand von Habsburg erworben; dort verbrachte die Familie von Bohlen, wie sie im täglichen Umgang auch vom Hauspersonal angesprochen wurde, die Sommermonate. Hier war das strenge Protokoll gelockert, sahen die Kinder ihre Mutter auch außerhalb der dafür vorgesehenen Zeiten, hier waren sie für wenige Wochen im Jahr eine normale Familie – so weit das überhaupt möglich war.

Zurück in Essen beherrschten Pflichten und Rollenzwänge das Leben aller Familienangehörigen. Bertha war zwar die eigentliche Inhaberin des Unternehmens, doch die Geschäftswelt war eine Männerdomäne, in die sie nicht einzudringen versuchte. Ihre Aufgabenbereiche waren neben der Beaufsichtigung des Haushalts das bei Krupp traditionell umfangreiche Gebiet der Sozialeinrichtungen und der Arbeiterfürsorge und die Repräsentation des Unternehmens. Sie verkörperte die Kontinuität der Familientradition, auf die Gustav bei wichtigen unternehmenspolitischen Weichenstellungen drang, zum Teil sogar gegen den Rat der Direktoren. Zu diesen Traditionen gehörte, daß die Stammbelegschaft möglichst gehalten werden sollte, dazu gehörte die Ablehnung einer Beteiligung fremden Aktienkapitals am Unternehmen, und dazu gehörte auch die Betonung der Staatsnähe. Obwohl er von seiner ganzen Persönlichkeit her ein Mann des Kaiserreiches war und Wilhelm II. auch nach dessen Rücktritt verbunden blieb, hat Gustav diese Staatsnähe auch in der Weimarer Republik und ebenfalls im Dritten Reich gesucht. Der Nationalsozialismus wurde in der Familie zwar vor 1933 weder gutgeheißen noch gar unterstützt, doch nach der Machtergreifung hat Krupp auch mit diesem Regime kooperiert, in seinen Reden wachsende Zustimmung zum Nationalsozialismus bekundet und sich nicht widersetzt, als Hitler das Unternehmen und die Person Gustav Krupp von Bohlens für seine Propaganda einsetzte. Als Hersteller von Rüstungsgütern war Krupp auch am Zweiten Weltkrieg wieder aktiv beteiligt.

1943 übernahm der älteste Sohn Berthas und Gustavs von seinem inzwischen schwerkranken Vater die Leitung des Unternehmens, das gleichzeitig durch die *lex Krupp* wieder in ein Einzelunternehmen umgewandelt und ihm als Alleininhaber übertragen wurde. Der zu diesem Zeitpunkt 36 Jahre alte Alfried hatte sich seit 1934 im Unternehmen auf die Übernahme der Verantwortung vorbereitet. Zuvor hatte er in München, Berlin und Aachen ein Ingenieurstudium absolviert und mit dem Diplomexamen abgeschlossen. Auch sein Leben war ganz darauf ausgerichtet, einmal die Verantwortung für Krupp, für das Unternehmen und die Familie zu übernehmen, also der Herrscher in diesem Industriereich zu sein. Trotz aller Traditionsverbundenheit und Pflichttreue hat er sich in einem wesentlichen Punkt der Mutter zu widersetzen versucht: in der Wahl seiner Ehefrau. Gegen Berthas Willen heiratete er 1937 die schöne, aber bereits geschiedene Hamburger Kaufmannstochter Anneliese Bahr. Auch die Geburt des Sohnes Arndt 1938 änderte nichts an Berthas Urteil, daß Anneliese nicht die geeignete Frau an der Spitze von Krupp sei. Mit der Drohung, Alfried andernfalls zu enterben, erreichte sie die Trennung des Paares. Hintanstellung eigener Wünsche und Hoffnungen hinter die Erfordernisse des Ganzen, absolute Pflichterfüllung und Selbstbeherrschung – die Krupp'schen Grundsätze hatten gesiegt.

Von ihnen ließ sich Alfried Krupp von Bohlen und Halbach, wie er seit der Übernahme der Fabrik hieß, auch in seinem Verhalten zum Dritten Reich leiten. Hinzu kam die Ablehnung von Politik, verstanden als Parteipolitik, bei gleichzeitiger Betonung der Loyalität zum Staat. Während der Friedensjahre konnte er dem Regime Hitlers durchaus positive Seiten abgewinnen. «Wir Kruppianer haben uns nie viel um Ideen gekümmert. Wir wollten nur ein System, das gut funktioniert und das uns eine Gelegenheit gab, ungestört zu arbeiten. Politik ist nicht unsere Sache»[7], bekannte er 1947. Das positive Bild der Vorkriegsjahre hatte sich zwar längst verdüstert, als er 1943 selbst die Verantwortung übernahm, sein Handlungsspielraum war allerdings begrenzt. Die wichtigen Entscheidungen waren bereits getroffen, und der Krieg tat ein Übriges.

Die Verhaftung Alfried Krupps 1945

Die Krupps hatten die Nazis nicht gewollt und sind auch später nie überzeugte Nationalsozialisten geworden, haben aber dennoch mitgemacht, aus Staatsloyalität und Fügsamkeit gegenüber der Obrigkeit, die Hitler nunmehr verkörperte, doch ebenfalls, um den eigenen Rang, den Besitz, den Konzern – auch im Hinblick auf dessen Angehörige – soweit wie möglich zu bewahren. Die Fabrik war das oberste Ziel und Zentrum des Handelns, dem sich letztlich alles unterordnen mußte, persönliches Lebensglück ebenso wie Ideen und Moral. Von außen betrachtet, aus der Sicht der Sieger des Weltkriegs, zählte vor allem eines: daß Krupp mitgemacht, Hitler unterstützt und durch die Waffenproduktion den Krieg möglich gemacht hatte. Der Name Krupp stand symbolhaft für das, was man an Deutschland haßte, bekriegt und eben auch besiegt hatte. Und da Gustav nach einem Autounfall und zwei Schlaganfällen nicht mehr haft- und verhandlungsfähig war, sondern mehr oder weniger teilnahmslos im Blühnbacher Posthaus – das Schloß hatten die Amerikaner requiriert – auf den Tod wartete, saß Alfried 1947 auf der Anklagebank des Nürnberger Kriegsverbrechertribunals. Unmittelbar nach dem Einmarsch amerikanischer Truppen nach Essen war er verhaftet worden. Höflich, diszipliniert und äußerlich unbewegt nahm er das ebenso hin wie die folgenden Jahre der Inhaftierung und den Prozeß selbst. Verurteilt wurde er in Nürnberg gemeinsam mit elf Direktoren der Firma wegen der Ausplünderung besetzter Gebiete und der Beschäftigung von Zwangsarbeitern, und zwar zu zwölf Jahren Haft und der Konfiszierung seines Vermögens.

Nach dem Krieg war Alfried als das Oberhaupt von Familie und Konzern inhaftiert, die Firma stand unter britischer Kontrolle und wurde demontiert. Von seinen Brüdern war nur Berthold bei den Eltern in Blühnbach. Claus und Eckbert waren gefallen, Harald befand sich bis 1955 als Kriegsgefangener in Rußland; von den Töchtern war Irmgard Witwe, Waldtraut hoffte auf Nachrichten von ihrem Mann, der von den Nationalsozialisten inhaftiert worden war. 1951 wurde Alfried aufgrund eines amerikanischen Sachverständigengutachtens begnadigt, das Zweifel am Urteilsspruch von 1947 und an der Angemessenheit der Strafe enthielt. Auch die Beschlagnahmung seines Vermögens wurde aufgehoben, dennoch erlangte er nicht sofort die Verfügungsgewalt über das Werk zurück. Die Alliierten bestanden vielmehr auf einer Entflechtung des Konzerns durch den Verkauf der Bergwerke und des Hüttenwerks Rheinhausen, was 1953 im Mehlemer Abkommen vertraglich festgeschrieben wurde. Der Vertrag legte zugleich fest, daß Alfried seine vier lebenden Geschwister und den Sohn seines verstorbenen Bruders Claus mit jeweils elf Millionen DM abfinden sollte und danach Alleineigentümer des Restvermögens von Krupp war. In den folgenden Jahren verfolgte Krupp gemeinsam mit seinem 1953 in die Firma eingetretenen Generalbevollmächtigten Berthold Beitz unbeirrt das Ziel, die Verkaufsauflagen des Entflechtungsplans abzuschütteln und den Konzern in seiner alten Struktur wiederherzustellen. An der Trennung der Firma von der Familie hielt er hingegen fest.

Die Trennung von Firma und Familie

Letztlich betraf sie nicht nur seine Geschwister, sondern auch seinen Erben, den Sohn Arndt aus der geschiedenen Ehe mit Anneliese Bahr. Er hatte nach den Kriegsjahren ohne Kontakt zum Vater den Großteil seiner Schulzeit auf Internaten verbracht; dadurch sollte nicht zuletzt der Einfluß der Mutter auf die Erziehung des Jungen abgeschwächt werden. Diese nämlich betonte stets die Privilegierung und den Reichtum, den seine Herkunft bedeute, stattete bereits den Schüler mit sehr viel Geld aus und beförderte das Exzentrische seiner Person und seines Lebensstils. Gelegentliche Besuche des auch in dieser Situation kühlen und distanzierten Vaters und seine Ermahnungen, in der Schule fleißig zu sein, konnten dagegen wenig bewirken. Während seines Studiums in München war Arndt weniger in Hörsaal und Bibliothek anzutreffen als auf den Partys der Glamour-Society. Er hatte viel Geld zur Verfügung, das er mit vollen Händen ausgab. Bald tauchte er – zum Entsetzen des Vaters – in den Klatschspalten der Boulevardblätter auf.

Die Frage begann sich zu stellen, ob Arndt gewillt und in der Lage sein würde, ähnlich wie sein Vater und die Vorfahren der Familie sein Leben in den Dienst der Firma zu stellen. Das nämlich galt Alfried, ganz im Sinne des Traditionsgründers Alfred Krupp, als das entscheidende Kriterium. Die Gemeinwohlverpflichtung des Eigentums, auf die in der Familie stets so großer Wert gelegt wurde – sie bedeutete nicht nur eine Sozialbindung, die sich im Werkswohnungsbau und der Stiftung einer Fülle von Einrichtungen der Arbeiterwohlfahrt äußerte; sie besagte auch und vielleicht sogar in erster Linie, daß stets die Firma im Mittelpunkt zu stehen hatte. Sie sollte Zentrum und Ziel des Handelns ihrer Inhaber sein und nicht Mittel zum Zweck werden, nicht als Quelle von Reichtum und Einfluß der Familie dienen. Der derzeitige Inhaber lag ganz auf der Linie seines Urgroßvaters, der die Firma in einheitlichem Besitz möglichst selbstbestimmt, ohne den Einfluß fremder Kapitalgeber, auf Dauer bestehen sehen wollte.

Eine Übertragung an den Sohn aber – das zeichnete sich immer klarer ab – war mit diesem Ziel schwerlich zu vereinbaren. Das lag neben der Persönlichkeit Arndts auch am Erbvorgang selbst, denn die Höhe der dabei fällig werdenden Erbschaftssteuer hätte bereits einen mindestens teilweisen Verkauf des Unternehmens zur Folge haben müssen. Schon Anfang der sechziger Jahre und damit vor der Finanzkrise, die das Unternehmen 1966/67 schwer erschütterte, wurde deshalb an Plänen gearbeitet, die Firma in eine gemeinnützige Stiftung zu überführen. Hierfür war es allerdings erforderlich, Arndt zum Erbverzicht zu bewegen. Zwar erhielt er durchaus eine fürstliche Kompensation in Form einer jährlichen Apanage von zwei Millionen DM, doch im Gegenzug verzichtete er auf ein Milliardenvermögen. Die Verzichtserklärung stellt insofern eine Form der Eingliederung des Außenseiters Arndt in die Familientradition dar. Sie ist, wenn auch in anderer Form als bei seinen Vorfahren, ebenfalls als ein Dienst am Ganzen der Fabrik und ihrer Tradition unter Hintanstellung eigener Interessen anzusehen.

Als im September 1966 der endgültige Erbverzicht und das Testament Alfrieds unterzeichnet wurden, war allerdings noch nicht abzusehen, daß der Erbfall schon so bald eintreten sollte. Nicht einmal ein Jahr später, am 30. Juli 1967, starb der letzte Alleininhaber der Firma Krupp an einem erst kurz zuvor diagnostizierten Lungenkrebs. Mit seinem Tod endete die enge, mehr als 150 Jahre dauernde Verbindung der Firma Krupp mit der Familie ihres Gründers. Arndt, der letzte Nachkomme der direkten Linie, war aufgrund der Trennung der Eltern derjenige aus der Generation der Enkel von Bertha Krupp, der dieser Familie, den in ihr gepflegten Werten und Traditionen am wenigsten zugehörte. Als einer der Testamentsvollstrecker seines Vaters war er noch beteiligt an der Errichtung der Alfried Krupp von Bohlen und Halbach-Stiftung, dann verließ er Essen für immer. Auch zu den übrigen Mitgliedern der Familie bestand nach dem Tod des Vaters keine Verbindung. Arndt kehrte nach München zurück, ohne jedoch sein Studium wieder aufzunehmen. Er hatte keinerlei Verpflichtung mehr, keine Aufgabe und letztlich auch kein Ziel, das über den Tag hinausging – allerdings sehr viel Geld. So widmete er sich vollständig einem Leben des Glamour und Jet Set, gab rauschende Partys und genoß die öffentliche Aufmerksamkeit, die sein exzentrischer Lebensstil ihm bescherte. Was die «Vorwärts»-Redakteure seinem Urgroßvater Friedrich Alfred Krupp vorgeworfen hatten, traf auf ihn nun tatsächlich zu: Sein Luxusleben vermochte immer weniger die innere Leere zu verbergen. Bei Henriette von Auersperg, die er trotz seiner Homosexualität 1969 heiratete, fand er für ein paar Jahre Halt, doch zunehmend entglitt ihm sein Leben. Alkohol und Drogen begleiteten und beschleunigten den Verfall, schließlich erkrankte er an Mundbodenkrebs. Auch sein zunächst so märchenhaft scheinender Reichtum wurde von seinem aufwendigen Lebensstil aufgezehrt. Bei seinem Tod 1986 gab es außer Erinnerungsstücken nichts mehr zu verteilen.

Daß das Selbstverständnis der Familie auch in der nachfolgenden Generation, der Generation der Urenkel Bertha Krupps, noch durch die gemeinsame Herkunft aus der Stahldynastie geprägt ist, wurde in den 1990er Jahren deutlich. Die Cousins Eckbert und Friedrich von Bohlen und Halbach nämlich versuchten – publizistisch unterstützt von ihrer Cousine Diana Maria Friz –, gerichtlich eine Vertretung der Familie im Kuratorium der Alfried Krupp von Bohlen und Halbach-Stiftung durchzusetzen. Sie scheiterten jedoch vor den deutschen Gerichten. Alle Familienmitglieder haben stets betont, daß es ihnen bei der Auseinandersetzung nicht um Geld gegangen sei. Nun waren sie zwar vom gigantischen Krupp-Vermögen ausgeschlossen, doch durch die Abfindung des Mehlemer Abkommens auch keine armen Leute. Mit der für die Verhältnisse der frühen Bundesrepublik beträchtlichen Summe von jeweils elf Millionen DM hatten Alfrieds Brüder Berthold und Harald die Mehrheit an der zuvor zum I. G. Farben-Konzern gehörigen WASAG-Chemie AG übernommen und diese zu einem Hersteller von Sprengstoffen, Zündmitteln, Kunststoffen und Düngemitteln ausgebaut. Sie waren wirtschaftlich erfolgreich, doch nicht in einer Dimension, die die Aufmerksamkeit der Öffentlichkeit auf sich gezogen hätte.

Das änderte sich erst im Falle des 1962 geborenen Friedrich von Bohlen und Halbach, des ältesten Sohns von Alfrieds Bruder Harald, der 1997 das Bioinformatik-Unternehmen LION-Bioscience gründete und damit zunächst sehr erfolgreich war. Er wurde zum Star der Zukunftsbranche Biotechnologie und erhielt zahlreiche Preise – vom Innovationspreis der SPD 1997 bis zum Zukunftspreis der Deutschen Bank 2000. Die Verbindung zu Krupp steigerte das Interesse einer Öffentlichkeit, die immer wieder die Parallele zwischen der Bioinformatik und dem Gußstahl als den High-Tech-Produkten ihrer jeweiligen Zeit herstellte. Der Höhenflug gipfelte im Börsengang 2000, der als einer der erfolgreichsten am Neuen Markt mehr als 200 Millionen Euro einbrachte. Ganz wie sein Ururgroßvater Alfred Krupp sah Friedrich von Bohlen die Ursache für seinen Erfolg in seiner Leistung und hob in diesem Zusammenhang das hohe Arbeitspensum und die Risikobereitschaft von Unternehmern hervor. Ebenso wie sein Vorfahr ließ er jedoch dabei unerwähnt, daß Risikobereitschaft allein noch keine erfolgreiche Unternehmensgründung ermöglicht. Auch Friedrich von Bohlen hatte, ähnlich wie seine Ahnen 200 Jahre zuvor, von den Startbedingungen profitiert, die ihm seine familiäre Herkunft boten. In seinem Fall waren das vor allem eine exzellente Ausbildung, finanzieller Rückhalt und gute Verbindungen. Ganz der Tradition der Familie entspricht Friedrich von Bohlen noch in einem weiteren Punkt: in der Betonung von Bürgerlichkeit und Bescheidenheit im persönlichen Auftreten und in der Form, wie er sich anreden läßt – schlicht Friedrich Bohlen. Neben dem Verzicht auf Titel gehört dazu auch das Vermeiden protziger und elitärer Verhaltensweisen. Er gibt sich bodenständig durch saloppe Redewendungen und Vergleiche zwischen Wirtschaft und Fußball, die seine Herkunft aus Essen betonen statt der Schulzeit auf einem Schweizer Internat. Mit dem Zusammenbruch des Neuen Marktes folgte allerdings auch bei LION-Bioscience der Absturz der Börsenkurse. Wie sein Vorfahr Friedrich Krupp mußte auch Friedrich von Bohlen und Halbach feststellen, daß die Investition in eine Zukunftstechnologie langen Atem benötigen kann.

Die Manns

von Volker Reinhardt

Das öffentliche Interesse an der Familie Mann ist erwiesen. Sie bietet den Stoff, aus dem Fernsehspiele und Mythen gemacht werden. Denn sie hat Schicksal. Und zwar mit allem, was dazu gehört: Bruderzwist bis zur geistigen Selbstzerfleischung, spannungsreiche Eltern-Kinder-Beziehungen, exzessiver Drogenkonsum bis zur Selbstzerstörung, verdrängte Bi- und rauschhaft ausgelebte Homosexualität, aber auch Lebensläufe von vollendeter Selbstverwirklichung. Segen und Fluch scheinen – um die trivialeren, massenwirksameren Seiten des Mythos ins Auge zu fassen – über dieser Sippe reichlich zu walten. So bietet die Geschichte der Manns jedem das Seine: das unbarmherzige Geschick, Sohn bzw. Tochter eines unerreichbar Großen zu sein, die zufriedene Selbstbescheidung, zu dessen Ruhm wirken zu dürfen, aber auch die ruhige Selbstgewißheit, aus dessen Schatten herausgetreten zu sein.

Bei aller Vielfalt im einzelnen stellen sich diese Rollen eigentümlich vorgeprägt dar – Mythen leben von Typisierungen. Sie verdichten und überhöhen Personen und ihre Lebensläufe zu sinnstiftenden Symbolen; diese erlauben es dem Publikum, sich selbst widergespiegelt zu sehen und sich zu identifizieren. In einer Gegenwart des frühen 21. Jahrhunderts, welche nach dem Untergang der Ideologien die Familie, die Abstammung, das Gen als Fatum zu erkennen meint, hat der Mythos der Manns mehr Konjunktur denn je. Seine Anziehungskraft liegt vor allem darin beschlossen, daß er Abgründe – zwischen Geist und Trieb, Größe und Schuld, Konvention und Auflehnung – auszuleuchten und im Mikrokosmos einer Familie kollektive Geschicke abzubilden scheint. Diese Fokussierung trifft den Nerv einer Gegenwart, die in den Mustern von Generationen denkt, d. h. Individualität in Schicksalsgemeinschaften aufgehoben wissen möchte.

Empfang zum 50. Geburtstag Thomas Manns am 6. Juni 1925 in München. V. l. n. r: Arthur Eloesser, Maria Mann-Kanova, Thomas Mann, Golo Mann, Erika Mann, Monika Mann, Katia Mann, Heinrich Mann, Klaus Mann, die Kindererzieherin Gertraud von Boeck.

Solches Potential, Projizierungen anzuziehen, bietet die Gründergestalt Thomas Mann (1875–1955) vornehmlich für ein Bildungsbürgertum, das in einer verflachenden, von Medienverwilderung gezeichneten Zeit den Adel der Literatur hochhält und deren Nutzen für eine humane, die letzten Dinge milde im Blick bewahrende Zivilisiertheit betont. Demgegenüber lebt sein Bruder Heinrich (1871–1950) die Synthese von Geist und Tat für die weiter links stehenden Ausschnitte dieses Spektrums vor.

Eine geradezu archetypische Bandbreite von Lebensentwürfen schließlich offerieren die sechs Kinder von Katia (1883–1980) und Thomas. Zwischen 1905 und 1919 geboren, dienen sie der Generation, die in den sechziger und siebziger Jahren gegen die Verdrängungszwänge und die kleinbürgerliche Moral ihrer Eltern rebelliert und die Stickluft der langen Adenauer-Restauration austreiben möchte, als Legitimationsfiguren; als solche sind sie nicht zuletzt durch die Vorzeitigkeit ihres Protestes ausgewiesen. Das gilt vor allem für die ebenso begabte wie gefährdete Erika (1905–1969), die – mit einem Übermaß verschiedener Talente gesegnet bzw. geschlagen – ihre stupende Sprachbegabung nebst politischem Scharfblick im engagierten Kabarett und danach in einem nicht minder leidenschaftlich betriebenen Journalismus zum Ausdruck bringt, von den widrigen Zeitläufen aber letztlich aus der Bahn geworfen wird und am Ende eine Ethik des Widerstandes gegen den rückwärtsgewandten Zeitgeist praktiziert. Einen düsterer getönten Existentialismus kann man in Klaus (1906–1949) vorweggenommen finden, dem melancholischen Bohémien, der die verdrängte Homoerotik des Vaters orgiastisch auslebt, im Alter von siebzehn Jahren den literarischen Wettbewerb mit diesem aufnimmt und am Ende dessen platonische Sympathie mit dem Tode in Selbstmord umsetzt. Wertkonservativere Gemüter dürften sich durch Golos (1909–1994) Lebensweg bestätigt sehen, der sich, allen Exzessen zutiefst abhold, der akademischen Philosophie und danach der Geschichte zuwendet. Vorreiterin ganz anderer Art ist Elisabeth (1918–2002), die als Gründungsmitglied des Club of Rome (1970) lange, bevor es Mode wird, die Bedrohung der Schöpfung erkennt und damit der Ökologiebewegung als Leitfigur zu dienen vermag.

Selbst die auf der Schattenseite der väterlichen Gunst aufwachsenden Kinder erregen die Aufmerksamkeit der Öffentlichkeit. Die Sympathie mit den Benachteiligten kommt vor allem Monika (1910-1992) zugute, die von ihren Eltern als wenig begabt eingestuft, ja zeitweise sogar als Belastung für die kollektive Selbstdarstellung der Familie empfunden wird, gefühlvolle Geschichten schreibt und schließlich ein unauffälliges Glück an der Seite eines Fischers auf der Schlagertrauminsel Capri findet. Tragisch überschattet erscheint hingegen der Lebensweg Michaels (1919-1977), der sich zuerst als Violinist bzw. Bratschist betätigt, doch den Virtuosenmaßstäben der Familie nicht genügt, sich dann der Germanistik zuwendet, auf diesem Feld die späte Anerkennung des Vaters findet und am Ende, folgt man dem Mythos, dann doch dessen Fluch erliegt. So soll der jüngste Sohn an der Herausgabe der Thomas Mannschen Tagebücher zerbrochen sein, in denen u. a. seine Abtreibung erwogen wird. Und die Familiensaga ist nicht zu Ende, meldet sich doch – weiterhin von der Öffentlichkeit interessiert zur Kenntnis genommen – schon seit längerem die nächste Generation zu Wort, um ihren Anteil am Familienschicksal einzufordern. Dieses Enkeldasein wird von Michaels Sohn Frido Mann (geboren 1940) – dem Urbild des bezaubernden Knaben Echo, der im *Doktor Faustus* qualvoll an Hirnhautentzündung zugrunde geht – als Last und Lust zugleich präsentiert. Der Weg vom Objekt großväterlicher Romankunst zu selbstgestalteter Existenz führt – folgt man Fridos Roman-Autobiographie – über die bislang von der Familie unbesetzten Sektoren der Theologie bzw. der Psychologie am Ende wieder zurück in die Literatur, den Grundstoff des Familienmythos.

Mythen leben auf verschiedenen Ebenen. Auf der höchsten von ihnen handelt der Mythos der Manns vom Seher- und Prophetentum großer Schriftsteller, die eine Nation, ihre Kultur und ihre innere Zerrissenheit in Leben und Werk verkörpern bzw. widerspiegeln. Am untersten Limit werden voyeuristische Bedürfnisse des Publikums bedient: Thomas Manns homoerotisches Coming out in den Tagebüchern, Heinrich Manns «pornographische» Alterszeichnungen nebst «obszönem» Briefwechsel mit Berliner Prostituierten nähren den seit jeher bestehenden Verdacht, daß Genie und Triebhaftigkeit, wenn nicht Verruchtheit aufs engste verwandt sind. Mythen werden konzipiert und lanciert, um sich dann – entsprechende Aufnahme durch das Publikum vorausgesetzt – zu verselbständigen. Daraus folgt, daß von einem bestimmten Punkt an Realität und Mythos miteinander verschmelzen und nicht mehr trennbar sind; das gilt allemal für die Perspektive der Nachwelt, doch wohl auch schon für die Selbstwahrnehmung der Protagonisten. Lebenskräftig aber bleiben Mythen nur, wenn ihnen ein harter Kern der Ausstrahlung, wenn man so will: der Größe innewohnt.

Frühes Leid, frühe Ordnung

Mythen überhöhen Wirklichkeit, bis sie gehegte Erinnerungsorte geworden sind. Thomas Mann hat seine Abkunft durchgehend als «patrizisch» bezeichnet und zugleich den Aufstieg der Manns von gehobenem Handwerkertum in Nürnberg bis zur angesehenen Handelsfirma in Lübeck summarisch nachgezeichnet. Aus dem nüchternen Blickwinkel der Sozialgeschichte drängen sich dazu einige einschränkende Anmerkungen auf. In ihrem Wortgebrauch nämlich bezeichnet «patrizisch» einen durch lange Zeiträume gewachsenen, durch generationenübergreifende Amtsausübung, Lebensstil, Sozialprestige und nicht zuletzt durch die Akzeptanz der Gleichrangigen ausgewiesenen Status als Teil einer schmalen, eng miteinander verschwägerten städtischen Führungsschicht. Davon aber kann im Falle der Manns nur sehr begrenzt die Rede sein. Die Präsenz der Familie in Lübeck erstreckt sich über gerade einmal einhundert Jahre: von der Firmengründung durch Johann Siegmund Mann 1790 bzw. dessen Aufnahme ins Bürgerrecht 1794 bis zur Liquidierung des Getreidehandelsunternehmens nach dem Tode des Senators Thomas Johann Heinrich Mann anno 1891. Der Aufstieg der Familie spiegelt auf diese Weise die Erweiterung des in einem halben Jahrtausend gewachsenen Elitengefüges an der Trave durch eine moderate, von der alten Oberschicht kontrollierte Mobilität im Laufe des 19. Jahrhunderts wider.

Eine prosaisch aufrechnende Bestandsaufnahme von Herkunft und

Milieu sieht sich nicht nur in diesem Punkt mit Thomas Manns übermächtigem Roman *Buddenbrooks* konfrontiert, der ökonomische und soziale Verfallsprozesse als Freisetzung künstlerischer Potentiale ausdeutet und nicht nur für die Familie, sondern auch für deren Stadt als ganze zum prägenden Erinnerungsort geworden ist. «Schlüsselroman», geschweige denn Schlüssellochroman, aber ist er mitnichten. Auch das gilt nicht nur für Personen, sondern für das städtische Ambiente insgesamt. Lübeck in der Geburtszeit von Heinrich und Thomas Mann ist keineswegs das in mittelalterlichen Gemäuern weltabgeschieden vor sich hin dämmernde bzw. sinnig grübelnde Kaufmannsnest, sondern ein baltisches Handelszentrum, welches allein zwischen 1845 und 1875 seinen maritimen Warenumschlag vervierfacht. Gute Zeiten also für dynamische junge Geschäftsleute wie Thomas Johann Heinrich Mann (1840–1891), bevor dann der große «Krach» der Gründerjahre die fabelhaften Bilanzen zeitweise eintrübt. Dieser ökonomische Katzenjammer dürfte denn auch für die geschäftlichen Turbulenzen ausschlaggebend sein, welche die Mannsche Getreidehandelsfirma in den 1880er Jahren beuteln – und literarisch überhöht den äußeren Niedergang Thomas Buddenbrooks sowie dessen Anfälligkeit für den Geist der Schopenhauerschen Weltverachtungsphilosophie hervorrufen. Wiederum sehr untypisch für altüberkommene lübische Elitenverhältnisse, hatte Thomas Johann Heinrich mit Julia da Silva Bruhns (1851–1923) die Tochter des klassischen Selfmademan Johann Heinrich Bruhns geheiratet, der in jungen Jahren als Pflanzer und Händler sein Glück in Brasilien fand und sich mit Maria da Silva aus einer Familie vornehmer Plantagenbesitzer vermählte. Thomas Johann Heinrichs Karriere, die in der Wahl zum Steuersenator der Freien Stadt Lübeck kumulierte – immerhin einer von fünfundzwanzig Teilstaaten des Deutschen Reichs mit eigenen Rest-Hoheiten –, hat diese ungewöhnliche Eheschließung nicht geschadet.

Der Werdegang der fünf Kinder, die aus ihr hervorgehen – Heinrich, Thomas, Julia, Carla und Viktor – wird im Erinnerungsbuch des letztgenannten Nachgeborenen der Nachwelt als heiter trauliche Familiengeschichte mit gelegentlichen dämonischen Einsprengseln geschildert, wie sie zur adäquaten Entwicklung zweier literarischer

Genies unabdingbar sind. An deren Verpuppung und glanzvoller Entfaltung nimmt der Erzähler, neunzehn bzw. fünfzehn Jahre jünger als die Großen, ebenso kindlichen wie später ehrfürchtigen Anteil, und zwar so, daß ein nicht ganz unbeträchtlicher Abglanz des Ansehens auch auf ihn, Viktor Mann, Diplomlandwirt, dann Bankmanager mit Prokura und aktiver Mitläufer des Dritten Reichs, fällt. Dessen entnazifizierte Reputierlichkeit wiederherzustellen ist also der Zweck dieser überaus versöhnlichen – und bezeichnenderweise *Wir waren fünf* betitelten – «Memoiren».

Die harten Fakten dagegen bezeugen Rebellionen. Die beiden ältesten Söhne des Senators stellen sich als für die Fortsetzung der noch jungen Familientradition unwillig bzw. ungeeignet heraus und brechen, jeder auf seine Weise, früh aus den geregelten Bahnen lübischer Großbürgerlichkeit aus. Diese Widerständigkeit richtet sich zuerst gegen das Gymnasium. Beide Söhne verlassen die verhaßte Abrichtungs-Anstalt ohne Abitur. So ironisch gebrochen Thomas' Bericht über die Peinlichkeiten und Absonderlichkeiten der schulischen Kadettendressur in verschiedenen Lebensabrissen auch ausfällt – der Stachel des Mißerfolgs sitzt tief und verlangt nach einer Umkehrung dieser pervertierten Rangverhältnisse. Unter diesem Vorzeichen läuft die frühe Renitenz auf eine konsequente Trennung von Geist und Macht hinaus; den selbständig Denkenden und Dichtenden treibt es unweigerlich in die subversive innere Emigration. Von dieser ebenso ernsten wie ironischen Jünglingsdistanzierung aus wird heftige Zeitkritik geübt. In den frühesten Texten Heinrichs, der seine Laufbahn im Leipziger Buchhandel beginnt, wie Thomas', der als Feuerversicherungsvolontär debütiert, werden die Hohlheit des gründerzeitlichen Glamours und die Schäbigkeit des Schacherns angeprangert, das diese Fassade der Wohlanständigkeit überhaupt erst aufzurichten gestattet. Nicht zuletzt ist eine auf solche Scheinwerte gegründete Ordnung für Umsturz anfällig, schlummert im obrigkeitsfrommen Spießbürger doch immer auch der Aufwiegler aus verlorener Reputation. Das Protzertum der Parvenüs, der jähe Sturz der morschen Eliten und das Schillern der Hochstapler finden sich als Leitmotive in den Jugendtexten beider Senatorssöhne, am ausgeprägtesten in Heinrichs frühen Gesellschaftsromanen. Es scheint erlaubt, bei aller zeittypischen Vorliebe für Dekadenz darin auch eine Spiegelung eigener Rang- und Prestigeverluste zu sehen.

Die Familie Mann zieht es nach dem frühen Blutvergiftungs-Tod des Senators im Jahre 1891 nach München. Auch wenn das Restvermögen der Firma, in Leibrenten umgewandelt, allen einen auskömmlichen Lebensunterhalt garantiert – die Übersiedlung markiert sozialen Abstieg. In diesem Punkt stimmen *Buddenbrooks* und biographische Fakten ausnahmsweise überein, nicht hingegen, was die Folgen betrifft. Die literarische Fiktion einer ausweglos niedergehenden, in ebenso feinsinniger wie verzärtelter Lebensunfähigkeit, Lebenssprödigkeit, ja Lebensfeindlichkeit endenden Familiengeschichte bewirkt de facto strahlenden Aufstieg, weit über die mäßigen Höhen lübischen Neupatriziertums hinaus.

Die Inkubationszeit des Romans und des Genies seines Schöpfers ist in Lebensrückblicken liebevoll ausgemalt worden: Wie der subalterne Assekuranzangestellte Thomas Mann, von billigen Fertiggerichten mehr schlecht als recht genährt, zu seinem stetig anschwellenden *Buddenbrooks*-Manuskript im Schwabinger Kämmerlein flüchtet; wie der junge Autor sich beim Einsiegeln des Manuskripts die Hand mit heißem Lack verbrennt und dieses von einem ungläubig staunenden Postbeamten für exorbitante tausend Mark versichern läßt. Solche Schicksalserzählungen spielen mit dem Unausdenkbaren – was, wenn der nicht kopierte Text unterwegs abhanden gekommen wäre? – und weisen zugleich Ähnlichkeiten zur alteuropäischen Künstleranekdote des Typs «Der Bauernjunge Giotto wird beim Zeichnen im Sand entdeckt» auf. In beiden Fällen gelangt wahrer Wert durch das Walten der Vorsehung ans Tageslicht, ist Aufstieg von höheren Mächten begründet. Thomas Manns lebenslange Liebe zu Andersens Märchen vom häßlichen Entlein, das ein glanzvoller Schwan wird, mag man auch in diesem Lichte sehen.

Wie dieses braucht das Buch seine Zeit. Und Protektion. Die Bedenken des Verlegers Samuel Fischer wegen des unverhältnismäßigen Umfangs werden durch stichhaltige Argumente ebenso wie durch gute Vernetzung mit einflußreichen Persönlichkeiten der Kulturszene – auch das ein Lebensmotiv – ausgeräumt, doch läuft der Absatz nach der Veröffentlichung 1901 vorerst schleppend. «Volksbuch» wird *Buddenbrooks* erst später. Gleichwohl macht der Text seinen Verfasser in literarisch interessierten Kreisen bekannt – und bewirkt dadurch unaufhaltsamen weiteren Aufstieg.

Er läßt sich im ältesten Merkmal sozialen Erfolgs fassen: Heirat. Denn als Thomas Mann 1904 um Katharina, genannt Katia, Pringsheim wirbt, beginnt sich sein erstes opus magnum allmählich auf dem Buchmarkt durchzusetzen, wovon sich die steinreichen Schwiegereltern in spe denn auch angelegentlich vergewissern. Und noch eine Schicksalsanekdote: Es gehört zum gesicherten Überlieferungsgut der Familie Mann, daß der Bräutigam seine Braut von Kindesbeinen an kannte, und zwar als Bild. Schon im Knabenzimmer zu Lübeck habe ein Druck des Gemäldes «Karneval» von Kaulbach gehangen, auf welchem die Pringsheim-Kinder, unter ihnen Katia, im Faschingskostüm zu sehen sind. Das Kennenlernen der füreinander Auserwählten ist dann nur noch ein Wieder-Erkennen. Auch hier wird, gewiß ironisch gebrochen, doch mit einem harten Kern ernster Schicksalsgläubigkeit, eine Gesetzmäßigkeit konstruiert, wie sie seit Jahrhunderten zur Rechtfertigung sozialen Aufstiegs bemüht wird: Vorherbestimmung. Das Motiv der Erwähltheit wird den Schriftsteller Thomas Mann bis zum Ende beschäftigen.

Der ökonomische und soziale Hintergrund der Schwiegereltern ist imposant. Zugleich erzählt die Abfolge von drei Pringsheim-Generationen eine düstere Geschichte vom Schicksal der Juden in Deutschland. Katias Großvater steigt aus kleinsten Verhältnissen auf und macht als Eisenbahnpionier ein riesenhaftes Vermögen. Ihr Vater, Alfred Pringsheim, ist Ordinarius für Mathematik an der Universität München, einer der berühmtesten Kunstsammler seiner Zeit (Spezialität: italienische Majolika) und Wagner-Verehrer. Ihre Mutter ist die Schauspielerin Julia Dohms, Salonlöwin und Tochter der Frauenrechtlerin Hedwig Dohms. Deutschnational bis ins Mark, hat Alfred Pringsheim herbe Vermögenseinbußen durch großzügig gezeichnete Kriegsanleihen und weitere dramatische Verluste durch die Inflation von 1923 hinzunehmen. Gedemütigt und isoliert im von Rassenwahn besessenen nationalsozialistischen Deutschland, bleiben Alfred und Julia Pringsheim vorm Schlimmsten, der Deportation in ein KZ, im höchsten Alter bewahrt – wie die Enkelin

Elisabeth vermutet, durch die Protektion der Hitlerfreundin Winifred Wagner. Beide sterben, neunzigjährig, im Schweizer Exil.

Durch Thomas Manns im Februar 1905 geschlossene Ehe mit Katia Pringsheim erfährt der Zweig der Familie, der sich schon neun Monate später mit der Geburt Erikas erweitert, eine Rangerhöhung ins Großbürgerliche, ja Herrschaftliche. Der Glanz des lebenden Hauses spiegelt sich adäquat im 1914 bezogenen Domizil in der Münchner Poschingerstraße mit seinen drei Etagen und der wuchtigen Fassade. Diesem wiederum entspricht der Haushalt mit seinen Dienstboten und den opulenten Banketten. Der Schriftsteller als Hof haltender, aristokratischer Bürger: diesen Widerspruch sollen nicht zuletzt die hochpolitischen *Betrachtungen eines Unpolitischen* der Weltkriegsjahre auflösen. Daß höchste künstlerische Produktivität mit dem äußerlich unauffälligen Dasein des Bürgers zusammenfallen kann, macht laut den *Betrachtungen* geradezu die unverwechselbare Tiefe deutscher Wesensart aus. Diese nämlich vermag in einer solch stillen, weltabgewandten, zuweilen gar weltverdrossenen, auf jeden Fall politikverneinenden Existenz erst ihre unergründliche Innerlichkeit zu entfalten. «Bürgerlich» und «aristokratisch» gehen in diesem ebenso vergeistigten wie krude nationalistischen Verständnis eine innige Verbindung ein.

Die Rechtfertigung der eigenen Lebensform ist um so dringender geboten, als diese selbst gegebene Verfassung durch den Lebensstil des Bruders angezweifelt erscheint. Denn dieser vollzieht die Synthese von Künstlertum und Bürgertum nicht oder doch zumindest ganz anders. Nach gemeinsamen Italienaufenthalten in Rom und Palestrina zwischen 1896 und 1898 trennen sich die Wege, mental und sozial. Jetzt wie künftig wird der Standort Heinrichs, im Leben und in der Gesinnung, exponierter sein und auch Grenzüberschreitungen nicht scheuen: in die Gefilde der Halbwelt, der mondänen Kurorte und ihrer Spielcasinos sowie an noch verschwiegenere Orte. Vor allem aber wird Heinrich früh, am entschiedensten in der nationalistischen Verwilderung der Geister zwischen 1914 und 1918, Partei beziehen: für die französische Republik und ihre Prinzipien, gegen den deutschen Imperialismus und das ihn blindlings stützende deutsche Bildungsbürgertum mit seinem Wahn, Kultur gegen Zivilisation verteidigen zu müssen – und damit für eine Literatur des Fortschritts, der Volkserziehung, der Demokratie. Weit über die psychologischen Konstellationen des Bruderzwists hinaus stellt der Schlagabtausch der Essays – Heinrichs *Zola* kontra Thomas' *Friedrich und die große Koalition* (beide 1915) bzw. die *Betrachtungen* (1918) – einen Gipfelpunkt der literarischen wie ideologischen und historischen Grundsatzdebatte unter deutschen Intellektuellen zu Beginn des 20. Jahrhunderts dar. Dabei sollte die unerhörte Erbitterung dieser Auseinandersetzung nicht unter dem Mantel späterer Versöhnungen verdeckt werden. Beide – mit unvergleichlichem Einblick in die Befindlichkeiten des anderen und daher mit den schärfsten aller denkbaren Waffen ausgestattet – streben danach, den Bruder-Feind irreparabel zu delegitimieren. So denunziert Heinrich Thomas' vorzeitige künstlerische Austrocknung und verstockte Arroganz, Thomas Heinrichs Verrat am eigenen, verleugneten Deutschtum. In dieser wechselseitigen psychischen, intellektuellen und moralischen Vernichtung ist zugleich ein Kampf um eine Führungsrolle, um Deutungshoheit festzustellen. Wer erklärt Geschichte und Gesellschaft adäquat?

Ruhm und Repräsentation

Erklärungshegemonie im Namen welcher Werte? In Heinrichs Fall ist diese selbst zugeschriebene Berufung unschwer zu umreißen: Der Literat fungiert als Lehrer eines irre gehenden Volkes, das er zur Achtung der Menschenwürde anzuleiten hat. Die von Thomas selbst gewählte Rolle ist diffiziler. Er versteht sich als Wortführer der in ihrer unauslotbaren und zugleich ungelenken Tiefe sprachlosen deutschen Nation, die immer und ewig der romanischen Prunkrede mit ihrem die Welt betörenden Flitterglanz unterliegt und daher unisono mit falscher Schuld, speziell am Ausbruch des Weltkriegs, belegt wird. Den zu Unrecht mißachteten Deutschen, der Weltkulturnation Nummer eins, Stimme und Würde zu verleihen: diese neue Aufgabe geht über den vorher behaupteten Anspruch weit hinaus, Lebenslehrer einer schmalen kulturellen Elite in der Nachfolge Goethes, Schopenhauers und Nietzsches zu sein, d. h. den wenigen tieferen Gemütern im Ozean der flachen Masse Beispiel und Rechtfertigung zu bieten.

Diese Position wird schon in den *Betrachtungen* als aussichtslos verstanden, als ein gerade wegen seiner Vergeblichkeit ruhmvolles Rückzugsgefecht im Namen des Geistes. Als einer der ganz wenigen Theoretiker des Antirepublikanismus und der Anti-Demokratie wechselt Thomas Mann, nach einer Phase der Orientierungslosigkeit und des Schwankens, schließlich mit dem öffentlichen Eintreten für den Weimarer Staat im Jahre 1922 zu den Gegenwerten über – zum Entsetzen seiner ehemaligen Gesinnungsgenossen, die ihm diesen «Verrat» niemals verzeihen werden. Jetzt geht es darum, die fatal unpolitische deutsche Innerlichkeit mit robuster europäischer Äußerlichkeit, mit staatsbürgerlicher Verantwortung und Achtung vor dem Anderen zu verschmelzen. Niemand konnte diese Synthese überzeugender verkörpern und verkünden als Thomas Mann, der aus der Abgeschiedenheit des sich Politik und Fortschritt ebenso spröde wie geziert verweigernden deutschen Meistertums kam und in diese abgestandene Klause nun europäische Zivilisationsluft wehen ließ. Dieses Bekenntnis, von den wonnigen Schauern hermetischen Kunstkults gekostet und diese lebensfeindliche Sphäre gleichwohl hinter sich gelassen, also überwunden zu haben, verlieh der Konversion ihre Wahrhaftigkeit und nicht zuletzt dem Essay über *Bruder Hitler*, den verhunzten, pervertierten, doch als solcher noch erkennbaren Künstler als Weltzerstörer, die verstörenden Einsichten. Dieser wahre Gestus, vom Abgründigen zu wissen und sich dem Lebensfreundlichen zuzuwenden, prägt von jetzt an Selbstverständnis wie Selbstdarstellung des Schriftstellers und wird zum Kern des sich bildenden Mythos. Und auch wenn dadurch die Versöhnung mit Heinrich gedanklich vollzogen scheint – ein Hauch von Herablassung gegenüber denjenigen, welche so spielerisch leicht, ohne die Qualen des Abschwörens zu den richtigen Positionen fanden, durchzieht noch die späteren Texte.

Dabei sieht sich der Jüngere, was Auflagenziffern angeht, am Beginn der Weimarer Republik zunächst in den Schatten gestellt. Die bis heute anhaltenden Erfolge des *Untertan* wie des *Professor Unrat* –

letzterer vor allem in seiner mit Marlene Dietrich verfilmten Version, dem «Blauen Engel» – mit den einprägsamen Typenbildungen bzw. Parodien des obrigkeitshörigen, nach unten tretenden und nach oben buckelnden, nationalistisch verhetzten Spießbürgers machen Heinrich Mann zu einer emblematischen Figur des kritischen Republikanismus. Aufgeholt wird dieser Vorsprung von Thomas erst durch den Welterfolg des *Zauberberg* und den Nobelpreis des Jahres 1929. Diese höchste Ehrung aber schlägt auch Wunden. Zum einen wird sie laut offiziellem Wortlaut für die bereits achtundzwanzig Jahre zuvor erschienenen *Buddenbrooks* verliehen. Und zum anderen sei der schwedische König bei der Preisübergabe – so die neunzigjährige Katia Mann mit einem unerbittlichen Gedächtnis für erlittene Zurücksetzungen – nur einem Laureaten ostentativ einige Schritte entgegen gegangen: dem hochadeligen Physiker Louis-Antoine de Broglie. «Aristokratisch» und «bürgerlich» verschmelzen bei diesem hoch offiziellen Anlaß nicht – ein Ärgernis für den Geistadel.

Gemeinhin aber verträgt sich beides mit dem Stand des Schriftstellers. Nur in der Zeit des Ersten Weltkriegs fühlt sich der ganz und gar unmilitärische Thomas Mann bemüßigt, den Heroismus des Schreibtischs mit schneidigen Metaphern zu dekorieren und sich seinen schmuck uniformierten «Kriegskameraden» verbal anzugleichen. Viel stärker tritt dieses Bemühen, dem vornehmsten Geburtsadel ebenbürtig zu sein, in den Erinnerungen seines Sohnes Golo hervor, der auffällig oft Freundschaftsbande zu europäischen Dynastien hervorhebt. Und noch in die Republikfreundlichkeit nach 1922 wird diese Idee des wahren, allem Seichten und Leichten gegenüber spröde abwehrenden Geistadels hinübergerettet. Sie geht in die politischen Reden der Zeit mit dem Wunsch ein, daß sich das demokratische Europa den Anfechtungen flachster Massenkultur transatlantischer Provenienz wie nationalistischer Verrohung gleichermaßen verweigern möge. Und die jetzt aufkeimende Vorliebe für «Sozialismus» nährt sich nicht zum geringsten aus dessen angeblich tieferem Respekt vor den Gipfelleistungen der Kultur.

Immer stärker in die Rolle des geistigen Repräsentanten eines weltoffenen Deutschland hinein wachsend, entfaltet Thomas Mann eine intensive essayistische Tätigkeit; allein in den sieben Jahren zwischen 1919 und 1926 entstehen sage und schreibe 171 Texte nichtbelletristischer Natur, mit so unerwarteten Themen wie dem Promenadenschutz in Münster, okkulten Erlebnissen und dem Palais Porzia. Vor allem aber drängt es den Essayisten, zu den großen Problemen der Zeit Stellung zu beziehen: zur geistigen Epidemie des Antisemitismus, zur aussichtslosen Selbstabschließung konservativer deutscher Geistigkeit, zur deutsch-französischen Verständigung. Als deren Symbolfigur wird der Autor des *Zauberberg* Anfang 1926 in Paris von Schriftstellern, Intellektuellen und Politikern gefeiert. Durch diese neue Rollenfindung gewinnt auch das lebenslange Spiel mit dem Alter Ego Goethe eine neue Dimension, bezeichnet das Vorbild des Frankfurter Patriziersohns, Weimarer Ministers und Weltliteraten doch am reinsten Aufgabe und Anspruch des Repräsentierens.

Diese Funktion des geistigen, moralischen und jetzt auch politischen Wegweisens bedarf der Ritualisierungen. Sie vollziehen sich in repräsentativen Gedenk- und vor allem Mahnreden, vor konservativen Akademikern wie sozialistischen Arbeitern, und setzen sich bis in die Ausgestaltungen des zugleich privaten und halb-öffentlichen Alltags fort. Höfisch ist dessen Ästhetik und Zelebrierung in einem ganz besonderen, ältere Verklärungsmuster mit neuartigen Zeiterfordernissen und dem Beruf des Schriftstellers verschmelzenden Sinn. An traditionelles Hofritual gemahnt die Distanzierung des Familienoberhaupts in seinem Allerheiligsten, dem Arbeitszimmer mit dem darin geltenden Verbot zu berühren oder gar umzustellen. Der Kult der bedeutungshaltigen Dinge verdichtet die Aura des Geheimnisses, der Erhabenheit und der Entrücktheit, weitab von den Banalitäten der täglichen Routine. Höfisch aber ist auch die Abstufung der Gnade. Sie ist ohnehin zwischen den Kindern alles andere als «gerecht» verteilt, was zu eklatanten Ungleichbehandlungen bei Weihnachtsgeschenken oder Audienzen führt; noch Jahrzehnte danach sind die Erinnerungen der Betroffenen daran wie eingebrannt. Ja in späteren Jahren scheint selbst die Eifersucht innerhalb der nächsten Umgebung des Herrschers – Kernmerkmal voll entfalteter höfischer Gesellschaften – nicht nur geschürt, sondern geradezu instrumentalisiert, etwa wenn Katia und Erika über das Vorrecht streiten, Sekretärin-Dienste verrichten zu dürfen. Und höfisch ist nicht zuletzt ein

Tabu: Das Prestige des Oberhaupts darf niemals gemindert werden. Widerspruch und sei es gegen noch so beiläufig hingeworfene Datierungsirrtümer oder sonstige Lappalien wird, wenn er von Tiefergestellten an der hierarchisch abgestuften Tafelgesellschaft vorgebracht wird, als Verstoß gegen eine eherne Ordnung gewertet. Thomas Manns jahrzehntelanges Tagebuchführen fügt sich in diesen Kontext einer zum äußersten gesteigerten Bedeutungshaltigkeit nahtlos ein.

Dem Zugewinn des Schriftstellers Thomas Mann an Medien-Berühmtheit in der Weimarer Republik entspricht das öffentliche Interesse an seinen Kindern. Der mit dem Untergang des Wilhelminismus nicht nur im Denken des Vaters, sondern in der Familie insgesamt durchschlagende Liberalisierungsschub beschert ihnen – nach einer für großbürgerliche Verhältnisse ohnehin schon ziemlich ungebundenen Kindheit – Teenagerjahre im Reizklima der Roaring Twenties und damit größtmöglicher Selbstentfaltung. Erika und Klaus nützen diese Freiräume weidlich aus. Doch steht hinter dem Vergnügen, die Spießerwelt zu schockieren, ein authentisch empfundener, allerdings in den Augen des Publikums an Unreife der Umsetzung krankender Anspruch: Repräsentanten einer Epoche des Ordnungs- und Werteverlusts, nachgeboren zu sein, sich auflehnen, Idole stürzen und eigene Wege beschreiten zu müssen. Das geht nicht ohne Widersprüche ab. Erikas und Klaus' frühe Bühnenpräsenz bzw. Publizistentätigkeit instrumentalisiert bedenkenlos den väterlichen Ruhm, gegen den zugleich mit tragischem Gestus rebelliert wird, vom Publikum amüsiert, irritiert oder auch gerührt zur Kenntnis genommen.

So konsequent diese Umsetzung von Lebensgefühl in unbürgerlichen Lebensstil auch erfolgt – und hierzu gehören Drogenkonsum, Weltreisen ohne Geld, Rallyesiege und nicht zuletzt unverhohlen ausgelebte Homosexualität –, so eisern werden dabei die Gesetze des Mannschen Familienzusammenhalts befolgt, die wirkungsvolle kollektive Selbstdarstellung erst möglich machen: kein abträgliches Wort über die Hervorbringungen eines Familienmitglieds, statt dessen so viel Lob wie möglich – und vor allem die eherne Regel, daß auch die ausgefallenste Erfahrung erst zählt, wenn über sie geschrieben wird. Das verleiht Klaus' Theaterrevuen und Erikas journalistischen Versuchen einen gehetzten, atemlosen Ton und eben dadurch für ihre Leser das Timbre echter Zeitzeugenschaft, über alle Show-Elemente hinaus, die beide Geschwister reichlich einzustreuen verstehen. Als hilfreich im kleinen und ohnmächtig im großen erweist sich der wechselseitige publizistische Flankenschutz gegen Verunglimpfung von rechts, die um so schriller anschwillt, je desolater die Weimarer Republik ihrem Ende entgegen agonisiert. Zudem bewährt sich die Patronage des Vaters, der nicht nur bei Erikas frühen schauspielerischen Engagements seine weitreichenden Beziehungen spielen läßt.

Die Abnabelung von der Überfigur des Vaters scheint dem Drittgeborenen Angelus Gottfried, genannt Golo, am besten zu gelingen – zumindest wenn man seinen im Alter von 77 Jahren veröffentlichten Jugenderinnerungen Glauben schenken will. In ihnen bekundet der ungeliebte Sohn ein frühes Einverständnis mit konservativen Grundhaltungen und schlägt einen entsprechenden Lebensweg ein. Er führt ihn an die Universität und zum Doktorat in Philosophie bei Karl Jaspers in Heidelberg (1932). Aber auch auf dieser für die Familienverhältnisse unspektakulären Laufbahn begegnet ihm der väterliche Ruhm – welcher Doktorand wird schon im Rigorosum über ein Werk des Vaters examiniert? Und auch er, der Maß und Common sense zum persönlichen Markenzeichen erhebt und die größte Distanz zum Statuszentrum der Familie wahrt, zollt im Rückblick dem Mythos Tribut: Er, Golo, habe erst nach dem Tod von Bruder und Vater selber zum Schriftsteller, seiner eigentlichen Bestimmung, reifen können. Rang, der durch Literatur erzeugt wurde, kann nur durch sie bewahrt werden: ein alteuropäisches Gesetz der Statuserhaltung in neuem Gewande. Dementsprechend werden die aufgegebenen Professuren zu einem Leitmotiv der Familiengeschichte.

Dem entspricht, daß Ausweitungen bzw. Übertragungen des so gewonnenen Prestiges in andere Elitensektoren vorerst ausbleiben. Katias und Thomas' Kinder heiraten – wenn sie es überhaupt ernsthaft tun – nicht wie der Vater nach oben, sondern weitgehend endogam, d. h. im selben sozioprofessionellen Ausschnitt: Bühne, Literaturkritik, Dichtung. Die erste Ehe Erikas mit Gustaf Gründgens ist kurz und nur durch den Stoff, den sie Klaus' vermeintlichem

«Skandalroman» *Mephisto* bietet, erinnerungswürdig; ihre zweite Heirat mit dem Schriftsteller Wystan H. Auden ist Formsache zwecks Erlangung der britischen Staatsbürgerschaft. Von den späteren echten, gleichwohl nicht amtlich abgesicherten Bindungen liefert Erikas Liaison mit dem Dirigenten Bruno Walter reichlich Material für Emigrantenklatsch, ist der Musiker doch nur ein Jahr jünger als ihr Vater. 36 Jahre Differenz liegen zwischen Elisabeth und ihrem Mann, dem sizilianischen Literaturprofessor und Schriftsteller Antonio Borgese. In dieser Hinsicht weitaus unauffälliger ist die Ehe Monikas mit dem ungarischen Kunsthistoriker Jenö Lányi, um so tragischer ihr Ende. Nach der Torpedierung durch ein deutsches U-Boot erleiden beide Schiffbruch, Monika wird nach stundenlangem Treiben im eiskalten Wasser gerettet, ihr Mann ertrinkt. In der Generation der Enkel schließlich dehnt sich der «Verschwägerungssektor» aus; Frido(lin), Michael Manns erster Sohn, heiratet Christine Heisenberg, und damit der Enkel eines Nobelpreisträgers die Tochter eines solchen.

Für die Existenz der Familie wird die Übertragung der Macht an die Nationalsozialisten 1933 zu einer tiefen Zäsur – und für Erika und Klaus der Kampf gegen diese Pervertierung der Kultur zu einer Lebensaufgabe. Beide sind von Beginn an in den Kreisen intellektueller Emigranten aktiv. Das gilt vor allem für Erika, die in dem von ihr und ihrer zeitweiligen Lebensgefährtin Therese Giehse geleiteten Kabarett «Pfeffermühle» mit scharfen, witzigen, einprägsamen Gedichten gegen den braunen Ungeist deklamiert und ihr Talent danach in zahlreichen Zeitungs- und Zeitschriftenartikeln, profunden Analysen des totalitären Systems und Kinderbüchern bewährt. Schwieriger gestaltet sich die Existenz des introvertierten, durch Depressionen und Drogen gefährdeten Klaus; seine anspruchsvollen Zeitschriften erweisen sich als kurzlebig – eine Folge geringer Eignung zu Management und Organisation. Seine in den dreißiger und vierziger Jahren verfaßten Romane erzielen mit ihrer Grundstimmung aus Auflehnung und Melancholie und mit ihren Leitmotiven des Widerstands gegen übermächtige Gewalten, der persönlichen Sinnsuche und der Vereinsamung erst Jahrzehnte später starke Wirkungen.

Der einzige Konflikt innerhalb der Familie, der zeitweise ihre Solidarität aufzusprengen droht, entzündet sich an Thomas Manns Haltung zur Emigration, nicht zum «Dritten Reich» selbst, an dessen Ablehnung kein Zweifel bestehen konnte. Dieses Zögern, sich dem anderen, ausgetriebenen Deutschland trotz des de facto ab Februar 1933 gewählten eigenen Exils durch ein offenes Bekenntnis zuzurechnen, läßt sich weit mehr als auf gewisse materielle Interessen auf das eigene Rollenverständnis zurückführen. Repräsentant des deutschen Geisteslebens ohne Daseinsrecht in Deutschland zu sein, dieses scheinbare Paradoxon wird erst ab 1936, nach der offenen Absage an das falsche Deutschland, als neue Aufgabe rückhaltlos internalisiert.

Erika, die am stärksten auf eine solche Parteinahme drängt, wird vor allem während des amerikanischen Exils der Eltern (von 1939 bis 1952) bzw. der Familie zur geschickten Verkünderin des väterlichen Anspruchs, der jetzt lautet: «Wo ich bin, da ist Deutschland». Ohne abträglichen Nebensinn darf man sie mit ihren vielen Beiträgen in amerikanischen Zeitschriften als eigentliche Public-Relation-Beraterin des Vaters bezeichnen. Als solche bemüht sie sich intensiv um ein dessen Bedeutung entsprechendes Image im Gastland. So etwa beschreibt sie in einem Artikel für die Zeitschrift *Vogue* das Leben der Eltern im ungewohnten, doch angemessenen Ambiente Princetons. Der Vater habe Schreibtisch und ihm teure Dinge unbeschadet hinübergerettet, seine Produktivität blühe im demokratischen Amerika wieder auf, ja die Synthese deutscher Geistestiefe mit amerikanischer Weltoffenheit finde selbst in der Wohnungseinrichtung und in der Anstellung eines afroamerikanischen Dienerehepaares ihren Niederschlag.

Verklärung, Tod und Fortleben

Parallel dazu vertiefen sich Ritualisierungen und Mythenbildungen. Die mehr als ein halbes Jahrhundert später befragten Zeugen – entferntere Verwandte, Hauspersonal, Freunde – sind sich über alle unvermeidlichen Legendenbildungen hinaus in einem Punkt unverbrüchlich einig: Wie minutiös ein rigoroses Protokoll sämtliche Lebensäußerungen reguliert. Auch darin ist alteuropäische Statuslogi(sti)k wiederzufinden: Ein Herrscher im Exil muß noch weit stärker als im angestammten Milieu auf die Versinnbildlichung seines Ranges und seiner Ansprüche bedacht sein. Der Hof, der jetzt im neuen, repräsentativen Heim von Pacific Palisades in Kalifornien seine gemessenen Zeremonien entfaltet, erhöht dementsprechend die Distanzierung und damit die Spiritualisierung seines Mittelpunkts. Derselben Verklärung dienen jetzt wie posthum in Umlauf gesetzte Mythen-Versatzstücke. Sie handeln von der Thomas Mannschen Gabe des alles erfassenden Schauens, des In-einem-Augenblick-Erkennens, das sich zum Sehertum gleitend erweitert. Die Dämonie des *Doktor Faustus*, die nicht geheure, eisige, ja teufelsnahe Aura des höchsten Künstlertums wird schon zu Lebzeiten, doch vor allem von der Nachwelt auf den Autor selbst übertragen – als eine wesentliche Facette des Mythos. Parallel dazu verklärt Erika, dessen eigentliche Hüterin, den Vater zu einem Geist-Wesen. Sein letztes Lebensjahr sei medizinisch nicht mehr erklärbar: ein Sieg des souveränen Willens über die gefügig gemachte Physis. Parallel dazu reflektiert Katia darüber, ob das kalifornische Domizil der Manns gegenüber der Prachtvilla des Bestseller-Autors Lion Feuchtwanger nicht unzulässig zurücktrete und so gar eine Umkehrung der wahren Bedeutung suggeriere.

Diese Bedeutung bewährt sich nicht zuletzt in einer von den Zeitumständen erzwungenen Textgattung: in 51 Radioreden, die Thomas Mann von 1942 bis 1945 im Auftrag der BBC ins teufelsbündnerische Deutschland hinüber sendet, zuerst noch in der verzweifelten Hoffnung, die vermeintlich treu-biedere Mehrheit der Deutschen aus den Fängen des wahnwitzigen Verführers retten zu können. Und diese Bedeutung drückt sich selbst im Exil durch die Nähe zu den Mächtigen aus; zwei offizielle Einladungen ins Weiße Haus – noch Jahrzehnte danach Höhepunkte der familiären Erinnerungsbildung – machen sie sinnfällig. Ergänzend dazu sticht die enge Vernetzung mit amerikanischen Führungsschichten ins Auge. Durch Tagebücher und Briefe berühmt bzw. berüchtigt geworden ist vor allem die Protektion Agnes Meyers, der Gattin eines millionenschweren Bankiers und Zeitungsbesitzers. Ihr rastloses (und nicht selten besitzergreifendes) Engagement treibt durch gezielte Empfehlungen die Auflagen der Thomas Mannschen Romane empor und gestattet es dem so Protegierten, selbst aktive Förderung zu spenden. Sie kommt, den seit Jahrhunderten üblichen konzentrischen Kreisen der Klientel entsprechend, den eigenen Kindern und den Freunden, doch weit darüber hinaus europäischen Intellektuellen aller ideologischen Couleur zugute. In Form von Stipendien und damit verbundenen Einreiseerlaubnissen wird diesen die lebensrettende Flucht vor den Nazigreueln und ein beruflicher Neuanfang in der Neuen Welt ermöglicht. Mythos oder historisch erhärtete Wahrheit – hat Thomas Mann wirklich erwogen, für das Amt des Bundespräsidenten im westlichen Deutschland zur Verfügung zu stehen? Damalige Vertraute beteuern – im Rückblick nach mehr als fünf Jahrzehnten – die Ernsthaftigkeit solcher Absichten. Sie fänden eine Parallele in Thomas' zu diesem Zeitpunkt schon länger zurückliegenden Bestrebungen, den älteren Bruder für eine solche Protagonistenrolle ins Gespräch zu bringen.

Im Gegensatz zu Thomas' Lebensweg bedeutet für Heinrich das amerikanische Exil den jähen Absturz in Anonymität und demütigende materielle Abhängigkeit. Davor jedoch liegen Jahre intensiver öffentlicher Wirksamkeit. In der Weimarer Republik als Exponent der Linken in der Rolle des geistigen und politischen Repräsentanten und schließlich gegen die sich anbahnende Katastrophe des Nationalsozialismus aktiv, setzt er diese Funktionen nach 1933 in Frankreich, der geistigen Heimat seit jeher, nahtlos fort. Der in diesen Jahren entstehende Doppelroman über den populärsten der französischen Könige, Henri IV., gestaltet gute Geschichte als Gegenbild zur Zerstörung von Kultur und Menschlichkeit durch die Nationalsozialisten, mit manchen Analogien zwischen den Epochen und mit Porträts von Zeitgenossen, abstoßenden wie erfreulichen. Völlige weltanschauliche Übereinstimmung zwischen den Brüdern ist durch diese gemeinsame Gegnerschaft jedoch nicht hergestellt; Heinrichs Bewunderung für Stalin und die Sowjetunion stößt bei den übrigen Familienmitgliedern auf Ablehnung. Distanz erzeugt ebenfalls Heinrichs zweite Frau Nelly, geborene Kröger, ehemals «Bardame», die von Katia und Thomas als vulgär empfunden und abgelehnt wird. Nach ihrem Selbstmord 1944 vollends vereinsamt, vollzieht Heinrich – wenn man den späteren Erinnerungen Katias glauben darf – auch offiziell den Akt der Unterwerfung: Sein Bruder, so habe er erklärt, sei schon immer der größere Schriftsteller gewesen. Zum Präsidenten der Ostberliner Akademie der Künste berufen, stirbt Heinrich Mann kurz vor der geplanten Rückkehr im März 1950 in Santa Monica. Seine erste Frau Maria, geborene Kanova, von der er sich 1930 scheiden ließ, erfährt ein Martyrium in einem deutschen KZ, dessen Qualen sie nur zwei Jahre überlebt. Die Söhne ihrer Tochter Leonie, Jindrich und Ludvik Mann, sind als Filmregisseure tätig. Zusammen mit Frido Mann versucht vor allem der letztere, in Rückbesinnung auf die deutsch-brasilianische Abstammung der Schriftsteller-Brüder deren Werk internationaler Begegnung und Toleranz nutzbar zu machen, z. B. in einem Kulturzentrum auf einer Amazonasinsel.

Durch die McCarthy-Bespitzelungen zu Beginn des Kalten Krieges werden die USA der Familie Mann als Aufenthaltsort verleidet. Vor allem Erikas FBI-Akte ist reich mit «unamerikanischen Umtrieben» bestückt; ihren Einbürgerungsantrag zieht sie schließlich mit einem ungewöhnlich couragierten offenen Brief zurück. Erika ist es denn auch, die vor einer Rückkehr nach Deutschland zu warnen nicht müde wird; allzu beschämend verlaufe die Entnazifizierung und demokratische Umerziehung, die weit mehr Aufrüstung gegen den Osten sei. Zudem werde die Rolle Thomas Manns als Repräsentant des wahren Deutschlands in den vier Besatzungszonen keineswegs unisono akzeptiert. Daheim gebliebene Mitläufer-Literaten, so sieht es die Familie, verklären sich im nachhinein zur inneren Emigration. Wütende Reaktionen im Westen provoziert der doppelte Auftritt Thomas Manns in den beiden Deutschlands anläßlich des Goethe-Gedenkjahres 1949. Wird in Frankfurt – so die Wahrnehmung des Redners – sein Bild des Anti-Nationalisten Goethe, der vor dem Entartungspotential der Deutschen warnte, vom unbußfertig undemokratischen Deutschland abgelehnt, so ist der verordnete Jubel im sozialistischen Weimar dem so «Geehrten» nicht minder verdächtig. Die Weichen für das letzte Exil in Kilchberg am Zürichsee ab 1952 sind damit gestellt; Freundlichkeiten wie die im Todesjahr 1955 verliehene Ehrenbürgerwürde von Lübeck vermögen an diesem Entschluß nichts mehr zu ändern.

Daß der Tod des Statusbegründers für Eliten einen krisenhaften Einschnitt markiert, der verstärkte Verklärungsanstrengungen erforderlich macht, bestätigt sich auch im Falle der Manns. Zuständig für diesen Kult durch Memoria-Pflege wird vor allem Erika. Sie versieht schon im Jahr darauf die Ausgabe der *Betrachtungen eines Unpolitischen* mit einem überaus versöhnlichen Vorwort, welches die nationalistischen Haßtiraden und die Feindseligkeiten gegen den Bruder als unsicher tastende Selbst- und Wahrheitsfindung deklariert. Zudem sortiert sie die zur Edition bestimmten Briefe. Dabei streicht sie die in ihren Augen anstößigen Stellen, vor allem die Passagen, welche die homoerotischen Neigungen des Vaters ansprechen, heraus und ficht im Namen von dessen unantastbarer Größe mit ihrer gewohnten Wortmächtigkeit so manchen Strauß aus: gegen respektlose Rezensenten, aber auch gegen Intellektuelle und Künstler, die ihren Anteil am geistigen Eigentum des *Doktor Faustus* einfordern. Hier geht es darum, auf wessen Inspiration die Ausführungen des Romans zu den Zwölfton-Kompositionen des Protagonisten Adrian Leverkühn zurückgehen. Hatte Thomas Mann selbst, gegen Erikas Rat, die Erfinderrechte des Komponisten Arnold Schönberg in der zweiten Auflage noch gewürdigt, so bleibt der Streit mit Theodor Adorno über dessen Einfluß auf die musiktheoretischen Passagen ungeschlichtet.

Die Rolle des Schriftstellers – für die lebendige Fortführung des Mythos unverzichtbar – fällt nach dem Freitod von Klaus Mann im Mai 1949 und dem Tod des Vaters im August 1955 Golo zu; so zumindest sieht es dieser im Rückblick. Seine Werke sind Wissenschaft im glänzenden literarischen Gewande; das gilt vor allem für die *Wallenstein*-Biographie. Denkbar theoriefern konzipiert, leben sie von der einfühlsamen Anschauung, ja der Einbildungskraft, fesseln durch eingängige Psychologisierung der Akteure und schlagen den Leser durch die Verdichtung von historischer Atmosphäre in den Bann. Wissenschaftlich und belletristisch betätigt sich auch Thomas' Lieblingstochter Elisabeth; ungeteilte internationale Anerkennung wird ihren Aktivitäten zum juristischen Schutz der Weltmeere zuteil. Weit weniger harmonisch gestaltet sich der Lebenslauf Michael Manns. Nach dem Überwechseln von der Musik zur Germanistik, für welche er die nachgerade familienübliche (später aufgegebene) Professur erhält, stirbt er in der Neujahrsnacht 1977 an einer – wie auch immer zustande gekommenen – Kombination von Medikamenten und Alkohol.

Nach dem Tode Katia Manns 1980, im biblischen Alter von fast 97 Jahren, und dem Ableben Golos 1994, gleichfalls hochbetagt, setzt sich die literarische Tradition der Familie in den Romanen Frido Manns fort. Sein autobiographischer *Professor Parzival* ist als ein Versuch der Selbstfindung durch Literatur eingeschätzt worden. Dagegen atmet sein Roman *Der Infant*, der das harte Schicksal eines seelisch angekränkelten Sohns in Auflehnung gegen den dominanten Vater, einen skrupellosen Pressezaren in dessen Schwarzer Zentrale, schildert, den Geist der 68er-Bewegung – anno 1992. So muss offen bleiben, ob bzw. wie der Mythos der Manns und ihr Rang als Geisteselite fort- oder zu Ende geschrieben wird.

Die Moltkes

von Olaf Jessen

Der Bitte seines Müsteschars mag Hafiz Pascha nicht entsprechen. Jeder Rückzug wäre schimpflich. Es sei ein strategischer Rückzug, beharrt der Müsteschar, oberster Ratgeber des Paschas, von den Türken «Baron Bey» genannt. Der Feind unternehme einen Flankenmarsch. Weiche man nicht aus, werde Hafiz Pascha seine Armee verlieren. Doch der Feldherr hält den jungen Müsteschar für einen klugen, aber allzu vorsichtigen Krieger. Drängen nicht Sterndeuter und Wahrsager zum Kampf? Die Sache von Sultan Mahmūt sei gerecht, behaupten sie. Allah werde deshalb ihm, Hafiz Pascha, zum Sieg verhelfen, das Heer der Ägypter vernichten und Syrien für das Osmanische Reich zurückgewinnen. Hafiz Pascha will die Stellung halten. Sein Ratgeber schickt sich ins Unvermeidliche. Noch in der Nacht richtet er die Front neu aus, mutlos freilich, Schlimmes ahnend. Denn die Mängel des Heeres kennt der Müsteschar genau. Schließlich hat er selbst versucht, die Sekbān-ï-ğedīd, eine «neue Armee», nach westlichem Vorbild aufzubauen – vergebens. Der Islam, klagt er vor Vertrauten, mache den Orient stationär. Jetzt verfügt das Korps von Hafiz Pascha, knapp dreißigtausend Mann, über russische Jacken, belgische Gewehre, ungarische Sättel, türkische Mützen und englische Säbel, nicht aber über preußische Disziplin. Am nächsten Tag, dem 24. Juni 1839, beginnt der Kampf. Die «Schlacht» bei Nisib ist vor allem eine Kanonade. Einhundertzwanzig ägyptische Geschütze feuern aus großer Entfernung Steilschüsse. Zahllose Kugeln stürzen langsam, in hohem Bogen, auf die Osmanen herab. Nach zwei Stunden ist ihre Kampfmoral gebrochen. Ganze Bataillone werfen die Gewehre fort, sprechen mit erhobenen Händen Gebete. Als zum Dienst gepresste Kurden auf die eigenen Offiziere schießen, löst sich das Heer endgültig auf. Fiebergeschüttelt und ohne Lebensmittel, flüchtet Baron Bey in die Berge von Rumkaleh. Er gelangt nach Malatia und geht in Samsun an Bord eines österreichischen Dampfers. Über Konstantinopel will er die Heimreise nach Europa antreten. In zerlumpter Türkenkleidung, mit langem Bart, mager und abgezehrt, wird ihm der Zutritt in die Erste Klasse nur gewährt, weil er sich dem Kapitän auf französisch vorstellt: Helmuth von Moltke, Militärberater des Sultans und Hauptmann im preußischen Generalstab. Mehr als fünfzig Jahre später, an seinem 90. Geburtstag, ist der Verlierer von Nisib neben Napoleon und Wellington der erfolgreichste Feldherr des Jahrhunderts. Als Sieger von Königgrätz und Sedan, Geburtshelfer des Deutschen Reiches, Vater des modernen Generalstabs, aber auch als erster Stratege technisierter Massenkriegführung begründet «Baron Bey» den Mythos einer Familie, die wie kaum eine andere Deutschlands Geschicke mitbestimmt hat.

Strietfeld und Samow

Die Moltkes entstammen mecklenburgischem, nicht preußischem Adel. Im Wappen führen sie drei Hühner, die gewöhnlich zu Birkhühnern erklärt werden, alten Siegeln zufolge aber wohl eher gewöhnliche Hennen darstellen. Der Familienname leitet sich ab aus dem slawischen «Moltek», einer Verkleinerungsform von «mlatu», der «Hammer». Mit eiserner Faust, so scheint es, haben die Moltkes über slawische Bauern geherrscht, seit ein Urahn als Vasall Heinrichs des Löwen die Obodriten unterwerfen half und dafür offenbar Grundbesitz in Mecklenburg erhielt.

Landsässigkeit gehörte zu den wichtigsten Kennzeichen jener Kaste, die seit dem Hochmittelalter nicht nur Eigentum, sondern auch Vorrechte vererbte, ein besonderes Gefühl der Zusammengehörigkeit pflegte, aus festen Familienverbänden bestand, sich kriegerischen Tugenden verpflichtet fühlte und zum Landesherrn ein persönliches Treueverhältnis unterhielt. Stammsitz der Moltkes war mehr als fünfhundert Jahre lang und über sechzehn Generationen hinweg die Burg Strietfeld bei Rostock. Nicht zufällig trat das Geschlecht 1254 mit Fridericus Moltiko ins Licht der Überlieferung, denn Mitte des 13. Jahrhunderts lagen die vier mecklenburgischen Fürstentümer fast ununterbrochen in Fehde. Das schwächte die Herrscher und stärkte die Stände. Hart rang der Adel mit seinen Lehnsherrn um Reichtum und Macht. So führte Truchseß Johann Moltke um 1280 den Vormundschaftsrat der Herrschaft Rostock. Johann wandte sich gegen sein Mündel, Nikolaus das Kind, und betrieb die Unterwerfung Rostocks unter dänische Lehnshoheit. Von großer Adelsmacht zeugt auch die auffallend stattliche Reihe alter mecklenburgischer Geschlechter; im Nordwesten die Plessen und Bülow, für den Südwesten Lützow und Pentz, im Südosten Malzahn, Dewitz, Flotow und Voß, für den Nordosten Bassewitz, Lühe und Moltke. Sie alle traten als Marschälle, Vögte und Amthauptmänner in Erscheinung.

Östlich der Unterwarnow errangen die Moltkes schon im 14. Jahrhundert sogar die Hochgerichtsbarkeit; das Recht, über Kapitalverbrechen zu richten, besaßen andernorts nur Fürsten. Dergleichen hinterließ soziale Folgen. Beim Übergang von der mittelalterlichen Grund- zur neuzeitlichen Gutsherrschaft, im Zuge der Ablösung bäuerlicher Abgaben durch Frondienste also, entwickelte sich Mecklenburg zur klassischen Landschaft des feudalen Großgrundbesitzes – mehr noch als Pommern oder Brandenburg.

Am Glanz und Elend des spätmittelalterlichen Herzogtums nahmen die Moltkes daher fortlaufend Anteil. Herzog Albrecht II., nur von ortsansässigen Chronisten «der Große» genannt, begann um 1360 einen kostspieligen Seekrieg gegen Schweden. Bei neun Familien mußte er eine Art «Kriegsanleihe» aufnehmen. Johann, Vicke und Henneke Moltke verpfändete er die Vogtei Boizenburg sowie Schloß, Stadt und Vogtei Tessin. Noch 1423 gehörten die Moltkes einem vormundschaftlichen Ritterrat an, als ein erwachsener Landesherr nicht zur Verfügung stand. Ende des 16. Jahrhunderts blühte das Geschlecht in zwei Hauptlinien: Strietfeld und Samow. Während die Strietfelder sich nach Dänemark und Schweden ausbreiteten – eine Moltke, Margaretha, gehört zu den Vorfahren Gustav Wasas –, entstammen alle deutschen Moltkes der Samower Linie, benannt nach Gut Samow bei Ribnitz.

Für ihre Macht, für ihren Reichtum und für Mecklenburg bedeutete der Dreißigjährige Krieg eine Erzkatastrophe. 1627 besetzten Wallensteins Truppen das Land. Der Feldherr des Kaisers entmachtete die Herzöge von Mecklenburg-Güstrow und Mecklenburg-Schwerin, erhielt ganz Mecklenburg als Lehen, zog ins Güstrower Schloß und reformierte Regierung wie Verwaltung. Mecklenburgs Adel rief er zur Mitwirkung auf. Zögernd, mißtrauisch zuerst, stellte der Adel sich zur Verfügung. Mecklenburger bildeten in Wallensteins oberster Regierungsbehörde das Direktorium: Gregorius von Bevernest, Volrath von der Lühe und Gebhart von Moltke. Drei Jahre später lag Wallensteins Herrschaft in Scherben. Die Schweden landeten auf Usedom, beide Herzöge kehrten nach Mecklenburg zurück. Lühe und Moltke traf die Rache der Sieger. Ihre Güter wurden erst geplündert, dann auf Befehl des schwedischen Königs an schwedische Offiziere verschenkt. Bei den Herzögen fielen sie in Ungnade.

Die Kämpfe zwischen Elbe und Oder tobten noch achtzehn lange Jahre. Im Heiligen Römischen Reich gehörte Mecklenburg neben Württemberg und der Pfalz zu den am schwersten heimgesuchten Ländern. Von ehemals rund 300 000 Bewohnern soll nur ein Sechstel den Krieg überstanden haben. In manchen Gegenden, so auf den Gütern der Moltkes, lagen die Verluste höher. Viele Adelsfamilien zogen aus dem Unheil Nutzen, als nach Friedensschluß verlassene Höfe an Rittergüter fielen und vormals freie, nun heillos verarmte Bauern zu Leibeigenen herabsanken. Nicht so die Moltkes; mit der Samower Linie ging es stetig bergab. Hatte die Soldateska ihre Güter allzu gründlich verwüstet? Lag es an der Ungnade des Fürstenhauses? Oder gab es eine Flucht ins dänische Exil, zu den wohlhabenden Verwandten? Genaues liegt im Dunkeln. Aber eine wichtige Rolle spielte fraglos das Erbrecht. In Mecklenburg wie auch im Reich wurde es von Familie zu Familie unterschiedlich gehandhabt. Eine verbindliche Manneserbfolge kannten die Moltkes nicht. Strietfeld war ihren Händen bereits entglitten, und nach dem Tode Siegfried Kasimirs von Moltke ging 1785 auch Samow für immer verloren, weil neun Söhne und drei Töchter Anteile hielten. Die jahrhundertealte Bindung ins Mecklenburgische zerbrach. Am Vorabend der Französischen Revolution waren die Moltkes heimatlos geworden.

Armee und Aufklärung

Doch eine Zuflucht bot sich immer: die ruhmreiche Armee des Königs von Preußen. Ihr Bedarf an Offizieren eröffnete dem bitterarmen Landadel die Möglichkeit standesgemäßer Versorgung. Sechs Söhne Siegfried Kasimirs, darunter Friedrich von Moltke, traten in die Dienste der Hohenzollern. Anders als in Mecklenburg hatte der preußische Adel spätestens seit den Tagen des «Soldatenkönigs» die Allonge- mit der Dienstperücke vertauscht. Der Offiziersrock führte Junker und König zusammen. Das legte den Grundstein für Preußens Aufstieg zur Großmacht.

Als sich das 18. Jahrhundert seinem Ende zuneigte, war das Heer eine vom Adel beherrschte Streitmacht, der Staat ein bäuerlich geprägtes Gemeinwesen. Doch den kulturellen und wirtschaftlichen Schwung trugen nicht zuletzt die Bürger. Zaghaft noch, aber immerhin spürbar, untergruben sie die Vorherrschaft der Aristokratie. Professoren, Ärzte und Pastoren übten ihre Berufe nicht aufgrund der Standeszugehörigkeit, sondern kraft eigener Befähigung aus, deren Nachweis in einem akademischen Abschluß bestand. Immer mehr Menschen verdankten Ansehen und Stellung ihrem Wissen. Weil der Dreißigjährige Krieg die Städte langfristig ruiniert hatte, bot der Bedarf des Staates an Beamten die beste, fast einzige Möglichkeit zum Aufstieg. So drängte das Bürgertum in die Verwaltung. Dabei war Wissen der Schlüssel zum Erfolg. In Preußen genoß Bildung daher eine seltene Wertschätzung. Darüber hinaus entsprach Auslese durch Leistung dem Geist der Zeit. Aufklärung sollte den Menschen aus Bindungen, Vorurteilen und Gewohnheiten befreien, die einer Prüfung am Maßstab der Vernunft nicht standhielten.

Preußens Armee galt als die beste Europas. Doch das Zeitalter der Vernunft zwang das Offizierskorps in die Verteidigung. Der Glaube, Edelleute seien schon durch Geburt zur Führung bestimmt, verblaßte. Kriegerische Gewalt weckte zudem den Argwohn vieler Aufklärer. Sie bezweifelten den Sinn stehender Heere und nährten Hoffnungen auf ewigen Frieden. Frankreichs Revolution verschärfte den Druck: Politisch schien eine Bürgergesellschaft nun grundsätzlich möglich; aus militärischer Sicht weckten die französischen Siege Zweifel an der Schlagkraft des Offizierskorps.

Die Armee kam dem Drängen der Epoche auf halbem Weg entgegen. Schon nach dem Siebenjährigen Krieg erfuhr die Offiziersbildung einen lebhaften Aufschwung. Sie wurde zur Trägerwelle, die aufgeklärtes Gedankengut ins Heer übermittelte. Allmählich wandelte sich der Krieg vom Handwerk zur Wissenschaft. Eine verwickelte Mechanik von Märschen und Gegenmärschen, Manövern und Scheinmanövern entstand, die blutige Schlachten vermeiden sollte. Mittels methodischer Defensivstrategien, deren Umsetzung gebildete Offiziere erforderte, wollte man den Gegner ermatten, die Bevölkerung schonen, Verluste begrenzen, Siege kampflos ausmarschieren. Kurzum: Das Zeitalter der Vernunft hoffte auf eine «chirurgische» Kriegführung.

Doch im Offizierskorps stieß mancher Bücherfreund auf Widerstand. Daß Bildung verweichliche, war die Ansicht der schweigenden Mehrheit. Ihre Ablehnung fußte auf geistiger Trägheit und Überlieferungen des Rittertums, aber auch auf sozialer Verunsicherung. Denn wurde Fachkunde zur Bedingung soldatischer Leistung, schwanden alle Vorzüge der Geburt. An ihre Stelle trat überprüfbares Wissen, das sich auch jeder Bürger aneignen konnte.

Friedrich von Moltke gehörte zur schweigenden Mehrheit. Wenig deutet auf geistige Neigungen; ein schwermütiger, unsteter, etwas windiger Herr, der sich selbst unter die schönen Männer rechnete. Wer wollte es Kaufmann Paschen aus Hamburg verdenken, daß er Moltke für einen Mitgiftjäger hielt, als der Offizier um die Hand seiner Tochter anhielt? Henriette, zwanzig Jahre jung, auf einer Verbindung beharrend, legte sich krank ins Bett; Moltke versprach, das karge Leutnantsdasein aufzugeben und sich mit dem Geld der Paschens als Gutsherr zu verdingen. Aus der Ehe entsprossen neun Kinder, darunter Helmuth von Moltke, geboren in Parchim, Mecklenburg-Schwerin, aufgewachsen aber im dänischen Holstein. Früh schickte der Vater ihn nach Kopenhagen zu den Kadetten.

Der Feldmarschall

Helmuth von Moltke war wie Bismarck halbbürgerlicher Herkunft, wie Stein oder Blücher stammte er nicht aus Preußen und wie Scharnhorst oder Gneisenau kam er aus einfachen Verhältnissen. Seine Familie hatte weder Vermögen noch die Hoffnung, eines zu verdienen. Der Vater wirtschaftete ohne Erfolg, kaufte Güter, verkaufte sie wieder, rettete sich schließlich ins dänische Heer und lebte bis zu seinem Tode getrennt von den Seinen. Was der Sohn erreichte, verdankte er sich selbst.

Ein besseres Fortkommen lockte in Preußen. 1822 wechselte der dänische Leutnant zu einem Regiment nach Frankfurt an der Oder. Dort kommandierte General Friedrich von der Marwitz. Zwölf Jahre zuvor hatte Marwitz die Adelsfronde gegen Hardenbergs Reformen angeführt. Daß er mit einer Gräfin von Moltke verheiratet war, ehemals Hofdame und enge Freundin der Königin Luise, verschaffte dem jungen Moltke keinerlei Vorteil. Zum Exerzieren besaß er wenig Neigung; statt dessen kam er auf die Kriegsschule nach Berlin. Dort erzog man Offiziere für den Generalstab. Die Kriegsschule, wie die Universität 1810 gegründet, stammte aus der Reformzeit. Mit Clausewitz, ihrem Direktor, trat Moltke aber in keine Beziehung. Die Lehrer vermittelten Allgemeinwissen, nicht bloß militärisches Handwerkszeug. Nur wer die Uniform aufknöpfe, könne auch denken, lautete ein Leitsatz der Reformer.

Moltke hörte Vorlesungen über Literatur und Geschichte, nahm Sprachunterricht, zeichnete, schrieb eine Novelle und widmete jede freie Stunde dem Besuch von Konzerten oder Museen. Hätte er seinen Neigungen folgen können, wäre er Professor der Geschichte geworden, gestand Moltke später. Ein Weltbürger, den es mehr an den Tiber als an die Spree zog: Moltke beherrschte sieben Sprachen, übersetzte Gibbons Monumentalwerk über den Verfall und Untergang Roms, verfaßte politische Artikel, entwarf als Reiseschriftsteller ein fesselndes Bild der Türkei, schätzte Goethe, Byron, Scott, sogar Heine, auch Mozart; Wagner hingegen war ihm zu laut. Für Walkürenritte konnte niemand den «Großen Schweiger» begeistern. Kern seines Wesens blieb die Sachlichkeit. Er selbst empfand sich als gehemmt, litt unter seiner Zurückhaltung als Zeichen minderen Selbstwertgefühls. Seit eine Krankheit ihn kahl gemacht hatte, trennte er sich nie von seiner Perücke, die nicht nur Queen Victoria abscheulich fand.

Lange, sehr lange deutete wenig auf eine höhere Laufbahn. Der Durchbruch vollzog sich als Doppelschritt: Zunächst wurde Moltke Adjutant des Prinzen von Preußen (1855), danach trat er an die Spitze des Generalstabs (1857). Prinz Friedrich Wilhelm war der Sohn des Thronfolgers, des späteren Königs und Kaisers Wilhelm I. Seine Mutter Augusta, eine geborene Prinzessin von Sachsen-Weimar, schaute auf Goethe, nicht auf Friedrich den Großen, schätzte den europäischen Westen, nicht Ostelbien oder gar Rußland. Sie hielt Hof in Koblenz, wo ihr Gatte, Kronprinz Wilhelm, als Gouverneur Westfalens regierte. Beide mißtrauten dem König in Potsdam. Eine konservative, prorussische «Kamarilla» hatte Friedrich Wilhelm IV. völlig umstellt. Nun suchte der kinderlose Monarch, zugleich Familienoberhaupt der Hohenzollern, für Prinz Friedrich Wilhelm einen Adjutanten und Erzieher aus den Reihen des Heeres.

Augusta und Wilhelm waren empört, als der König ihren Vorschlag, Gustav von Alvensleben, zurückwies und seinen eigenen Kandidaten, Helmuth von Moltke, durchsetzen wollte. Bedeutete das nicht, daß man den Prinzen unter die Fuchtel der Kamarilla zu stellen gedachte, in Gestalt eines Aufpassers in Uniform? Dabei glaubte auch der König, ein künftiger Monarch dürfe sich nicht nur ans Altpreußische binden, sondern müsse deutschem wie europäischem Denken aufgeschlossen werden. Dafür am besten geeignet schien ihm Oberst von Moltke, ein weltgewandter Offizier, der dank seines Türkeiaufenthalts über Kriegserfahrung verfügte, ein Mann mit Moral, Takt und vor allem: Bildung. Karl von Reyher, Chef des Generalstabs, hatte seinen Untergebenen empfohlen. Nun stand Moltke im Niemandsland zwischen Potsdam und Koblenz.

Er reiste in die Höhle der Löwin, führte in Koblenz mit Augusta ein langes Gespräch und überwand ihren Widerstand. Moltke behauptete, er sei sowohl konservativ als auch liberal, kein Mann der Reaktion, aber auch nicht der Revolution, dabei den Koblenzern näher als den Potsdamern. Das war vollkommen richtig. Sein Herrschaftsverständnis gipfelte in der Vorstellung einer starken, aufgeklärten Reformmonarchie, die sich ständig an der Spitze des Fortschritts hält. Deutschlands Nationalbewegung lag Moltke am Herzen. Er hoffte auf die großdeutsche Lösung, ein Krieg gegen Österreich widerstrebte ihm: «Es wäre, als wenn zwei Eifersüchtige sich in einem Pulverturm schießen wollten.»[1] Anders als Bismarck hatte er keine Bedenken, Preußen in Deutschland aufgehen zu sehen. Adelsvorrechte hielt Moltke für überholt, ein Parlament für unverzichtbar, Kastengeist bedeutete ihm weniger als den meisten Offizieren. Seine Frau, Mary Burt aus Itzehoe, entstammte keiner märkischen Adels-, sondern einer englischen Pflanzerfamilie.

Erst die Revolution von 1848 und der preußische Verfassungsstreit, der wegen einer Heeresreform zwischen Krone und Landtag ausbrach, drängten das Liberale in Moltke zurück. Am Ende spiegelte er die Strömungen seiner Epoche: abendländischen Humanismus und deutsches Machtstreben, Bildung und Soldatentum, bürgerliches Leistungsdenken und adeligen Korpsgeist, preußische Vergangenheit und deutsche Zukunft, nationalen Überschwang und das Sachlich-Nüchterne der Industriellen Revolution – verständlich, daß «Potsdamer» wie «Koblenzer» ihn lobten.

So bereiste Moltke im Gefolge des Prinzen Europa. Er traf Queen Victoria in Balmoral, erlebte den Zaren in Moskau, sprach mit Napoleon III. in Paris. «Der Begleiter des Prinzen», staunte Eugénie, Napoleons Kaiserin, «ein General Moltke (oder so ähnlich), ist ein wortkarger Herr, aber nichts weniger als ein Träumer; immer gespannt und spannend, überrascht er durch die treffendsten Bemerkungen.»[2] 1857 starb von Reyher. Sein gleichsam natürlicher Nachfolger war für «Potsdamer» wie «Koblenzer» Generalmajor Helmuth von Moltke.

Der Große Generalstab galt als fünftes Rad am Wagen der Armee. Hervorgegangen aus dem «Quartiermeisterstab» Friedrichs des Großen, waren seine Offiziere ursprünglich bessere Handlanger gewesen. Zu ihren Aufgaben gehörten die Marschvorbereitung, Kartenzeichnen, Botendienste oder das Abstecken von Lagern. Die

Geburtsstunde des Generalstabs schlug 1803. Oberst Christian von Massenbach, ein heute vergessener Wahlpreuße aus Schwaben, wollte den Quartiermeisterstab zum Gehirn des Heeres machen. Stabsoffiziere, glaubte er, müßten sich mit der Planung künftiger Kriege und sogar mit außenpolitischen Fragen befassen. Ihre Posten dürfe man nicht nach Rang, Dienstalter oder Gutdünken, sondern nach Eignung, Erfahrung und dem Ergebnis einer Prüfung besetzen. Für den «Generalquartiermeister» forderte er das Immediatrecht, die Möglichkeit also, beim König, dem Oberbefehlshaber, unaufgefordert Vortrag zu halten.

Massenbach scheiterte an Kräften, die auch Moltke behindern sollten: Die hohe Generalität fürchtete um ihren Einfluß. Immerhin setzte Massenbach Aufnahmeprüfungen und eine feste Stabsgliederung durch. Danach begann zwar Scharnhorst mit dem Aufbau eines Truppengeneralstabs, ermöglichte Gneisenau die Mitsprache bei der Kampfführung, errang Müffling das Recht, dem König auf Nachfrage Vortrag zu halten; doch als Moltke sein Amt übernahm, mußte er noch Weisungen des Kriegsministers befolgen, der seinerseits im Schatten des Militärkabinetts stand.

Ein höheres Truppenkommando versprach mehr Ansehen als die Chefstelle im Generalstab. Was im Zeitalter der Aufklärung wurzelte, wirkte ins nächste Jahrhundert hinein, nämlich der Gegensatz zwischen Front- und Stabsoffizier, Tatmensch und Vordenker, Altadeligem und bürgerlich Neuem. Im Generalstab zählten Leistung und Wissen mehr als überkommene Ansprüche. Genie sei Arbeit, erklärte Moltke. Umgekehrt belächelten ihn viele Truppenführer als Schulmeister. Von Moltke ging die Rede, daß er während der Schlacht bei Gravelotte seinen Degen nicht ziehen konnte, weil er in der Scheide festgerostet gewesen sei. Freilich, die Spötter übergingen zwei Umbrüche des Kriegsbildes, angestoßen durch zwei Revolutionen von Weltrang: die Französische und die Industrielle.

Frankreichs Revolution verdankte ihr militärisches Überleben dem Massenaufgebot von 1793. «Levée en masse» und die Indienststellung der Wirtschaft für den Krieg schufen das erste Massenheer der Neuzeit. Es konnte riesige Verluste ersetzen und Offensiven stets erneuern – nicht mittels methodischer Defensivstrategien, sondern durch blutige, regellose Massenangriffe, die auf Vernichtung des Gegners zielten. Die Hoffnung auf Einhegung militärischer Gewalt schien damit zerstoben. Für die Aufklärer war Krieg ein Übel; die Franzosen verherrlichten ihn als heiligen Nationalkampf. Ihr Fanatismus sprang mit dem «Freiheitskrieg» auch auf die Deutschen über.

Ein halbes Jahrhundert später bescherte die Industrielle Revolution Europa neue, tödlichere Waffen, von der Fernartillerie bis zum Maschinengewehr. Mit der Eisenbahn konnten Massenheere schneller bewegt und per Telegraph besser gelenkt werden. So etwas mußten Fachleute vorher berechnen, und dies war die Pflicht des Generalstabs. Moltke wußte das. Stets hatte er sein Ohr am Puls der Zeit. Und kaum war er zu etwas Geld gekommen, beteiligte er sich an der «Berlin-Hamburg Eisenbahn», einem Privatunternehmen, zu dessen Verwaltungsrat er bald gehörte.

Aber es war nicht leicht, solche Erkenntnisse in einem Heer zu verbreiten, in dem das «Immer feste druff!» als der Kriegsweisheit letzter Schluß zu gelten schien. Den Ausschlag gab das Vertrauen des Königs. 1866 hob Wilhelm I. kurz vor dem österreichischen Feldzug das Weisungsrecht des Kriegsministers gegenüber dem Generalstabschef auf.

So war Moltke in den Kriegen gegen Österreich (1866) und Frankreich (1870/71) der eigentliche Feldherr. Dabei ließ er den Korpsführern bewußt etwas Spielraum: «Überhaupt – Gehorsam ist Prinzip, aber der Mann steht über dem Prinzip.»[3] Planung und Auftragstaktik zahlten sich aus. Königgrätz und Sedan waren Aufmarschsiege, Siege, die vor allem mit der Eisenbahn zustande gebracht wurden. Königgrätz beendete die Vormacht der Habsburger in Deutschland, Sedan ermöglichte die deutsche Einheit unter den Hohenzollern.

Es war Moltke gelungen, schnell aufgestellte, rasch an die Front geführte, aus Gründen des Nachschubs weit verstreute Massenheere erst auf dem Schlachtfeld zusammenzufassen. Preußen besiegte Österreich und Frankreich nicht, weil es bevölkerungsstärker, wirtschaftlich entwickelter oder gesellschaftlich moderner war; es siegte, weil man im Generalstab genauer über die Auswirkungen des sozialen und wirtschaftlichen Wandels auf die Kriegführung nachgedacht, daher die Soldaten schneller bewegt, besser bewaffnet und im Gefecht wirkungsvoller befehligt hatte.

Aber selbst Moltke ließ sich überraschen. Hatte er 1866 noch einen Kabinettskrieg geführt, ohne, ja sogar gegen den Druck der Öffentlichkeit, entwickelten sich 1870 die Kämpfe erst zu einem National-, dann zum Partisanenkrieg. Anders als Königgrätz brachte Sedan keine Entscheidung. Zwar geriet Napoleon III. in Gefangenschaft; doch eine neue, revolutionäre Regierung in Paris, das Moltke nun belagern ließ, setzte den Kampf unbeirrt fort. Über Linientruppen verfügte sie kaum. Statt dessen hob die Regierung hastig Milizen aus. «Franktireurs» ohne Uniform zerstörten außerdem Schienen, sprengten Brücken, zerschnitten Telegraphendrähte oder erschossen deutsche Soldaten aus dem Hinterhalt. Moltke nannte sie nicht «Franctireurs», Freischützen, sondern «Franc-voleurs», Freidiebe. Und die Deutschen übten Vergeltung. Sie zündeten Häuser an, aus denen geschossen worden war. Sie töteten außer Partisanen auch Zivilisten, denn beide waren schwer zu unterscheiden.

Wie sollte man den zerfasernden Krieg beenden? Bismarck forderte die Beschießung der Hauptstadt. Das würde, glaubte er, das Kriegsende erzwingen, bevor die anderen Großmächte eingriffen. Moltke widersprach. Es gehe nicht um die Eroberung von Städten. Ziel sei die Vernichtung der feindlichen Streitmacht. Wer sich zum Krieg entschließe, müsse so handeln, als ob es überhaupt nur das Schwert gebe. Es gelte, die französische Bedrohung ein für allemal zu beseitigen. Nicht das Auswärtige Amt, der Generalstab leite die Operationen. Jeder Entschluß zum Krieg, entgegnete Bismarck, sei eine politische Entscheidung. Jede militärische Operation müsse daher den Erfordernissen der Politik genügen. Einer Demütigung Frankreichs würden weder England noch Rußland tatenlos zusehen. Bismarck, der Politiker, wünschte aus politischen Gründen den Waffenstillstand. Moltke, der Militär, forderte aus militärischen Gründen einen «Exterminationskrieg». Der König entschied zugunsten Bismarcks. Am Ende ermöglichte der Machtspruch einen Frieden mit Frankreich. Das Ringen zwischen politischer und militärischer Führung hielt jedoch an. Sein Ausgang würde über die Zukunft des Reiches bestimmen.

Wilhelm I. schenkte Moltke für seine Siege mehr als eine Million Taler. Davon kaufte der Feldherr das Rittergut Kreisau, etwa fünfzig Kilometer südwestlich von Breslau gelegen. «Das ganze Land ist wie ein Garten, und wohin man fährt, ist's wunderschön.»[4] Ein Lebenstraum ging in Erfüllung. «Mein Lieblingsgedanke», hatte er seinem Bruder geschrieben, «ist noch immer, daß wir uns nach und nach auf einem Grundbesitz sammeln ...»[5] Nun schlug die Familie tatsächlich Wurzeln. Moltke jedoch blieb kinderlos. Um so mehr sorgte er für die «vier Riesen», die Söhne seines Bruders Adolf von Moltke. Ihnen räumte der Patriarch manche Hürde beiseite. Als etwa Wilhelm Kavallerieoffizier wurde, veranlaßte Moltke seine Versetzung zum Eliteregiment «Garde du Corps». Und weil er den Besitz für die Familie zusammenhalten wollte, machte er aus Kreisau einen «Fideikommiß». Fortan war das Rittergut nur als Ganzes vererbbar, blieb unverkäuflich, und lediglich der Besitzer durfte über die Erträge verfügen. Zum künftigen Majoratsherrn bestimmte er Wilhelm, Adolfs ältesten Sohn.

Reiste Moltke nach Berlin, arbeitete er am Königsplatz im Generalstabsgebäude. Zweierlei folgerte er aus dem Feldzug gegen Frankreich. Erstens: Die Barbarisierung des Krieges sei schwer aufzuhalten. «Möchten nur überall», hoffte er, «die Regierungen stark genug sein, um zum Krieg drängende Leidenschaften der Völker zu beherrschen.»[6] Jeder künftige Krieg werde zum Volkskrieg, seine Dauer sei nicht abzusehen, «es kann ein Siebenjähriger, es kann ein Dreißigjähriger werden.»[7] Daß es im Jahrhundert der Volkssouveränität nicht mehr allein Könige oder Kabinette waren, die über Krieg und Frieden entschieden, hatte Moltke anfangs begrüßt. Jetzt aber rückte der Nationalismus für ihn ins Licht einer wahnhaften Besessenheit.

Zweitens: Weil die Franzosen nach Revanche dürsteten, ein abermaliger Waffengang also unvermeidlich sei, müsse Deutschland die Koalition seiner Gegner notfalls durch einen Präventivschlag sprengen. 1875 drängte er deshalb zum Krieg gegen Frankreich, 1887 zum Krieg gegen Rußland. Beide Male scheiterte Moltke am Widerstand Bismarcks.

Noch wurde der Hang des Generalstabs, die Welt nur vom militärfachlichen Standpunkt her zu betrachten, durch den «Eisernen Kanzler» berichtigt. Wie aber würde es aussehen, wenn Bismarck abtreten müßte? Ein Gegengewicht konnte der Liberalismus kaum bilden. Längst hatte das Bürgertum sich der Macht gebeugt. Es schätzte den Erfolg, verehrte jene, denen man alles verdankte: das Militär, den Kaiser, Bismarck und den Generalstabschef. So offenbarte der Moltke-Kult nicht zuletzt die Aufwertung des Militärischen. Noch zu Lebzeiten setzte man ihm Denkmäler, das erste 1876 in Parchim.

Der Schlüssel zu seinem Geheimnis lag, keine Frage, in Moltkes Zeitgemäßheit. «Bürgerliche» Tugenden, Bildungsbeflissenheit und die Bereitschaft zur Leistung, hatten seinen Aufstieg entscheidend befördert. Als Stratege moderner Massenkriegführung stellte er unter Beweis, daß Preußens alte Elite neue Sehnsüchte nach nationaler Einheit und Macht zu befriedigen vermochte. Das sicherte dem Schwertadel die Bewunderung der Bürger. Preußen konnte man sowohl zum Wahrer der Tradition als auch zum Pionier des kühnsten Unternehmungsgeistes erklären. Es war patriarchalisch und industriell, rückwärtsgewandt und fast bodenlos modern. Das preußische Janusgesicht verkörperte Moltke. Er starb sanft, ohne Kampf, am 24. April 1891 im Generalstabsgebäude. Einer der «vier Riesen» saß an seinem Sterbebett: Adjutant und Neffe Major Helmuth «Muthi» von Moltke.

Der nervöse Neffe

Daß auch der jüngere Helmuth von Moltke oberster Heerführer Deutschlands wurde, trug dazu bei, ihn selbst, seine Familie, seine Nation und Europa ins Unglück zu stürzen. Ein Befund, der einseitig, fast ungerecht wirkt; nichtsdestotrotz entspricht er der Wahrheit. Fast ebenso erschreckend ist der Umstand, daß die Gründe für seinen Aufstieg in einem Wort zu bündeln sind: Protektion. «Der Kaiser war sehr gnädig und gütig gegen mich, ich mußte ihm noch viel von Onkel Helmuth erzählen»,[8] so Moltke über ein langes Gespräch im Neuen Palais, als er längst zum Gefolge Wilhelms II. gehörte. Auf diesen Hauptsäulen fußte die Laufbahn: der gnädigen Güte des Kaisers und dem Ansehen «Onkel Helmuths».

Dabei war Moltke verbindlich im Umgang, klug und hochkultiviert. Den halben *Faust* kannte er auswendig, er zeichnete, dichtete, malte auf Porzellan, spielte Cello. Aber zugleich trieb ihn ein stiller Ehrgeiz, der seine militärische Begabung weit übertraf. Moltke verschleierte Krankheiten, wohl um die eigene Stellung nicht zu gefährden. Bei Manövern fiel er mehr als einmal vom Pferd. Der Wille zur Macht ließ ihn um den Chefposten im Generalstab noch kämpfen, als der Kaiser, dessen Umgebung, ja sogar er selbst das Zutrauen in seine Fähigkeiten längst verloren hatten. Nach der Entlassung und einem Nervenzusammenbruch wollte er durch Ränkespiele ins Amt zurückkehren.

Seine Frau Eliza, eine geborene Gräfin Moltke-Huitfeldt aus Schweden, glaubte an Geister und Hellseherei. Das «Medium» Anna Rothe lud sie ins Haus der Moltkes. Im Verlauf von zehn «Séancen» wurde «Uriel» beschworen. Die gemeinsame Tochter bekam ein Kind von ihrem Musiklehrer, ebenfalls ein gläubiger Spiritist. Eliza war Mitglied der «Theosophischen Gesellschaft». Sie vermittelte die Bekanntschaft ihres Mannes mit dem Begründer der Anthroposophie, Rudolf Steiner. Mitten im Weltkriege, während des Vormarsches nach Frankreich, angesichts einer schwierigen Lage an der Ostfront und anderthalb Wochen vor Eröffnung der Marne-Schlacht, trafen sich Moltke, Eliza und Steiner heimlich in Niederlahnstein, wo Steiner dem General menschlich beistand. Wie konnte der «traurige Julius» – so nannte ihn Wilhelm II. – an die Spitze des Heeres gelangen?

Krebsschaden des Kaiserreichs war seine halbparlamentarische Form der Regierung. Unverantwortlich gegenüber dem Reichstag, hatte schon Wilhelm I. aus eigener Machtvollkommenheit über das Heer verfügt. Wilhelm II. führte gar ein «persönliches Regiment». Nun entschied mehr denn je das Verhältnis zum Kaiser über Besetzung wie Ausübung hoher Ämter.

Seit langem verband Moltke und Wilhelm eine Art Freundschaft. Wilhelm, damals Kronprinz, hatte ihn als Hausgenossen und Adjutanten des Feldmarschalls kennen gelernt. Auf diesen Posten war der junge Offizier – natürlich – durch «Onkel Helmuth» gelangt. 1891 beförderte ihn der Kaiser zum Flügeladjutanten; seither traf er Wilhelm recht häufig.

In Berlin genoß Moltke den Rückhalt der Familie. Drei Gräfinnen Moltke, allesamt Schwestern, hatten in die Hofgesellschaft hineingeheiratet. Ihr Bruder war Graf Kuno «Tütü» von Moltke, den eine homoerotische Freundschaft mit Philipp von Eulenburg verband. Beide gehörten zur «Liebenberger Tafelrunde», einer Günstlingsclique des Kaisers. Sie vereitelte jeden Versuch, zu einer offeneren Regierungsweise überzugehen. Erst als ein Journalist Eulenburg und Kuno öffentlich der Homosexualität bezichtigte, fielen sie in Ungnade und wurden in den größten Skandal des Kaiserreichs verwickelt. Die Eulenburg-Moltke-Affäre endete vor Gericht und versetzte der Monarchie einen gefährlichen Schlag.

Dem Aufstieg Helmuths schadete sie nicht. 1904 wurde er Generalquartiermeister, eine Stellung, die ihn zum künftigen Chef des Generalstabs bestimmte. 1906 berief Wilhelm II. Moltke ins Amt, nach zweijähriger «Lehr-» und Bedenkzeit. Dennoch stellte Moltke seine Eignung plötzlich in Frage; ein Augenblick der Selbsterkenntnis, der ungenutzt verstrich. Wilhelm machte Mut, bedrängte ihn fast, und aus Pflichtgefühl oder Ehrgeiz gab Moltke zögerlich nach. Er habe, behauptete Wilhelm, «die nötigen Führereigenschaften, den nötigen verwegenen Schneid und keine Sorge vor Verantwortung und einen Namen mit gutem Klang in Heer und Land.»9 Moltke besaß einen guten Namen, nicht aber Durchsetzungsfähigkeit oder verwegenen Schneid, und die Sorge vor der Verantwortung erdrückte ihn fast – eine Durchschnittsbegabung im Grunde; keineswegs galt er als Militär- und Verwaltungsgenie, das mit sicherer Hand die Bürokratie des Generalstabs lenken würde.

Herausforderungen gab es genug. Koloniale Rivalitäten, die Gärung durch nationale Minderheiten in Österreich-Ungarn, auch im Osmanischen Reich, und die Furcht vor der Arbeiterschaft, die auf Mitsprache, sogar auf Revolution drängte, nährten eine dauernde Krisenstimmung. Weltpolitik und Flottenrüstung, vom Nationalismus bürgerlicher Schichten befeuert, führten Deutschland in eine außenpolitische Sackgasse. Das Bündnissystem verfestigte sich in zwei feindliche Blöcke. Bald standen die Mittelmächte Deutschland und Österreich den Flügelmächten England, Frankreich und Rußland gegenüber. Statt sich selbst für die Lage verantwortlich zu machen, wähnte die Reichsleitung, gerade auch Moltke, Deutschland in lebensbedrohlicher «Einkreisung» umzingelt. Krieg sei über kurz oder lang unvermeidlich, das glaubten viele, allerdings nicht nur in Deutschland.

Und jede Armee der Welt schmiedet Pläne. Für einen Zweifrontenkrieg schien Moltke gerüstet. Der Schlieffen-Plan, benannt nach seinem Vorgänger im Generalstab, sah einen Blitzkrieg gegen Frankreich vor, um sich danach mit ganzer Kraft gegen Rußland wenden zu können. Man glaubte, daß ein frontaler Durchbruch an der befestigten deutsch-französischen Grenze unmöglich sei. Geplant war vielmehr, über das neutrale Belgien den Aufmarsch der Franzosen an ihrer Ostgrenze zu umgehen, sie in einer gewaltigen Schwingbewegung gegen die Schweizer Grenze zu drücken und dort zu vernichten; militärisch ein überaus ehrgeiziger Plan, der politisch schwerwiegende Nachteile hatte. Vor allem machte er den Reichskanzler zum Handlanger des Generalstabs. Die Verletzung der belgischen Neutralität würde zwangsläufig England auf die feindliche Seite ziehen. Reichskanzler Bethmann Hollweg aber wollte England neutral halten. Damit verfolgte er eine Politik, die ihm schon im voraus durch den Generalstab aus der Hand geschlagen war. Befangen in einseitig militärischem Denken, nahm Moltke die Möglichkeit des britischen Eingreifens nicht ernst. Selbst bei einer Kriegsgefahr im Osten wollte er zunächst Frankreich angreifen lassen.

Daß diese Zusammenhänge niemals zwischen politischer und militärischer Führung besprochen worden sind, wirft ein Schlaglicht auf die Verselbständigung des Generalstabs. Moltke d. Ä. hatte für den Fall eines Zweifrontenkrieges immer die strategische Defensive in Ost und West bevorzugt. Moltke d. J. wollte aus einem Zweifrontenkrieg gleichsam zwei aufeinanderfolgende, offensiv geführte Einfrontenkriege machen. Planungen für einen Einzelkrieg gegen Rußland legte er zu den Akten. Diese Entwicklung spiegelte nicht zuletzt den atmosphärischen Unterschied zwischen Bismarckzeit und Wilhelminischer Epoche: Zurückhaltung damals, Kraftgefühl jetzt.

Um so überraschender, daß Moltke wenig Zuversicht verriet. Am 3. Dezember 1912 rief der Kaiser seine wichtigsten Militärberater zusammen, neben Moltke den Chef des Admiralstabs, Josias von

Heeringen, und den Staatssekretär der Marine, Alfred von Tirpitz. Auf dem Balkan war es zu Spannungen gekommen, die Europa an den Rand des Abgrunds führten. Moltke drängte auf einen Präventivkrieg, «je eher, je besser.»[10] Rußland, so Moltke, werde nach Abschluß seiner Rüstungsprogramme spätestens in fünf Jahren losschlagen. Dem müsse man zuvorkommen, denn das Kräfteverhältnis gestalte sich für die Mittelmächte immer ungünstiger. Tirpitz widersprach nicht, wollte aber noch zwei Jahre warten. Erst 1914 könne man den Nord-Ostsee-Kanal für die Schlachtflotte nutzen. Die Marine werde auch dann nicht fertig sein, bemerkte Moltke. Am Ende gab es keine Entschlüsse.

Unter Historikern hat die Konferenz große Berühmtheit erlangt. Man sah in ihr einen Beleg für die planmäßige Absicht, 1914 durch das Auslösen eines Krieges den Griff nach der Weltmacht zu wagen. Davon ist kaum noch die Rede. Gleichwohl kam in der Konferenz eine gefährliche Haltung zum Ausdruck. Mehr und mehr setzte sich die Ansicht durch, daß die Zeit gegen die Mittelmächte arbeite. Namentlich Moltke hat in den folgenden Monaten lebhaft für einen Präventivkrieg geworben. Dahinter stand wenigstens teilweise das Gefühl, unter dem Druck einer nationalistisch aufgeheizten Öffentlichkeit auf keinen Fall Nachgiebigkeit zeigen zu dürfen. Schriftsteller, Journalisten, Studenten, Professoren und Künstler hatten schon 1911 nach der zweiten Marokko-Krise stürmisch bedauert, daß es nicht zum Krieg gekommen war. «Die unglückselige Marokkogeschichte fängt an, mir aus dem Halse herauszuhängen», klagte damals auch Moltke. «Wenn wir aus dieser Affäre wieder mit eingezogenem Schwanze herausschleichen, wenn wir uns nicht zu einer energischen Forderung aufraffen können, die wir bereit sind, mit dem Schwert zu erzwingen, dann verzweifle ich an der Zukunft des Deutschen Reiches.»[11] Halbbewußt hing Moltkes Bereitschaft zum Kriege, ahnt man, auch mit dem Selbstbehauptungswillen einer adeligen Führungsschicht im Zeitalter des Bürgertums zusammen.

Während Bethmann den Präventivkrieg unter Berufung auf Bismarck jedoch ablehnte, setzte Moltke sich mit seinem österreichischen Kollegen Conrad von Hötzendorf ins Einvernehmen, der ebenfalls zum Losschlagen drängte. Im Frühsommer 1914 trafen beide in

Karlsbad zusammen. Es war ihnen ein leichtes, sich gegenseitig zu überzeugen, daß ein Präventivkrieg notwendig sei. Zurück in Berlin, legte Moltke dem Staatssekretär des Auswärtigen Amtes nahe, die deutsche Politik «auf die baldige Herbeiführung eines Krieges einzustellen.»[12] Gleichzeitig fürchtete er, der Krieg werde «die Kultur des gesamten Europas auf Jahrzehnte hinaus vernichten.»[13] Auch mit Blick auf die Chance eines deutschen Sieges äußerte der Generalstabschef große Bedenken. Mit anderen Worten: Er forderte eine Politik des Säbelrasselns, obwohl er um die grauenhaften Folgen eines Krieges wußte und es alles andere als sicher war, daß der Schlieffen-Plan ein Siegesrezept lieferte. Bildlich gesprochen trieb die Angst vor dem Tod Moltke zum Selbstmord.

Am 28. Juni 1914 wurden der österreichische Thronfolger und seine Frau in Sarajewo von serbischen Nationalisten ermordet. Was in den nächsten Wochen geschah, entschied sich in einem kleinen Kreis um die gekrönten Häupter in Wien und Berlin. Denn die Verantwortlichen in Rußland, Großbritannien und Frankreich beantworteten meist nur Schachzüge, die von Franz Joseph I. und Wilhelm II. mit ihren Beratern entwickelt worden waren. In Berlin kam es zu Zusammenstößen zwischen «Falken» und «Tauben». Auf der einen Seite standen Moltke und die Generäle, die mit Hilfe einer österreichischen Strafexpedition gegen Serbien einen großen Krieg auslösen wollten. Auf der anderen Seite rangen Bethmann und seine Diplomaten um eine gemäßigtere Linie. Sie versuchten, den Konflikt zu begrenzen. Doch der Generalstabschef, klagte Bethmann, habe unausgesetzt zur Eile gedrängt und «erklärte ... den militärischen Zwang für absolut. Ich habe meine Ansicht der seinigen anpassen müssen.»[14] Keineswegs hätte der Kanzler sich anpassen müssen, aber Bethmann war eben kein Bismarck.

Als die Mobilmachung verkündet war und der Westaufmarsch begonnen hatte, erhielt der Generalstabschef am 1. August die Aufforderung, ins Berliner Schloß zu kommen. Dort trugen ihm Wilhelm und Bethmann freudig gestimmt den Inhalt einer Depesche vor: Der deutsche Botschafter in London habe erklärt, England würde Frankreich neutral halten, falls Deutschland Frankreich nicht angreife. Erleichtert befahl der Kaiser, statt im Westen nun im Osten aufzumarschieren. Moltke verschlug es die Sprache. Der Westaufmarsch war ein im Minutentakt geplantes, riesenhaftes Unternehmen. Sehr erregt behauptete er voller Entrüstung, daß ein Durchmarsch des Heeres von Westen nach Osten nicht in Frage komme. Andernfalls würde keine Armee, sondern ein bewaffneter Haufen ohne Verpflegung an die russische Front gelangen. «Ihr Onkel», schnauzte Wilhelm, «hätte mir eine andere Antwort gegeben!»[15]

In Wahrheit hatten die Engländer nie gesagt, daß sie Frankreich neutral halten würden. Sie hatten lediglich erkennen lassen, daß sie selbst zunächst neutral bleiben würden, wenn Deutschland einen reinen Ostkrieg führte. Das stellte sich schon am Abend heraus, und der Westaufmarsch nahm seinen Lauf. Moltke war trotzdem zu Unrecht entrüstet. Er hatte sich auf nur eine einzige Kriegsmöglichkeit eingestellt und alle anderen Möglichkeiten im voraus verworfen. Ein Generalstab muß aber für jede Lage verschiedene Pläne bereithalten. Dafür hatte Moltke nicht gesorgt. Das war das eigentliche, unfaßbare Pflichtversäumnis des deutschen Generalstabs.

Der Vormarsch durch Belgien hinterließ eine Spur der Verwüstung. In Andenne, Tamines und Dinant massakrierten deutsche Truppen Geiseln, nicht nur Männer, auch Frauen und Kinder: 211 Tote in Andenne, 384 in Tamines, 612 in Dinant. Währenddessen störte der Kaiser im Hauptquartier, auch weil Moltke ihm täglich Vortrag halten mußte. Von Zeit zu Zeit steigerte sich Wilhelm in Blutphantasien: «‹Zwei Meter hohe Leichenhaufen – ein Unteroffizier hat mit 45 Patronen 27 Franzosen umgelegt u. a. m.› – Entsetzlich! Moltke, der neben ihm saß, litt Qualen.»[16]

Der Blitzkrieg scheiterte an der Marne. Mehrfach war Moltke «in höchster Erregung und tiefster Erschütterung ... zu einem starken Entschluß völlig unfähig.»[17] Nicht die fast übermäßigen Marsch- und Kampfleistungen haben entschieden, sondern ungedeckte Flanken; nicht die deutschen Truppen sind an der Marne besiegt worden, sondern die deutschen Generäle. Moltke, ein gebrochener Mann, wurde durch Falkenhayn ersetzt. Mit seinem letzten Befehl ordnete er die Befestigung der neuen Stellungen am Ufer der Aisne an. Die Infanterie grub sich ein, der Bewegungskrieg war zu Ende, der Stellungskrieg begann. Moltke rang mit seinem Gewissen: «Welche

Ströme von Blut sind schon geflossen, welcher namenlose Jammer ist über die ungezählten Unschuldigen gekommen ... Mich überkommt oft ein Grauen, wenn ich daran denke, und mir ist zumute, als müßte ich dieses Entsetzliche verantworten ...»[18]

Helmuth von Moltke starb am 18. Juni 1916. Die Urkatastrophe des 20. Jahrhunderts forderte weltweit mehr als zehn Millionen Tote, kostete achtzehn Millionen Menschen die Gesundheit. Sie brachte die Weltwirtschaft an den Rand des Ruins, beendete die Vorherrschaft Europas, führte zum Sturz der Monarchien in Deutschland, Österreich und Rußland; ein grauenhaftes Gemetzel, der totale Krieg erstmals auch an der «Heimatfront» – und doch nur ein Vorspiel.

Anwalt der Zukunft

Wenige Tage nach Kriegsbeginn eilte der jüngere Moltke von einer Besprechung zurück ins Generalstabsgebäude. Dort war Neffe Helmuth, seit Wilhelms Tod 1905 Gutsherr auf Kreisau, mit seiner Frau Dorothy und Familie zum Essen geladen. Als der Generalstabschef die Privaträume betrat, lief ihm Helmuths ältester Sohn, der siebenjährige Helmuth James, entgegen: «Nun, Onkel Helmuth, wann gewinnen wir den Krieg?»[19] Auf die Antwort konnte sich James später nicht mehr besinnen, «aber ich erinnere mich an das Gefühl der Betroffenheit, das mich überfiel: Ich fühlte plötzlich, daß man ja Kriege auch verlieren kann, und daß wir diesen verlieren würden.»[20]

Die deutsche Niederlage blieb für Kreisau scheinbar fast ohne Folgen. Lebensmittel waren zwar knapp geworden, zudem mußte Majoratsherr Helmuth sein Gut nun selbst bewirtschaften – das hatte vorher ein Inspektor besorgt –, doch im Schloß arbeiteten weiterhin zwei Diener, ein Jäger, mehrere Kutscher und Dienstmädchen. Das Zimmer des Feldmarschalls hatte man seit dem Tag seines Todes unberührt gelassen. Vom Porzellanständer für die Perücke über die Filzpantoffeln bis zum Familienstammbaum, der eine ganze Wand bedeckte, war noch alles vorhanden. Besuchern galt der Raum als eine Art Wallfahrtsort. Immer wieder wurde er von den Moltkes pflichtschuldig gezeigt. Vor allem aber war Kreisau Mittelpunkt der

Familie. Alle Moltkes besaßen und nutzten das Recht, jederzeit zu Besuch kommen zu dürfen. Stets waren Gäste im Haus, nicht nur Familienmitglieder, und am Mittagstisch saßen oft mehr als vierzehn Personen.

Helmuths Frau Dorothy, geborene Rose Innes, sorgte für eine warmherzige, ungewöhnlich weltoffene Atmosphäre. «Sie wurde sehr geliebt.»[21] Dorothy kam aus Südafrika, hatte 1904 mit ihrer Mutter eine Bildungsreise durch Europa unternommen, Dresden besichtigt, eine Anzeige gelesen, in der die Frau Wilhelm von Moltkes um Sommergäste warb, hatte dann Kreisau besucht und sich dort in Helmuth, den ältesten Sohn, verliebt. Ihr Vater war in Südafrika Rechtsanwalt, liberaler Politiker und Justizminister gewesen, bevor er das Amt des Vorsitzenden Richters am Obersten Gerichtshof übernahm. Sir James Rose Innes kämpfte für einen britisch-burischen Ausgleich und gegen die Benachteiligung schwarzer Südafrikaner. «Er war der rechtlichste Mann, den man sich denken kann», beschrieb ihn Helmuth James, sein Enkel, «und der kleinste technische oder moralische Fehltritt war ihm fürchterlich.»[22] Den Juristen Helmuth James von Moltke und dessen Rechtsauffassung hat wohl niemand stärker beeinflußt als Großvater Rose Innes.

Die militärischen Überlieferungen der Familie traten allmählich in den Hintergrund. Das Andenken des Feldmarschalls war für die Moltkes in den zwanziger Jahren eine Angelegenheit des Respekts, nicht mehr. Eltern wie Kinder fühlten sich als Demokraten. Sie unterstützten die Weimarer Republik, wählten Parteien der Mitte. Dorothy und ihr Mann waren außerdem Anhänger der «Christian Science», einer ursprünglich amerikanischen Glaubensgemeinschaft, die das Heilen als geistliche Aufgabe verstand. In seiner Jugend war Helmuth, wie er glaubte, durch Christian Science von einer schweren Krankheit genesen. Danach blieb er ein tätiges Mitglied der Gemeinschaft, begriff sie als Lebensinhalt und nahm schließlich selbst Heilbehandlungen vor.

Helmuth und Dorothy bekamen fünf Kinder: Helmuth James, Joachim Wolfgang, Wilhelm Viggo, Carl Bernhard und Asta. Der Vater, ein schroffer, oft mißmutiger Mann, ohne Begabung für die Landwirtschaft, reiste häufig nach Berlin. Für «Jowo», «Wiggo», Carl

Familientreffen 1919 in Holland: Sir James Rose Innes, Dorothy von Moltke und Lady Jessie Rose Innes mit Dorothys Kindern Helmuth James, Joachim Wolfgang, Wilhelm Viggo, Carl Bernhard und Asta.

Bernhard, Asta und auch für Dorothy übernahm Helmuth James trotz seiner Jugend die Rolle des Familienoberhaupts. Von schmaler Gestalt, zwei Meter groß und mit einer Intelligenz begabt, die zuweilen einschüchtern konnte, fiel es ihm leicht, Entscheidungen zu treffen. Dabei blieb er offen für die Sorgen anderer. Helmuth James weckte Vertrauen – in seiner Familie, bei den Bewohnern des Dorfes Kreisau, im Grunde bei fast allen Menschen, die ihn kannten.

Wie sein Großvater studierte er Jura, zunächst in Berlin. Dort befreundete er sich 1926 mit Eugenie Schwarzwald. Sie hatte als eine der ersten Frauen Europas den Doktor der Philosophie erworben und leitete nun die Wiener «Schwarzwald-Schule». Eugenie überredete Moltke zu zwei Semestern an der Universität Wien. In der österreichischen Hauptstadt lernte er durch die Schwarzwalds einflußreiche Künstler kennen, darunter Bert Brecht, Helene Weigel, Karl Kraus, Gottfried Benn und Carl Zuckmayer. Am wichtigsten aber wurde die Freundschaft mit der Journalistin Dorothy Thompson. Sie versuchte früh, die amerikanische Öffentlichkeit vor den Gefahren des Nationalsozialismus zu warnen. Thompson schickte Moltke herum, ließ ihn Berichte schreiben und Tatsachen ermitteln.

Sein Studium beendete er an der Universität von Breslau. Auch dort war er immerfort unterwegs, kümmerte sich um soziale Fragen, etwa um die Nöte von Kleinbauern, sprach mit dem preußischen Kultusminister und dem Präsidenten der Provinz Oberschlesien. Solche Möglichkeiten verdankte er zum Teil sich selbst, aber auch seinem Namen und dem Umstand, daß nur wenige Adelige bereit waren, sich für die Zukunft der Republik einzusetzen. Ein Landrat machte ihn auf die bedrängte Lage der Kumpel im Waldenburger Kohlenrevier aufmerksam. Es lag etwa vierzig Kilometer südwestlich von Kreisau. Moltke reiste nach Waldenburg und war über die Mißstände so entsetzt, daß er die Lage mit Vetter Carl Dietrich von Trotha besprach, der seinen Freund Horst von Einsiedel hinzuzog. Gemeinsam mit Eugen Rosenstock-Huessey, Professor für Rechtsgeschichte in Breslau, gründeten Moltke, Trotha und Einsiedel 1927 die «Löwenberger Arbeitsgemeinschaft». Sie bereitete ein «Arbeitslager» für etwa hundert junge Bauern, Studenten und Arbeiter vor. Dort wurden die Zustände in Waldenburg besprochen, man hörte Referate von Fachleuten und erarbeitete Lösungsvorschläge. Peter Yorck von Wartenburg, Student in Breslau, nahm ebenso teil wie Adolf Reichwein, ein junger Pädagoge und Sozialdemokrat. Mit dem Beginn der Weltwirtschaftskrise ließen sich keine Gelder mehr für die Lager beschaffen. Aber die «Löwenberger» hatten Menschen zusammengeführt, die sich Jahre später im Kampf gegen Hitler wiederbegegnen sollten.

1929 berief Vater Helmuth seinen Sohn nach Kreisau. Durch die Folgen der Weltwirtschaftskrise, aber auch wegen eigener Mißwirtschaft stand der Gutsbetrieb vor dem Konkurs. Für die Familie war es sogar unerschwinglich geworden, das Schloß im Winter zu beheizen. Inzwischen lebte man im nahen «Berghaus». Vater Helmuth ernannte seinen Sohn zum Generalbevollmächtigten, zog sich aus dem Gutsbetrieb zurück und überließ anderen den Kampf um Kreisau. Helmuth James, zweiundzwanzig Jahre alt, besaß keine landwirtschaftliche Ausbildung, und von Betriebswirtschaft verstand er wenig. Doch er holte das Äußerste aus sich heraus, entwarf Pläne für die Gläubiger und brachte Ordnung in das Chaos. Als er 1931 die Kölner Bankierstochter Freya Deichmann heiratete, war das Schlimmste überstanden.

Im selben Jahr führte er auf Wunsch von Dorothy Thompson ein Interview mit Gregor Strasser, der dem linken Flügel der NSDAP angehörte. Er habe Strasser nicht verstanden, berichtete Helmuth James über das Treffen. Es sei, als ob man mit jemandem über Astronomie spreche, der Saturn für den Mittelpunkt des Planetensystems halte. Knapp zwei Jahre später, am 30. Januar 1933, wurde Hitler zum Reichskanzler ernannt. Moltke war in Berlin und aß mit Carl Ohle zu Mittag, dem ehemaligen Landrat von Waldenburg. Hitlers Regierung, meinte Ohle, werde sich schnell abnutzen. Moltke widersprach heftig. Schon jetzt sah er die Auflösung des Rechtsstaates und den Zweiten Weltkrieg kommen.

Mit dem Sieg Hitlers war sein Plan, Richter zu werden, undurchführbar geworden. Statt dessen eröffnete er eine Anwaltskanzlei, spezialisierte sich auf internationales Recht und fand Gelegenheit, auswandernden Juden beizustehen. Von Jahr zu Jahr erschien ihm das Leben unter dem Hakenkreuz unerträglicher. Die Rechtlosigkeit, die vielen Gewalttaten und die Judenverfolgung öffneten Moltke vollends die Augen für die Gefahren. Seit dem 1. Dezember 1938 durfte er offiziell keine Juden mehr vertreten; danach tat er es illegal.

Mit Beginn des Polenfeldzugs wurde Moltke als Sachverständiger für Kriegsrecht und Internationales Recht in das Oberkommando der Wehrmacht dienstverpflichtet. Fortan gehörte er zur Spionageabwehr, Abteilung Ausland. Für Moltke wie auch für andere Völkerrechtler der Abwehr stand außer Frage, daß die Haager Konvention von 1899 und 1907 über das Kriegsrecht nicht mehr zeitgemäß war. Weil man nunmehr auch auf die Zerstörung feindlicher Industrien abzielte und im Luftkrieg den Durchhaltewillen der Bevölkerung durch Flächenbombardements zu brechen versuchte, entstand offenkundig ein rechtsfreier Raum, trennte doch im totalen Krieg niemand mehr zwischen «Kombattanten» und «Nichtkombattanten». Mit Unterstützung von Wilhelm Canaris, dem Leiter der Abwehr, suchten Moltke und andere die bestehenden Rechtsvorschriften so anzuwenden, daß sie der Ausdehnung der Kriegsmaßnahmen entgegenwirkten. Damit kämpfte Moltke für ein Anliegen, das vor rund zweihundert Jahren schon die Aufklärer verfolgt hatten: Er rang um eine Einhegung des Krieges. Nicht ohne Erfolg drängte er hohe Wehrmachtsstäbe im Westen, das Erschießen von Geiseln aufzugeben.

Am 24. April 1941, am 50. Todestag des Feldmarschalls, fand in Kreisau eine Gedenkfeier statt, ohne Partei und Hakenkreuz, worauf die Familie Wert legte. Die Nationalsozialisten hatten vorgeschlagen, die Grabkapelle durch ein Mausoleum zu ersetzen. Das widerspreche dem Stil des Feldmarschalls, entgegnete Helmuth James, seit dem Tod seines Vaters 1939 Majoratsherr auf Kreisau.

Hitlers Sieg über Frankreich lag fast ein Jahr zurück. Auf dem Höhepunkt deutscher Kriegserfolge – nicht etwa erst, als sich die Niederlage schon abzeichnete – hatten Moltke und Yorck begonnen, nach Menschen Ausschau zu halten, die sich darüber beraten würden, wie es nach Hitler weitergehen sollte. Denn an der Niederlage Deutschlands zweifelten beide nur selten. Moltke und Yorck lag daran, eine möglichst breite Gruppe von Regimegegnern zusammenzubringen: Sozialdemokraten, Gewerkschafter, Konservative, Protestanten sowie Katholiken. Und es gelang. Einzig die Kommunisten blieben außen vor, denn nicht nur Moltke glaubte an ihre innere Verwandtschaft mit den Nationalsozialisten.

Dreimal trafen sich Vertreter dieser Gruppen von 1942 bis 1943 in Kreisau. Den Kern bildeten etwa zwanzig Personen. Nur Moltke und Yorck waren über alle Verbindungen unterrichtet. Die Teilnehmer einte ihr Widerspruch gegen eine terroristische, verbrecherische Diktatur, die im Osten nun auch einen Versklavungs- und Vernichtungskrieg führte. Wie konnte man aus den Deutschen Demokraten machen? Warum hatte die Weimarer Republik ein so schlechtes Ende genommen? Wie sollte der künftige Staats- und Wirtschaftsbau aussehen? Was mußte mit den Kriegsverbrechern geschehen? Man tagte im Berghaus. Für jedes der drei Wochenenden gab es bestimmte Themen, und über jedes Thema referierten Fachleute. Dabei dachten die Kreisauer durchweg europäisch. Von ihren Plänen ist nichts verwirklicht worden; aber sie stellten die richtigen Fragen.

Mit wenig Zuversicht beurteilte Moltke die Aussichten für einen Staatsstreich der Offiziere. Als Mitarbeiter der Abwehr wußte er genau, daß viele Generäle verbrecherische Befehle ausführten: «Die Generäle sind hoffnungslos.»[23] Am 19. Januar 1944 wurde Moltke verhaftet, weil er einen Bekannten vor dessen Verhaftung gewarnt hatte. Aber erst nach dem Scheitern von Stauffenbergs Attentat am 20. Juli kam die Gestapo der Gruppe um Yorck und Moltke auf die Spur. Einer der Verhafteten, Theo Haubach, fand in seinem Verhör den prägenden Namen: «Kreisauer Kreis».

Am 9. und 10. Januar 1945 stand Moltke vor dem Volksgerichtshof. Präsident war Roland Freisler, ein überaus schlauer, arroganter und überzeugter Nationalsozialist. Für seine Tobsuchtsanfälle berüchtigt, versuchte er stets, die Angeklagten in eine untergeordnete Stellung zu drängen. Moltke ließ sich nicht einschüchtern, keine Sekunde lang. Während Freisler brüllte, tobte und schrie, folgte er gelassen, manchmal heiter, immer hellwach und mit großer innerer Freiheit seinem Prozeß. Als Freisler aus dem Strafgesetzbuch vorlesen wollte, stellte sich heraus, daß kein Exemplar aufzufinden war.

Der Volksgerichtshof verurteilte Moltke zum Tode. Vor Gericht stehe er, so Helmuth James, «nicht als Protestant, nicht als Großgrundbesitzer, nicht als Adeliger, nicht als Preuße, nicht als Deutscher, ... sondern als Christ und als gar nichts anderes.»[24] Der Auftrag, für den Gott ihn gemacht habe, sei erfüllt. In diesem Glauben ruhte seine Kraft. «Ich habe», schrieb er Freya aus der Todeszelle, «ein wenig geweint, eben, nicht traurig, nicht wehmütig, nicht weil ich zurück möchte, nein, sondern vor Dankbarkeit und Erschütterung über diese Dokumentation Gottes. Uns ist es nicht gegeben, ihn von Angesicht zu Angesicht zu sehen, aber wir müssen sehr erschüttert sein, wenn wir plötzlich erkennen, daß er ein ganzes Leben hindurch am Tage als Wolke und bei Nacht als Feuersäule vor uns hergezogen ist ... Nun kann nichts mehr geschehen.»[25] Er werde getötet, weil er gedacht habe, schloß Helmuth James von Moltke. Seine Asche wurde auf dem Berliner Rieselfeld verstreut.

«Wofür steht der Name von Moltke?»

Freya von Moltke, dreiundneunzig Jahre alt, wohnt heute in der amerikanischen Kleinstadt Norwich, Bundesstaat Vermont. 1989 meldete sich Bundeskanzler Helmut Kohl telefonisch. Er werde Anfang November, erläuterte Kohl, den ersten frei gewählten polnischen Ministerpräsidenten Tadeusz Mazowiecki bei einer «Versöhnungsmesse» in Kreisau treffen. Es wäre schön, wenn ein Moltke ihn begleiten könnte – vielleicht Enkel James? Das sei unmöglich, erwiderte Freya. Man wolle den Eindruck vermeiden, die Familie würde Ansprüche auf Kreisau erheben. Der Kanzler verstand und achtete ihre Haltung. Aber er wollte wissen, was er sagen solle, wenn die Leute fragten, warum er keinen Moltke mitgebracht habe. «Dann müssen Sie antworten, daß die Moltkes nur kommen, wenn die Polen sie einladen.»[26]

Inzwischen hat sie Dutzende Einladungen erhalten. Die «Freya-von-Moltke-Stiftung» unterstützt finanziell und organisatorisch ein deutsch-polnisches Begegnungszentrum in Kreisau. Jedes Jahr führt es etwa viertausend Jugendliche aus ganz Europa zusammen. Im Kuratorium sitzt auch Alt-Bundespräsident Richard von Weizsäcker. Schloß und Berghaus gehören der «Kreisau Stiftung für Europäische Verständigung». Nie mehr aber hat Freya auf Krzyzowa übernachtet.

Gebhardt von Moltke, ein entfernter Verwandter, war bis 1999 Deutschlands Botschafter in London. Gegenüber der britischen Boulevardzeitung «The Sun» beklagte er die Langlebigkeit deutschfeindlicher Vorurteile. Sein Interview erschien am nächsten Morgen: «The Sun meets the Hun». Inzwischen ist Gebhardt deutscher Botschafter bei der NATO in Brüssel. Im Februar 2003, kurz vor Beginn des Irak-Krieges, stellte die US-Regierung bei der NATO den Antrag, Maßnahmen für den militärischen Schutz der Türkei gegen einen möglichen Angriff Saddam Husseins einzuleiten. Die deutsche Regierung verweigerte ihre Zustimmung. Wie die Botschafter aus Frankreich und Belgien erhielt Moltke die Weisung, sein Veto einzulegen. In einer erregten Debatte warfen ihm amerikanische Diplomaten daraufhin vor, daß sich Berlin gegenüber anderen NATO-Staaten undankbar verhalte. Schließlich sei Deutschlands eigene Sicherheit jahrzehntelang vom Bündnis garantiert worden.

Es bleibt dabei: Fallen die Würfel über Frieden und Krieg, über eine Aussöhnung mit Polen oder deutsche Entschädigungsklagen, stehen die Moltkes auf offener Bühne. Der amerikanische Historiker Otto Friedrich befragte 1991 Nicholas von Moltke, den Enkel von Freya und Helmuth James: «Ist es wichtig für Sie, ein von Moltke zu sein?» – «Ja, sicher. Ich bin stolz darauf, aber ich möchte nicht unbedingt meine Identität darauf gründen. Ich will als *Nicholas* von Moltke wahrgenommen werden». – «Wofür steht der Name von Moltke?» – «Nun, er steht für große Errungenschaften. Er steht für Menschen, die so weit gegangen sind, ihr Leben für etwas zu opfern, an das sie wahrhaftig und ehrlich geglaubt haben. Er steht auch für Individualität. Ich meine, alle die bekannten Menschen der Familie sind Leute gewesen, die Dinge taten, die wirklich, wirklich einzigartig waren ... Auf diesen Erbteil der Moltkes bin ich stolz.»[27]

Keine Frage, eine Mehrheit in Deutschland sieht das ähnlich – wohl auch, weil Stalingrad die Marne in Vergessenheit geraten ließ. Feierten die Deutschen vor dem Ersten Weltkrieg am «Sedanstag» eine Art Hochamt, nämlich die Geburtsstunde des Reiches durch Moltkes Schlachtensieg, vergewissert die Bundesrepublik sich alljährlich am 20. Juli ihrer Wurzeln, ist doch das Grundgesetz ein Gegenentwurf zum Hitlerstaat. Frankreich hat seine Revolution. Amerika feiert die Unabhängigkeit. England spiegelt sich im Königshaus. Deutschland erinnert an den Widerstand. Am 20. Juli 2004 saß während der Berliner Gedenkfeier Freya von Moltke in vorderster Reihe. «Kreisau will nun, soll nun und kann nun einem besseren Zusammenleben in Europa dienen.»[28] So spielen die Moltkes für unser Selbstverständnis auch künftig eine wichtige Rolle. Denn mit ihrem Namen verbinden die Deutschen nicht mehr Sedan sondern Kreisau.

Die Mommsens

von Stefan Rebenich

Auf dem Weg zur höheren Bildung

Die Geschichte der Familie Mommsen ist die Geschichte des deutschen Bildungsbürgertums. An dieser weitverzweigten Familie lassen sich beispielhaft Entstehung, Entfaltung und Niedergang einer gebildeten Elite studieren, die in kultureller und politischer Hinsicht das moderne Deutschland im 19. und im 20. Jahrhundert wesentlich geprägt hat.

Die Familiengeschichte beginnt in der nordfriesischen Marsch. Fleißige Bauern hatten über mehrere Generationen hinweg einen bescheidenen Wohlstand erwirtschaftet, der in der zweiten Hälfte des 18. Jahrhunderts den unmündigen Kindern durch betrügerische Machenschaften von Verwandten verloren ging. Der einsame Landsitz Hülltoft ernährte die Familie mehr schlecht als recht. Unter diesen Bedingungen war die Erziehung der Kinder ein schwieriges Unterfangen. Gleichwohl stand für den Marschhofbesitzer Jens Mommsen (1756–1816) fest, daß seine Söhne eine gute Ausbildung erhalten mußten. Nur so konnte auch die Aufsplitterung des ohnehin nicht umfangreichen Landbesitzes verhindert werden. Die ‹Bauernsöhne› sollten es besser haben als ihr Vater.

Der gleichnamige älteste Sohn Jens Mommsen (1783–1851) wurde unter großen Opfern zunächst auf die Husumer Gelehrtenschule und dann auf die Landesuniversität in Kiel geschickt. Anfangs als Student der Medizin inskribiert, wechselte er bald an die Theologische Fakultät. Für diese Entscheidung war einerseits die für Theologen typische Berufsvererbung verantwortlich: Unter den Vorfahren der Mutter gab es viele Prediger. Andererseits lockte die soziale Offenheit des Pfarrstandes. Aufstiegsorientierte junge Männer aus ärmeren Verhältnissen bevorzugten zu Beginn des 19. Jahrhunderts das relativ kostengünstige Studium der Theologie, da das Pastorendasein ein wenn auch bescheidenes, so doch sicheres Auskommen und gesellschaftliches Ansehen versprach. Dieser Umstand machte aus dem Pfarrberuf einen typischen ‹Plattformberuf›. An der Mommsen-Dynastie zeigt sich beispielhaft der schrittweise Aufstieg vom Bauernstand über das Pfarramt in das höhere akademisch gebildete Beamtentum. Unter Jens Mommsens drei Söhnen waren ein Universitätsprofessor und zwei Gymnasiallehrer.

Jens Mommsens Sprung in die sichere Position eines Landpfarrers war mit einer mühseligen Wartezeit verbunden. Nach einigen kargen Jahren als Hauslehrer fand er endlich eine Pfarrei im schleswigschen Garding. Aber seine finanzielle Lage blieb prekär. Auch der Wechsel in das größere Oldesloe in Holstein einige Jahre nach der Geburt seines ältesten Sohnes änderte nichts an der bedrückenden wirtschaftlichen Lage.

Für die drei Söhne Theodor (1817–1903), Tycho (1819–1900) und August (1821–1913) und für die Tochter Marie (1828–1893) war Gehorsam eine Selbstverständlichkeit. Der Vater im Talar, der von der Kanzel predigte oder vor dem Altar die Sakramente verwaltete, vermittelte die zentrale Rolle der christlichen Religion für das eigene Leben. Doch vom Sinn des väterlichen Glaubens waren Theodor Mommsen und seine Brüder schon bald nicht mehr überzeugt. Die neue Verbindung von lutherischer Orthodoxie und Pietismus widersprach dem aufgeklärten Habitus der jungen Männer, und der kirchliche Traditionalismus forderte ihre Kritik heraus. Das Pfarrhaus wurde zum Ort der Apostasie. Der Vater akzeptierte die Abwendung seiner Söhne vom ererbten Glauben, wenn auch schweren Herzens.

Die fehlende berufliche Perspektive hatte verhindert, daß Jens Mommsen mit der Selbstgewißheit vieler Frommen seine christliche Lebensweise absolut setzte. Mit der anrührenden Idylle des bürgerlichen Pfarrhauses, die im 19. Jahrhundert zum literarischen Topos werden sollte, hatte seine Existenz ohnehin nichts gemein. Dafür waren allein schon die materiellen Nöte zu drückend. Doch nicht nur die Selbstzweifel des Vaters nahmen die Kinder wahr. Er eröffnete ihnen eine neue Bildungswelt, in der die klassische Antike und die zeitgenössische Literatur gleichberechtigt neben die überlieferten Lehren der lutherischen Christenheit traten. Im Pfarrhaus in Oldesloe herrschte das geschriebene Wort. Die Lektüre der antiken Autoren war das tägliche Brot, und die Erhabenheit des Altertums selbstverständliches Dogma.

Die Emanzipation von der Religion schwächte keineswegs das Konfessionsbewußtsein der Söhne. Der moderne liberale Protestantismus, der Bildung als säkulare Religion hochschätzte, prägte auch ihre Biographien. Die Freiheit eines evangelischen Christenmenschen sollte auch im Diesseits, im protestantischen Staate und im freien Gehorsam des Bürgers verwirklicht werden. An der Überlegenheit der auf den deutschen Heros Martin Luther zurückgehenden protestantischen Religion und Kultur zweifelten die Kinder und Kindeskinder des zweiten Predigers aus Oldesloe nicht einen Augenblick.

Die Entdeckung der Altertumswissenschaft

Strenge Selbsterziehung kennzeichnete den weiteren Weg der Söhne Jens Mommsens. Der Mangel an ökonomischen Ressourcen konnte nur durch ‹höhere Bildung› wettgemacht werden. Es hieß, sich eine Karriereperspektive zu erarbeiten. Die Mommsenbrüder erfüllten die elterlichen Erwartungen an die schulischen Leistungen. Ostern 1838 bezogen Theodor und Tycho, ausgestattet mit glänzenden Abgangszeugnissen, die Universität Kiel. Während Tycho – wie später auch sein Bruder August – sich für die Klassische Philologie entschied, die sich allmählich zum bürgerlichen Lieblingsfach entwickelte und vom staatlich geförderten Ausbau der Schulen profitierte, wählte Theodor mit der Mehrheit seiner Kommilitonen Jura, und damit ein Brotstudium. Denn trotz der drastisch gesunkenen Nachfrage bot das juristische Examen nach wie vor die Chance einer Anstellung im Staatsdienst oder in einer Anwaltskanzlei.

Die studierenden Mommsenbrüder waren unabhängig von ihrer fachlichen Ausrichtung von der modernen Altertumswissenschaft begeistert. Die alten Sprachen wurden nicht mehr – wie früher – als Teil einer propädeutischen Ausbildung gelehrt, sondern bildeten die Grundlage einer umfassenden Wissenschaft vom griechischen und römischen Altertum. Diese theoretisch fundierte und verschiedene Einzeldisziplinen integrierende Altertumsforschung faszinierte den Juristen Theodor Mommsen, der sich auf das Römische Recht spezialisierte, ebenso sehr wie seine Brüder Tycho und August, die die Philologie zu ihrer Lebensaufgabe erwählten.

Die Universitätslaufbahn schlug nur Theodor Mommsen ein. Er lehrte zunächst Römische Rechtsgeschichte an den Universitäten Leipzig, Zürich und Breslau. 1857 erhielt er eine Forschungsprofessur an der Preußischen Akademie der Wissenschaften in Berlin. Vier Jahre später wurde er auf eine neu eingerichtete Professur an der Berliner Friedrich-Wilhelms-Universität berufen, um dort die römische Geschichte zu vertreten. Sein Beispiel bestätigt den empirischen Befund, daß eine akademische Karriere besonders Angehörige des Bürgertums reizte, die durch universitäre Bildungspatente ihre faktische Benachteiligung gegenüber dem Adel zu kompensieren versuchten. Die akademische Meritokratie mit ihrer säkularen Bildungsidee war vor allem für aufstiegsorientierte Bildungsbürger und protestantische Pfarrerssöhne attraktiv.

In Berlin stellte Theodor Mommsen die Wissenschaft vom Altertum auf eine neue Grundlage. Doch Mommsen war nicht nur ein genialer Forscher, sondern auch ein glänzender Organisator. Er setzte das Prinzip der fabrikmäßigen Arbeitsteilung erfolgreich um und begründete neue Formen der nationalen und internationalen Kooperation. Konsequent verfolgte er seine wissenschaftlichen Ziele, und ungebrochen war bis zuletzt sein Vertrauen in den wissenschaftlichen Fortschritt.

Dieses Vertrauen eignete auch seinen Brüdern Tycho und August, die – zeittypisch – ihre Tätigkeit als Gymnasiallehrer mit altertumswissenschaftlichen Spezialforschungen verbanden. In neuhumanistischer Perspektive sah man sich als ‹Jünger der Wissenschaft›, und in der Tradition Humboldts negierte man den praktischen Nutzen der wissenschaftlichen Wahrheitssuche. Das bürgerliche Leistungsethos verpflichtete, und wissenschaftliche Redlichkeit wurde hochgehalten: So entzweite der gelehrte Disput um Spezialfragen der römischen Chronologie die Brüder August und Theodor. Das Studium bildete indes auch für die Gymnasiallehrer die Grundlage für soziale Reputation und beruflichen Aufstieg. Tycho beendete seine schulische Karriere als Direktor des Gymnasiums der freien Stadt Frankfurt am Main (1864–1886).

Der politische Professor

Obwohl alle drei Brüder wissenschaftliche und literarische Ambitionen hatten, waren weder Tycho noch August so erfolgreich wie Theodor. 1902 erhielt er als erster Deutscher für seine *Römische Geschichte* den Literaturnobelpreis. Das Werk aus der Mitte des 19. Jahrhunderts, von der Kritik zunächst alles andere als freundlich aufgenommen, wurde rasch zu einem Klassiker der deutschsprachigen Geschichtsschreibung. Mommsen schilderte die politische Geschichte Roms von den Anfängen bis zum Untergang der Republik mit dem Herzblut des aufrechten Liberalen, der das Scheitern der Revolution von 1848 historiographisch kompensierte. Die politischen Auseinandersetzungen seiner Zeit verlegte er in den römischen Senat. Ständig vermischte sich in der Darstellung die geschichtliche und die zeitgenössische Perspektive. Die Lebendigkeit und Bildhaftigkeit der aktualisierenden Sprache war kein Selbstzweck, sondern Mittel der politischen Pädagogik. Mommsen schrieb sein Werk *cum ira et studio*. Die eigene Betroffenheit und Verletztheit machten aus der Geschichte des republikanischen Rom ein Paradigma der *historiographie engagée*.

In der bürgerlichen Gesellschaft wurde weniger der einsame Forscher als der ‹politische Professor› zum Leitbild, der sich in Parteien und Parlamenten engagierte und der zunächst liberal-nationale und später national-liberale Positionen vertrat. Theodor Mommsen war ein leidenschaftlicher Politiker. Wissenschaft und Politik waren ihm untrennbar. Für den schlimmsten aller Fehler hielt er es, «wenn man den Rock des Bürgers auszieht, um den gelehrten Schlafrock nicht zu kompromittieren.»[1] Gesinnungsfestigkeit und Mut zum öffentlichen Widerspruch kennzeichnen diese Vita eines streitbaren Professors, der oft genug seine politischen und wissenschaftlichen Gegner mit wüsten Polemiken überzog.

Der junge Juraprofessor hatte wegen seines Engagements für die Ziele der 1848er Revolution ins Schweizer Exil gehen müssen. Bis ins hohe Alter stritt Mommsen für die Ideale des Liberalismus, stand in Opposition zu Bismarck und war ein unermüdlicher Streiter wider den Antisemitismus, den er als Gesinnung der «Canaille» brandmarkte. Er engagierte sich für die deutsch-englische Freundschaft und forderte ein Bündnis zwischen den Linksliberalen und der Sozialdemokratie. In seiner Berliner Zeit quälte ihn allerdings immer öfter die Frage, warum das politische Ziel einer in Freiheit geeinten Nation trotz des manifesten wirtschaftlichen, kulturellen und wissenschaftlichen Aufschwunges nicht erreicht worden war. Den mit der Reichsgründung von 1871 einsetzenden Prozeß, in dessen Verlauf sich die Trennung der nationalen Einheitsidee von den liberalen Freiheitsidealen vollzog, empfand er als schmerzliche politische Offenbarung. Es ist schwer zu sagen, was ihn in tiefere Verzweiflung stürzte: der Weg, den Deutschland seit Ende der siebziger Jahre nahm und der seiner Meinung nach ins nationale Unglück führte, oder aber die Tatsache, daß er nicht das Geringste an den Zeitläuften ändern konnte. Der Pessimismus des alten Mommsen zeugt von dem fehlenden parlamentarischen und gesellschaftlichen Machtpotential eines in sich gespaltenen, krisenhaft erschütterten Liberalismus und präludiert die Krise des bürgerlichen Selbstverständnisses und Selbstbewußtseins im 20. Jahrhundert.

Familienleben

Familienideal und Wertewelt der Mommsens waren bürgerlich. Tycho heiratete 1849 Franziska de Boor (1824–1902), die Tochter eines Juristen. Theodor vermählte sich 1854 mit der fünfzehn Jahre jüngeren Tochter eines wohlhabenden Leipziger Verlegers, Marie Reimer (1832–1907). Es entsprach durchaus den Konventionen, erst dann eine Ehe mit einer häufig deutlich jüngeren Frau einzugehen, wenn die eigene berufliche Existenz gesichert war: Tycho hatte eine Anstellung an der Husumer Gelehrtenschule gefunden, und Theodor war einem Ruf nach Zürich gefolgt.

Das bürgerliche Ideal einer auf Liebe gegründeten Beziehung begleitete die Mommsenbrüder ihr ganzes Leben. Schon der Verlobten schickte Theodor Mommsen leidenschaftliche Gedichte und anrührende Briefe. Bis an sein Lebensende zelebrierte er die Einzigartigkeit der Verbindung. In der Ehe waren die Rollen eindeutig definiert. Der Mann wirkte in der Öffentlichkeit, die Frau in der Familie. Die patriarchalische Familienstruktur wurde von keinem der Ehepartner in Frage gestellt. Theodor Mommsen lebte fast ausschließlich für seinen Beruf und seinen politischen Ehrgeiz. Die Mündigkeits- und Freiheitsforderungen, die der Bürger Mommsen immer auf den Lippen führte, erschütterten sein traditionelles Frauenbild nicht. Marie Mommsen ordnete sich freiwillig unter und war selbstlos für ihre Familie da.

Das Eheleben begann für Franziska und Marie Mommsen mit einer raschen Folge von Schwangerschaften. Während aus der Ehe von Tycho und Franziska acht Söhne und Töchter hervorgingen, hatten Marie und Theodor nicht weniger als sechzehn Kinder. Zwölf haben die Eltern überlebt. Auch wenn Theodor Mommsen 1886 seinem Freund Wilhelm Henzen gegenüber klagte, «Kinder erziehen» sei «ein beschwerliches Geschäft»,[2] so war für die Erziehung der Söhne und Töchter fast ausschließlich Marie Mommsen zuständig. Die Kinder haben später heftig der Anekdote widersprochen, Mommsen habe sie in der Berliner Pferdebahn nicht erkannt. Doch der Vater war unnahbar. Arbeitete er, durfte er nicht gestört werden. Als Erzieher wurde Mommsen nur tätig, um den schulischen Erfolg zu kontrollieren. Unter den Geschwistern herrschte Konkurrenz. Jeder wollte sich durch Leistung die Anerkennung und die Zuwendung des übermächtigen Vaters verdienen.

Sechzehn Kinder waren selbst für damalige Verhältnisse unüblich. Die große Familie stellte auch den Professor, der ein ordentliches Gehalt bezog und sich mancher Sonderzuwendung erfreuen konnte, vor materielle Probleme. Die Kargheit der Lebensführung und die sparsame Bewirtschaftung des Familienbudgets, die Tochter Adelheid Mommsen bezeugt, sind mehr als nur Topoi bürgerlicher Memorabilienliteratur.

Es wäre indes ein Trugschluß zu glauben, die Familie hätte Mangel leiden müssen. Als Hochschullehrer bezog Mommsen 1861 bereits ein jährliches Festgehalt von (umgerechnet) 6900 Mark. Hinzu kamen Akademievergütungen, Reisemittelbewilligungen, Kollegiengelder und Publikationserlöse. Zum Vergleich: 1879 betrug das durchschnittliche jährliche Einkommen in Industrie und Handwerk 558 Mark und stieg in den nächsten fünfzehn Jahren auf 732 Mark. Ähnlich gut situiert dürfte Tycho Mommsen gewesen sein: Einen Ruf an die Universität Marburg soll er abgelehnt haben, weil der Frankfurter Senat den Gymnasialdirektor besser bezahlte. Aber dennoch konnten die höheren Beamten Tycho und Theodor Mommsen im Vergleich zu Großkaufleuten oder Bankiers nicht aus dem Vollen schöpfen, da der Unterhalt und die Erziehung der Kinder sowie die repräsentative Lebensführung, zu der ein eigenes Haus, Dienstboten und größere Abendgesellschaften gehörten, erhebliche Kosten verursachten.

Neue Berufswege

Die Zukunft der Kinder hing nicht vom väterlichen Erbe, sondern von der Ausbildung ab. Die größten Anstrengungen galten der Erziehung der Söhne, die später einmal in der Lage sein sollten, eine Familie zu ernähren. Sie besuchten sämtlich ein Internat und wurden im Geiste des Neuhumanismus erzogen. Bildung galt als lebenslanger Prozeß der Selbsterkenntnis und Selbstfindung. Doch die Söhne gingen bald nach ihrem Schulabschluß eigene Wege und arbeiteten als Kaufmann, Arzt, Bankier, Offizier und Ingenieur.

Die Universitätslaufbahn schlug keiner ein. Theodor Mommsen begründete im Gegensatz zu manchem seiner Kollegen keine Wissenschaftlerdynastie; erst der Enkelgeneration gehörte wieder ein Hochschullehrer an. Dieses Phänomen ist nur unzureichend durch die überragende Persönlichkeit und wissenschaftliche Prominenz des Vaters zu erklären. Zwei sozialstrukturelle Veränderungen in der

Gesellschaft des Kaiserreichs zeichnen vielmehr für die Berufswahl der Söhne verantwortlich: Zum einen beschleunigte sich die Professionalisierung und Spezialisierung der akademischen Berufe und eröffnete ambitionierten Söhnen bildungsbürgerlicher Familien eine Vielzahl von attraktiven Tätigkeitsfeldern. Zum anderen konnten in den letzten Jahrzehnten des 19. Jahrhunderts besonders juristisch vorgebildete Söhne aus bildungsbürgerlichen Beamtenfamilien die Chance wahrnehmen, aus der Verwaltungslaufbahn in Unternehmen oder Banken zu wechseln. Die Kontakte zwischen staatlicher Bürokratie und kapitalistischem Wirtschaftssystem wurden ohnehin enger, und die bildungsaristokratische Elite, die in der industrialisierten Massengesellschaft immer stärker um ihre traditionelle Rolle in der gesellschaftlichen Hierarchie fürchtete, sah in der prosperierenden Wirtschaft durchaus ein lohnendes Arbeitsgebiet. Der älteste Sohn Theodor Mommsens, Wolfgang Mommsen (1857–1930) wurde Kaufmann, lebte Jahrzehnte hindurch im englischsprachigen Ausland und war erfolgreich im Wollhandel. Karl (1861–1922) studierte Jura. Er machte als Kaufmann und Bankier Karriere. 1894 trat er als Syndikus in die Firma Siemens & Halske ein. 1897 wurde er Direktor der Mitteldeutschen Kreditbank in Berlin und saß in verschiedenen Aufsichtsräten. Politisch teilte er die linksliberalen Überzeugungen seines Vaters. Zunächst Berliner Stadtverordneter, wurde er 1903 als Mitglied der Freisinnigen Vereinigung in den Reichstag gewählt. Seit 1910 war er Stellvertretender Vorsitzender des Zentralausschusses der Fortschrittlichen Volkspartei. Als sein Vater ihn eines Tages in seiner neuen Villa in Neu-Babelsberg besuchte, kredenzte der Sohn einen besonders guten Tropfen aus dem Weinkeller. Mommsen, der früher gehofft hatte, Karl werde die akademische oder die Beamtenlaufbahn ergreifen, soll dies mit der Bemerkung kommentiert haben: «Es ist doch gut, daß du Bankdirektor geworden bist.»[3] Schlaglichtartig zeigt sich hier die Aristokratisierung der Lebensweise der erfolgreichen Bourgeoisie.

Ernst Mommsen (1863–1930) entschied sich für den Beruf des Arztes und profitierte von der beachtlichen Expansion des Gesundheitswesens vor dem Ersten Weltkrieg. Er hatte eine gutgehende Privatpraxis in Berlin und betreute die ersten Familien der Hauptstadt: Die sozialen Unterschiede in der Versorgung der Kranken waren in der Klassengesellschaft des Kaiserreichs mitnichten überwunden. Ernst Mommsen genoß das hohe Sozialprestige und die weitgehende Autonomie seines Berufes. Sein jüngerer Bruder Hans (1873–1941) war Ingenieur und Gaswerkdirektor in Berlin. Seine Laufbahn verdeutlicht den beispiellosen Aufschwung der höheren technischen Bildung im Kaiserreich und den steigenden Sozialstatus der Berufsgruppe der Ingenieure. Konrad (1871–1946) begeisterte sich für die Marine, wurde Seeoffizier und bekleidete schließlich den Rang eines Vizeadmirals. Der Offiziersmesse eines Kreuzers in Ostafrika soll er an Heiligabend das traditionelle Weihnachtsessen der Familie Mommsen vorgesetzt haben: «dicken Reis». Seine Vita bestätigt die Anziehungskraft, die das Militär gerade in Preußen nach wie vor auf junge Männer aller Schichten ausübte. Mit dem forcierten Ausbau des Heeres und der Flotte seit dem Ende des 19. Jahrhunderts drangen immer mehr Bürgerliche in das Offiziercorps ein, das bisher von Aristokraten dominiert worden war. Konrad Mommsen beweist, daß auch in der Flotte Seiner Majestät die soziale Mobilität nicht mehr aufzuhalten war.

Die Biographien der Söhne Theodor Mommsens zeigen, daß in der Familie über den künftigen Lebensweg entschieden wurde. Den Kindern gab man ökonomisches und soziales Startkapital mit. Dabei öffnete nicht nur die Ausbildung vielfältige Karriereperspektiven. Genauso wichtig waren Heiraten und Netzwerke. Theodor Mommsen verkehrte in den einflußreichsten Salons der Berliner Gesellschaft und traf regelmäßig mit Wissenschaftlern, Künstlern, Literaten, Musikern und Politikern zusammen. Hier wurde auch den Söhnen der Weg ins Berufsleben geebnet oder eine bürgerliche Ehe angebahnt. Als Ernst Mommsen seine Staatsprüfung beim ersten Anlauf aus «Mangel an Kenntniß auch der Anfangsgründe»[4] nicht bestand, setzte sich Mommsen Anfang 1891 bei dem Prüfer, seinem Akademiekollegen Emil Du Bois-Reymond, und dem Ministerialbeamten Friedrich Althoff für eine baldige zweite Examinierung ein. Der erfolgreich approbierte Arzt heiratete 1896 Clara Weber (1875–1953), die Tochter eines Berliner Juristen und nationalliberalen Politikers und Schwester von Max (1864–1920) und Alfred Weber (1868–1958).

Ernst, der Patensohn des berühmten Physiologen Carl Ludwig war, konnte von den Verbindungen beider Familien gleichermaßen profitieren und als Arzt in die Berliner Gesellschaft eingeführt werden. Zu seinen Patienten zählten die Familien Siemens, Borsig und Helfferich.

Daß Karl als Jurist in der Bankenwelt und Hans als Ingenieur in der Stadtverwaltung reüssierten, ist auch auf die sozialen Netzwerke zurückzuführen, über die ihr Vater verfügte. In den Familien von August und Tycho Mommsen kam es ebenfalls zu Verbindungen zwischen der aufstrebenden Industriebourgeoisie und den Repräsentanten des traditionellen Bildungsbürgertums. So studierte Jens Mommsen (1852–1922), ein Sohn Tychos, Medizin, verließ nach der Promotion die Universität und praktizierte als Gynäkologe in Kaiserslautern. Hier heiratete er 1892 Wilhelmine Raab, eine Tochter aus der Unternehmerfamilie Raab, die durch den Kohlehandel für die Stahlindustrie reich geworden war. Die Mitgift in Höhe von einer Million Goldmark ließ Jens Mommsen sich auszahlen, legte sie in Preußischen Staatsanleihen an und lebte von den Zinsen. Die Arztpraxis gab er auf.

Das ‹schwarze Schaf› der leistungsorientierten Bürgerfamilie war Oswald Mommsen (1865–1907). Früh zeigten sich Lernprobleme, und das achte Kind von Marie und Theodor Mommsen verließ ohne Abitur die Schule. Man kam darin überein, daß der Zwanzigjährige eine Lehre als Gärtner absolvieren sollte, die jedoch auch nicht reibungslos verlief. Aus der Sicht des Patriarchen genügte er nicht den Erwartungen der Familie. Also schrieb Theodor Mommsen 1888 an den Direktor der Königlich-Preußischen Lehranstalt für Obst- und Weinbau in Geisenheim am Rhein, Rudolf Konstantin Goethe, dem Oswald übergeben worden war: «Stete Beaufsichtigung und unnachsichtige Strenge werden noch lange erforderlich sein.» Oswald dürfe mit keiner Nachsicht rechnen. Das väterliche Haus stehe ihm nicht offen![15] Nicht die atypische Berufswahl war folglich anstößig, sondern die fehlendem Ehrgeiz zugeschriebene Erfolglosigkeit. So überrascht nicht, daß Oswald nach dem Abschluß seiner Ausbildung wieder in die Familie aufgenommen wurde. Mit väterlichen Ratschlägen und finanzieller Unterstützung wurde schließlich in Dresden ein Blumengeschäft eröffnet. Oswald heiratete 1895 mit Minna Mehner (1873–1940) eine Frau aus dem Kleinbürgertum. Diese nicht standesgemäße Ehe verunsicherte die Berliner Familie. Aber bald konnte Marie Mommsen ihrem Mann erleichtert mitteilen, daß ein Besucher Minna beim Essen beobachtet und gefunden habe, «daß sie durchaus gute Manieren hatte und einen ganz feinen Anstrich habe.»[6] Die familiären Verbindungen wurden fortgesetzt. Positiv vermerkte man in Berlin, daß das Geschäft einen Gewinn abwarf. 1898 übernahm Theodor Mommsen die Patenschaft für das einzige Kind, das der Ehe zwischen Oswald und Minna entstammte. Und im selben Jahr gratulierte der Vater seinem Sohn zu dem Erfolg, den er mit seinen Rosen auf einer Gartenbauausstellung in Berlin erringen konnte. Erst kurz zuvor hatte sich gezeigt, daß Oswald an Lungentuberkulose litt, die auch für seinen frühen Tod im Jahre 1907 verantwortlich war. Seine Frau führte das Geschäft in der Großen Plauenschen Straße fort und ermöglichte ihrem Sohn Ernst den Besuch eines humanistischen Gymnasiums und das Studium der Chemie. Die nächste Generation kehrte zurück in die bürgerliche Bildungs- und Berufswelt.

Sechs Töchter und ein Schwiegersohn

Doch wie stand es um die Töchter im Hause Mommsen? Sie profitierten von der entstehenden Frauenbewegung und deren Forderung nach der gleichberechtigten Beteiligung der Mädchen am Unterricht. Adelheid (1869–1953) besuchte das fortschrittliche Helene-Lange-Seminar, das Real- und Gymnasialkurse für Frauen anbot, und studierte später Mathematik und Theologie. Sie wurde ebenso wie ihre jüngere Schwester Luise (1870–1957) Pädagogin. Allein der Beruf der Lehrerin an privaten und kommunalen Mädchenschulen und an den öffentlichen Volksschulen war Frauen damals zugänglich. Er schloß indes eine Ehe aus, denn die Heirat war gleichbedeutend mit dem Ausscheiden aus dem Beamten- oder Angestelltenverhältnis. Von den sechs Mommsentöchtern heiratete nur die älteste, Marie (1855–1936), die ebenfalls ein Lehrerinnenexamen abgelegt hatte.

Die Mommsens am Polterabend von Karl Mommsen und Marie Wohlers im Mai 1891. Auf der Treppe (von links nach rechts): Ernst, Hans, Luise, Marie (geb. Mommsen) und Ulrich von Wilamowitz-Moellendorf, Oswald. Vor der Treppe (von links nach rechts): Anna, Lisbet, Hildegard, Marie und Theodor Mommsen, Konrad, Adelheid, Marie (Wohlers) und Karl.

Theodor Mommsen begegnete dem Wunsch seiner Töchter nach höherer Bildung mit Verständnis. Nur mit seiner Einwilligung konnten sie weiterführende Schulen besuchen und ein Studium aufnehmen. Damit hatte sich Mommsen keineswegs die Ziele der Frauenbewegung zu eigen gemacht. Emanzipation war dem Altachtundvierziger ein Schreckgespenst. Vielmehr hoffte er, daß seine unverheirateten Töchter später in der Lage sein würden, für sich selbst zu sorgen. Er sollte sich nicht täuschen. Nur zwei, Lisbet (1859–1910) und Hildegard (1866–1951), blieben im elterlichen und später schwesterlichen Haushalt. Luise, Adelheid und Anna (1872–1953) hingegen standen als Oberlehrerin, Direktorin einer Privatschule und Krankenschwester auf eigenen Füßen. Die Tochter Käthe, genannt Käthchen, starb 1880 mit nur 16 Jahren an einem Lungenleiden.

Zwei Jahre zuvor, im September 1878, war im Hause Mommsen Hochzeit gefeiert worden. Marie Mommsen heiratete den Klassischen Philologen Ulrich von Wilamowitz-Moellendorff (1848–1931), einen ostpreußischen Aristokraten, der sich gegen eine standesgemäße Karriere als Offizier oder Großagrarier entschieden und statt dessen die akademische Laufbahn einschlagen hatte. Wilamowitz war seit 1876 ordentlicher Professor in Greifswald. Wie schon bei der Berufswahl, so entschied er sich auch bei der Familiengründung für einen bürgerlichen Lebensweg. Er heiratete nicht, wie seine Eltern erwartet haben mögen, eine Adlige, sondern die Tochter eines Berliner Professors und liberalen Politikers.

Marie von Wilamowitz-Moellendorff füllte die Frauenrolle aus, die ihre Mutter ihr vorgelebt hatte. Ihr Mann pflegte den gelehrten Austausch mit seinem Schwiegervater, der dessen Aufstieg zum überragenden Gräzisten seiner Zeit aufmerksam verfolgte. 1883 wurde Wilamowitz nach Göttingen berufen, 1897 wechselte er nach schwierigen Verhandlungen an die Berliner Universität. Doch das persönliche Verhältnis zwischen den beiden Gelehrten verschlechterte sich zusehends. Mommsen tat sich mit der wissenschaftlichen und intellektuellen Emanzipation seines Schwiegersohnes schwer. 1891 lehnte er Wilamowitz' Ausgabe und Übersetzung des euripideischen *Hippolytos* ab; seine Einwände, die er in gewohnter Schärfe vortrug, verletzten Wilamowitz tief, der immer häufiger über Mommsens herrische «Caesarnatur» klagte. Die optimistischen Erwartungen, die Mommsen in die gigantischen Editionsprojekte der Berliner Akademie setzte, teilte Wilamowitz nicht.

Zu den wissenschaftlichen Differenzen traten Unterschiede in der politischen Orientierung. Nach Wilamowitz' Einschätzung hatte sich Mommsen, wie es in einem Brief an Werner Jaeger aus dem Jahre 1917 heißt, die Stimmung des Achtundvierzigers bewahrt, «wie er immer die Formen seiner Jugendverse beibehielt».[7] Aus diesen Worten spricht das völlige Unverständnis für Mommsens kompromißlose liberale Haltung. Die politischen Manifeste seines Schwiegervaters waren Wilamowitz unerträglich. Der ‹Bürger› Mommsen wiederum hielt seinen konservativen und aristokratischen Schwiegersohn für einen ostelbischen Junker, der zwar durch seine bürgerliche Berufswahl und Heirat mit seiner Familientradition gebrochen hatte, aber dennoch politisch im gegnerischen Lager stand. So waren die Beziehungen zwischen Mommsen und Wilamowitz zu Beginn des neuen Jahrhunderts denkbar schlecht. Nur mühsam wahrte man in der Öffentlichkeit den äußeren Schein. Später sprach Wilamowitz offen über sein gespanntes Verhältnis zu Mommsen. In seiner lateinischen Autobiographie aus dem Jahr 1928 gestand er den Abscheu ein, den ihm die *impotentia et vini et linguae et ambitionis* seines Schwiegervaters eingeflößt habe,[8] der am 1. November 1903 verstorben war.

Die Mommsens in der Weimarer Republik

Begeistert waren Theodor Mommsens Enkel in den Ersten Weltkrieg gezogen. Konrad Mommsen (1896–1973) etwa, der älteste Sohn Ernst Mommsens, rückte als siebzehnjähriger Freiwilliger ins Feld, wurde verwundet und beendete den Krieg als Hindenburgs Adjutant. Sein Vater leitete 1917/18 ein im Reichstagspräsidium eingerichtetes Lazarett, und seine Mutter Clara war im Kriegshilfsdienst bei der Massenspeisung tätig. Die militärische Niederlage Deutschlands, die Revolution und die Begründung einer pluralistischen Demokratie, die persistierende ökonomische Krise und der scheinbare Verlust normativer Werte erschütterten auch die Familie Mommsen. Bisher unbekannte Nöte waren zu meistern, und die materielle Basis der Lebensführung war erodiert. Folglich ging die Angst vor sozialem Abstieg und politischer Marginalisierung um. Ernst Mommsen hatte in der Inflationszeit mit großen finanziellen Schwierigkeiten zu kämpfen. Der Familie Karl Mommsens, der sein Geld in fest verzinslichen Wertpapieren angelegt hatte, blieb nur mehr das Haus in Berlin-Babelsberg. Auch das Vermögen von Jens Mommsen wurde durch die Inflation vernichtet.

Zugleich ging die Zuversicht in die neuhumanistische Bildungsreligion verloren, und viele Bürger stürzte die offene Konkurrenz kulturell-politischer Leitsysteme in eine tiefe Orientierungskrise. In den zwanziger Jahren war auch die Familie Mommsen politisch gespalten, rechte und linke Positionen wurden vertreten, und Ernst

Wolf Mommsen bemerkte rückblickend, daß die Reichstagsdebatten im Familienkreis ausgetragen wurden.[9] Während Wilamowitz, dessen Sohn Ivo bereits im ersten Kriegsjahr gefallen war, den Staat von Weimar rundweg ablehnte, weil die «Novembermänner» seine Heimat Westpreußen durch «schmählichen Verrat» preisgegeben hatten,[10] und in einem extremen Nationalismus Trost suchte, stellte sich Karl Mommsens Sohn Wilhelm (1892–1966), der in Freiburg und Berlin Geschichte studiert und als Freiwilliger den Krieg mitgemacht hatte, auf den Boden der Republik. Er wurde durch den Einfluß Friedrich Naumanns Mitglied der Deutschen Demokratischen Partei, war Mitbegründer des «Reichsbundes Demokratischer Studenten» und engagierte sich später im «Weimarer Kreis» verfassungstreuer Hochschullehrer. Die Katastrophe des Ersten Weltkrieges hatte den Frontoffizier desillusioniert. Wie sein Lehrer Friedrich Meinecke, der ihn 1921 promovierte, zählte er zu jener exklusiven Minorität von Wissenschaftlern, die sich der Demokratie öffneten und das Weimarer System nicht prinzipiell ablehnten. Die politische Tradition der Familie und Vorbehalte gegen die wilhelminische Innenpolitik mögen Wilhelm Mommsen diesen Schritt erleichtert haben. Die monarchistischen und revisionistischen Fachkollegen verzögerten indes die universitäre Karriere des jungen Historikers, der sich 1923 in Göttingen habilitierte. Erst 1928 wurde er außerordentlicher, im folgenden Jahr ordentlicher Professor an der Universität Marburg.

Wilhelm Mommsen restituierte die geschichtswissenschaftliche Familientradition. Sein Gebiet war die neuere Geschichte. Mit seinen Forschungen knüpfte er an die Tradition der politischen Geschichtsschreibung des 19. Jahrhunderts an und griff zugleich ideengeschichtliche Fragestellungen seines Lehrers Meinecke auf. Auch Mommsen suchte eine Antwort auf die Krise des Historismus, die in den 20er Jahren in aller Munde war. Die bereits von Nietzsche angeprangerte «Gedankenlosigkeit und Unfruchtbarkeit der bloßen fachgelehrten Historie» sollte beseitigt werden.[11] Radikal in Frage gestellt wurde die Legitimität einer Geschichtswissenschaft, die von dem Alterswerk seines Großvaters Theodor Mommsen nachgerade idealtypisch repräsentiert wurde und die ihre Aufgabe in positivistischer Produktivität sah. Die Kritik an einem vermeintlich degenerierten Historismus und an dem epigonalen Charakter eines reinen Forschungspositivismus prägte auch den Neuhistoriker Wilhelm Mommsen. Sein Gegenstand war die deutsche Nation und das politisch handelnde Bürgertum. Die Bedeutung der deutschen Nationalbewegung des 19. Jahrhunderts erkannte er in der Überwindung des alten monarchischen Obrigkeitsstaates; in diesem Prozeß wurde das Volk selbst zum Träger des politischen Handelns. In seinem Essay «Individuum und demokratischer Staat» von 1922 setzte er den Staat absolut, erklärte die politische Partizipation eines jeden Bürgers zur Pflicht und wollte in dem Prinzip der Mehrheitswahl die Chance zur Auslese eines Führers sehen, der von der Volksgemeinschaft getragen wurde.

Der Flirt mit dem Nationalsozialismus

Wilhelm Mommsens Geschichtsbild schloß weder die Agitation für einen demokratischen Nationalismus noch die Propaganda für einen Volksstaat aus. Die Desintegration der späten Weimarer Republik ließ ihn indes an den Vorzügen eines pluralistischen Systems zweifeln und einen national geeinten Staat herbeiwünschen, der Klassen-, Partei- und Konfessionsgrenzen überwand. 1932 unterstützte er zusammen mit 73 anderen Historikern, darunter auch Friedrich Meinecke, die Wiederwahl Hindenburgs zum Reichspräsidenten. Als den Nationalsozialisten am 30. Januar 1933 die Macht übergeben wurde, glaubte der Marburger Ordinarius wie viele deutsche Hochschullehrer, um Gerhard Ritter zu zitieren, «dass der von Hitler begründete neue Staat ein wahrer sozialistischer Volksstaat sei, der die schweren innerpolitischen Probleme des 19. Jahrhunderts überwunden, eine neue innere Einheit des deutschen Volkes heraufgeführt, die ‹Verschmelzung von Volk und Staat› vollendet und damit die Sehnsucht des ganzen 19. Jahrhunderts erst erfüllt habe.»[12] Wilhelm Mommsen begründete später seine Bereitschaft, sich in den Dienst der «nationalen Revolution» gestellt zu haben, mit ähnlichen Argumenten.[13] Deutschland zu verlassen, kam ihm im Gegensatz zu anderen Schülern Friedrich Meineckes nicht in den Sinn.

Doch die Mitarbeit des Neuhistorikers, der sogleich das «Bekenntnis der Professoren an den deutschen Universitäten und Hochschulen zu Adolf Hitler und dem nationalsozialistischen Staat» unterzeichnete, war den neuen Machthabern nicht erwünscht. Dem politischen Repräsentanten des Weimarer Systems drohte die Entlassung. In dieser Situation erschien seine *Politische Geschichte von Bismarck bis zur Gegenwart 1850–1933*. Das Buch enthält eindeutige Bekenntnisse zum Nationalsozialismus: Der Führerstaat, so heißt es, überwinde den politischen Individualismus und «bourgeoisen Egoismus» des liberalen Zeitalters und verwirkliche die lange ersehnte staatliche und gesellschaftliche Geschlossenheit Deutschlands. Der Frontkämpfer Adolf Hitler habe den alten Gegensatz zwischen Nationalismus und Demokratie durchbrochen und eine neue, feste Volksgemeinschaft geschaffen. Angriffe auf die nationalsozialistische Politik werden als «Hetze der jüdischen Emigranten» diffamiert.[14] Es ist müßig darüber zu streiten, ob – wie Wilhelm Mommsen nach 1945 zu beweisen suchte – der Verlag auf politischen Druck hin inhaltliche Zugeständnisse machte und das Manuskript an einzelnen Stellen ohne das Wissen des Verfassers änderte: Das Buch bestätigt, daß Wilhelm Mommsen mit weiten Kreisen des deutschen Bildungsbürgertums den politischen Umbruch von 1933 idealisierend als «eine wirkliche Gesundung des deutschen Staatslebens und [...] trotz aller revolutionären Züge [als] eine organische Fortbildung des Bismarckreiches» begriff.[15] Dennoch rückte er deutlich von Positionen der nationalsozialistischen Propaganda ab. So widersprach er der populären These von der englischen Einkreisungspolitik und dem englischen Wirtschaftsneid, identifizierte als Hauptschuldige am Ersten Weltkrieg Frankreich und Rußland, unterstrich die militärische Niederlage Deutschlands im Jahre 1918 und enthielt sich der Erörterung der deutschen Geschichte auf der Grundlage der pseudowissenschaftlichen Rassenforschung.

Das Bekenntnis zum Staate Adolf Hitlers wurde noch vor seinem Erscheinen von Walter Frank, dem Leiter des Reichsinstituts für Geschichte des neuen Deutschlands, begutachtet und in einem Artikel, der im Dezember 1934 im *Völkischen Beobachter* erschien, unter dem Titel «Alter Wein in neuen Schläuchen» niedergemacht. Frank warf Mommsen vor, ein Konjunkturritter zu sein, dessen Gesinnung in die «deutschdemokratische Hölle des Mehrheitsprinzips» führe. Franks Mißtrauen vermochte Mommsen nicht zu entkräften: Der Historiker verlor 1936 seine Herausgeberschaft der Geschichtslehrerzeitschrift *Vergangenheit und Gegenwart*, durfte längere Zeit keine größeren Untersuchungen veröffentlichen und wurde aus der internationalen Historikerkommission zur Geschichte der Presse entfernt. Aber Wilhelm Mommsen behielt seinen Lehrstuhl. Der manifesten Rivalität und den konkurrierenden Interessen der verschiedenen Ressorts des nationalsozialistischen Wissenschaftsbetriebes verdankte er sein berufliches Überleben. Das Gefühl der Bedrohung ließ ihn jedoch nicht los. Und dieses Gefühl lastete um so schwerer auf ihm, als er vier minderjährige Söhne zu versorgen hatte. Also spielte er in offiziellen Schreiben sein demokratisches Engagement in der Weimarer Republik herunter,[16] beteiligte sich nach dem Kriegsausbruch 1939 zusammen mit dem althistorischen und dem mediävistischen Kollegen der Universität an dem «geistigen Kriegseinsatz» und entwickelte eine rege Vortragstätigkeit vor Offizieren und Soldaten. 1941 trat der ehemalige Demokrat der NSDAP bei.

Nach Ende des Zweiten Weltkrieges wurde Wilhelm Mommsen aus seinem Amt entfernt. Das einseitige Gutachten eines amerikanischen Besatzungsoffiziers und die negativen Aussagen von fünf nicht belasteten Kollegen vernichteten seine berufliche Existenz. Aus Wilhelm Mommsen wurde der Prototyp des nationalsozialistischen deutschen Professors, der aus den Universitäten eliminiert werden mußte. Mehr noch: Man unterstellte ihm, wie einst Walter Frank, ein charakterloser Konjunkturritter zu sein, der opportunistisch sein Fähnchen nach dem Wind hänge.[17] Mommsen führte in den folgenden Jahren einen erfolglosen Kampf um seine Rehabilitierung. Gewiß, das zweite Spruchkammerverfahren im April entlastete den zunächst als «Minderbelasteten» eingestuften Historiker. Doch die Rückkehr auf sein Ordinariat war ihm verwehrt: Die Philosophische Fakultät hatte bereits im Sommer des Vorjahres durch die Berufung von Fritz Wagner auf den Lehrstuhl für Neuere Geschichte vollendete Tatsachen geschaffen.

Wilhelm Mommsen empfand es als tiefe Ungerechtigkeit, daß er im Gegensatz zu vielen Hochschullehrern, die sich wesentlich stärker kompromittiert hatten, nicht wieder in seinen alten Stand eingesetzt wurde. Keiner der im «Dritten Reich» im Amt verbliebenen Kollegen habe so viele Schwierigkeiten gehabt wie er, schrieb er 1949 an Ludwig Dehio, und die wenigsten hätten den Mut gehabt, gegen die Drohungen von Walter Frank und der Partei etwas zu veröffentlichen.[18] Die traditionelle Autonomie der Hochschule wollte er gegen parteipolitische Infiltration verteidigt, den von den Nationalsozialisten geforderten Vorrang der Politik vor der Wissenschaft zurückgewiesen haben. Und 1934 hatte er sich energisch für die Promotion eines jüdischen Studenten eingesetzt. In seiner eigenen Wahrnehmung war Mommsen vor 1945 das Opfer des nationalsozialistischen Wissenschaftsbetriebes und nach 1945 das Opfer eines mit den Kommunisten sympathisierenden amerikanischen Offiziers und mißgünstiger Marburger Kollegen.

Wilhelm Mommsens Ausstoß aus der universitären *res publica*, die ihn zugleich auch wirtschaftlich ruinierte, ist in der Tat erklärungsbedürftig. Es greift zu kurz, nur persönliche Animositäten oder moralischen Rigorismus für das Anathema verantwortlich zu machen, das über Mommsen verhängt wurde. Vielmehr wurde der Demokrat abgestraft, der 1933 zum Nationalsozialismus abgefallen war – und bereits 1946 in die SPD eintrat.

Nach 1945 beschwor Wilhelm Mommsen den humanistischen Bildungsgedanken, den man über die nationalsozialistische Herrschaft hinübergerettet zu haben glaubte, und spürte in einem bemerkenswerten Buch den Ursachen von Größe und Versagen des deutschen Bürgertums nach. Er konnte aber seinem Fach keine neuen Impulse mehr geben. Dies taten seine Söhne, die Zwillinge Hans (geb. 1930) und Wolfgang Justin (1930–2004), die beide unter schwierigsten materiellen Verhältnissen Geschichte studierten und die Profession des Vaters und Urgroßvaters wählten. Hans und Wolfgang J. Mommsen prägte die Wahrnehmung, daß ihr Vater einer Intrige zum Opfer gefallen war, die die bürgerliche Existenz der Familie vernichtet hatte. Wolfgang J. wurde von Theodor Schieder 1959 promoviert, Hans hingegen ging zu dem Meinecke-Schüler und Remigranten Hans Rothfels nach Tübingen. Die Brüder zählten zum Kreis der jungen deutschen Historiker, die die akademische Hegemonie der Vätergeneration aufbrachen und das Fach gerade durch den Kontakt mit der nordamerikanischen Geschichtswissenschaft für neue Fragestellungen sensibilisierten. Der eine wurde Ordinarius für Neuere Geschichte in Düsseldorf, der andere hatte den Lehrstuhl in Bochum inne. Ihre Forschungen erstreckten sich auf das Kaiserreich, die Weimarer Republik und den Nationalsozialismus. Die beiden sozialliberalen Historiker und politischen Professoren haben mit wissenschaftlichen Analysen und tagespolitischen Stellungnahmen das historische Selbstverständnis der Bundesrepublik seit den sechziger Jahren nachhaltig geprägt.

Karrieren im Zwielicht (I)

Wilhelm Mommsen war nicht das einzige Familienmitglied, das sich nach 1933 mit den Nationalsozialisten zu arrangieren versuchte. Auch seine Vettern Ernst Wolf Mommsen (1910–1979) und Wolfgang Arthur Mommsen (1907–1986) kollaborierten mit den neuen Machthabern; sie machten allerdings im Gegensatz zu dem Historiker nach 1933 Karriere und setzten nach 1945 ihren Aufstieg fort. Sie illustrieren paradigmatisch die personelle Kontinuität der bürgerlichen Funktionsträger des «Dritten Reiches» in der Bonner Republik. Ernst Wolf Mommsen war der jüngste Sohn von Ernst Mommsen. Er studierte Rechtswissenschaft und Volkswirtschaft. Die Berliner Universität mußte Ernst Wolf Mommsen zwischenzeitlich verlassen, weil er 1933 zusammen mit einem Studienfreund die Hakenkreuzfahne von der Berliner Universität heruntergeholt hatte. Nur ein freiwilliger Militärdienst in Ostpreußen ermöglichte dem Relegierten die Rückkehr an die Hochschule. Er schloß seinen Frieden mit dem neuen System und wurde 1937 Mitglied der NSDAP. 1938 wechselte er aus einer international tätigen Berliner Wirtschaftsrechtspraxis in die Geschäftsführung der Reichsgruppe der Industrie, d. h. in die Spitzenorganisation der deutschen Industrie im «Dritten Reich». 1939 avancierte er im Reichsministerium für Bewaffnung und Munition zum Verbindungsmann der Industrie. Mommsen profitierte vom wirtschaftlichen Aufschwung der zweiten Hälfte der 30er Jahre, akzeptierte den nationalsozialistischen Primat der Politik und ignorierte die daraus resultierende Einschränkung der unternehmerischen Handlungsspielräume. Er zählte zu den jungen Managern, die burschikos auftraten, risikofreudig waren und an den technischen Fortschritt glaubten. Organisatorisch versiert, fachlich ausgewiesen und karriereorientiert, quälten sie politische Bedenken und moralische Skrupel kaum.

Im Februar 1940 wurde Ernst Wolf Mommsen unter Minister Todt Geschäftsführer des Rüstungsbeirates. Nach Todts Tod Anfang 1942 übernahm Albert Speer das Rüstungsministerium. Ernst Wolf Mommsen wurde sein enger Mitarbeiter und Chef der Amtsgruppe Maschinenbau. Er gehörte zusammen mit den beiden anderen Amtsgruppenchefs Heinz Müller und Willy H. Schlieker zum sogenannten Speer'schen «Kindergarten». Auf die Leitungsstellen einer dezentralisierten Verwaltung wurden keine Offiziere oder Parteifunktionäre, sondern ambitionierte junge Männer berufen, die ihre technokratische Kompetenz zur deutlichen Steigerung der Rüstungsproduktion einsetzten. Mommsen oblagen die Umstellung der deutschen Wirtschaft auf die Rüstung, die Steuerung der gesamten Zulieferindustrie nach militärischen Erfordernissen und der Aufbau einer rüstungswirtschaftlichen Industrieorganisation, aber auch die Versorgung der luftschutzgeschädigten Bevölkerung und ein Gasschutzprogramm. Auch an den Beratungen über den Zwangsarbeitereinsatz von sowjetischen Kriegsgefangenen als Fremdarbeitern nahm er teil.

1944 übertrug man Mommsen die Kontrolle über alle rüstungswirtschaftlichen Organisationen. Er stellte seine Schaffenskraft loyal in den Dienst eines Ministers, der ohne moralische Bedenken das Kompetenzchaos der nationalsozialistischen Wirtschaftspolitik überwand und effiziente Steuerungselemente für die expandierende Kriegswirtschaft entwickelte. So hatte auch er Anteil an dem von der nationalsozialistischen Propaganda apostrophierten «Rüstungswunder», das seit Frühjahr 1942 den «totalen Krieg» ermöglichte und den Zweiten Weltkrieg verlängerte.

Als der Krieg verloren war, will Mommsen in Speers Auftrag an verschiedenen Frontabschnitten im Osten und Norden Deutschlands gegen den ausdrücklichen Führerbefehl die Strategie der «verbrannten Erde» unterlaufen und die Zerstörung von Kraftwerken, Versorgungsanlagen und Lebensmitteldepots verhindert haben. Mit Speer blieb Mommsen nach dem Krieg in Kontakt und setzte sich für dessen vorzeitige Haftentlassung ein.

Nach der Kapitulation wurde Mommsen selbst zunächst festgenommen. Die Internierung in Ludwigsburg konnte er auch durch eine bereitwillige Kooperation mit den Westalliierten nicht abwenden. Im Gefangenenlager ebnete ihm jedoch der amerikanische Kommandant den Weg in die Freiheit: Er war ein ehemaliger Schüler von Ernst Wolfs emigriertem Bruder, Theodor E. Mommsen.[19]

Die Netzwerke aus dem Speer'schen Ministerium bestanden in der Bundesrepublik fort; ihrer bediente sich Ernst Wolf Mommsen erfolgreich, um in dem besetzten Land wieder Fuß zu fassen. Das Ende des «Dritten Reiches» war nicht gleichbedeutend mit dem Ende seiner Karriere. Im Gegensatz zur älteren Generation deutscher Unternehmer, die durch Verhaftung und Kriegsverbrecherprozesse traumatisiert wurden, gehörte Mommsen zu den pragmatisch handelnden und strategisch denkenden Nachwuchskräften, die die deutsche Katastrophe rasch verarbeiteten. Im Wirtschaftswunderland Deutschland stieg er steil auf. 1948 wurde er in Düsseldorf zum Geschäftsführer der Gruppe Walzstahl der Wirtschaftsvereinigung Eisen- und Stahlindustrie ernannt und bereitete den Gemeinsamen Markt der Montanunion vor, der die Kartelltradition der deutschen Eisen- und Stahlindustrie im besiegten Land fortführen sollte. Dann gab er ein Intermezzo im Klöcknerkonzern. 1954 folgte die Berufung in den Vorstand der Rheinischen Röhrenwerke AG in Mülheim, die von der Familie Thyssen kontrolliert wurden. Nach der Fusion mit den Hüttenwerken Phoenix saß er im Vorstand der neugebildeten Phoenix-Rheinrohr AG (Thyssen), die mit über 25000 Beschäftigten die zweitgrößte Montangesellschaft Westeuropas war. 1966 übernahm Mommsen den Vorstandsvorsitz der Thyssen-Röhrenwerke und leitete das bedeutendste Stahlunternehmen der Bundesrepublik.

Ernst Wolf Mommsen setzte konsequent auf Instrumente, deren Effizienz er bereits im Speer'schen Rüstungsministerium kennengelernt hatte: auf Modernisierung und Rationalisierung, auf Serienfertigung und Fließbandarbeit, auf neue Produkte und innovative

Technologien und auf die Qualifizierung der Facharbeiterschaft. Vor allem repräsentierte er das Ideal des «Allround-Managers» Speer'scher Prägung: Er war kein ausgewiesener Spezialist, sondern ein Kaufmann mit industrieller und politischer Erfahrung. Der «Betriebsführer» Ernst Wolf Mommsen steht für eine neue bundesrepublikanische Managerschicht, die eine neue Industrie in einem neuen Sozialstaat aufbaute. Ihr demokratisch geläutertes Credo lautete: Wirtschaftswachstum und Stabilität, Demokratie und Wohlstand. Der Multifunktionär Mommsen, der in Aufsichtsräten und Vorständen saß, an der «Konzertierten Aktion» teilnahm und sich als Sonderbeauftragter und Ratgeber profilierte, setzte auf die enge Verflechtung von Staat und Wirtschaftsverbänden und die korporative Durchdringung der westdeutschen Marktwirtschaft. Das Verbandssystem benutzte er virtuos zur Durchsetzung industrieller Interessen.

In der Adenauerzeit wurde er zum Advokaten des Interzonen- und Osthandels, den er als eine Art Konjunkturreserve der auf Export angewiesenen westdeutschen Industrie beschrieb. Schon vor der ersten Rezession 1966/67 propagierte Mommsen energisch die Öffnung der deutschen Wirtschaft zum Ostblock. Früh wirkte er im Außenhandelsbeirat des Bundeswirtschaftsministeriums, repräsentierte die Eisenindustrie im Ostausschuß der Deutschen Wirtschaft und leitete die Arbeitsgemeinschaft Interzonenhandel. Die breite Öffentlichkeit wurde auf Mommsen aufmerksam, als er Anfang der 1960er Jahre massiv gegen das auf amerikanischen Wunsch verhängte «Röhrenembargo» der Bundesregierung gegen die Sowjetunion agitierte. Zwar war sein Einsatz damals erfolglos, aber 1969 realisierte er nach monatelangen Geheimverhandlungen den Bau eines Großrohrwerkes in der Sowjetunion. In dieser Zeit zählte Mommsen zur außenpolitischen Avantgarde, die im wirtschaftlichen Bereich die Ostpolitik der sozialliberalen Koalition antizipierte und die internationale Entspannung in den Ost-West-Beziehungen unterstützte. Auf dem Höhepunkt der Auseinandersetzung um die Ostverträge im Jahr 1972 erklärte Ernst Wolf Mommsen mit 51 weiteren Prominenten (darunter der Historiker Hans Mommsen) seine Unterstützung für die Außenpolitik der Bundesregierung.

Doch nicht nur wirtschaftspolitisch verabschiedete sich Ernst Wolf

Mommsen von der neoliberalen Ära Erhard. Er sympathisierte mit der SPD, nahm Rücksicht auf sozialpolitische Belange, akzeptierte die Gewerkschaften als starke Tarifpartner und wollte sie an der Formulierung der Unternehmenspolitik beteiligen. Nach dem Vorbild der Montanindustrie forderte er Anfang der siebziger Jahre die paritätische Mitbestimmung. Seine Idee eines modernen Unternehmertums atmete den Geist der sozialliberalen Ära. Sein Engagement für die sozialliberale Regierung führte zu seiner Isolierung im industriellen Freundeskreis. Man unterstellte ihm, mit dem «Klassenfeind in Panckow» zu paktieren, und der BDI-Präsident Fritz Berg ließ ihn wissen: «Sie sind für mich ein knallroter Bruder.»[20] Doch der sozialliberale Protestant, der zur katholisch-konservativen Entourage um Adenauer und Erhard keinen Zugang gefunden hatte, genoß und nutzte die politischen Gestaltungsmöglichkeiten, die sich ihm in den siebziger Jahren eröffneten.

Inhaltlich vertrat Ernst Wolf Mommsen einen fortschrittlichen, sozialpolitisch balancierten Keynesianismus, der die Zusammenarbeit von Staat und Wirtschaft und organisierter Arbeiterschaft verfocht. Anfang 1970 folgte er einem Angebot des sozialdemokratischen Verteidigungsministers Helmut Schmidt und wechselte in das Ministerium auf der Hardthöhe. Wie bereits in den dreißiger Jahren setzte er seine Managerkarriere jetzt in der staatlichen Bürokratie fort. Nach amerikanischem Vorbild verzichtete er auf das Gehalt, da ihn sein Unternehmen unter Fortzahlung der Bezüge beurlaubte. Sofort machte sich Mommsen an die Reorganisation der Abteilung Rüstungsangelegenheiten, Wehrtechnik und Verteidigungswirtschaft; das industrielle Management zog auf der Hardthöhe ein. Für alle größeren Waffensysteme wurden jetzt Systembeauftragte eingesetzt, die Abteilungen für Wehrwirtschaft und Wehrtechnik zu einer Abteilung zusammengefaßt. Wieder griff er auf seine administrativen Erfahrungen aus dem Rüstungsministerium unter Albert Speer zurück.

Mit seinem Duzfreund Schmidt wechselte er im Juli 1972 ins Wirtschaftsministerium, schied aber schon Ende des Jahres aus, um den Kruppkonzern zu führen. Ende 1975 trat er von seinem Posten zurück. Versuche, wieder als Brückenbauer zwischen Politik und Wirtschaft aufzutreten, scheiterten.

Karrieren im Zwielicht (II)

Sein Vetter Wolfgang Arthur Mommsen war der einzige Sohn von Hans Mommsen und Anna Germershausen (1881–1950), der Tochter eines Berliner Oberverwaltungsgerichtsrats. Nach dem Studium der Sprachen des Alten Orients und der Geschichte wurde er 1933 promoviert.[21] Es schloß sich die zweijährige Ausbildung am Institut für Archivwissenschaft und geschichtswissenschaftliche Forschung beim Preußischen Geheimen Staatsarchiv in Berlin-Dahlem an. Mommsen zählte zu einer Gruppe junger Archivare und Historiker, die nicht nur in Archiv- und Geschichtswissenschaft, sondern auch in Sippenforschung und Familienkunde unterrichtet wurden. Zudem waren die Absolventen mit den deutschen Gebietsansprüchen im Osten vertraut und verfügten über polnische Sprachkenntnisse. Seine erste Anstellung fand Mommsen 1936 im Brandenburgisch-Preußischen Hausarchiv der Hohenzollern. 1938 wechselte er zum Preußischen Geheimen Staatsarchiv, das ihn 1940–1942 zur «Deutschen Archivkommission Lettland-Estland» abordnete. Nach dem deutschen Überfall auf Polen und dem Einmarsch sowjetischer Truppen in Ostpolen begann in Übereinstimmung mit dem geheimen Zusatzprotokoll zum deutsch-sowjetischen Nichtangriffspakt von 23. August 1939 die Aussiedlung der Baltendeutschen. Unter der Leitung von Johannes Papritz wurde eine Archivkommission eingesetzt, der Wolfgang Mommsen und Kurt Dülfer angehörten und die baltische Archivalien staatlicher und privater Provenienz sichern sollte. Da der größte Teil des umfangreichen Archivgutes nicht in Originalform auf das Gebiet des Deutschen Reiches verbracht werden konnte, mußten die zurückbleibenden Dokumente photokopiert werden. Die Kommission stand unter der Aufsicht des Reichskommissars für die Festigung des deutschen Volkstums, Heinrich Himmler, und wurde von der SS Forschungs- und Lehrgemeinschaft «Das Ahnenerbe» finanziert. Dülfer und Mommsen beteiligten sich auch an der widerrechtlichen Ausfuhr von Kunst- und Kulturgegenständen sowie von Privatvermögen aus dem Baltikum.

Die offiziellen Berichte, die Mommsen nach Berlin schickte, zeigen seine Affinität zu nationalsozialistischen Ideologemen. Die Überlegenheit der Europäer über die «Russen» wurde fortgeschrieben, der Kollektivismus des Ostens mit der Freiheit und dem Individualismus des Westens kontrastiert und die Humanitätsidee des Abendlandes glorifiziert. «Das ganze russische geistige System», so bemerkte Mommsen, «hat uns als Westeuropäer etwas ungeheuer Fremdes. Dazu hat man mit einer unvorstellbaren Primitivität zu kämpfen.»[22] In den Anfangsjahren der Bundesrepublik kopierte Mommsen seine Briefe und machte sie Interessierten als *Baltische Berichte 1940/41* zugänglich.[23]

Nach dem Ausbruch des Krieges gegen die Sowjetunion und der deutschen Besetzung der baltischen Länder wurde Mommsen für das Reichsministerium für die besetzten Ostgebiete und den Einsatzstab Reichsleiter Rosenberg (ERR) im Baltikum tätig. Seine Aufgabe bestand in der Sicherung des politisch und wirtschaftlich wichtigen Archivgutes. Teile der von Mommsen gesichteten Archivalien wurden schließlich nach Posen verbracht, wo unter Himmlers Schirmherrschaft ein baltendeutsches Institut entstehen sollte. Später wurde Mommsen zusammen mit Kurt Dülfer im neu geschaffenen Archivreferat des Ostministeriums eingesetzt und arbeitete zugleich im Sonderstab Archive des ERR, den Ernst Zipfel leitete. In das organisierte Chaos von Kompetenzen und Kommissionen versuchte er mit wechselndem Erfolg Ordnung zu bringen. Die «Integrität des staatlichen Verwaltungsapparates»[24] sollte selbst in den besetzten Ostgebieten demonstriert werden. Ab 1943 wurden angesichts der näher rückenden Front Archiv- und Kulturgüter massenhaft ins Altreich geschafft.

Mommsen gehörte zu einer kleinen Gruppe hochqualifizierter und wissenschaftlich versierter Beamter, die ihre Spezialkenntnisse für die kulturpolitischen Ziele des Ostministeriums und des ERR zur Verfügung stellten, systematisch Kulturgutraub betrieben und der Germanisierung des osteuropäischen Raumes zuarbeiteten. In den Rechtfertigungen vor den Spruchkammern wurde nach 1945 darauf hingewiesen, daß der Archivschutz wichtige Materialien unabhängig von ihrer Provenienz bewahrt habe. Tatsächlich waren die Abtransporte kaum von dem Bestreben motiviert, fremdes Kulturgut zu schützen. Im Zentrum der Bemühungen stand zunächst die «Deutschtumsüberlieferung», «in zweiter Linie» galt die Sorge «den sowjetischen Akten», die «einen besonderen politischen, militärischen oder kriegswirtschaftlichen Wert» besaßen, und schließlich kümmerte man sich um die «wichtigsten älteren Archivalien des Landes.»[25] Der Archivschutz orientierte sich eindeutig an den politischen Interessen des «Dritten Reiches». Die Tätigkeit des promovierten Historikers und Staatsarchivrates Mommsen in den Archivkommissionen steht für die bereitwillige Kollaboration einer bürokratischen Exekutive, die nicht erst durch demonstrative Disziplinierungsmaßnahmen auf Kurs gebracht werden mußte.

Am 28. April 1943 wurde Wolfgang A. Mommsen zur Wehrmacht einberufen. Seine Eindrücke vertraute er einem Tagebuch an. Der Glaube an den Endsieg schwand, und die Distanz zu dem nationalsozialistischen System wuchs. Offen kritisierte Mommsen den Holocaust: «Die Ermordung der Juden ist das schwerste Verbrechen, dessen sich unser Volk bisher schuldig gemacht hat», schrieb er am 28. Oktober 1944.[26]

Nach dem Krieg überstand Wolfgang A. Mommsen wie viele Archivare, die in die NSDAP eingetreten und in den besetzten Gebieten tätig gewesen waren, die Entnazifizierung ohne größere Probleme. Auch im Archivwesen der Bundesrepublik war die mittlere Beamtenschaft des «Dritten Reichs» zum Aufbau einer neuen Verwaltung unentbehrlich. Schon 1947 wurde Mommsen Staatsarchivrat im Bayerischen Staatsarchiv Nürnberg. Hier machte er sich um die Sicherstellung der Akten der Nürnberger Kriegsverbrecherprozesse verdient. Eine Dekade vor der Rückgabe der durch die Alliierten requirierten deutschen Akten an die Bundesrepublik im Jahre 1957 schuf er die Grundlage zur Erforschung der nationalsozialistischen Zeit. Seine Karriere konnte er fortsetzen und die im «Dritten Reich» aufgebauten Netzwerke pflegen. 1952 wechselte er in das neu gegründete Bundesarchiv in Koblenz. 1967 wurde Mommsen Direktor und Präsident des Bundesarchivs. Ihm gelang es, zahlreiche wichtige Nachlässe nach Koblenz zu holen. Von seiner erfolgreichen Tätigkeit zeugt auch die zweibändige Übersicht *Verzeichnis der schriftlichen Nachlässe in deutschen Archiven* (1971/83). Gemeinsam mit

Karl Dietrich Erdmann edierte er die *Akten der Reichskanzlei, Weimarer Zeit* und unterstützte die Gründung des Deutschen Historischen Institutes in London.

Ernst Wolf und Wolfgang A. Mommsen zählten zu den im ersten Jahrzehnt des 20. Jahrhunderts geborenen bürgerlichen Funktionsträgern des Nationalsozialismus, die die Entwicklung der westdeutschen Nachkriegsgesellschaft beeinflußten und die Erinnerung an das «Dritte Reich» und die vermeintliche «Stunde Null» bis weit in die sechziger Jahre hinein prägten. Die berufliche und soziale Integration ihrer Generation in die Republik von Bonn war ein wichtiger Faktor der Stabilität des westdeutschen Staates. Aus den Erfahrungen mit der nationalsozialistischen Diktatur resultierte das Bekenntnis zum demokratischen Staatswesen; doch zur selbstkritischen Auseinandersetzung mit ihrer eigenen Vergangenheit waren sie nicht bereit.

Widerstand und Emigration

Die Geschichte der Familie Mommsen kennt auch bürgerlichen Widerstand gegen den Nationalsozialismus. Konrad Mommsen (1896–1973), der älteste Bruder von Ernst Wolf, hatte sich dem Zugriff der Wehrmacht erfolgreich entzogen. In Berlin unterhielt er zusammen mit seiner Frau, einer Ärztin, Kontakte zu einer Widerstandsgruppe und half versteckt lebenden Juden. Seinen Einsatz zahlte er 1943 mit einer mehrmonatigen Haftstrafe und dem Verlust seiner gutdotierten Stellung beim Filmhersteller Agfa. Nach dem Krieg arbeitete Mommsen zunächst für die amerikanische Militärregierung und dann als Journalist. 1948 veranlaßte er die Veröffentlichung der «Testamentsklausel» von Theodor Mommsen in der Zeitschrift *Die Wandlung*. Am 2. September, dem Sedanstag des Jahres 1899, hatte sein Großvater im Ostseebad Heringsdorf niedergeschrieben: «Politische Stellung und politischen Einfluß habe ich nie gehabt und nie erstrebt; aber in meinem innersten Wesen, und ich meine, mit dem Besten was in mir ist, bin ich stets ein *animal politicum* gewesen und wünschte ein Bürger zu sein.» Es folgen Worte tiefer Resignation: «Das ist nicht möglich in unserer Nation, bei der der Einzelne, auch der Beste, über den Dienst im Gliede und den politischen Fetischismus nicht hinauskommt. Diese innere Entzweiung mit dem Volke, dem ich angehöre, hat mich durchaus bestimmt, mit meiner Persönlichkeit, soweit mir dies irgend möglich war, nicht vor das deutsche Publikum zu treten, vor dem mir die Achtung fehlt.»[27]

Theodor Mommsens Bekenntnis zur politischen Verantwortung des selbstbewußten, den Idealen der Revolution von 1848 verpflichteten Bürgers entzweite die Familie. Wolfgang A. und Wilhelm Mommsen glaubten, die Veröffentlichung sei zur Unzeit erfolgt. In einer Erwiderung verstieg sich Wilhelm Mommsen sogar zu der Behauptung, sein Großvater habe später die Klausel als «überholt und im Augenblick der Erregung abgefaßt bezeichnet.» Dieser Interpretation widersprach Konrad Mommsen in einer ausführlichen Abhandlung.[28] Der Disput innerhalb der Familie ist symptomatisch für die Vergangenheitspolitik der frühen Bundesrepublik. Die Vorstellung einer kontinuierlichen Entwicklung der neueren deutschen Geschichte, die im Nationalsozialismus kulminierte, wurde mehrheitlich abgelehnt. Das «Dritte Reich» wurde als «Betriebsunfall» aufgefaßt, als eine Ausnahmeerscheinung, die mit der Vergangenheit Deutschlands nur wenig zu tun hatte. Die öffentliche Erinnerung an obrigkeitskritische Traditionen linksliberaler oder sozialistischer Provenienz war nur so lange akzeptabel, wie sie nicht der reflexartigen Schuldabwehr, die Hannah Arendt in diesen Jahren konstatierte, und den komplexen Strategien der Leugnung des Geschehens und der eigenen Verantwortung zuwiderlief. Diejenigen, die – zumindest zeitweise – an Adolf Hitler geglaubt und das System mitgetragen hatten, verweigerten den aufklärerischen Diskurs über ihr eigenes Handeln in der nationalsozialistischen «Volksgemeinschaft» und flüchteten sich zunehmend in apologetische Selbstrechtfertigungen oder beredtes Schweigen.

Die offenkundigen Amnesien und selbstgewährten Amnestien konnte auch Theodor E. Mommsen (1905–1958) auf einer Reise nach Deutschland 1948 feststellen. Zu diesem Zeitpunkt lebte er seit 13 Jahren in den Vereinigten Staaten. Das nationalsozialistische Deutschland hatte er aus politischen Gründen 1935 verlassen. Theodor E. Mommsen hatte in Heidelberg und Wien Geschichtswissenschaft studiert; 1929 wurde er an der Berliner Universität promoviert. Als Mitarbeiter bei den *Monumenta Germaniae Historica* unternahm er ausgedehnte Italienreisen und begeisterte sich für Petrarca.

Nach seiner Emigration fand er zunächst sein Auskommen an der Johns Hopkins University (1936/37) und der Yale University (1937–1942). Nach dem Kriegseintritt der Vereinigten Staaten war er als Lehrer an der berühmten Groton School (1942–1946) beschäftigt, unterrichtete aber auch amerikanische Soldaten und deutsche Kriegsgefangene. 1946 wurde er an die Princeton University berufen, und 1954 wechselte er an die Cornell University als Professor für Mittelalterliche Geschichte. Nach 1945 versuchte er gemeinsam mit Felix Gilbert, Ernst Kantorowicz und Hajo Holborn, den wissenschaftlichen Austausch zwischen den USA und Deutschland zu intensivieren. In die alte Heimat kehrte er aber nur noch als Besucher zurück. Trotz der Hexenjagd der McCarthy-Zeit blieb ihm, wie auch seinem Bruder Konrad, das politische System der Vereinigten Staaten vorbildhaft.

Theodor E. Mommsen zählt zu den wenigen emigrierten Historikern, die in den USA an berühmten Lehranstalten eine neue Wirkungsstätte fanden. Rasch wurde er zu einem einflußreichen akademischen Lehrer von *graduate students*, der das deutsche Seminarsystem erfolgreich in das Universitätsleben der Vereinigten Staaten transferierte. Mommsen war seit den Berliner Tagen mit Ernst Kantorowicz befreundet, der als «Volljude» Deutschland hatte verlassen müssen und in Berkeley Aufnahme gefunden hatte. Wie Kantorowicz war auch Mommsen auf der Suche nach einer Geschichtswissenschaft jenseits des Historismus. Einen Sonderdruck seines Aufsatzes «Zur Freisinger Urkundenüberlieferung» widmete er 1932 Kantorowicz mit den Worten: «Schlafmittelprobe! Dosierung: je 1–2 Seiten wöchentlich. Vorsicht! Nicht mehr! Sonst Gefahr eines letalen Gähnkrampfs!»[29] Nach seiner Emigration wandte sich Mommsen verstärkt geistes- und ideengeschichtlichen Fragestellungen zu, die er als Gegengewicht zu seiner positivistischen Forschung begriff. Doch Mommsen schrieb keine großen Synthesen; seine wissenschaftliche Arbeit schlug sich in einer Vielzahl von Aufsätzen und Rezensionen nieder.

Obwohl seine Freunde und Kollegen wußten, daß Theodor E. Mommsen unter Depressionen litt, traf sie die Nachricht von seinem Selbstmord am 18. Juli 1958 unerwartet. Manche glaubten, das Erbe des Namens Mommsen habe auf ihm gelastet. In seinem Wohnzimmer hing, so schrieb Gilbert Murray, «bedrohlich und übermächtig» Lenbachs Porträt des alten Theodor Mommsen.[30] Andere dachten, die nationalsozialistische Vergangenheit seiner Heimat habe ihn bedrückt. Alle diese Überlegungen bleiben Spekulation, da Theodor E. Mommsen im Gegensatz zu seinem Bruder keinen Abschiedsbrief hinterließ: Konrad Mommsen schied gemeinsam mit seiner zweiten Frau Ulla Spieß (1909–1973) aus dem Leben, als bei ihr eine unheilbare Krankheit diagnostiziert wurde.

Bildungsbürgertum in Deutschland

Die Geschichte der Familie Mommsen ist die Geschichte des deutschen Bildungsbürgertums, das sich als Stand nicht durch Beruf oder Abstammung, Eigentum oder politische Macht, sondern durch den Besitz von Bildungswissen konstituierte. Man gab vor, überzeitliche Werte zu repräsentieren, vertraute auf das emanzipatorische Potential des Neuhumanismus, war liberal und national und sah sich im Dienst für die *res publica*. Preußisches Pflichtbewußtsein und protestantischer Rationalismus verbanden sich. Diese spezifische kulturelle und politische Identität generierte ein Selbstverständnis, das hohe innere Kohäsionskräfte freisetzte und die Abgrenzung gegen andere Gruppen ermöglichte. Die vielfältigen Karriereoptionen eines zunehmend differenzierten und professionalisierten Arbeitsmarktes nutzten die Mommsens geschickt. An der wissenschaftlichen, technischen und wirtschaftlichen Modernisierung Deutschlands waren sie maßgeblich beteiligt.

Die Geschichte der Familie im 20. Jahrhundert spiegelt die Wechselfälle und Brüche dieser Epoche. Der liberale Fortschrittsoptimismus und das neuhumanistische Bildungsideal des 19. Jahrhunderts gerieten durch die Konvulsionen des Ersten Weltkrieges und die politischen und ökonomischen Verwerfungen der Weimarer Republik in eine tiefe Krise. Politisierung und Polarisierung ergriffen jetzt auch die Mommsens. Kulturkritik, antimoderne Affekte und Zukunftsängste bedingten einander. Einzelne Mitglieder der Familie riefen nach einem rettenden Führer, der Staat und Volk einte, und begrüßten die «nationale Revolution» von 1933. Daß ihre Anpassung an den neuen Staat mit der Absage an die Bildung und Kultur der liberalen Epoche des 19. Jahrhunderts einherging, reflektierten sie nicht. Gezielt nutzte eine jüngere Generation, die in Deutschland verblieb, die Aufstiegsmöglichkeiten, die sich im «Dritten Reich» akademisch gebildeten Experten eröffneten. Ihre administrativ-technischen Kompetenzen und ihre weitreichenden personalen Verbindungen bildeten die Voraussetzung für die fast reibungslose Fortsetzung ihrer Karrieren in der Bundesrepublik. Andere versuchten ihre politische Integrität im Nationalsozialismus zu verteidigen und gingen entweder in die Emigration oder leisteten Widerstand.

In der Nachkriegszeit hoffte man, über politische Grenzen und berufliche Dispositionen hinweg an das okzidentale Bildungsideal des 19. Jahrhunderts anknüpfen zu können; doch die Begeisterung für Neuhumanismus und Klassizismus überlebte die Westintegration und das Wirtschaftswunder nicht. Der *American way of life* wurde vorbildlich und die Sehnsucht nach Besitz und Wohlstand prägend. Die Versuche Ernst Wolf Mommsens und anderer Familienangehöriger, unter Berufung auf Theodor Mommsen technisches Wissen und liberalen Humanismus zu verbinden, waren nur mehr Reminiszenzen traditioneller bürgerlicher Deutungsmuster. Soziale Mobilität und Massenkultur machten einem Bildungsbürgertum, das ohnehin nur noch in den Reservaten des Humanistischen Gymnasiums und der Philosophischen Fakultät existierte, endgültig den Garaus. Auch die Familie Mommsen mußte sich auf die nivellierte Mittelstandsgesellschaft der Bundesrepublik einstellen.

Die Thurn und Taxis

von Wolfgang Behringer

Die Tassi, oder die Anfänge der Taxis in Italien

Die Familie der Tassis (Taxis, Thurn und Taxis) stammt aus der Lombardei. Sie wird von Genealogen auf Homodeus de Tazzo di vicina St. Joannis Albi zurückgeführt, der 1251 in St. Giovanni Bianco südlich Cornello im Brembotal urkundlich genannt wird. Hier, im Hinterland von Bergamo, florierten im Spätmittelalter mehrere Zweige der Sippe der Tassi. Die Schreibweise des Namens variierte beträchtlich: In den Urkunden findet sich Tasso, tassi, tassus, taxius, Dax, de Tassis, Tasis, Thassis, Tässis, Tarsis, Targis, Targes und Täxis. Später schrieb sich die Familie in Italien gelegentlich «Tasso», ansonsten in den romanischen Ländern «de Tassis», in den deutschsprachigen Ländern und in Böhmen «von Taxis». Der internationale Ruhm der Taxis beruht auf der herausragenden Bedeutung des Franz von Taxis (1459–1517), dem es zu Beginn der Neuzeit gelang, zunächst das Kurierwesen Kaiser Maximilians I. (1459–1519) zu organisieren, danach von dessen Sohn Philipp vertraglich (1501) das Postwesen Burgunds übertragen zu bekommen und schließlich zusätzlich von dessen Enkel – dem späteren Kaiser Karl V. – vertraglich (1516) zum Generalpostmeister Spaniens eingesetzt zu werden. Die europaweite Organisation von Postkursen revolutionierte das frühneuzeitliche Kommunikationswesen, das man – in Abwandlung eines bekannten Terminus von Marshall McLuhan – als *Taxis-Galaxis* bezeichnen könnte.

Bergamo liegt im Herzen der Lombardei und war im Frühmittelalter Mittelpunkt eines langobardischen Herzogtums. Im Spätmittelalter waren die lombardischen Städte unter die Herrschaft der Herzöge von Mailand geraten, einem Lehen des Heiligen Römischen Reiches. Das Gebiet um Bergamo wurde 1428 der Republik Venedig einverleibt, zu der es bis in die Zeit Napoleons gehörte. Diese Verbindung wurde für die Taxis schicksalhaft. Denn wie andere Männer aus den Alpentälern verdingten sich einige Familienmitglieder in Venedig als Kuriere, zusammengeschlossen in der Zunft der «Corrieri bergamaschi». Auch wenn die Taxis in Cornello einer Art niederem Adel angehört haben dürften – Berufsbezeichnungen lauten etwa «notarius» oder «publicus mercator» –, darf man sich ihre Position bei den Kurieren nicht allzu gehoben vorstellen. Die Nachkommen von Mutius de Tassis (gest. 1450), zu denen auch der Dichter Torquato Tasso (1544–1595) zählt, schafften jedoch den Sprung nach Rom, wo der Kaufmann Ser Alessandro de Tassis de Cornello (gest. 1485) eine Bank betrieb. Die Söhne dieses Alessandro, die sich zur Unterscheidung von anderen Taxis-Linien «Sandri» nannten, nahmen als erste im Nachrichtenwesen eine gehobene Stellung ein. Der als «nobilis et egregius vir» bezeichnete Christophorus Sandri (gest. 1488) war zunächst Kuriermeister des Papstes Sixtus IV. (reg. 1471–1484), bevor er venezianischer Botenmeister in Rom wurde, was offenbar noch erstrebenswerter war. Mitglieder der Familie Taxis aus der Linie der «Sandri» leiteten das päpstliche Kurierwesen von 1474 bis 1539, während ihre Vettern in Venedig noch in eher untergeordneter Funktion tätig blieben. Die römischen Taxis aus dieser Linie errichteten im 16. Jahrhundert in ihrer Heimatstadt Cornello prächtige Paläste und stifteten aufwendige Grablegen in der Kirche Santo Spirito. Zu Beginn des 16. Jahrhunderts bestand noch große Anhänglichkeit zu diesem Herkunftsort, auch Franz von Taxis stiftete von Brüssel aus 1515 eine große Glocke für die Kirche Sta. Maria Camerata bei Cornello.

Die Taxis in Europa

Derselbe Franz von Taxis führte allerdings den Bruch seines Familienzweiges mit Italien herbei. Während die Sandri wenigstens im Tod nach Cornello zurückkehrten, stiftete der spanische Generalpostmeister gegenüber seinem Brüsseler Stadthaus, dem Hotel de

Tassis, eine neue Familiengrablege in der Kirche Notre Dame du Sablon. In dieser wurden von Franz von Taxis bis hin zu Fürst Anselm Franz von Thurn und Taxis (1681–1739) über mehr als zweihundert Jahre alle Generalpostmeister dieser Linie mit ihren Familien bestattet. Die Familiengrablege wurde prachtvoll ausgestaltet und kann heute noch besichtigt werden. Die Serie von kostbaren Tapisserien, die der Stifter dafür in Auftrag gab, zeigen ihn als Diener der habsburgischen Kaiser Friedrich III. und Maximilian I. Zu sehen sind auch der Herzog von Burgund und spanische König Karl I., der erst nach dem Tod des ersten Generalpostmeisters zum Kaiser (Karl V.) gewählt wurde, sowie der Infant Ferdinand, der seinem Bruder als Kaiser Ferdinand I. nachfolgte. Daß Brüssel zum Zentrum des internationalen Postwesens wurde, hing von einer Reihe von Zufällen ab, die anzeigen, als wie schnellebig Zeitgenossen ihre Zeit empfunden haben müssen. Noch zu Lebzeiten Kaiser Friedrichs III. hatte dessen Sohn Maximilian einen venezianischen Kurier kennengelernt, Janetto oder Johanet de Tassis (gest. 1518), der ihn von der Überlegenheit des italienischen Kommunikationswesens überzeugt haben muß. Diese bestand darin, daß die Briefe von Reitern – anstatt wie bisher meist Fußboten – überbracht wurden und diese samt Pferden in regelmäßigen Intervallen von dort postierten neuen Reitern abgelöst wurden: daher die Bezeichnung «posta». Das frühneuzeitliche Postwesen war ein arbeitsteiliges System der Raumaufteilung mit dem Ziel schneller und sicherer Nachrichtenübermittlung.

Janetto von Taxis holte seinen Bruder Francesco/Franz von Taxis und den Neffen Giovanni Battista/Johann Baptista von Taxis an den Innsbrucker Hof Maximilians. Dabei übernahm Franz von Taxis bereits in den 1490er Jahren die Führungsrolle bei der Organisation des kaiserlichen Kurierwesens, während Janetto wegen seiner politischen Nähe zu Venedig – Folge seiner in Istrien gelegenen Güter – ausschied; von ihm stammen die Augsburger Taxis ab. Aufgrund seiner berühmten Heiratspolitik gelang es Kaiser Maximilian, seinen Sohn Philipp zum Herzog von Burgund und zum König von Spanien zu machen. Weil die Innsbrucker Hofkammer die unternehmerisch ambitionierten Italiener wie abhängige Kammerboten behandelte, wanderte Franz von Taxis mit seiner Kompanie 1501 von Tirol

Erinnerungsmarken der belgischen Post von 1952.
Gezeigt werden die Postgenerale der Niederländischen und der Reichspost
sowie das Taxisschloß Beaulieu bei Brüssel.

in die Niederlande ab. Dort gelang es ihm, mit Philipp I. den ersten Postvertrag zu schließen, der ihm als Unternehmer freie Hand bei der Einrichtung der Posten gab. Die Postverträge von 1505 und 1516 zwischen seiner Kompanie und dem König von Spanien stellten dieses neue Kommunikationssystem auf eine solide rechtliche und finanzielle Basis. Im Jahr 1512 wurden die Brüsseler Taxis vom Kaiser mit einer Wappenmehrung für ihre treuen Dienste belohnt: Fortan durften sie über dem Dachs den Doppeladler des Heiligen Römischen Reiches deutscher Nation im Wappen führen. Dieses Wappen, mit dem die Standesqualität der Taxis bestätigt und im Reich anerkannt wurde, blieb bis zur Erhebung der Thurn und Taxis in den erblichen Fürstenstand im späten 17. Jahrhundert erhalten. Für den Sippenverband insgesamt wurde die Tätigkeit im frühmodernen Nachrichten- und Kommunikationswesen zur raison d'être, für dessen Angehörige zum ebenso selbstverständlichen wie verpflichtenden Beruf im doppelten Wortsinn: als Metier und Berufung. Durch die Übernahme eines solchen Amts positionieren sich die Mitglieder der verschiedenen Zweige an einer Schlüsselstelle des sozialen Einflusses und der Macht. Schnelligkeit und Zuverlässigkeit des Nachrichtenaustausches entschieden oft über politischen und militärischen Erfolg. Der Aufstieg der (Thurn und) Taxis in die höheren und höchsten Adelsränge des Reiches war dadurch vorgezeichnet. Zugleich wird der innere Zusammenhalt der «Großfamilie» dadurch angestrebt und zum nicht geringen Teil auch gewährleistet, daß Ehen zwischen den verschiedenen Linien geschlossen werden. Die Vernetzung in der Adelsgesellschaft des frühneuzeitlichen Europa wird also von einer Verfugung innerhalb des Verwandtschafts- und Verschwägerungsverbandes begleitet, was allerdings Konkurrenz und Rivalität zwischen einzelnen Linien nicht ausschloß – wie der nachfolgende Überblick über die verschiedenen Zweige zeigt.

Franz von Taxis, der Begründer des modernen Postwesens, blieb in seiner Ehe mit Dorothea Luytvoldi (gest. nach 1521) ohne geeignete Erben; von den beiden bekannten illegitimen Söhnen wurde Simon Kanoniker, Augustinus Sekretär Karls V. Erbe im Postgeneralat wurde sein Neffe und Juniorpartner Johann Baptista von Taxis (1470–1541). Dieser Sohn von Roger/Ruggiero de Tassis (gest. 1515), einem älteren Bruder des Franz von Taxis aus Cornello, und Alegria Albrici (gest. 1514) wurde zum Begründer der Brüsseler Linie der Taxis. Er erneuerte 1517 die Verträge mit dem spanischen König und stieg nach der Kaiserwahl Karls V. zum ersten «kaiserlichen» Generalpostmeister im Heiligen Römischen Reich deutscher Nation auf. Obwohl die Zentrale seines Postwesens, das General-Postamt, in Brüssel verblieb, reiste «der Baptista» – wie ihn der Tiroler Kanzler familiär nannte – oft in Begleitung des Kaisers und verstarb schließlich fernab seiner Familie auf dem Regensburger Reichstag von

1541. Zu dieser Zeit erhielten die Postämter im Reich den Reichsadler als Wappenschild. Allerdings hing das Postwesen der Taxis im Reich rechtlich weiterhin allein von der spanischen Krone ab und wurde mit niederländischen Geldern bezahlt. Diese Tatsache wurde durch das Kaisertum Karls V. verdeckt, führte aber wegen der Erbteilung des Hauses Habsburg in eine spanische und eine österreichische Linie nach der Abdankung Karls V. zu ernsthaften Problemen. Denn weder sein Bruder und Nachfolger Kaiser Ferdinand I., der die österreichische Linie begründete, noch dessen Sohn und Erbe Kaiser Maximilian II. erneuerten von kaiserlicher Seite die Belehnungen Karls V. Generalpostmeister Leonard I. von Taxis (1521–1612) war nur von König Philipp II. von Spanien eingesetzt worden. Vollends in die Krise geriet das Postwesen der Taxis mit dem Beginn des niederländischen Aufstands gegen die spanische Fremdherrschaft, den zunehmenden Überfällen auf Postreiter und den spanischen Staatsbankrotten, welche die Finanzierung der internationalen Postlinien gefährdeten.

Der noch in Cornello geborene Postmeister Kaiser Karls V. – Johann Baptista von Taxis, verheiratet mit der flämischen Adeligen Christina von Wachtendonk zu Hemissem (gest. 1561) – war seit 1517 unbestrittener Chef des Hauses Taxis gewesen bzw. wie es in einer Quelle von 1519 heißt: «procurator generale della famiglia e società di Tassi». Damit waren sicher nicht alle älteren Zweige der Familie Tassis in Italien gemeint, die verstreut über die Lombardei, in Venedig und Rom lebten, sondern jene Zweige, die entweder direkt verwandtschaftlich mit den Brüsseler Taxis verbunden waren oder sich – wie die nach Füssen und Tirol eingewanderten entfernteren Verwandten – doch freiwillig ihrer Regie unterstellten. Im Sinne des zeitgenössischen Unternehmensrechts war Johann Baptista von Taxis – wie sein Zeitgenosse Jacob Fugger – «Regierer» einer Familiengesellschaft. Nach der saloppen Klassifikation des Wirtschaftshistorikers Richard Ehrenberg waren dies «Häuptlinge ganzer Clans verwandter Kapitalisten». Ihren Höhepunkt erreichte die internationale Taxis-Compagnie unter Johann Baptista, der seine Verwandten quer durch Europa planmäßig mit der Leitung der wichtigsten Postämter betraute. Die Familiengesellschaft entwickelte allerdings bereits in den 1530er Jahren zentrifugale Tendenzen, als es zu einem langwierigen Erbstreit der diversen Zweige der Taxis-Dynastie in Mailand, Spanien und Brüssel um Liegenschaften in der bergamaskischen Heimat kam. Geschlichtet wurde dieser Streit am Ende – und dies spricht für die Prominenz der Familie – vor dem Großen Rat von Mechelen, dem obersten Gericht des Herzogtums Burgund, und zwar im Namen Kaiser Karls V. durch den Augsburger Kaufmann und Postmeister Johann Anton von Taxis. Damit brach 1534 faktisch schon vor dem Tod des Regierers die Einheit der Familiengesellschaft auseinander.

Zum Begründer der *spanischen Linie der Taxis-Villamediana* wurde als Nachfolger seines Onkels Maffeo de Tassis, eines Neffen des Franz von Taxis und Bruders des Johann Baptista, Raimondo de Tassis (1515–1578, Generalpostmeister 1536–1578), der zweite Sohn des Johann Baptista. Er wurde vom spanischen König direkt zum «Correo Major» des spanischen Weltreichs ernannt. Er begleitete den Kaiser auf vielen Reisen, beispielsweise bei der Eroberung von Tunis, und verhinderte 1568 den Fluchtversuch des Infanten Don Carlos. Seine Nachfolger Juan I. de Tassis (gest. 1607) und Juan II. de Tassis-Villamediana (gest. 1622), der Urenkel Johann Baptistas, leiteten das spanische Postwesen bis 1622. Die Erhebung der spanischen Taxis zu Condes de Villamediana erfolgte 1603, sie ging der Baronisierung der anderen Taxis-Linien voraus. Da Juan II. kinderlos blieb, ging das spanische Postwesen an die Grafen von Onate über und blieb in deren erblichem Besitz bis zur Verstaatlichung im Jahre 1706. Ein Enkel des Raimondo de Tassis namens Inigo Velez de Guevara y Onate, Sohn der Mariana de Tassis (gest. 1618) und des Pedro Velez de Guevara y Onate und seines Zeichens Conde de Onate y Tassis-Villamediana, wurde Vizekönig von Neapel. Zum Begründer der *Antwerpener Linie der Taxis* wurde Antoine de Tassis (1509–1574, Postmeister 1543–1574), ein unehelicher Sohn des Johann Baptista aus einer Liaison mit der Tirolerin Barbara Walcher in Innsbruck. Nach einer hervorragenden Ausbildung an italienischen Universitäten legitimierte ihn 1538 der Kaiser und verlieh ihm den erblichen Adel. Ihm folgte sein Sohn Jean Battiste de Tassis (1543–1586, Postmeister 1574–1586), der den Namen seines Großvaters trug und an der Pest starb, danach dessen Bruder Charles de Tassis (?-1610, Postmeister 1586–1610). Dessen Sohn Maximilien de Tassis (1580–1660, Postmeister 1610–1613), der mit Isabelle de Lalaing (1582–1646) sechs Kinder zeugte, leitete als letzter der Antwerpener Linie das Postamt, das danach durch das Oberhaupt der Brüsseler Linie eingezogen und neu vergeben wurde. Antwerpen war im 16. Jahrhundert die wichtigste Hafenstadt des Reiches und gleichzeitig der nördliche Endpunkt der transkontinentalen Postlinien.

In Italien am bedeutendsten war die *Mailändisch-Römische Linie der Taxis*. Ihr Begründer – Simon I. de Tassis (ca. 1475–1563), ein Bruder des Johann Baptista – hatte eine für das internationale Postwesen der Taxis typische Ausbildung erhalten: Er war um 1500 unter den österreichischen Kammerboten in Innsbruck anzutreffen, folgte dann Franz von Taxis in die Niederlande, ging 1506 nach Spanien, verwaltete 1507 für seinen Bruder das Postamt Innsbruck und lebte danach acht Jahre in Brüssel. 1516 führte er im Auftrag des Generalpostmeisters Franz von Taxis die im Postvertrag vereinbarte Ausdehnung der Postkurse nach Italien durch, 1518 vertrat er Lienhard von Taxis als kaiserlichen Postmeister in Rom, 1519 leitete er das Postwesen in Barcelona. Danach wurde er Generalpostmeister in Mailand und blieb dies von der spanischen Rückeroberung des Herzogtums 1627 bis zu seinem Tod. Unter Simon I. von Taxis wurde die älteste bekannte interne Postordnung erlassen, die feste Postgebühren für alle Postkurse enthält: das Vorbild aller Postordnungen in ganz Europa. Aus seiner Ehe mit Magdalena Neuhaus gingen Ruggiero de Tassis (amtiert 1563–1599) und Antonio de Tassis hervor, welche die wichtigen Postämter in Mailand und Rom übernahmen. Der Mailänder Generalpostmeister Ruggiero galt während seiner Generation als das reichste Oberhaupt der verschiedenen Zweige der Taxis; seine Ehe scheint aber kinderlos geblieben zu sein, und das Mailänder Postamt fiel an die spanische Linie der Taxis zurück. Erbe in Rom waren die Nachkommen des Antonio (I.) de Tassis, Marchese de Paullo (1533–1620, Postmeister 1610–1620). Er heiratete Cristina de Zapata, die Tochter des Generalpostmeisters des Königreichs Neapel, Giovanni de Zapata, aus dessen Ehe mit Alegra de Tassis, einer Tochter des Johann Baptista. König Philipp II. von Spanien erteilte Antonio und seinen Söhnen Simon und Pompeo die Erblichkeit des Postamts «auf ewig». Antonio (II.) de Tassis, Marchese de Paullo (1623–1672), der Kapitän der Leibgarde des Vizekönigs von Neapel wurde, nahm auch den Titel «Conde de Onate e Villamediana» an; seine Ehe mit Sulpizia Vitelleschi blieb kinderlos. Die Erhebung dieser Linie in den Fürstenstand muß um 1700 erfolgt sein, also kurz nach jener der Brüsseler Taxis. Carlo II. nahm 1708 überdies auch von der Brüsseler Linie noch den Namen «Thurn und Taxis» an, der als «delle Torre e Tassis» übersetzt wurde. Die römischen Taxis versahen die Leitung des spanischen und kaiserlichen Postamts in Rom, bis sie mit Principe Michele (II.) delle Torre e Tassis (1722–1789, Postmeister 1740–1755) ausstarben.

Die *Trienter Linie der Taxis-Bordogna-Valnigra* wurde von David de Tassis (?-ca. 1538, Postmeister 1508–1524) begründet, einem Bruder des Johann Baptista und des Mailänders Simon, Postmeister in Verona und Trient. Während Verona zu diesem Zeitpunkt der Republik Venedig unterstand, war das Hochstift Trient ein eigenständiges Territorium des Heiligen Römischen Reiches deutscher Nation. Über seine Schwester Elisabeth de Tassis gelangte das Trienter Postamt an Bonus de Bordogna (1482–1560, Postmeister 1508/12–1541), dessen Nachkommen sich später «Bordogna di Tassis» nannten und über zehn Generationen im Besitz dieses für den Alpentransit wichtigen Postamts blieben. Bordognas Sohn Lorenzo (I.) Bordogna di Tassis (1510–1559, Postmeister 1541–1559) war der Postmeister des Konzils von Trient. 1683 wurde die Trienter Post zum Erblehen der Taxis-Bordogna, und diese wurden 1714 in den Freiherrnstand als Taxis-Bordogna-Valnigra erhoben. Letzter Postmeister dieser Linie war Johann Franz von Taxis-Bordogna-Valnigra (1724–1791, Postmeister 1776–1791). Von dem Trienter Postmeister David de Tassis stammte über den Sohn Rogerius/Ruggiero de Tassis (gest. 1582) die *Venezianische Linie der Taxis* ab, die zwar nie das Postwesen der Markusrepublik leiten konnte, aber immerhin seit den Zeiten Karls V. ein kaiserliches Postamt in der Lagunenstadt unterhielt. Auf Ruggiero und dessen Söhne Ferdinando und Octavio de Tassis (1621–1691) folgten zehn Generationen von (Thurn und) Taxis in Venedig, zuletzt Carlo Ferdinando Conte delle Torre Tassis (?-1796, Postmeister nach

1768–1796). Die Erhebung dieser Linie in den Grafenstand und die Übernahme des Namens «Torre Tassis» muß um 1700 erfolgt sein.

Österreichische Linien der Taxis saßen in Innsbruck, Wien, Prag und Kollmann am Brenner. Die *Innsbrucker Linie der Taxis (Thurn-Valsassina und Taxis)* wurde nach der habsburgischen Erbteilung von 1521 von Gabriel (I.) von Taxis (?-1529) begründet, einem Cousin des Franz von Taxis, der ihn bereits 1504 als seinen Postverwalter in Innsbruck eingesetzt hatte und der noch von Kaiser Maximilian I. 1516 die Verwaltung des Postkurses von Innsbruck nach Verona übertragen bekam. Mit seiner Ehe mit Catharina di Chiaramonte wurde er zum Stammvater der Innsbrucker Taxis, die in ihrer Eigenschaft als Tiroler Hofpostmeister nach der Erbteilung nicht mehr durch die «spanischen» Taxis in Brüssel, sondern durch die Tiroler Erzherzöge eingesetzt wurden. Der Tiroler Hofpost unterstanden die Postlinien durch «Vorderösterreich» von Füssen bis Augsburg, sowie über Kempten und Freiburg im Breisgau nach Ensisheim im Elsaß, und schließlich durch Südtirol bis Trient. Seit dem mittleren 16. Jahrhundert verschwägerten sich die Innsbrucker Taxis rasch mit Tiroler Familien und fanden Eingang in den höheren Reichsadel. 1642 wurden die Tiroler Taxis zu Reichsfreiherren nobilitiert, 1680 stiegen sie in den Reichsgrafenstand auf und nannten sich Thurn-Valsassina und Taxis. Amtierender Postmeister bei der Verstaatlichung der Tiroler Post im Jahr 1769 war Josef Sebastian Graf von Thurn-Valsassina und Taxis (1729–1790, Hofpostmeister 1760–1769). Die Begründung einer *Prager Linie der Taxis* scheiterte zunächst. Der Beginn wurde gemacht durch den mächtigen Augsburger Hofpostmeister Anton von Taxis, dem es gelang, seinen Sohn Ambrosius von Taxis (?- 1546) als ersten Hofpostmeister (1528–1538) und nach dessen Scheitern seinen Bruder Mathias von Taxis (?-1559) einzusetzen (1539–1559). Dieser schaffte es auch tatsächlich, seinen Sohn aus der Ehe mit Graziosa von Taxis, Martin von Taxis (1545–1571, Hofpostmeister 1559–1571), als Nachfolger zu installieren, der zudem als Postmeister von Wien, Raab/Györ in Ungarn und Jesenice fungierte und damit eine starke Position einzunehmen vermochte. Nach seinem frühen Tod folgte ihm der vermutlich jüngere Bruder Ferdinand von Taxis (?-1608), der mit Juliana von Taxis, einer Tochter des Füssener Postmeisters Innozenz von Taxis, verheiratet war, als Hofpostmeister (1571–1592) nach. Doch wurde er noch zu Lebzeiten seines Amtes enthoben. Ebenso mißlang die Dynastiegründung in Wien. Das oberste Hofpostamt Österreichs wurde zwar ab 1490 gelegentlich von Mitgliedern der Familie Taxis mitversehen, doch blieben diese in Innsbruck, Augsburg oder Brüssel ansässig. Auf den Prager Postmeister Mathias von Taxis (gest. 1559) geht die *Linie der Taxis von Zwölfäxing und Hauswerth* zurück. Seine jüngeren Söhne Ferdinand und Philipp, die beide mit Töchtern des Füssener Postmeisters Innozenz von Taxis verheiratet waren, wurden unter dieser Titulatur in den Reichsfreiherrenstand erhoben. Seine Frau Graziosa von Taxis versuchte vergeblich, das Wiener Postamt für den ältesten Sohn Martin zu sichern. Statt dessen wurde kurzzeitig ein Sohn des Augsburger Hofpostmeisters eingesetzt, bevor das Oberste Hofpostamt an die Familie Wolzogen vergeben wurde, danach an die Magno und schließlich 1622 für hundert Jahre an die Postmeisterdynastie der Paar, die bis zum Ende des alten Reiches den Titel des Obersten Hofpostmeisters behielten. Auch diese Familien stammten wie die Taxis ursprünglich aus der Gegend von Bergamo und waren mit den Taxis weitläufig verwandt. Nach den Taxis waren die Paar die erfolgreichsten Kommunikationsspezialisten des Ancien Régime. Sie bekamen 1624 die österreichische Post als Erblehen, wurden 1652 in den Grafenstand und 1769 in den Reichsfürstenstand erhoben.

Der bedeutendste Vertreter der *Füssener Linie der Taxis war* Innozenz von Taxis (gest. 1592), dessen Grab man in der Freiberg-Kapelle in Füssen besichtigen kann. Diese Linie geht in direkter Abfolge auf Zentilinus de Tassis de Cornello (gest. 1439) zurück; die Verbundenheit mit den Wurzeln spiegelt sich darin, daß Innozenz zeitlebens Bürger von Bergamo blieb. Füssen gehörte an sich dem Gebiet der österreichischen Hofpost an, doch nahm Innozenz wegen seiner Nähe zu König Ferdinand I. eine Ausnahmeposition ein. Er war mit Benvenuta von Taxis verheiratet, einer Tochter des venezianischen Postmeisters David von Taxis. Zwei seiner Töchter heirateten Angehörige der österreichischen Linie der Taxis von Zwölfäxing und Hauswerth. Der Erbfolger auf dem Füssener Postamt, Johann Baptista von Taxis (1552–1588), starb als spanischer Colonel in den Niederlanden und liegt zu Bonn begraben.

In Deutschland etablierten sich im 16. Jahrhundert gleich mehrere Linien der Taxis, zuerst in *Rheinhausen*, einem Dorf des Bischofs von Speyer, in dem sich nahe der Reichsstadt Speyer seit dem Spätmittelalter eine berühmte Rheinfähre befand. Eine Posthalterei wurde hier bereits 1490 eingerichtet, möglicherweise bereits durch Seraphin (I.) von Taxis (?-1556, Postmeister 1512–1556), der in diesem Jahr mit seinem Vater Janeto, seinem Onkel Franz und seinem Cousin Johann Baptista aus Italien nach Tirol gekommen war. 1512 wurde in Rheinhausen das erste reguläre Postamt auf deutschem Boden eingerichtet und Seraphin zum ersten Postmeister eingesetzt. Das Rheinhauser Postamt blieb bis 1706 im erblichen Besitz der Taxis. Erst 1745 wurde es zur Posthalterei herabgestuft und das Postamt in die nahegelegene Stadt Bruchsal verlegt. Seraphin wurde zur zentralen Figur des deutschen Postwesens. Er gründete 1520 ein kaiserliches Postamt in der Reichsstadt Augsburg, das fortan im Besitz seiner Familie blieb. *Augsburg* – Zentrum des Frühkapitalismus und Stadt der Reichstage – wurde für ein Jahrhundert zum wichtigsten deutschen Postort. Seraphin von Taxis stieg zum «Lieutenant du Maitre des Postes de l'Empereur» auf, wurde also Stellvertreter des Generalpostmeisters in Brüssel. 1514 erhielt er von Kaiser Maximilian I. unabhängig von den Brüsseler Taxis den erblichen Reichsadel für sich und seine Brüder; 1531 wurde er von Kaiser Karl V. zum Hofpfalzgrafen ernannt. Seit 1527 weilte er zur Unterstützung des Generalpostmeisters ständig in Brüssel. Verheiratet war Seraphin I. mit Caterina de Tassis, einer Tochter des Bartholomäus de Tassis in Bergamo, doch blieb die Ehe kinderlos. Deswegen setzte er seinen Neffen Seraphin (II.) zum Universalerben ein. Begraben liegt Seraphin I. in der Grablege der Taxis in Notre Dame du Sablon in Brüssel. Seraphin II. de Tassis (1538–1582, Lieutenant, Postmeister Augsburg 1556–1582) war der Sohn von Bartolomeo de Tassis (?–1556, amtiert 1522–1556), dem Bruder und Stellvertreter Seraphins I. auf dem Rheinhauser Postamt, und seiner Ehefrau Anna Mais. Seraphin II., der bei seinem Onkel Seraphin I. in Brüssel aufwuchs und dort in die Leitung des Generalpostamts hineinwuchs, erbte nicht nur dessen Position als Geschäftsführer des internationalen Postwesens, sondern auch dessen deutsche Postämter in Augsburg und Rheinhausen und wurde zum Begründer der *Augsburg-Neuburger Linie der Taxis*. Verheiratet war Seraphin II. mit Isabella von Taxis (?–1602), einer Tochter des reichen Mailänder Generalpostmeisters Simon von Taxis. Sie leitete als Witwe jahrelang das Augsburger Postamt in Vertretung ihres minderjährigen Sohnes. Dieser Octavio von Taxis (1572–1626, Lieutenant 1603/15–1626, Reichspostmeister Augsburg), der alle Posten und Funktionen erbte, wurde zu einer Figur von herausragender kommunikationsgeschichtlicher Bedeutung. Er setzte die ersten Reichspostmeister in Köln und Frankfurt ein und errichtete einen Postkurs von Rheinhausen nach Straßburg. Während seiner Amtszeit fungierte das Augsburger Posthaus, das von dem berühmten Baumeister Elias Holl mehrmals erweitert wurde, als Zentrum des europäischen Nachrichtenwesens. Die Sekretäre Octavios arbeiteten als «Novellanten» und versorgten die Augsburger Nachrichtenagenten und «Zeitungsschreiber» mit Stoff. Die erste gedruckte periodische Zeitung der Weltgeschichte, die «Relation» des Straßburger Druckers Johann Carolus, erhielt ihre Nachrichten aus Augsburg. Verheiratet war Octavio von Taxis mit Susanna Jacobe Staudinger (1593–1656); seine Schwester Genoveva von Taxis (?–1628) ehelichte den Brüsseler Generalpostmeister Lamoral von Taxis, andere Schwestern lebten als Nonnen in Augsburg und Mailand. Octavio von Taxis, dessen Taufpaten aus dem Hause Fugger stammten, war der letzte Lieutenant aus dem Hause Taxis, der für die Taxis-Generalpostmeister in Brüssel das internationale Postwesen leitete. Octavio nannte seinen Sohn aus der Ehe mit Mechthild von Lösch (1619–1675) traditionsbewußt Johann Baptista von Taxis (1613–1672, Reichspostmeister 1641–1672). Dessen Sohn Sebastian Franz von Thurn und Taxis (1647–1706, Reichspostmeister 1672–1706) war verheiratet mit Maria Johanna Gräfin von Fugger (1636–1704). Die Augsburg-Rheinhauser Linie der Taxis wurde 1657 in den Reichsfreiherrnstand erhoben.

Der Erfolg der Seraphin-Linie war nicht selbstverständlich, denn in diesem zentralen Postort konkurrierte er mit einer zweiten *Augsburger Taxis-Linie*, die zunächst größere Erfolgschancen zu haben schien. (Johann) Anton von Taxis (?- 1542) war der erste «kaiserliche» Postmeister, der hier 1515 im Gefolge Kaiser Maximilians erschien und 1520 dauerhaft ein österreichisches Hofpostamt in der Reichsstadt errichtete. Ihm unterstanden als Oberstem Hofpostmeister auch die Hofpostämter in Innsbruck, Trient, Wien und Prag, und von 1529 bis 1542 gelang es ihm, zeitweise auch das «spanische Postamt» Seraphins I. zu übernehmen. Seit 1523 war er verheiratet mit Katharina von Taxis (?-1534), einer Tochter des Zanetto de Tassis. Der gemeinsame Sohn Ambrosi von Taxis (?-1546, Postverwalter 1538/43–1546) wurde Hofpostmeister in Prag und danach in Augsburg als Nachfolger seines Vaters Verwalter des kaiserlichen und des spanischen Postamts für Seraphin (I.), der in Brüssel lebte. Im Schmalkaldischen Krieg mußte Ambrosi fliehen, und die Stadt ließ sein Posthaus abreißen. Der andere Sohn, Johann von Taxis (?-1559), war nur kurzzeitig von 1543 bis 1546 als Augsburger Hofpostmeister tätig. Sein Sohn David aus der Ehe mit Felizitas Ritterin (?–1579) wurde Bierbrauer in Augsburg, der Enkel Goldschmied. Ein anderer Sohn (bei Schwennicke: Bruder), Christoph von Taxis (1532–1589), wurde 1559 Hofpostmeister in Wien. Verheiratet mit Regina von Taxis, einer Schwester des Brüsseler Generalpostmeisters Leonhard von Taxis, wurde ihm dennoch 1564 der Abzug aus der Reichsstadt Augsburg befohlen. Der Streit um die Augsburger Postrechte dauerte noch bis 1569 an, doch scheiterte die Dynastiegründung dieser Linie in der Reichsstadt.

Die (Thurn und) Taxis in Brüssel

Der gesellschaftliche Aufstieg der Taxis läßt sich am deutlichsten am Beispiel der *Brüsseler-Frankfurt-Regensburger Linie der Taxis* zeigen. Wie erwähnt hatten Franz von Taxis und sein Neffe Johann Baptista im Jahr 1501 das Spanische Postgeneralat in den Niederlanden übernommen, das sich auch auf Burgund und das Heilige Römische Reich deutscher Nation erstreckte. Dieses Postgeneralat bestand bis zur französischen Besetzung der Spanischen Niederlande im Spanischen Erbfolgekrieg 1701. Von 1725 bis 1794 versahen die Brüsseler

Taxis pachtweise das Postgeneralat in den Österreichischen Niederlanden. Infolge der Reformation hatten sich die protestantischen Stände im 16. Jahrhundert immer stärker gegen das «spanische Institut» im Reich gewandt. Mit den spanischen Staatsbankrotten stellte sich die Frage, auf welche Weise das Postwesen im Reich neu geordnet werden sollte. In den Jahren der «Postreformation» gab es zwischen 1577 und 1597 Versuche von verschiedenen Seiten, das Postwesen im Reich unter Kontrolle zu bringen. Die Reichsstädte glaubten, das eigene Botenwesen an seine Stelle setzen zu können, ebenso machten die Territorien erste Anstalten zu einer eigenen Postpolitik. Zu den verschiedenen Bewerbern um ein kaiserliches Postgeneralat gehörten neben dem Augsburger Kaufmann Konrad Rott, dem Kölner Postmeister Jacob Henot und dem niederländischen Postmeister Johann Hinckart drei Prätendenten aus dem Hause Taxis: der Augsburger Postmeister Seraphin II. von Taxis, Leonard I. von Taxis, sowie dessen Sohn Lamoral I. von Taxis. Die Verwaltung Kaiser Rudolfs II. (reg. 1576–1612) widmete sich mit großem Ernst und nachhaltigem Bemühen der Postreformation, wobei die kaiserlichen Postkommissare aus dem Hause Fugger und Ilsung die Sondierung im Detail übernahmen. Am Ende erhielt Leonhard von Taxis (1521–1612, Generalpostmeister 1543–1611, Reichsgeneralpostmeister 1597–1611) den Zuschlag, der noch von Kaiser Karl V. eingesetzte Generalpostmeister, um dessen Ersetzung es eigentlich gegangen war. Er hatte als zweiter Sohn des Johann Baptista von Taxis nach dem Tod seines älteren Bruders Franz II. von Taxis (1521–1543, Generalpostmeister 1541–1543) im Alter von nur 22 Jahren das Postgeneralat übernommen. Die Bestätigung seines Amtes hatte er damals nur durch König Philipp II. von Spanien erhalten, nicht aber durch die Kaiser Ferdinand I. und Maximilian II.

Mit der Einsetzung durch Kaiser Rudolf II. zum Generalpostmeister des Heiligen Römischen Reiches deutscher Nation – dem «Reichsgeneralpostmeister» – begann eine neue Etappe des gesellschaftlichen Aufstiegs der Brüsseler Taxis. Der spanische-niederländische Postgeneral war in erster Ehe mit Margaret Damant (gest. 1549), in zweiter Ehe mit Louise Boisot de Rouha (gest. 1610) verheiratet, von welcher seine Nachfolger abstammen. Nachdem sich das neue Reichspostwesen entgegen vieler Befürchtungen bewährte, wurde die Familie noch unter Leonhard 1608 in den Reichsfreiherrnstand erhoben. Sein Sohn und Nachfolger Lamoral I. Freiherr von Taxis (1557–1624, Reichsgeneralpostmeister 1611–1624), der seinen Vornamen mit dem 1568 hingerichteten Grafen von Egmont teilte, stellte einen Idealkandidaten dar, hatte er doch in spanischen Militärdiensten Erfahrung in der Organisation schlagkräftiger Truppen gemacht und diplomatische Erfahrungen in mehreren Ländern sammeln können. Nach einem Aufenthalt am Hof Philipps II. in Madrid 1580/81 war er in das Brüsseler Postgeneralat eingetreten und hatte 1584 mit Genoveva von Taxis (1560/65–1628) die Tochter des Augsburger Postmeisters Seraphin (II.) von Taxis geheiratet, was den Zusammenhalt der Dynastie stärkte. Ab 1603 lebte er länger am Kaiserhof in Prag und wurde dort zum kaiserlichen Truchseß, 1606 zum kaiserlichen Kämmerer und 1611 sogar kurzzeitig zum Obersten Hofpostmeister ernannt, bevor sein Vater im biblischen Alter von 93 Jahren verstarb. Aufgrund der geschickten Verhandlungen Lamorals über den Ausbau des Postnetzes im Reich wurde den Taxis 1615/1621 die Erblichkeit des Postlehens in männlicher und weiblicher Linie garantiert; sie bildete die Voraussetzung für größere Investitionen. In Lamorals Todesjahr wurden die Brüsseler Taxis 1624 in den erblichen Reichsgrafenstand erhoben.

Nachfolger wurde Leonhard II. Graf von Taxis (1594–1628, Reichsgeneralpostmeister 1624–1628). Er hegte, wie die erhaltenen Briefwechsel belegen, große Pläne zum weiteren Ausbau des Postwesens, starb aber unerwartet früh im Alter von 34 Jahren in Prag. Da der Sohn und vorgesehene Nachfolger zu diesem Zeitpunkt erst sieben Jahre alt war, hing in dieser prekären Situation – mitten im Dreißigjährigen Krieg – viel vom Geschick der Witwe Alexandrine Gräfin von Taxis, geb. de Rye, Comtesse de Varax, (1589–1666, Reichsgeneralpostmeisterin 1628–1641) ab. Die niederländische Gräfin nahm mit großem Geschick als «Vormünderin» die Leitung der Dynastie in die Hand und schaffte es, als Administratorin des Postwesens von Kaiser Ferdinand II. für das Reich und von Philipp IV. von Spanien für die Niederlande, Lothringen und Burgund eingesetzt zu werden. Ihr zu einem guten Teil erhaltener Briefwechsel, der noch der Erforschung harrt, verrät ihren kräftigen Willen. Es gelang ihr, mit den Mächtigen des katholischen Europa in gutem Einverständnis zu bleiben und die Reichspost in den Zeiten ärgster Bedrängnis – nach dem Einmarsch der Schweden im Reich – am Funktionieren zu halten.

Gleichzeitig erhielt der Sohn Lamoral II. Claudius Graf von (Thurn und) Taxis (1621–1676, Reichsgeneralpostmeister 1628/41–1676) eine gute Erziehung, die einen Neustart nach Kriegsende erwarten ließ. Tatsächlich ergriff der junge Graf nach Erlangung seiner Volljährigkeit noch in der Endphase des Krieges die Zügel und begann, mit der Öffnung von Reichspostämtern in Münster und Osnabrück die Infrastruktur für die Friedensverhandlungen zu schaffen. Diese Dienste sicherten das Wohlwollen des Kaisers, der Lamoral II. 1653 zum kaiserlichen Kämmerer ernannte und die Annahme des Namens «Thurn und Taxis» tolerierte. Bereits Anfang der 1640er Jahre hatten Alexandrine und ihr Sohn den belgischen Genealogen Julius Chifletius, eine Koryphäe seiner Zeit, mit der Erforschung des Stammbaums der Taxis beauftragt. Der Gelehrte erfüllte seine Dienste zur vollen Zufriedenheit, indem er die Abkunft vom Fürstengeschlecht «della Torre» (eingedeutscht als «Thurn») nachweisen zu können glaubte und diese Interpretation in seinem umfangreichen Werk «Les Marques d'Honneur de la Maison de Tassis» (Antwerpen 1645) veröffentlichte. Mit der Annahme des Grafentitels «Thurn und Valsassina» im Jahr 1650 setzten die Taxis programmatisch zum Sprung in den Fürstenstand an. Diesem Zweck diente auch der Bau des Lustschlosses Beaulieu in Brüssel und die Ehe mit der flämischen Gräfin Anna Franziska Eugenia von Hoorn (ca. 1630–1693), welcher der Erbfolger entstammte, sowie der Erwerb der belgischen Grafschaften Haut-Ittre und Braine-le-Chateau, das aus dem Altbesitz der Familie der Ehefrau stammte. Das Taxis-Haus am Zavelberk gegenüber Notre Dame du Sablon wurde in «Hotel de la Tour» umbenannt.

Nach Lage der Dinge mußte der Reichsgeneralpostmeister den Reichsfürstenstand anstreben, denn immer mehr deutsche Territorialstaaten, allen voran Kurbrandenburg, begannen nach Erhalt der Landeshoheit in den 1650er Jahren den Bestand der Reichspost in

Frage zu stellen, indem sie eigene Landesposten gründeten und über überregionale Posten nachdachten. Zum Glück entschärfte sich der konfessionelle Gegensatz in der zweiten Jahrhunderthälfte zunehmend, so daß die Allianz der katholischen Thurn und Taxis mit dem habsburgischen Kaisertum an religiöser Brisanz verlor. Ohnehin war das Postpersonal der Reichspost aufgrund der Bestimmungen des Augsburger Religionsfriedens, die im Westfälischen Frieden bestätigt worden waren, notwendigerweise je nach Territorium katholisch, lutherisch oder calvinistisch; in der Reichsstadt Frankfurt gab es überdies noch jüdische Briefträger. Durch den Ausbau des Postwesens und die stark steigende Nachfrage wurde der Betrieb der Reichspost seit den 1650er Jahren zu einem immer lukrativeren Geschäft, was die notwendigen finanziellen Reserven für das Anstreben der Standeserhöhung erbrachte. Tatsächlich wurde diese bereits in der nächsten Generation – unter Eugen Alexander, Fürst von Thurn und Taxis (1652–1714, Reichsgeneralpostmeister 1676–1714) – erreicht. Bereits die 1678 am Wiener Kaiserhof inszenierte Hochzeit mit Prinzessin Adelheid zu Fürstenberg-Heiligenberg (1659–1701) signalisierte, daß der nächste Reichsgeneralpostmeister im Konnubium sozialen Anschluß an den Reichsfürstenstand gefunden hatte. 1681 erfolgte durch König Karl II. von Spanien die noch vom Vater vorbereitete Erhebung in den spanischen Fürstenstand und die Erhebung von Braine-le-Chateau zur «Principauté de la Tour et Tassis». Dieser Standeserhebung folgte 1695 die Erhebung in den erblichen Reichsfürstenstand, die von Kaiser Leopold I. mit dem üblichen Aufwand vorgenommen wurde. Das alte Wappen von 1512 wurde durch ein weit aufwendigeres ersetzt. Darin erscheint der Dachs nur noch im Herzschild, die Zeichen von «Thurn-Valsassina», Turm und aufsteigender Löwe, dominieren.

Die Thurn und Taxis in Frankfurt

Die Thurn und Taxis waren mit Eugen Alexander von Thurn und Taxis sozial angekommen, wo sie über mehrere Generationen in einer gekonnten Kombination von Geschäftssinn und diplomatischem Geschick hingezielt hatten. Räumlich war die Reise jedoch noch nicht beendet, denn mit dem Aussterben der spanischen Linie des Hauses Habsburg war ihre Stellung plötzlich gefährdet. Mit der französischen Besetzung der Spanischen Niederlande waren 1701 sowohl das Fürstentum Braine-le-Chateau als auch der Herrschaftssitz Schloß Beaulieu in Brüssel und andere Liegenschaften sowie das Brüsseler Postgeneralat in feindlichen Händen. Nun zahlte sich die zweigleisige Politik der vergangenen Generationen aus, denn Fürst Eugen Alexander verlegte 1702 den Sitz der Familie und des Generalats in die Reichsstadt Frankfurt am Main, wo sich de facto bereits seit Jahrzehnten das wichtigste Reichs(ober)postamt befand und enge Beziehungen zum jüdischen Bankhaus Rothschild bestanden. Nach dem Tod seiner ersten Frau heiratete er in zweiter Ehe 1703 Anna Augusta Gräfin zu Hohenlohe-Langenburg-Schillingsfürst (1675–1711). Bereits 1704 wurde er auf die Fürstenbank des Kurrheinischen Kreises aufgenommen. Der Verlust von Braine-le-Chateau wog jedoch schwer, denn schlagartig waren die Thurn und Taxis Fürsten ohne Land.

Die Politik der Assimilierung im Reich wurde zielstrebig fortgeführt unter Fürst Anselm Franz von Thurn und Taxis (1681–1739, Reichsgeneralpostmeister 1714–1739), der seinen Vornamen durch den Erzbischof von Mainz, Anselm Franz von Ingelheim, erhalten hatte. 1703 wurde am Kaiserhof Leopolds I. in Wien die Ehe mit Prinzessin Maria Ludovica Anna Francisca von Lobkowitz (1683–1750) inszeniert. Der Erbprinz wurde 1704 in Frankfurt am Main geboren. Nach der Übernahme des Postgeneralats begann dieser Fürst in den Jahren 1719–1723 mit einer grundlegenden Reform der Postverwaltung, welche der Tatsache Rechnung trug, daß die Reichspost nun in jeder Hinsicht den Schwerpunkt der Tätigkeit und des Einkommens der Familie darstellte. Die Struktur der Postverwaltung folgte nun der Struktur zeitgenössischer Staatsverwaltungen, wobei der neu gegründete Geheime Rat die oberste Entscheidungsinstanz bildete. Originellerweise saß die Fürstin gleichberechtigt mit Sitz und Stimme in der «Regierung», wie aus dem «Generalreglement» hervorgeht. Die Bürokratie der Verwaltung wurde durch die Aufwertung der großen Postämter zu «Reichsoberpostämtern» mit klaren Leitungsfunktionen gestrafft, und sowohl die interne Korrespondenz als auch die Protokolle der Ratssitzungen vermitteln den Eindruck einer recht effektiven Organisation, die zudem mit dem Instrument der Visitation bis in Details beobachtet werden konnte. Die schon im 17. Jahrhundert einsetzende Tendenz, daß sich auf einzelnen Postämtern «Dynastien» bildeten, trat jetzt immer stärker hervor. Während die Thurn und Taxis zu Fürsten geworden waren, stiegen ihre Untergebenen zu Rittern und Baronen auf. Dieser Prozeß wurde vom Postgeneralat gefördert, da Verhandlungen mit den Territorialstaaten vor Ort am besten geführt werden konnten, wenn die Postmeister entsprechende Standesqualitäten aufwiesen.

Bis in die 1720er Jahre scheinen die Fürsten die Hoffnung auf eine Rückgabe der niederländischen Besitzungen gehegt zu haben, denn erst zu diesem Zeitpunkt setzte eine Reorientierung ein. Sie wird durch den Erwerb der Reichsherrschaft Eglingen (1723) in Schwaben markiert, der zur Aufnahme in das reichsgräflich-schwäbische Collegium (1724) führte, sowie durch den Erwerb des Marktes Dischingen und des Schlosses Trugenhofen (1734) von den Grafen von Castell, dazu der Herrschaft Duttenstein (1735). Eine große Anerkennung der Standesqualitäten bedeutete es, daß Prinzessin Maria Anna Augusta von Thurn und Taxis (1706–1756) 1727 in Frankfurt von dem württembergischen Herzog Karl Alexander zur Ehefrau genommen wurde. Gleichzeitig setzten Bemühungen um eine Ansiedlung in Frankfurt ein, die von der protestantischen Reichsstadt nach Kräften behindert wurden. Der Baugrund für das Palais an der Großen Eschenheimer Straße, das von 1815–1866 der Versammlungsort des Deutschen Bundestages werden sollte, mußte über einen Strohmann erworben werden. Noch vor Abschluß der Bauarbeiten zog Fürst Carl Anselm 1737 in das Frankfurter Palais ein, das nun abwechselnd mit Brüssel als Residenz der Familie diente. Wenn die

Thurn und Taxis nun auch im Reich angekommen waren, blieb es doch erst dem folgenden Fürsten überlassen, dies klar zu demonstrieren. Fürst Anselm Franz starb bei einem Aufenthalt in Brüssel und wurde 1739 als letzter Generalpostmeister in der Grablege des Franz von Taxis beerdigt. Fürst Anselm Franz führte den Titel eines «Grafen Valsassina, Erbmarschall der Provinz Hennegau, Freiherr von Impden, Herr der Herrschaften Wolferthem, Rossum, Meuseghem, Leerbeck, Braine-le-Chateau, Haut-Ittre und Eglingen, etc.»

Die Thurn und Taxis in Regensburg

Der in Frankfurt geborene Alexander Ferdinand Fürst von Thurn und Taxis (1704–1773, Reichsgeneralpostmeister 1739–1773) vollzog eine weitere überraschende Wendung in der Geschichte der Dynastie. Seine erste Ehefrau, Sophie Christine Luise, geb. Markgräfin von Brandenburg-Bayreuth (1710–1739), die den Erbprinzen zur Welt gebracht hatte, starb in Brüssel und wurde in der dortigen Familiengruft bestattet. Die zweite Gemahlin, Prinzessin Charlotte Louise Prinzessin von Lothringen (1724–1747) starb hingegen bei einem Aufenthalt in Schwaben auf Schloß Trugenhofen und wurde in Frankfurt am Main bestattet. Während des kurzen Kaisertums des Wittelsbacher Kurfürsten Karl Albrecht von Bayern, der 1742 entgegen dem Habsburger Kandidaten zu Kaiser Karl VII. gewählt wurde, spielte der Reichsgeneralpostmeister va banque und ließ sich 1743 zum Stellvertreter des Kaisers auf dem Immerwährenden Reichstag ernennen, zum «Prinzipalkomissar» am Reichstag unter Kaiser Karl VII. Dies brachte ihm kurzfristig 1744 die Erhebung des Reichspostgeneralats zum «Thronlehen» des Reiches, doch bestand die ernste Gefahr eines Bruches mit dem Haus Habsburg, dem die Taxis seit Jahrhunderten ihren Aufstieg verdankten. Nach dem frühen Tod des Wittelsbachers – zu einem Zeitpunkt, als Bayern bereits von österreichischen Truppen besetzt war – gelang es 1745 durch geschickte Diplomatie überraschend schnell, den Bruch zu kitten. Fürst Alexander Ferdinand wurde sogar zum Geheimen Rat Maria Theresias von Österreich ernannt.

Und 1748 erfolgte die erneute Ernennung zum Prinzipalkommissar auf dem Reichstag durch Kaiser Franz I. Stephan (reg. 1745–1765), denn für diese Ernennung sprach ein gewichtiger Grund: Durch die großen Einnahmen aus dem Reichspostgeneralat konnte sich Thurn und Taxis im Gegensatz zu anderen Reichsfürsten die Kosten des Ehrenamtes leisten, welche die vom Reich gewährte Prinzipalkommissariats-Subsistenz, d. h. das «Gehalt», von 25 000 Gulden um mehr als das zehnfache überstiegen. Während in den Jahrzehnten zuvor die Prinzipalkommissare im Durchschnitt nur jeweils acht Jahre im Amt waren und keine Dynastie mehr als einen Prinzipalkommissar stellte, sah Fürst Alexander Ferdinand diese repräsentative Rolle nicht als kurzfristiges Engagement, sondern als Chance zur langfristigen Sicherung der Reichspost. Tatsächlich sollten die Thurn und Taxis das Amt zwischen 1748 und 1806 nie mehr abgeben. Aus dem Engagement für das Reich ergab sich jedoch eine Komplikation: Sitz des Immerwährenden Reichstags war Regensburg. Die Übernahme des Prinzipalkommissariates zog daher den Umzug der Dynastie nach Regensburg nach sich, und dieser wurde mit bemerkenswerter Konsequenz noch im selben Jahr vollzogen. Die dritte Gemahlin des Fürsten, Maria Henrietta Josepha, Prinzessin von Fürstenberg-Stühlingen (1732–1772), wurde wie der Fürst selbst bereits in Regensburg zur letzten Ruhe gelegt, in der St. Wolfgangskrypta der Basilika von St. Emmeram.

Der Umzug der Thurn und Taxis nach Regensburg sollte sich rasch auszahlen. Bereits 1754 erhielt Fürst Alexander Ferdinand Sitz und Stimme im Reichsfürstenkollegium am Reichstag, auch wenn der König von Preußen nach wie vor das Fehlen eines standesgemäßen Fürstentums bemängelte. Zwar war es dem Fürsten gelungen, mit den anhaltend hohen Einnahmen aus der Reichspost immer neue Reichsherrschaften zusammenzukaufen, doch selbst eine Grafschaft konnte noch kein Fürstentum ersetzen. Der Kauf eines solchen gelang erst dem in Frankfurt geborenen Sohn und Nachfolger Carl Anselm von Thurn und Taxis (1733–1805, Reichsgeneralpostmeister 1773–1805). Während seiner zweijährigen Europareise war Carl Anselm während eines längeren Aufenthalts in Paris zu einem überzeugten Freimaurer geworden. So gründete er nach seiner

Rückkehr nach Regensburg mehrere Logen, denen sowohl die Spitzen der Thurn-und-Taxisschen Territorialverwaltung als auch einige – aber bei weitem nicht alle – Reichspostmeister angehörten. Carl Anselm war Geheimer Rat Kaiser Josephs II. Er folgte seinem Vater als Reichsgeneralpostmeister und Prinzipalkommissar am Reichstag nach. In dieser Funktion enfaltete er in Regensburg erhebliche kulturelle Aktivitäten. Bereits der Vater hatte eine Hofmusik eingerichtet und das Ballhaus für französische Komödien angemietet; Carl Anselm eröffnete ein allgemein zugängliches Lesekabinett mit einer großen Zahl von Zeitschriften, führte die italienische Oper und das deutsche Theater in Regensburg ein und unterhielt ein Amphitheater für Tierkämpfe. Die Kosten der Hofhaltung betrugen in diesem Zeitraum bei einem Hofstaat von etwa 350 Personen und den Repräsentationsaufgaben des Prinzipalkommissars ca. 300 000 Gulden jährlich, wovon immerhin 6–7 Prozent auf Musik und Theater entfielen.

Im Jahr 1785 gelang es Fürst Carl Anselm, die Grafschaft Friedberg-Scheer und damit endlich ein eigenes Territorium zu erwerben. Fürstentümer standen auch im Reich selten zum Verkauf. Daher setzte der Reichsgeneralpostmeister beinahe den ganzen akkumulierten Gewinn aus den Posteinnahmen eines Jahrhunderts ein, um dieses Gebiet von den Grafen von Waldburg für den völlig überhöhten Preis von über 2 Millionen Gulden zu erwerben – unter der Bedingung, daß es zum Fürstentum erhoben würde. Kaiser Joseph II., der seinem Prinzipalkommissar gewogen war, kam diesem Wunsch weitgehend nach – das Territorium wurde nach dem Kauf zur «gefürsteten Grafschaft», was immerhin dem Äquivalent zu einem Fürstentum gleichkam. Fürst Carl Anselm war jetzt endlich Landesherr, ein echter Fürst, und 1787 wurde er in den Fürstenrat des Schwäbischen Kreises aufgenommen. Und diese Akquisition kam nicht zu früh. 1794 marschierten französische Truppen in den Österreichischen Niederlanden ein und beschlagnahmten die dortigen Besitzungen. Gleichzeitig gingen die linksrheinischen Reichsposten verloren. Zur Schadloshaltung wurden dem Fürsten in Artikel 13 des Reichsdeputationshauptschlusses das gefürstete Damenstift Buchau samt Stadt sowie die Reichsabteien Marchtal und Neresheim zugesprochen, außerdem das Amt Ostrach mit der Herrschaft Schemmerberg und einigen Dörfern. All dies fügte sich in Schwaben mit der gefürsteten Grafschaft Friedberg-Scheer zu dem Territorienkomplex der «Thurn und Taxisschen Reichslande» zusammen. In finanzieller Hinsicht blieben freilich die Einkünfte aus allem Grundbesitz mit unter 1 Prozent vollkommen unerheblich gegenüber den Gewinnen aus dem Postwesen.

Der bereits in Regensburg geborene Karl Alexander Fürst von Thurn und Taxis (1770–1827, Reichsgeneralpostmeister 1805–1806/27) absolvierte im Gegensatz zu seinen Vorgängern ein ordentliches Studium an den Universitäten Straßburg, Würzburg und Mainz. Nach einer Europareise erfolgte bereits in jungen Jahren 1789 die Ehe mit Prinzessin Therese Mathilde von Mecklenburg-Strelitz (1773–1839). Dieser Fürst mußte sich mit den Schicksalsschlägen auseinandersetzen, die das Ende des Heiligen Römischen Reiches mit sich brachte. Sein Prinzipalkommissariat am Reichstag, das er bereits 1797 von seinem kränkelnden Vater übernommen hatte, endete 1806 mit dessen Auflösung. Nach dem Verlust der Reichspost und des Prinzipalkommissariats mußte gespart werden, die Kosten der Hofhaltung wurden von zuletzt 400 000 Gulden auf die Hälfte abgesenkt. Gleichzeitig änderte sich auch die Rechtsstellung der Fürsten: Die staatliche Selbständigkeit ging verloren. Mit der Mediatisierung fand sich das Fürstenhaus durch Artikel 24 der zu Paris beschlossenen Rheinbund-Akte plötzlich als Untertan der regierenden Häuser Württemberg und Hohenzollern wieder. Mit der Auflösung des Alten Reiches erlosch auch das Reichspostgeneralat. Gerade auf diesem Gebiet ergaben sich überraschende Entwicklungen. Fürstin Therese, eine Schwester der preußischen Königin Luise, verhandelte intensiv und erfolgreich über die Entschädigung für die Enteignungen. Nach Artikel 17 der Deutschen Bundes-Akte wurde Thurn und Taxis der Besitz der Posten und die Entschädigungen aus Säkularisationsbesitz garantiert. Für den Verlust der Posten in weiteren Territorien folgten weitere Entschädigungen, von Bayern etwa die Übertragung der ehemaligen Reichsabtei St. Emmeram in Regensburg, in welcher die Fürsten bis dato als Prinzipalkommissare zur Miete gewohnt hatten, mit den Herrschaften Donaustauf und

Wörth und Einkünften aus dem Rentamt Meran in Südtirol. Das ehemalige Reichskloster St. Emmeram wurde in ein fürstliches Schloß umgebaut und bildet bis heute die Residenz der Thurn und Taxis. Aufgrund weiterer Entschädigungsverträge erhielt Thurn und Taxis von Preußen die Domänen Adelnau, Krotoschin, Orpiszewo und Rodrazewo im Großherzogtum Polen, die 1819 zu einem Fürstentum unter preußischer Landeshoheit vereint wurden. In den Jahren 1822/23 kaufte der Fürst in Böhmen von den Grafen Kinsky die Herrschaften Chotieschau, Chraustowitz mit Holegschowitz und Richenburg, alles Territorien von einer völlig anderen Größenordnung als der niederländische oder der schwäbische Besitz.

Zudem war der Ruf der Reichspost immer noch gut genug, daß sich eine Reihe kleinerer Territorien an Fürst Karl Alexander mit der Bitte wandte, ihre Postdienste zu übernehmen. So ergab sich die absurde Situation, daß die Organisation der Reichspost das Reich um mehr als zwei Generationen überlebte. Der Verlust Badens, Württembergs und Bayerns wurde kompensiert durch die Übernahme des Postwesens in Hessen und den thüringischen Staaten, die zuvor meist nicht zum Postgebiet der Thurn und Taxis gehört hatten. Das euphorische Urteil Johann Wolfgang von Goethes über die Schnelligkeit und Verläßlichkeit der «Thurn- und Taxisschen Posten» rührt wohl nicht von seiner Frankfurter Kindheit, sondern aus seiner Zeit als Minister des Herzogtums Sachsen-Weimar her. In der ersten Hälfte des 19. Jahrhunderts setzten sich die Einnahmen des Hauses Thurn und Taxis etwa zu gleichen Teilen aus der Thurn-und-Taxis-Post und den Grundbesitz-Einnahmen zusammen. Im Stichjahr 1828, für das ein vollständiges «Personal-Tableau» existiert, beschäftigte der Fürst 1345 Personen, davon 55 Prozent bei der Post, 31 Prozent auf den Domänen, 12 Prozent bei Hof und etwas weniger als 2 Prozent in der Zentralen Verwaltung. Neben der Mitgliedschaft im preußischen und im bayrischen Herrenhaus sowie im österreichischen Reichsrat bekamen die Fürsten von Thurn und Taxis von Bayern den Ehrentitel eines «Kronoberstpostmeisters» verliehen, den sie bis 1918 trugen.

Der in Regensburg geborene Fürst Maximilian Karl von Thurn und Taxis (1802–1871) konnte die Regie der Thurn-und-Taxis-Posten in der Mitte Deutschlands noch bis 1866 fortführen, als Preußen in Frankfurt einmarschierte und das Zentrum der Kommunikation besetzte, zum damaligen Zeitpunkt die Generaldirektion der Post. Gezwungenermaßen entband Fürst Maximilian Karl die Postbeamten von ihrem Treueid und stimmte ihrer Übernahme in den preußischen Postdienst zu. Die Thurn und Taxis sahen sich jetzt auf ihre Rolle als Großgrundbesitzer zurückgeworfen, für viele ehemals regierende Fürsten Routine, für die ehemaligen «Postfürsten» jedoch eine absolute Neuheit. Daß diese Entwicklung eher unerwartet kam, zeigt wohl nicht zuletzt die Liebesheirat des Fürsten mit der Schwester seines Verwaltungschefs, Wilhelmine Caroline Christiane Henriette von Doernberg (1803–1835). In zweiter Ehe wurde diese unstandesgemäße Verbindung allerdings durch die Ehe mit Prinzessin Mathilde Sophie von Oettingen-Oettingen und Oettingen-Spielberg (1816–1886) ausgeglichen. Erst jetzt trennte sich das Fürstenhaus entschieden vom verbliebenen Besitz in den Niederlanden: Braine-le-Chateau, Haut-Ittre und Impden wurden verkauft, dafür neuer Besitz in Deutschland, Südtirol und Böhmen (Leitomischl) erworben. Mit den Entschädigungsgeldern für die Enteignung von 1867 verfügte das Fürstenhaus über Kapital, das teils in den Kauf weiterer Ländereien, zum Beispiel großer Domänen in Kroatien (Herrschaften Brod und Grobnik im Fiumer Komitat, die Herrschaften Zelin-Cice und Ozalij im Agramer Komitat) gesteckt, teils in Staatsobligationen oder in Aktien angelegt wurde, zum Beispiel im Eisenbahnbau. Im Sinne einer Risikostreuung waren die Entschädigungen geschickt angelegt, denn die Grundbesitz-Erträge teilten sich etwa gleichmäßig auf Bayern, Schwaben, Böhmen, Kroatien und Preussen auf. Ebenso wurde bei den Staatsobligationen breit gestreut, mit einer natürlichen Präferenz für Bayern und Österreich, aber auch 5 Prozent in den USA und ca. 10 Prozent beim Bankhaus Rothschild.

Am Ende des 19. Jahrhunderts gelang es dem Regensburger Fürstenhaus, die höchsten Stufen der alten Adelswelt zu erklimmen. Erbprinz Maximilian Anton Lamoral (1831–1867) wurde 1858 in Possenhofen mit der Wittelsbacher Prinzessin Helene Caroline Therese Herzogin in Bayern (1834–1890) verheiratet, einer Nachfahrin des Herzogs Wilhelm von Zweibrücken-Birkenfeld-Gelnhausen (1752–1824), dessen Familie sein Cousin König Max I. Joseph von Bayern den Titel «Herzöge in Bayern» verliehen hatte. Der Erbprinz starb allerdings bereits vier Jahre vor seinem Vater. Der Enkel, Fürst Maximilian Maria Lamoral von Thurn und Taxis (1862–1885) war einige Jahre – unter der Vormundschaft seiner Mutter – Chef des Hauses, bis er unerwartet früh einem Herzleiden erlag. Ihm folgte der zweitgeborene Albert Maria Joseph Maximilian Lamoral, kurz Albert I. von Thurn und Taxis (1867–1952). Mit ihm gelangte die Dynastie auf ihren späten Höhepunkt, denn dieser Fürst konnte 1890 in Budapest ein Mitglied der Habsburgerdynastie ehelichen: die (allerdings nicht besonders hübsche) Erzherzogin Margarete Klementine von Österreich (1870–1955). Aus dieser Ehe entstammten sieben Kinder, von denen Max Emanuel von Thurn und Taxis (1902–1994), der als Pater Emmeram im familieneigenen Benediktinerkloster Prüfening lebte, als letzter verstarb. Die Entwicklung der «Nebenlinien», die aus dieser und anderen Ehen hervorgingen, kann hier nicht weiter verfolgt werden.

Die wirtschaftlichen Aktivitäten des Hauses Thurn und Taxis waren jetzt breiter gestreut als je zuvor und reichten neben der Landwirtschaft und Forstverwaltung vom Bergbau bis zur Zuckerfabrik. Der erhebliche Aktienbesitz um 1900 umfaßte neben Eisenbahn, Brauerei, Glasindustrie, Bauwirtschaft und Bergbau auch Bankaktien. Albert I. von Thurn und Taxis führte die Familie durch zwei Weltkriege. Durch Enteignungen in Polen, Böhmen und Jugoslawien erlitt die Familie nach dem Ersten Weltkrieg große Verluste an Territorialbesitz und wurde praktisch auf Grundeigentum in Deutschland reduziert, quasi provinzialisiert. Durch das Ende der Monarchie sowie durch die Abschaffung des Fürstenstandes in der Weimarer Republik verlor das Fürstenhaus seine öffentliche Funktion, wenn man von der karitativen Tätigkeit in Notzeiten und der Funktion als Arbeitgeber absieht. Der «Personalschematismus» von 1927 zählt allerdings immer noch 629 Beschäftigte auf, wobei immerhin 40 Prozent auf die «Hofhaltung» entfielen. Der katholische Albert I. verstand es, während der Zeit des Nationalsozialismus die neuen Machthaber auf Distanz zu halten. Einer der Söhne,

Einer der Söhne, Karl August, wurde sogar in Gestapo-Haft genommen. Karl August, wurde gar in Gestapo-Haft genommen und sollte vor dem «Volksgerichtshof» angeklagt werden, weil er im Krieg den «Feindsender» BBC gehört hatte und von einem Förster denunziert worden war. Die Sonderstellung der Thurn und Taxis wurde dennoch in gewissem Umfang respektiert. Das galt selbst für General Patton, den Vertreter der US-Besatzungsstreitkräfte. Auf den Schlössern des Hauses fanden nach 1945 über 1600 Vertriebene und Flüchtlinge Unterschlupf. In Regensburg genoß «Fürst Albert» bis zu seinem Tod im Alter von 85 Jahren hohes Ansehen.

Der neue Chef Franz Joseph Maximilian Maria von Thurn und Taxis (1893–1971) war verheiratet mit Elisabeth Prinzessin von Braganza, der Infantin von Portugal (1894–1970). Taufpate des Prinzen Franz Joseph war noch Kaiser Franz Joseph von Österreich gewesen. Von ihren vier Nachkommen fiel Erbprinz Gabriel (1922–1942) bei Stalingrad, während die drei Töchter nach dem Hausgesetz nicht die Funktion des Familienoberhaupts übernehmen konnten. An ihrer Stelle trat Karl August Joseph Maria Maximilian von Thurn und Taxis (1898–1982) in das Erbe ein, der ebenfalls noch seine Prägung in der Zeit der Monarchie erhalten hatte und mit einer Nachkommin der portugiesischen Könige verheiratet war, Maria Anna Prinzessin von Braganza (1899–1971). Die Heirat fand 1921 auf Schloß Taxis statt, wie das ehemalige Schloß Trugenhofen seit über hundert Jahren genannt wurde. Aus dieser Ehe ging neben den Töchtern Clothilde (geb. 1922) und Mafalda (1924–1989) der Erbfolger Johannes Baptista de Jesus Maria von Thurn und Taxis (1926–1990) hervor, der am Ende seines Lebens noch das 500. Postjubiläum des Hauses Taxis mit einer großen Ausstellung im Regensburger Schloß feiern konnte. Er hatte 1980 in Regensburg Mariae Gloria von Schönburg-Glauchau (geb. 1960) geheiratet, die nach seinem Tod die Führung des Unternehmens übernahm und Versuche des damaligen Firmenmanagements, sich zu verselbständigen, rigoros beendete. Aus dieser Ehe entstammt die neue Generation der Thurn und Taxis, die Töchter Maria Theresia (geb. 1980) und Elisabeth (geb. 1982) sowie Albert II. (geb. 1983), der nach Erreichung der Volljährigkeit neuer Chef des Hauses wurde, wenn er auch in der Öffentlichkeit noch im Schatten seiner rührigen Mutter steht.

Der katholische Albert I. bestand während der Zeit des Nationalsozialismus, die neuen Machthaber auf DISTANZ zu halten.

Die Thyssens

von Werner Plumpe und Jörg Lesczenski

Dynastien sind im Kern alteuropäische Phänomene, während die moderne Gesellschaft das Dynastieprinzip nicht mehr kennt. Das bürgerliche Selbstverständnis war durch und durch antidynastisch. Es sollte nicht mehr die Familienzugehörigkeit über die Möglichkeit des Ämterzuganges entscheiden, sondern die individuelle, sachlich überprüfbare Kompetenz der Stellenbewerber. Die Personalrekrutierung wurde demgemäß nach und nach an entsprechende Kriterien geknüpft und von den Organisationen, die seit dem 19. Jahrhundert die wesentlichen Träger der gesellschaftlichen Entwicklung wurden, über Karrieren mit klaren Inklusions- und Exklusionsvorgaben strukturiert.

Sollte die Häufung von Angehörigen bestimmter Familien auf bestimmten Positionen diese funktionalen Gesichtspunkte respektieren, mag es zeitweilig zu Phänomenen kommen, die man auch als «industrielle Dynastien» beschreiben kann. Sie sind aber in hohem Maße zufällig und von nur geringer sozialhistorischer Widerständigkeit; geringe Strukturänderungen genügen, um derartige Dynastiebildungen zu beenden. Im Falle der hier näher zu betrachtenden «Industriellendynastien» ist es schlicht das Familienunternehmen, das es zu erhalten gilt. Denn ohne Familienunternehmen gibt es keine dynastischen Ämter, die familiär besetzt werden könnten, bestenfalls noch vermögende Familien.

Gleichwohl ist es gerade im industriellen Kontext des 19. und der ersten Hälfte des 20. Jahrhunderts noch zu so etwas wie Dynastiebildungen gekommen. Somit stellt sich die Frage: Was ermöglicht Entwicklungen, die als Aufstieg, Behauptung und Zerfall von Dynastien beschrieben werden können? Im Falle der großen Industriellenfamilien hat man hierüber seit langem Überlegungen angestellt. Dabei kristallisierten sich rasch bestimmte Voraussetzungen heraus, die für Dynastiebildungen gegeben sein mußten, und zwar die Vorherrschaft oder doch zumindest die massenhafte Existenz von großen Familienunternehmen, die Stabilität von Familienstrukturen, die Weitergabe eines spezifischen Leistungshabitus, die Kombination familialer mit finanziellen Netzwerken und Beziehungsmustern, um nur einige wenige in der Literatur häufig genannte Faktoren zu nennen. Der empirisch feststellbare Wandel und der Niedergang zahlreicher Industriellendynastien wurde dann schließlich von Werner Sombart in ein zwar völlig unbewiesenes, aber eingängiges Generationenmodell gegossen, nach dem die erste Generation das die Dynastie begründende Unternehmen aufbaut, die zweite es erhält und die dritte es durchbringt. Es mag gut sein, daß das Schicksal der Familie des August Thyssen bei diesen Überlegungen eine Rolle gespielt hat. Bei näherer Hinsicht freilich zeigt sich, wie schwer derart glättende Thesen im Licht der Vielfalt empirischer Phänomene aufrechtzuerhalten sind. Was daher von derartigen Thesen übrigbleibt, wird am Schluß der nun folgenden Betrachtungen zur Geschichte der Familie Thyssen zu resümieren sein.

Friedrich und Katharina Thyssen: Der Aufstieg einer wirtschaftsbürgerlichen Familie im Zeitalter der Frühindustrialisierung

Der spätere Konzerngründer August Thyssen wurde als erster Sohn von Friedrich und Katharina Thyssen am 17. Mai 1842 in Eschweiler bei Aachen geboren. Clemens August Lambert Nicolas Thyssen – so sein vollständiger Name – wurde in einer katholischen Familie groß, die sich seit ihren Anfängen im späten 17. Jahrhundert als Kleinbürger ihren Lebensunterhalt verdiente und in den Jahren des Vormärz zu angesehenen Wirtschaftsbürgern der Stadt Eschweiler gehörte. Er wuchs in einem familiären Umfeld heran, das sich ganz im Strom der Zeitläufte bewegte und sowohl die ersten Anfänge der Industrialisierung als auch den Aufstieg der bürgerlichen Gesellschaft erlebte und mittrug.

August Thyssens Vater Friedrich (1804–1877), fünftes Kind des gelernten Bäckers Nikolaus Thyssen und seiner Ehefrau Christine Nellessen, Tochter aus einer namhaften Aachener Unternehmerfamilie, wurde schon in jungen Jahren zur Selbständigkeit gezwungen. Nachdem er seinen Vater im Alter von zehn, seine Mutter wenig später mit vierzehn Jahren verlor, mußte Friedrich seinen Besuch der Höheren Bürgerschule in Aachen vorzeitig abbrechen. Anschließend entschied er sich zunächst für eine kaufmännische Ausbildung, arbeitete vermutlich in verschiedenen Handelshäusern und brachte eine Banklehre bei seinem Onkel Mathias Wergivosse hinter sich. Sein eigentlicher beruflicher Wirkungskreis lag seit den 1830er Jahren in der Gemeinde Eschweiler, die sich in jenen Jahren bereits zu einer dichten Gewerberegion und einem Zentrum der Frühindustrialisierung entwickelt hatte. Die Entfaltung der ökonomischen Kräfte stützte sich über Jahrhunderte auf die reichhaltigen Kohle- und Erzvorkommen im Raum Aachen-Eschweiler sowie die Eisenindustrie und Eisenverarbeitung, die sich auch dank ihrer Nähe zum traditionellen Eisengewerbe in der Eifel rasch entwickelte. Um 1820 setzte eine ganze Serie bemerkenswerter Unternehmensgründungen (wie etwa «Englerth, Reuleaux & Dobbs», einer der ältesten Maschinenbaubetriebe im Rheinland, oder «Télémaque Michiels & Cie.», die sich am linken Indeufer auf die Produktion von Eisenbahnschienen verlegte) in Eschweiler ein.

Friedrich Thyssen beobachtete die beschleunigte industriekapitalistische Entwicklung nicht nur, sondern gestaltete den wirtschaftlichen Aufstieg Eschweilers tatkräftig mit. Im März 1822 wurde mit einem Stammkapital von 12 000 Talern die «Draht-Fabrik-Compagnie» mit Gesellschaftssitz in Aachen gegründet, an der unter anderem der Eschweiler Industrielle Friedrich Englerth und die Aachener Tuchfabrikanten Jacob Springsfeld und Ludwig Beissel beteiligt waren. Der Standort der Werksanlagen befand sich in Eschweiler-Aue, wo in einer leerstehenden Mühle ein mit Wasserkraft betriebenes Drahtwerk errichtet wurde. Auf einer «belgischen Drahtstraße», die den Walzvorrichtungen der französischen und englischen Konkurrenz technisch überlegen war, produzierte das moderne Unternehmen aus geschmiedeten Luppeneisen Walzdraht, der zu Kratzendraht verarbeitet wurde und in der Tuchindustrie der benachbarten Stadt Aachen zahlreiche Abnehmer fand. Seit 1834 lag die Führung des modernen Unternehmens bei Friedrich Thyssen, der als Direktor die technische und kaufmännische Leitung des Drahtwalzwerks, dem er auch als Miteigentümer angehörte, bis 1859 innehatte. Darüber hinaus zählte Friedrich zum Gesellschafterkreis der im März 1838 gegründeten «Metallurgischen Gesellschaft zu Stolberg», aus der die Aktiengesellschaft für Bergbau, Blei- und Zinkfabrikation zu Stolberg und in Westfalen hervorging.

Im gleichen Jahr heiratete der 34jährige Friedrich Katharina Thyssen, eine Cousine ersten Grades. Die Eheschließung von Verwandten war in jener Zeit zwar keineswegs die Regel, aber doch keine außergewöhnliche Strategie, um ökonomische Ressourcen gleichsam zu bündeln und den sozialen Status der Familie für die nachfolgenden Generationen zu erhalten. Katharina brachte als Mitgift 600 Taler Bargeld sowie Kleidungsstücke und sonstigen Hausrat im Wert von 250 Talern mit in die Ehe. Da die Mitgift der Gattin in wirtschaftsbürgerlichen Familien von den geschäftstüchtigen Ehemännern nur zu gerne in das eigene Unternehmen eingebracht wurde, dürfte auch Friedrich das Kapital in seine Unternehmen investiert haben.

Der 1842 geborene August Thyssen erlebte in seiner Kinder- und Jugendzeit ein familiäres Umfeld, das den Zeitgeist der Industrialisierung atmete. Friedrich und Katharina Thyssen wohnten mit ihren insgesamt neun Kindern in einem kleinen Ziegelhaus mit bescheidenem räumlichen Zuschnitt, das sich direkt auf dem Werksgelände der «Draht-Fabrik-Compagnie» befand. Er wurde in einer Familie groß, die sich offenkundig darum bemühte, den klassischen Tugenden des aufstrebenden Wirtschaftsbürgertums zu ihrem Recht zu verhelfen. Der Blick auf das Geschäft verband sich wie bei anderen Unternehmern der Frühindustrialisierung mit einer auf die Arbeit für das Unternehmen konzentrierten Lebensführung, mit Fleiß und Sparsamkeit, Gewissenhaftigkeit, Umsicht und Pflichttreue sowie persönlicher Zurückhaltung und Anspruchslosigkeit. Das alltägliche Leben im eigenen Heim wurde ferner durch eine harmonische und friedliche Atmosphäre unter den Familienmitgliedern bestimmt. Zu einer bürgerlichen Lebensführung gehörte für Friedrich auch das öffentliche Engagement im Dienst der lokalen bürgerlichen Gesellschaft. Als Stadtverordneter trug er Mitverantwortung für die politische Entwicklung des Gemeinwesens, während seine Mitgliedschaft im Kirchenvorstand, dem er über mehrere Jahre auch als Vorsitzender angehörte, davon zeugte, daß seine katholische Religionszugehörigkeit weit mehr als ein Lippenbekenntnis war und ein Leben für den Katholizismus zu seinen individuellen Maximen zählte. Der berufliche Werdegang seines Vaters sowie seine politischen und kirchlichen Ämter sorgten dafür, daß August Thyssen bereits in jungen Jahren mit zahlreichen wirtschaftsbürgerlichen Familien gut bekannt und mit ihren Umgangsformen vertraut wurde. So ging in seinem Elternhaus etwa Albert Poensgen, der spätere maßgebliche Begründer der deutschen Röhrenindustrie, ein und aus, der zahlreiche Geschäfte mit der «Draht-Fabrik-Compagnie» abwickelte und in ständigem persönlichen Kontakt mit den Thyssens stand.

Auch wenn das bürgerliche Milieu, in dem August Thyssen sozialisiert wurde, und der Beruf seines Vaters Friedrich keineswegs zwangsläufig eine gedeihliche Unternehmerlaufbahn bedingten, ist dennoch bemerkenswert, wie sehr seine soziale Herkunft jenem familiären Umfeld entsprach, aus dem sich die erfolgreichen Unternehmer des Industriezeitalters rekrutierten. Ihre große Mehrheit nämlich kam in Deutschland aus jenen Familien, die sich bereits in der Geschäftswelt weitgehend etabliert hatten. Wie andere Unternehmersöhne auch, erlebte Thyssen, daß materielles und immaterielles Kapital, das sich sein Vater als erfolgreicher Unternehmer erarbeitete und das seinen sozialen Status als Wirtschaftsbürger begründete, nun an die nachwachsende Generation weitergegeben wurde und ihm als unverzichtbarer Startvorteil zugute kam. Dabei beschränkte sich die familiäre Unterstützung keineswegs nur auf seine Schul- und Jugendjahre. Der Rückhalt des Elternhauses, aber auch seiner Geschwister wurden für seinen Aufstieg zum Großunternehmer und für die Art und Weise, wie er sich in Zukunft im Kreis seiner engsten Familienangehörigen bewegte, von außerordentlicher Bedeutung.

Sonntägliches Treffen anläßlich des 70. Geburtstages von Joseph auf Schloß Landsberg 1914. August Thyssen (ganz rechts) mit seinen Geschwistern (v.l.n.r.) Marie Rüsges, Joseph und Balbina Bicheroux.

Konzerngründer mit «Bürgerkrone»: August Thyssen

Friedrich und Katharina ließen ihrem Sohn eine umfassende und fachlich qualifizierte Ausbildung zukommen, die sich ganz auf bürgerlichen Pfaden bewegte. August Thyssen besuchte zunächst die Rektoratsschule in seiner Heimatstadt Eschweiler, die 1848 begründet wurde, und setzte anschließend seine Schulzeit auf der Höheren Bürgerschule in Aachen fort. Diese repräsentierte eine Schulform, die mit ihren Schwerpunkten in den naturwissenschaftlichen Fächern, der Mathematik und den modernen Fremdsprachen den landesweiten Aufbruch im Bildungswesen in den 1850er Jahren in einem bemerkenswerten Maß mittrug und sich von einer Institution vorrangig für den gewerblichen Mittelstand nun zu einer Schule vor allem für das Wirtschaftsbürgertum entwickelte.

Nach den Schuljahren setzte Thyssen seine Ausbildung an der Polytechnischen Schule in Karlsruhe fort, möglicherweise auf Zuraten seines Vaters, der selbst häufig seine fehlende technische Fachausbildung beklagte. Eine bessere Entscheidung hätte Friedrich für die weitere Laufbahn seines Sohnes kaum treffen können, war die Karlsruher Einrichtung doch eine der renommiertesten ihrer Art – vielleicht sogar diejenige mit dem besten Ruf unter den polytechnischen Instituten überhaupt. In seinem ersten Studienjahr 1859/60 gehörte er zu den Schülern der «II. mathematischen Klasse» und wurde im zweiten Jahr 1860/61 Schüler der Bauschule. Der eher technischen Fortbildung in Karlsruhe ließ er 1861 ein weiterführendes Studium im Ausland folgen. August Thyssen besuchte für ein Jahr in Antwerpen das 1853 gegründete «Institut Supérieur du Commerce de l'État», eine bis dahin einzigartige Handelshochschule, die ein akademisches Studium in Handelswissenschaften ermöglichte und sich schnell zu einer Adresse mit sehr gutem Ruf entwickelte. Da Antwerpen als hervorragendes Handelszentrum in die Weltwirtschaft eingebunden war, dürfte sich auch die Handelshochschule eingehend globaler ökonomischer Kontexte angenommen und bei Thyssen dazu beigetragen haben, seinen internationalen Blick zu schulen.

Während seiner Studienjahre in Karlsruhe und Antwerpen hatte sich die berufliche Situation seines Vaters entscheidend verändert. Als die «Draht-Fabrik-Compagnie» immer größere Mühe hatte, das notwendige Investitionskapital für die Modernisierung ihrer Werksanlagen aufzubringen, und betriebswirtschaftliche Turbulenzen nicht ausblieben, entschloß dieser sich 1859, das Unternehmen zu verlassen und in Eschweiler ein privates Bankhaus zu eröffnen, das rasch angenommen wurde. Das Institut legte die Ersparnisse der städtischen Bürger sinnvoll an, deponierte die Vermögen der örtlichen Kaufleute und diente darüber hinaus – in einer grenznahen Region gelegen – als Wechselstube für die verschiedenartigen deutschen und ausländischen Münzen. Nachdem August Thyssen seiner Studienzeit den Militärdienst als «Einjährig-Freiwilliger» beim 28. Infanterieregiment in Aachen folgen ließ, trat er in das väterliche Bankhaus ein und vervollständigte in der praktischen Arbeit seine theoretischen Kenntnisse. Der preußisch-deutsche Krieg von 1866 unterbrach seine Mitarbeit in der Bank Friedrichs. Als Leutnant der Reserve wurde Thyssen Bataillonsadjutant im 28. Eifeler Infanterieregiment und im Grenzgebiet eingesetzt, ohne allerdings im Schatten des nahenden Waffenstillstands noch selbst an Kampfhandlungen teilzunehmen.

Nur wenige Monate später stand für ihn eine wegweisende Entscheidung an. Er entschloß sich, seine Heimatstadt Eschweiler zu verlassen, um seine ersten Schritte als Unternehmer im Ruhrgebiet zu gehen. Gemeinsam mit dem Belgier Noel Fossoul gründete Thyssen am 1. April 1867 in Duisburg das Puddel- und Bandeisenwalzwerk «Thyssen, Fossoul & Co.». Für seine Entscheidung hatte er treffliche Gründe. Industrie und Bergbau im Aachen-Eschweiler Raum verloren ihre Pionierrolle im Industrialisierungsprozeß zusehends: Die Kohlenvorräte im Indetal neigten sich dem Ende zu, die Preise für Steinkohle, die Energie- und Transportkosten stiegen. Gleichzeitig gehörte um 1866 das Ruhrgebiet mit seinen reichen Vorkommen an Steinkohle und seiner günstigen Verkehrslage bereits zu einer herausragenden Führungsregion Preußens, die Deutschlands Aufbruch in das Industriezeitalter kraftvoll vorantrieb. Wesentlich angefacht durch den Eisenbahnbau erlebte der Wirtschaftsraum an der Ruhr nach 1850 einen ersten wahren Gründungsboom, der rund zwei Jahrzehnte anhielt. Es waren allerdings nicht nur die Standortfaktoren des Ruhrgebiets, die ihn bewogen, Eschweiler zu verlassen. Die technischen Verfahren des Walzens hatte er von Jugend an in der Drahtfabrik seines Vaters kennengelernt. Von ebenso großer Bedeutung waren die engen freundschaftlichen und verwandtschaftlichen Beziehungen, die zwischen den Familien Thyssen und Bicheroux bestanden. Die Familie von Jacques-François («Franz») Bicheroux, die seit 1840 in Eschweiler ansässig war, gehörte bereits seit Jahren zu den ausgewiesenen Autoritäten auf dem Gebiet der Walztechnik. In Duisburg gründete Franz Bicheroux im April 1855 gemeinsam mit Heinrich Joseph Marcotty, der in den 1840er Jahren ebenfalls noch in Eschweiler lebte, das Puddel- und Walzwerk «Bicheroux, Marcotty & Co.», das nach dem Austritt Marcottys unter dem Firmennamen «Franz Bicheroux Söhne» fortgeführt wurde. Nicht nur, daß seit den 1840er Jahren bereits in der lokalen Lebenswelt Eschweilers zahlreiche Kontakte zwischen den Thyssens und den Bicherouxs bestanden haben dürften. Zwischen beiden Familien gab es auch direkte verwandtschaftliche Beziehungen, die es August Thyssen zusätzlich nahelegten, Duisburg als Sprungbrett seiner eigenen Unternehmerlaufbahn zu wählen. Seine Schwester Balbina heiratete mit Désiré Bicheroux am 18. Juni 1867 einen Sohn Franz Bicherouxs, der auch zum Gesellschafterkreis der Firma «Thyssen, Fossoul & Co.» gehörte. Und schließlich: ohne die nachhaltige Unterstützung aus dem Elternhaus, ohne die familiären Ressourcen wäre für ihn der erfolgreiche Beginn einer Unternehmerlaufbahn nicht möglich gewesen: Seine Eltern gaben ihm auf dem Weg in die berufliche Selbständigkeit ein Startkapital von insgesamt 8000 Talern an die Hand.

Als kaufmännischer Leiter arbeitete August Thyssen rund vier Jahre mit dem Betriebsführer Noel Fossoul mit beachtlichem Erfolg zusammen. Nachdem das junge Unternehmen im ersten Jahr von einigen konjunkturellen Schwankungen heimgesucht wurde und die Produktion vorübergehend gedrosselt werden mußte, begannen für die Firma Jahre rascher Expansion. Das produzierte Bandeisen fand im Brücken- und Dächerbau, im Schiff- und Waggonbau seine Abnehmer und wurde auch in der Schlosserei und der Böttcherei benötigt. Im Frühjahr 1871 trennten sich die Wege der Gesellschafter. In der Retrospektive führte Thyssen das Ende der sehr ertragreichen Zusammenarbeit maßgeblich auf seinen Drang nach Selbständigkeit zurück. Darüber hinaus hatte er sich nach eigenem Bekunden seit 1867 genügend Reputation erarbeitet, um als Unternehmer endgültig auf eigenen Beinen zu stehen.

Nachdem er sich im März 1871 in Duisburg als Einwohner abgemeldet hatte, ging Thyssen, der seinen ersten Schritten als Unternehmer treu bleiben wollte und die Gründung eines eigenen Walzwerks beabsichtigte, in die Bürgermeisterei Styrum, ein in der Nähe Duisburgs gelegenes Gemeinwesen. Noch unerschlossener Grund und Boden zu günstigen Preisen, genügend Arbeitskräfte in der näheren Umgebung, die Aussicht auf niedrige Lohnkosten sowie schließlich die überaus verkehrsgünstige Lage der Landgemeinde zwischen der Bergisch-Märkischen und der Köln-Mindener Eisenbahnlinie – all das waren für ihn wichtige Gründe, in Styrum eine

Option auf die Zukunft zu sehen. August Thyssens erste Erfahrungen in der Firma «Thyssen, Fossoul & Co.», das nach 1867 erwirtschaftete Eigenkapital (35 000–40 000 Taler) und sein Gespür für Standortvorteile hätten allerdings nicht ausgereicht, um die Gründung eines eigenen Unternehmens erfolgreich zu gestalten. Unverzichtbar blieb die materielle Unterstützung aus dem Familienkreis. Erneut stand ihm sein Vater Friedrich zur Seite und beteiligte sich ebenfalls mit 35 000 Talern an der Firma seines Sohnes, dem nunmehr ein Geschäftskapital von 70 000 Talern zur Verfügung stand. Beide unterzeichneten am 16. April 1871 einen Gesellschaftsvertrag, der das neue Bandeisenwalzwerk als Kommanditgesellschaft «Thyssen & Compagnie, Styrum» mit August Thyssen als persönlich haftendem Gesellschafter an der Spitze begründete. Für Thyssen war die finanzielle Unterstützung aus der Familie sowohl 1867 als auch 1871 allemal Grund genug, sich zeitlebens seinem Vater in Dankbarkeit verbunden zu fühlen.

Nahezu zeitgleich mit der Gründung und Konsolidierung der Firma Thyssen & Co. strebte der junge Unternehmer danach, sein privates Leben auf Dauer zu ordnen. Selbst in einem ausgesprochen loyalen und solidarischen Familienverbund als Bürger und Unternehmer groß geworden, entschied er sich, zu heiraten. Für ihn, der in den vergangenen Jahren zur Genüge die Leistung und die Unterstützung der engsten Angehörigen erfahren hatte, gab es keinen Grund, nicht auch der eigenen Familiengründung mit großen Erwartungen entgegenzusehen. Rund ein Jahr nachdem seine erste eigene Firma die Produktion aufgenommen hatte, heiratete August Thyssen am 29. November 1872 die erst achtzehnjährige Hedwig Pelzer, Tochter einer alteingesessenen Mülheimer Textilindustriellenfamilie, die zum Kreis der lokalen wirtschaftlichen Elite gehörte. Der ‹katholische Zuwanderer› ebnete sich mit der Heirat einer Protestantin aus ‹gutem› Mülheimer Haus den Weg in die überwiegend protestantisch gefärbte lokale Gesellschaft und unterstrich damit die Zugehörigkeit zu seiner neuen Wahlheimat. Daneben eröffnete sich für ihn am Beginn seiner Unternehmerlaufbahn die Möglichkeit, mit der Mitgift seiner Frau den Ausbau seiner Werke zu forcieren. Die Mitgift Hedwig Pelzers, die ohne Hinweis auf ihre genaue

Summe gemeinhin als «beträchtlich» umschrieben wird, wurde von ihm unmittelbar in den Ausbau der Firma investiert.

Seine Integration in die Mülheimer Gesellschaft fand nach der Reichsgründung mit dem Bau einer eigenen Villa auf dem «Froschenteich» in der Nähe der Werksanlagen einen gewissermaßen symbolischen Abschluß. Die zur Zeit der Eheschließung vermutlich schon errichtete Villa entsprach ganz den Konventionen großbürgerlicher Wohnkultur und wurde für annähernd dreißig Jahre sein Heim. Im Haus der Thyssens wurden in den nächsten Jahren in rascher Folge insgesamt vier Kinder geboren. Hedwig brachte im November 1873 mit Fritz den Stammhalter zur Welt, um ein Jahr später den zweitgeborenen Sohn August junior und im Oktober 1875 den dritten männlichen Nachkommen namens Heinrich zu gebären. Rund drei Jahre später folgte eine Tochter, die auf den Vornamen der Mutter getauft wurde.

Die Hoffnungen und Wünsche, die August und Hedwig in ihre Ehe setzten, erfüllten sich für beide allerdings nicht – zumindest nicht auf Dauer. Je länger ihre Ehe fortdauerte, desto deutlicher klafften die unterschiedlichen Erwartungshaltungen und Lebensentwürfe auseinander. Thyssens Wunsch, das gemeinsame Leben ganz in den Dienst des Unternehmens zu stellen, stieß bei Hedwig, der die regelmäßige Abwesenheit und die fehlende Nähe ihres Ehegatten nicht gefielen, im Laufe der Jahre auf immer weniger Gegenliebe. Auch ihre Hoffnung, daß mit dem beruflichen Aufstieg ihres Mannes ein repräsentativerer Lebensstil einhergehe, traf bei August Thyssen auf wenig Verständnis, der ein ausschweifendes geselliges Leben nicht als seine erste Bürgerpflicht verstand. Als Hedwig eine Beziehung mit Georg Carl Freiherr von Rotsmann (1836–1891), Kavalleriemajor und Großherzoglicher Badekommissar zu Nauheim, einging, später eine Fehlgeburt erlitt, und Thyssen die Vaterschaft von sich wies, fand die Ehe alsbald ihr Ende. Auf Antrag August Thyssens wurde sie im Dezember 1885 geschieden.

Wesentlich erfolgreicher verlief indes seine Laufbahn als Unternehmer. Er profitierte vom Gründerboom, ohne in den Sog der Gründerkrise von 1873 bis 1878, die die rheinisch-westfälische Montanindustrie schwer traf, gezogen zu werden. Daß August Thyssen nicht zu den Opfern der Konjunkturkrise gehörte, sondern ganz im Gegenteil mit seiner Firma ausgerechnet in den Jahren der «Großen Depression» expandierte, war zunächst das Ergebnis einer gelungenen Marktbeobachtung. Ihm blieb es nicht verborgen, daß in den Jahren vor der Reichsgründung in den rasch wachsenden Städten für eine leistungsfähige Gas- und Wasserversorgung, aber auch beim Eisenbahn- und Schiffbau der Bedarf an Röhren kontinuierlich stieg. Vor allem die Röhrenproduzenten waren es, die Thyssen von Beginn an als wichtigste Abnehmer seiner Walzwerkprodukte auf der Rechnung hatte und die auch in den Krisenjahren dank einer unverändert hohen Nachfrage bemerkenswerte Wachstumszahlen schrieben.

Neben der richtigen Wahl des Produktionsprogramms war es einmal mehr die familiäre Solidarität, die Thyssen vor einem empfindlichen Kapitalmangel verschonte. In den ersten Monaten nach der Firmengründung dürfte es insbesondere sein Vater Friedrich gewesen sein, der das neue Unternehmen nicht nur als Kommanditist mittrug, sondern auch neues Kapital selbst aufbrachte und anstehende Kredite absicherte. Als 1875 sein Schwager Désiré Bicheroux verstarb, wurden August Thyssen dank seines ausgezeichneten Verhältnisses zu seiner Schwester Balbina weitere Mittel aus der Familie zuteil, da sie ihr Erbe ihrem Bruder uneigennützig überließ (über die genaue Höhe der Gelder ist nichts bekannt). Der Tod seines Vaters, des engen Freundes, Ratgebers, Förderers und frühen Finanziers, brachte August im Mai 1877 ein Erbe von 690 000 Mark ein. Daneben stellten ihm erneut Balbina sowie nun auch sein Bruder Joseph, der wenig später Mitinhaber von Thyssen & Co. werden sollte, ihre Erbteile zur Verfügung. Ferner fanden nach Friedrichs Tod womöglich auch die Anteile seiner Mutter Katharina in Höhe von annähernd 420 000 Mark den Weg in das Unternehmen.

Nach dem Ableben des Kommanditisten Friedrich Thyssen war es Augusts Bruder Joseph, der die personelle Lücke schloß. Die Firma Thyssen & Co. firmierte in Zukunft nicht mehr als Kommanditgesellschaft, sondern als offene Handelsgesellschaft, an der August mit 75 % und Joseph mit 25 % beteiligt waren. Gleichzeitig wurde das Bankhaus in Eschweiler aufgegeben. Joseph Thyssen, der bislang in

Eschweiler an der Seite seines Vaters dem Bankgeschäft nachging, übernahm die Liquidation des Instituts und zog 1880 nach Mülheim, um seinen neuen Aufgaben bei Thyssen & Co nachzugehen. Mit dem Eintritt seines Bruders setzte sich für August Thyssen die Unterstützung aus dem Familienkreis unverändert fort. Während August Thyssen das Unternehmen nach außen repräsentierte, widmete sich sein Bruder dem ‹Innenleben› der Firma, koordinierte das Alltagsgeschäft der kaufmännischen Abteilung und nahm sich der Entwicklung des Röhrenwalzwerks und des Stahlrohrhandels an. Die Erwartungen, die August in seinen Bruder setzte, erfüllte dieser offenkundig zu seiner vollsten Zufriedenheit. Über Jahre hinweg verband die beiden Brüder ein loyales, vertrauensvolles und freundschaftliches Verhältnis. Gerade Joseph rechnete August Thyssen zum Kreis derjenigen, die sich um den Aufstieg des Unternehmens verdient gemacht hatten. Namentlich jene Jahre, in denen die Zahl der verantwortlichen Führungskräfte noch überschaubar war und er mit seinem Bruder alleine die Verantwortung trug, bezeichnete er rückblickend als seine fruchtbarste Lebenszeit.

Sein Engagement als Unternehmer beschränkte sich keinesfalls auf den Ausbau und die Expansion der eigenen Firma. Sehr früh war ihm daran gelegen, sich auch an anderen Unternehmen zu beteiligen. So war er beispielsweise vor Ort an der Mülheimer Actien-Baugesellschaft, dem Mülheimer Hafen-Actien-Verein, der Styrumer Eisenindustrie AG und auch der Mülheimer Actiengesellschaft für Kunstwollfabrikation beteiligt. Ein ganz besonderes Interesse brachte er allerdings dem Bergbau entgegen. Als überaus wichtig für seine weitere Entwicklung als Unternehmer sollten sich jene Erfahrungen erweisen, die er bei der AG Schalker Gruben- und Hüttenverein sammelte. Hier, in dem von Friedrich Grillo 1872 gegründeten Unternehmen, erfuhr er eine unerläßliche Lehrzeit, hier vertiefte er seine Einsichten und legte sich diejenigen Kenntnisse zu, die er später dringend benötigte, um einen großen vertikalen Montankonzern mit Erfolg zu betreiben.

Während er die Expansion von Thyssen & Co. antrieb und ihn der Schalker Verein als ein lohnendes Experimentierfeld zusehends beschäftigte, legte sich Thyssen 1883 erste Kuxe der Zeche Gewerkschaft Deutscher Kaiser zu. Aus einer Gewerkschaft, die bis dahin kaum nennenswerte Erfolgsziffern aufwies und mit technisch rückständigen Anlagen arbeitete, formte er seit den ausgehenden 1880er Jahren das eigentliche Epizentrum des bis zum Ersten Weltkrieg weitverzweigten Konzerns. Seit 1889 als Vorsitzender an der Spitze des Grubenvorstands, erwarb er ein umfassendes Areal an Grund und Boden und hielt seit 1891 mit seinem Bruder Joseph sämtliche Anteilsscheine der Gewerkschaft in der Hand. Mit der Entscheidung des Grubenvorstands am 14. August 1890, der Zeche ein Stahl- und Walzwerk in Bruckhausen anzugliedern, begann der Ausbau zu einem großen integrierten Hüttenwerk, der 1895 nach der Inbetriebnahme eines Hochofenwerks mit zwei Hochöfen, einer Hüttenkokerei und einem Thomasstahlwerk seinen ersten Abschluß fand. In den nächsten Jahren setzte Thyssen die systematische Expansion und die Internationalisierung des Konzerns fort, der am Vorabend des Ersten Weltkriegs endgültig zu den bedeutendsten Großunternehmen des Deutschen Reichs zählte. Sein Herzstück blieb unverändert die Gewerkschaft Deutscher Kaiser mit ihrer Abteilung Bergbau, mehreren angegliederten Gewerkschaften, mit ihrem Schachtbau sowie mit ihrem Hüttenwerk in Bruckhausen und dem Dinslakener Walzwerk. Weitere Orte der Stahlerzeugung und -verarbeitung waren die einstige Keimzelle des Konzerns Thyssen & Co. in Mülheim an der Ruhr, die AG für Hüttenbetrieb in Meiderich, die Preß & Walzwerk AG in Reisholz, die Stahlwerk Thyssen AG in Hagendingen/Lothringen und die Mülheimer Maschinenfabrik Thyssen & Co. AG.

Die notwendige Versorgung mit Rohstoffen stellten Erzfelder in Deutsch- und Französisch-Lothringen sowie in der Normandie, Gruben an der Lahn, Kalksteinbrüche und Zementfabriken in Rüdersdorf und bei Hagendingen sicher. Nicht zu vergessen sind die Handels- und Transportunternehmen des Konzerns wie die Niederlassungen für den Kohlenhandel in Bruckhausen, Mannheim, Straßburg, Paris, Neapel, Oran, Suez und Genua oder die Eisenhandelsgesellschaft Thyssen & Co. mit ihren Zweigniederlassungen in Berlin und Stettin. Das Organisationsgefüge wurde komplettiert durch die N.V. Handels en Transport Maatschappij Vulcaan in Rotterdam, eine Hochseereederei mit fünf Dampfern, den Hafenanlagen in Mannheim und Straßburg sowie dem Wasserwerk der Gewerkschaft Deutscher Kaiser.

Neben den Unternehmen, die vollständig in den Händen der Thyssens lagen, standen zahlreiche Firmenbeteiligungen. So besaß der Konzern Konzessionen an Erzgruben in Rußland, Marokko und Norwegen, war an der Saar- und Mosel Bergwerksgesellschaft AG in Karlingen, der Rheinischen Kalksteinwerke GmbH in Wülfrath, der Krefelder Stahlwerk AG und der Oberbilker Stahlwerk AG beteiligt. Im Sommer 1914 nahmen die Thyssen-Werke innerhalb des Ruhrgebiets den dritten Rang bei der Erzeugung von Roheisen, Platz zwei bei der Herstellung von Rohstahl, und gleichfalls den zweiten Rang beim Walzen von Stahl ein. Der Erfolg seiner Unternehmungen katapultierte August Thyssen nach der Jahrhundertwende in den Kreis der reichsten Wirtschaftsbürger des Deutschen Reichs. In der Liste der reichsten Deutschen belegte der Mülheimer Industrielle 1910 hinter Bertha Krupp und sechs schlesischen Großunternehmern den achten Rang. 1912 verfügte August Thyssen über einen nominellen Aktienbesitz von rund 122 Millionen Mark.

In einer wirtschaftsbürgerlichen Familie aufgewachsen und in der Blütezeit des bürgerlichen Zeitalters die Grundsteine seiner Unternehmerlaufbahn legend, speiste sich sein Selbstverständnis zeitlebens aus der Überzeugung, einer (bürgerlichen) Leistungselite anzugehören, die mit einer deutlichen Abgrenzung gegenüber den traditionellen Eliten – besonders dem Adel – einherging. Dabei war für ihn gerade der besondere Stellenwert des Arbeits- und Leistungsethos ein ganz entscheidender Unterschied zwischen bürgerlicher und adeliger Lebensführung. Wie Thyssen die Lebenswelt des Adels wahrnahm, zeigen seine Eindrücke nach einem Besuch bei der benachbarten Familie von Fürstenberg: «Das Schloß ist sehr schön, aber sehr teuer in der Unterhaltung. Der Baron hat 8 Kinder, die alle *nichts* tun als rauchen, jagen und reisen. Die Laster reichen dabei ziemlich weit. Sie leben alle in den Tag hinein, sind dabei sehr gutmütig und haben immer Besuch von ihren vielen Verwandten. Bei Fürstenberg mußt Du daher auf ein trauriges Ende früh oder spät rechnen.» Überhaupt war es nach Meinung Thyssens um die Zukunft der traditionellen Eliten nicht gut bestellt. Der überzeugte

Bürger sah den Adel, der mit seinen ‹lasterhaften› Lebensformen nichts zum Gemeinwohl beitrage, rund sechs Monate vor seinem Tod in einem Zustand der Agonie: «Der Adel hat m. E. ausgelebt. Sein Ansehen ist sehr zusammengeschrumpft und [er] muß ernste *Arbeit* wirklich leisten, die nicht durch Jagden, Feste etc. erfüllt werden können.»[1]

Wie sehr für ihn der Bezug auf die Werte Arbeit und persönliche Leistung zum entscheidenden Hebel wurde, wenn es darum ging, sich im Gesellschaftsgefüge des Kaiserreichs zu positionieren, läßt sich auch an seinem Verhalten gegenüber den öffentlichen Inszenierungen wirtschaftsbürgerlichen Erfolgs ablesen. Ein Freund des «monarchischen Beamtenstaats», der herkömmlichen Eliten und hohen politischen Entscheidungsträger war Thyssen gewiß nicht. Mit der Expansion seiner Werke und dem Aufstieg zum materiell gut situierten Wirtschaftsbürger stieß er in den ausgehenden 1890er Jahren in den Kreis jener Unternehmer vor, die grundlegende Voraussetzungen erfüllten, um vom monarchischen Staat ausgezeichnet zu werden. In das plakative Bild des ‹dekorierten Wirtschaftsbürgers› der wilhelminischen Zeit fügte sich Thyssen allerdings nicht ein. Mit welchen grundsätzlichen Überlegungen er dem System staatlicher Auszeichnungen begegnete, wurde kurz nach der Jahrhundertwende deutlich, als im Frühjahr 1903 die Frage seiner Nobilitierung auf der Tagesordnung stand. Thyssen erinnerte mit Nachdruck daran, daß der Mensch «im allgemeinen nach seinen Leistungen und nicht nach seinem Titel beurteilt» werde. Hinzu kam für ihn die Frage, ob und wie die Nobilitierung die zukünftige Konzernentwicklung beeinflussen würde. Auch hier kam der Großunternehmer für sich zu einem klaren Urteil. Die Standeserhöhung betrachtete er gerade nicht als geschäftsfördernd, sondern eher als ein Hindernis für die Leitung des Konzerns. Thyssen hielt die Nobilitierung «unter Umständen» gar für «verhängnisvoll», da sie von den eigentlichen Pflichten nur abhalte. Während sein Bruder und auch er selbst nach einer staatlichen Dekorierung «einfache Menschen» bleiben und sich ganz und gar in den Dienst des Unternehmens stellen würden, sah er die eigentliche Gefahr einer Standeserhöhung im Verhalten der nachwachsenden Generation: «Unsere Nachkommen werden vielleicht anders denken und durch den höheren Rang die Hauptsache vergessen, daß wir uns *nur* als Diener des Geschäftes, dessen Blühen und Gedeihen für viele tausende Mitmenschen und auch für das Vaterland von großem Interesse ist, betrachten dürfen.»²

Streit zwischen den Generationen:
Die gescheiterte Dynastiebildung

Spätestens in jenen Jahren um die Jahrhundertwende, als seine Söhne Fritz, August junior und Heinrich ihre Schul- und Studienjahre abschlossen und ihre ersten Schritte in die Berufswelt hinter sich brachten, schrieb August Thyssen seinen Nachkommen wiederholt ins Stammbuch, welche «große Aufgabe» er ihnen zudachte: «Hoffentlich werden meine Söhne mich verstehen, hoffentlich werden sie […] nicht vernichten, was mein Bruder mit mir in unglaublich mühevoller Arbeit aufbaute, sondern nach besten Kräften uns helfen, das halbfertige Werk zu vollenden, zu ihrem Heil und zum Segen unserer Angestellten und Arbeiter.» Mit «Kummer und Schmerz» befürchtete er, daß seine Kinder von den familiären «Errungenschaften den unwürdigsten und unglaublichsten Gebrauch machen wollen und werden» und sich «dieselben von der großen Aufgabe, die denselben […] gestellt wurde, mehr und mehr entfernen.» Er «würde glücklich sein, wenn meine Söhne sich der großen Aufgabe würdig zeigten, die ihnen zugedacht ist.»³ Thyssen forderte seine Nachkommen auf, sich in die Tradition der Unternehmerfamilie zu stellen und das familiäre Erbe fortzuführen, und klagte jene Solidarität ein, die für die Existenz eines Familienunternehmens unverzichtbar war. So wie er selbst seine Aufgabe annahm und gegenüber seinem Vater pflichtgetreu handelte, sollten sich nun auch seine Kinder gegenüber seinem Lebenswerk und gegenüber seinen Wünschen verantwortungsbewußt und loyal verhalten.

Thyssens Konzept der Dynastiebildung – in den Erfahrungen eines solidarischen Familienverbands gründend sowie in den Jahren der Hochindustrialisierung noch in Zeiten ökonomischer Prosperität und eines grenzenlosen Fortschrittsoptimismus gleichsam festgeschrieben und weitergedacht – hatte sich in den nächsten beiden Jahrzehnten im Strudel der ökonomischen, gesellschaftlichen und familienspezifischen Herausforderungen zu bewähren. Die beschleunigte Entwicklung hin zu hochdiversifizierten Großunternehmen und die Unternehmenskonzentrationen seit den 1890er Jahren, die gerade auch August Thyssen begrüßte und vorantrieb, der verlorene Erste Weltkrieg, die empfindlichen Verluste von Produktionsanlagen (unter anderem des Stahlwerks in Hagendingen), die Krisenjahre der Nachkriegszeit sowie besonders der fortgesetzte Streit mit seinen Söhnen – alle diese Faktoren blieben auf seine Überlegungen zur Zukunft seines «Lebenswerks» nicht ohne Einfluß. Als unter dem Eindruck der Hyperinflation, der Ruhrbesetzung, des passiven Widerstands, der Währungsreform, der Staatskrise und der weiter prekären Situation der Eisenindustrie Überlegungen forciert wurden, durch eine umfassende Vertrustung der Montanindustrie im Ruhrgebiet billiger, effektiver und möglicherweise weniger krisenanfällig zu produzieren, und seit dem Sommer 1925 unter führenden Ruhrindustriellen ernsthafte Gedanken über die Gründung der «Vereinigten Stahlwerke» angestellt wurden, war Thyssens Reaktion zwiespältig. Seine Haltung zu größeren Konzernverbünden machte er als ökonomischer Akteur zum einen an strengen betriebswirtschaftlichen Argumenten fest, die in seinen Augen für einen Beitritt sprachen. Die Hoffnung, unter dem Dach eines Trusts in Zukunft deutlich billiger zu produzieren, und die Verschuldung besonders der August Thyssen-Hütte waren für ihn genügend stichhaltige Argumente, um die neue Großorganisation zu begrüßen.[4]

Zum anderen dachte er bis zu seinem Lebensende stets auch in familiären Zusammenhängen, an die Familientradition und die «großen Aufgaben», die er ursprünglich seinen männlichen Nachkommen auferlegen wollte. Bei allen betriebswirtschaftlichen Notwendigkeiten war es gerade der Blick auf die Familientradition, der ihn veranlaßte, den Diskussionen über die «Vertrustung» der Montanindustrie wenig euphorisch zu begegnen. Diese blieb für ihn letztlich ein «notwendiges Übel»[5], da sich eines seiner wichtigsten Lebensziele offenkundig nicht mehr erreichen ließ. Im Herbst und

Winter 1925/26, als die Gespräche über die Gründung der «Vereinigten Stahlwerke» schon längst über ihre ersten Anfänge hinausgekommen waren, hob er ausdrücklich hervor, daß er «gerne das Familienunternehmen, welches ganz großzügig geplant war, erhalten hätte», ja er würde sogar «sehr glücklich sein», wenn er «den Trust entbehren könnte» und wünschte sich, die Werke «in eigener Regie» zu führen und in die Hände der Familie zu legen.[6]

Warum sich seine Hoffnungen letztlich nicht erfüllten, wußte er selbst nur zu gut. Der Konzern hätte sich nur bei einer wesentlich besseren Harmonie zwischen ihm, Fritz und Heinrich als Familienunternehmen fortführen lassen. In Anbetracht der «großen Gegensätze(n), die unter uns leider herrschten» sei der Trust «der letzte Notanker» gewesen, «um uns zu [...] retten.»[7] In der Tat: Seit den ausgehenden 1890er Jahren bestimmten tiefe Dissonanzen das Familienleben. Dabei wurde zwischen August Thyssen und seinen männlichen Nachkommen bis zu seinem Lebensende besonders über den grundsätzlichen Stellenwert des Konzerns in den Lebensentwürfen der Kinder einschließlich ihrer Eignung für eine Unternehmerlaufbahn und ihre adäquate Plazierung im väterlichen Unternehmen ausgesprochen verbissen gestritten.

Sein Sohn Fritz, als Erstgeborener per se in der Rolle des Kronprinzen, und sein jüngster Sohn Heinrich hatten durchaus ihren verantwortungsvollen Platz im Konzern. Nach Abitur und Praktikum studierte Fritz Thyssen am «Imperial College of Science and Technology» in London Maschinenbau, in Lüttich für zwei Semester Chemie sowie für zwei weitere Semester an der Technischen Universität Berlin – an der er auch sein Abschlußexamen ablegte – Eisenhüttenkunde. Der Studienzeit schloß sich eine lange unternehmerische Laufbahn an, die im eigenen Konzern ihren Ausgang nahm. August Thyssen berief seinen ältesten Sohn 1897 in den Grubenvorstand der Gewerkschaft Deutscher Kaiser; in den Jahren zwischen der Jahrhundertwende und dem Ausbruch des Ersten Weltkriegs trat Fritz in die Aufsichtsräte verschiedener Gesellschaften ein – so bei der Saar- und Mosel-Bergwerks-Gesellschaft, der AG Schalker Gruben- und Hüttenverein, der Gelsenkirchener Bergwerks AG und der AG für Hüttenbetrieb – und tat sich auch als Verbandspolitiker im Stahlwerksverband oder auch im Roheisen- und Kohlensyndikat hervor. In den ersten Jahren nach dem Kriegsende fiel ihm vor allem die Aufgabe zu, die notwendige Modernisierung und Rationalisierung des Unternehmens und seiner Produktionsanlagen auf den Weg zu bringen.

Auch bei Thyssens jüngstem Sohn Heinrich, der sich nach dem Schulbesuch ebenfalls zu einem Studium entschloß, deutete manches auf eine Laufbahn als Unternehmer hin. Während die technisch orientierten Studiengänge Fritz Thyssens ganz dem Zeitgeist entsprachen und sich in die von Unternehmersöhnen bevorzugten Disziplinen einreihten, wählte der drittgeborene Sohn eine Fächerkombination, die noch im Schatten des technischen oder auch juristischen Studiums stand. Heinrich entdeckte seine Neigung zu den Naturwissenschaften und studierte Chemie, Physik und Mineralogie in München, Berlin, Bonn und schließlich in Heidelberg, wo er im Juni 1899 seine akademische Ausbildung mit der Promotion abschloß. Heinrich dachte zunächst an eine Laufbahn im diplomatischen Dienst, bewegte sich dann aber doch auf den Spuren seines ältesten Bruders. Er nahm in den nächsten Jahren wichtige Funktionen innerhalb des Thyssen-Konzerns wahr, wenn auch nicht in so exponierter Stellung wie Fritz, gehörte in der Vorkriegszeit dem Grubenvorstand der Gewerkschaft Deutscher Kaiser, später dem Aufsichtsrat der AG für Hüttenbetrieb sowie den Grubenvorständen der August Thyssen-Hütte (Gewerkschaft), Friedrich Thyssen, Lohberg und Rhein I an. Nach dem Ersten Weltkrieg zeichnete er besonders für die Auslandsinteressen des Konzerns verantwortlich. Dabei gehörte sein Engagement bei der «Bank für Handel und Schiffahrt» in Rotterdam zu seinen wichtigsten Aufgabengebieten.

Auch für den zweitjüngsten Sohn August junior hatte Thyssen anfangs eine berufliche Laufbahn im expandierenden Konzern vor Augen. Nach seiner Schulzeit auf einem Mülheimer Gymnasium delegierte ihn sein Vater 1897 in die Berliner Filiale des Stammwerkes Thyssen & Co. und erteilte ihm die Kollektivprokura. Ihm in der Reichshauptstadt einen eigenen Aufgabenbereich anzuvertrauen, erwies sich in den Augen des Vaters jedoch rasch als fehlgeschlagenes Experiment: Sein Sohn habe seine Aufgaben als Unternehmer zutiefst vernachlässigt, Schulden über Schulden angehäuft und die falschen – adligen – Freunde gefunden. Seit der Jahrhundertwende wurde das Verhalten August juniors gegenüber der Familie von einem handlungsleitenden Motiv getragen: Mit aller Macht brachte er regelmäßig seine Ansprüche auf eine Leitungsposition in den Thyssen-Werken und die vollständige Gleichbehandlung mit Fritz auf die Tagesordnung.

Daß ausgerechnet August junior besonders heftig um seinen Status in der Familie kämpfte, kam nicht von ungefähr. Auffällig oft waren es in wirtschaftsbürgerlichen Familien die Zweitgeborenen, die sich den Erwartungshaltungen des Elternhauses widersetzten. Dementsprechend nachdrücklich wurden sie ermahnt, kein verschwenderisches Leben mit ständigen Schulden zu führen, dem Müßiggang abzuschwören und sich nicht in ‹schlechter Gesellschaft› zu bewegen. Gerade ihnen trug die Geschwisterfolge offenbar häufig genug außergewöhnliche Bürden auf. Der Schatten des älteren Bruders, dem zuallererst die Aufgabe zufiel, die Ressourcen und den Status einer wirtschaftsbürgerlichen Familie zu wahren, führte bei August junior und anderen ‹verhinderten Kronprinzen› zu einer Wahrnehmung, der ‹ewige Zweite› zu sein und unaufhörlich zurückgesetzt bzw. benachteiligt zu werden; doch konnte diese Plazierung auch das Gefühl zur Folge haben, die Erstgeborenen an Fleiß und Erfolg bei weitem überflügeln zu müssen, um im Familienverband anerkannt zu werden. Die Furcht, womöglich nie an der Spitze der Familienpyramide zu stehen, mündete nicht selten in Strategien der Kompensation, die häufig auf einem Terrain abseits des «bürgerlichen Wertehimmels» erfolgreich abgeschlossen wurde. Sein Drang nach Bestätigung und ‹Applaus› sollte August junior – erneut zum Verdruß seines Vaters – in die Lebenswelt des Adels führen, wo er jenes Ansehen zu finden glaubte, das ihm in seinen Augen in der eigenen Familie versagt blieb.

Bei den aufreibenden Auseinandersetzungen mit seinem zweitjüngsten Sohn entschloß sich August Thyssen, zweigleisig zu fahren. Zum einen wies er die Ansprüche August juniors seit den ersten Konflikten im Grundsatz stets zurück; ja diese Forderungen ließen früh die Entscheidung heranreifen, dem ‹Junior› die Türen in das eigene Unternehmen bis auf weiteres nicht ohne Vorbedingungen zu öffnen. Zum anderen bekundete der Vater fortgesetzt sein Interesse, den Sohn nicht gänzlich fallen zu lassen. Bei aller Schärfe der Auseinandersetzungen war die Geschichte des Vater-Sohn-Konflikts auch die Geschichte einer – stets gescheiterten – Kompromißsuche. Versuche, August junior in den Grubenvorstand der Gewerkschaft Deutscher Kaiser einzubinden oder ihm Aufgaben in kleineren Unternehmen wie der Rotterdamer «N.V. Handels- en Transport-Matschappij Vulcaan» zu übertragen, blieben bis zum Tod des Patriarchen stets ein sehr kurzes Intermezzo oder liefen ganz ins Leere.

Obgleich Fritz und Heinrich nach ihren ersten beruflichen Anfängen stets wichtige Aufgaben als ökonomische Akteure im Konzern wahrnahmen, bewegte sich die Beziehung Thyssens zu seinen potentiellen Nachfolgern über nahezu drei Jahrzehnte zwischen Nähe und großer Distanz. Immer wieder packten ihn gehörige Zweifel, ob seine Söhne die menschlichen und fachlichen Qualitäten mitbrächten, um an die Spitze eines Großkonzerns zu treten. Grundsätzlich fehlte ihm nicht selten der Glaube an das nötige Engagement und die nötige Leistungsbereitschaft seiner Sprößlinge. Trotz aller seiner «Bitten und Bemühungen» wollten sich seine Söhne keiner «regelmäßigen Tätigkeit unterziehen». Mit Nachdruck erinnerte Thyssen seine Söhne an jene Formen der Lebensführung, die aus seiner Sicht einen Menschen erst «wahrhaft glücklich» werden ließen: sich ausschließlich der Arbeit zu widmen, um «kein zweckloses Dasein» zu führen. Statt dessen führten sie ein «tatenloses Leben», seien mit ihren Ehefrauen Amélie bzw. Margit (Fritz' bzw. Heinrichs Gattin) häufig auf Reisen und nicht bereit, fortdauernd ihre Pflichten zu erfüllen.[8]

August Thyssen hielt darüber hinaus einige der persönlichen Eigenschaften seines ältesten Sohnes für bedenklich und der weiteren Laufbahn als Unternehmer für wenig zuträglich. Er umschrieb Fritz – im übrigen wie andere namhafte Großindustrielle auch – als einen launischen und häufig zu sprunghaften Charakter, der seine Entschlüsse nicht selten zu unüberlegt und zu plötzlich treffe. Des weiteren hielt er ihm vor, von seinen Fähigkeiten zu eingenommen zu sein sowie nicht über die nötige Zähigkeit und Ausdauer zu verfügen, um längere Verhandlungen zu einem erfolgreichen Abschluß zu bringen.[9] Mit besonders großem Unbehagen kommentierte er die Art und Weise, wie er seine Leitungsfunktionen ausübte. Fritz wolle «vor wie nach ein Allein-Herrscher sein [...], der kurzer Hand seinen Willen durchsetzt [...] ohne jeden tüchtigen Menschen zu fragen.»[10] Neben den persönlichen Eigenschaften und den Führungsmethoden fanden auch Fritz' fachliche Leistungen die Kritik des Vaters. Vor allem sei er überhaupt kein Finanzmann, arbeite mit den Geldern ungeschickt und werde die Finanzen der August Thyssen-Hütte niemals in Ordnung bringen. So seien die von Fritz genehmigten permanenten Gehaltserhöhungen mit den finanziellen Möglichkeiten der Werke unvereinbar, ja sie führten den Konzern geradewegs in eine unerträgliche Verschuldung hinein.

Sachliche betriebs- und finanzpolitische Fragen standen bei den Konflikten zwischen Thyssen und seinem Sohn Heinrich im Vordergrund. Vor dem Hintergrund der Engpässe auf dem Kapitalmarkt bei gleichzeitig hohem Bedarf an Finanzmitteln, die der Konzern für die technische Modernisierung der Produktionsanlagen dringend benötigte, stritten sich seit dem Beginn der 1920er Jahre der «Industrielle» August senior und der «Bankier» Heinrich über die angemessenen finanzpolitischen Strategien. Dabei warf der Vater dem Sohn vor, ihm fehle das nötige Verständnis für industriepolitische Zusammenhänge; zudem trage er mit seiner Kreditpolitik entschieden zu wenig dazu bei, das gesamte Konzerngefüge in Krisenzeiten zu stabilisieren. Die Suche nach einem Kompromiß scheiterte letztlich immer wieder an den unvereinbaren finanzpolitischen Vorstellungen: Heinrich, der gegenüber seinem Vater ausgesprochen selbstsicher auftrat, sich seiner Qualitäten als ‹Finanzpolitiker› bewußt war und seinem eigenen Urteil vertraute, bestand vor einer Hilfe für den Konzern auf einer umfassenden Revision und weigerte sich beharrlich, für den Konzern auf Kapitalvermögen zurückzugreifen, das er im Schatten der Inflation in den Niederlanden angelegt hatte. Dabei hätte August Thyssen gerade auf die im Nachbarland wertbeständig plazierten Vermögen nur zu gerne Zugriff gehabt – und zwar als ‹Direkthilfe› für einzelne Werke oder als Sicherheit gegenüber den Banken für weitere Kredite.

August Thyssen deutete das Verhalten seiner Söhne in den Jahren nach der Jahrhundertwende, ihre ‹Nachlässigkeiten› im Umgang mit dem Lebenswerk der unmittelbaren Vorfahren und dem Arbeits- und Leistungsethos als ein gesamtgesellschaftliches Phänomen. Mit Sorge machte er nicht nur bei ihnen, sondern darüber hinaus in «maßgebenden» Kreisen von Politik und Gesellschaft bedrohliche Werte aus, die zwar den Zeitgeist bestimmten, doch längst nicht mehr die seinen waren: Anstatt «die jungen Leute zur Arbeit anzuhalten und sie dadurch zu nützlichen Menschen zu machen», sah er «mit Schrecken, mit welcher Geringschätzung sie von tüchtigen Menschen reden, wie das Gefühl der Anerkennung für hervorragende Leistungen schwindet und nur der Arzt, der Offizier etc. für ihren Gedankenkreis maßgebend sind.»[11]

Seine Eindrücke täuschten nicht. Die ‹Platzanweisungen› der Unternehmensgründer widerspruchslos anzunehmen und die Lebensführung ganz auf das Arbeitsethos, das Firmenwohl und die Dynastiebildung hin auszurichten, war für die nachwachsende Generation im Wirtschaftsbürgertum nicht mehr unbedingt selbstverständlich. Die im Vergleich zu den Anfängen der Industrialisierung nunmehr längeren Schul-, Ausbildungs- und Studienzeiten führten in der wilhelminischen Wirtschaftselite immer häufiger zu Individualisierungsprozessen und zu Phasen der Selbstfindung. Nicht wenigen Unternehmersöhnen war es nur möglich, dem hohen Erwartungsdruck des Elternhauses psychisch standzuhalten, wenn es in ihren Lebensentwürfen auch Momente von Autonomie und Selbstbestimmung gab. Daneben ist nicht zu vergessen: Sehr häufig bereits im Zeichen stattlicher finanzieller und materieller Ressourcen groß geworden, fühlten sich die Söhne weniger als die Väter, die ihr Lebenswerk selbst begründeten, dem bedingungslosen ökonomischen Erfolg und einer hauptsächlich auf Arbeit und Leistung basierenden Lebensführung verpflichtet. Das väterliche Unternehmen fortzuführen, war für die Nachkommen oftmals zwar noch ein wichtiger, aber nicht mehr der ausschließliche Lebensinhalt. Die Identitätsfindung und -krisen der Nachkommen sowie die Auseinandersetzungen um ihre persönliche Freiheit und die Inhalte ihrer Lebensführung mündeten bei den meisten «Nachgeborenen» wie bei Fritz und Heinrich allerdings nicht in einem völligen Bruch mit dem Vater und einem Abschied von einer Laufbahn als Unternehmer.

Eine wahrlich nicht gering zu schätzende Ursache für die Streitigkeiten zwischen Vater und Söhnen lag schließlich in der Art und Weise, wie August Thyssen selbst die Suche nach einer geeigneten Nachfolgeregelung anging. Die Debatten wurden maßgeblich von seiner Hartnäckigkeit, seinen Einfluß im Konzern zu behaupten, erschwert, und damit wurde auch sein Konzept der Dynastiebildung letztlich von ihm selbst wiederholt torpediert. Mehr denn je standen sich vor allem der Patriarch und sein ältester Sohn Fritz als Unternehmer verschiedener Generationen gegenüber, die verbissen um ihre Kompetenzen stritten. Während Fritz sich bemühte, aus dem Schatten des Vaters herauszutreten und seinen eigenen Vorstellungen über die Führung des Konzerns Geltung zu verschaffen, hielt der Vater – je länger er lebte, desto energischer – an seinem Selbstverständnis als eigentliche Autorität und ‹Schaltzentrale› der Werke fest. Darüber, wo er seinen Platz im weitverzweigten Unternehmen bestimmte und wie lange er an seinem Selbstverständnis als höchste Autorität im Konzern festhalten wollte, ließ Thyssen auch in der Nachkriegszeit keine Zweifel zu: «Solange ich lebe, bleibe ich auf meinem Posten und muß nach bestem Gewissen handeln. Ich will solange für die Erhaltung u[nd für die] Unternehmungen kämpfen, bis m[eine] Kraft ganz aufgebraucht ist.»[12] Er wolle, so seine Gedanken vier Jahre später, «bis zuletzt» seine Pflicht erfüllen, «nicht von der Stelle weichen», und sein «Lebenswerk in der schwierigsten Zeit nicht verlassen.»[13]

Thyssens ausgeprägte Neigung, sich bis zuletzt als maßgebliche Autorität innerhalb des Konzerns zu begreifen und von der Macht im Unternehmen nicht lassen zu wollen, lag vor allem quer zu den Wahrnehmungen und Selbstbildern von Fritz Thyssen, der sich mit der schweren Hypothek eines schier übermächtigen ökonomisch erfolgreichen Vaters auseinandersetzen mußte. Fritz, der am Ende des Weltkriegs seine Leistungsfähigkeit als Unternehmer längst unter Beweis gestellt hatte, klagte in der Nachkriegszeit wiederholt darüber, daß sein Vater ihm das Gefühl vermittle, im Konzern lediglich als ‹Unternehmer zweiter Klasse› den Geschäften nachzugehen, er stets «wie ein dummer Junge behandelt» werde und sich eine derart «*unwürdige* Behandlung» nicht länger bieten lassen wolle.[14] Zu seinen wichtigsten Anliegen gehörte die Forderung, endlich eine uneingeschränkte Vertrauenserklärung zu erhalten, die ihm seiner Meinung nach unverändert verwehrt werde, sowie die Bitte, ihm vollständig freie Hand in seinen Aufgabengebieten zu lassen. Gleichzeitig stemmte er sich gegen den ‹Alleinvertretungsanspruch› seines Vaters für den Erfolg der Werke, der einer gemeinsamen Arbeit genauso abträglich sei wie die ausbleibende Vertrauenserklärung.

Wie welcher Konflikt genau verlaufen ist, wer sich wann zu Recht übergangen fühlte, läßt sich nicht nachzeichnen. Sachliche und ganz persönliche Argumente gingen eine verhängnisvolle Wechselbeziehung ein und lassen sich im Rückblick nicht verläßlich auflösen. Schon längst stand für beide in den 1920er Jahren auch nicht mehr die abgewogene Diskussion von Sachthemen, sondern der nackte Machtkampf im Vordergrund, der sich eher an untergeordneten unternehmenspolitischen Themen und vor allem an verbalen Entgleisungen hüben wie drüben entzündete. August Thyssen wußte zwar sehr wohl, daß nach seinem Ableben ohne Fritz und Heinrich die weitere Geschichte der Werke nicht fortzuführen und speziell die Verhandlungen über die Gründung der Vereinigten Stahlwerke nur mit der Hilfe seines ältesten Sohnes zu einem erträglichen Abschluß zu bringen waren. Indes schlugen sämtliche Versuche fehl, die Konflikte einvernehmlich zu lösen und Unternehmens- und Familiengeschichte bis auf weiteres miteinander zu verzahnen.

Die endgültige Konstituierung der «Vereinigten Stahlwerke AG» im Mai 1925 erlebte August Thyssen nicht mehr. Die Thyssen-Gruppe war insgesamt mit 26% am Stammkapital des neuen Großkonzerns beteiligt, dem ferner die Rhein-Elbe-Union als größter Anteilseigner mit ihren drei Unternehmen Gelsenkirchener Bergwerks-AG (15,1%), Deutsch-Luxemburgische Bergwerks- und Hütten-AG (15,1%) und dem Bochumer Verein für Bergbau- und Gußstahlfabrikation (9,3%), sowie die Phönix-Gruppe (26%) und die Rheinischen Stahlwerke (8,5%) angehörten. Während Fritz Thyssen als entschiedener Verfechter des Trusts die von ihm geführten Werke in die Vereinigten Stahlwerke einbrachte, übernahm sein Bruder Heinrich jene Unternehmen des (ehemaligen) Thyssen-Konzerns, die nicht in den Stahlwerken aufgingen. Die Rotterdamer Bank, die Handels-, Transport- und Schiffahrtsunternehmen in Holland, die Preß- und Walzwerk AG, die Niederrheinische Gas- und Wasserwerke GmbH, die Gasgesellschaft mbH, den Bremer Vulcan und die Flensburger Schiffsbaugesellschaft führte Heinrich in den «August Thyssen'schen Unternehmungen des In- und Auslandes GmbH» als einer selbständigen Holding zusammen. Aus der Bank voor Handel en Scheepvaart ging später die «Thyssen-Bornemisza-Group» hervor. Wie von August Thyssen gewünscht, übernahm sein Sohn Fritz den Vorsitz im Aufsichtsrat des Stahlvereins, in dem im übrigen auch Heinrich Thyssen-Bornemisza trotz seiner Vorbehalte gegenüber der Trust-Idee vertreten war. Der neue Konzern, der in seinen Dimensionen weltweit nur noch von der «US Steel Corporation» übertroffen wurde, produzierte 1927 annährend 44 % des Rohstahls und fast 40 % des Walzstahls im Deutschen Reich.

Über politische Schicksale, «Jet-Setter», Kunst und Kultur

Die vielfältigen innerfamiliären Spannungen bestimmten auch nach dem Tod August Thyssens die weitere Familiengeschichte und verhinderten ein harmonisches Miteinander. August junior kam innerhalb der Familie über den Status eines Außenseiters nicht hinaus, dem eine unternehmerische Aufgabe unverändert versagt blieb. Ohne festen Wohnsitz war er bevorzugt in Hotels zwischen Berlin, München und Paris zu Hause, starb nach längerer Krankheit am 13. Juni 1943 im Münchener Hotel Continental und wurde eingeäschert. Da August junior keine eigenen Nachkommen hinterließ, bestimmte er seinen Neffen Stephan Thyssen-Bornemisza zum Erben.

Der weitere Lebensweg Fritz Thyssens stand in engstem Zusammenhang mit den politischen Zeitläuften. Der überzeugte Patriot legte nach der Machtübernahme der Nationalsozialisten seine Mitgliedschaft in der DNVP nieder und trat am 1. Mai 1933 der NSDAP bei. War er vor 1933 in der rheinisch-westfälischen Schwerindustrie mit seinem katholischen Ständeromantizismus eher ein skurriler

Außenseiter gewesen, so glaubte er nun an seine politische Chance. Sein Name und seine finanziellen Möglichkeiten veranlaßten Adolf Hitler, den Industriellen zum Mitglied des Preußischen Staatsrats und des Reichstags zu ernennen sowie in den Generalrat der Deutschen Wirtschaft zu delegieren. Die neuen Machthaber schienen zudem seinen politischen Vorstellungen wohlwollend zu begegnen und vertrauten ihm den Aufbau eines «Instituts für Ständewesen» in Düsseldorf an. Den ersten Annäherungen folgte bei Fritz jedoch alsbald der Bruch mit den Nationalsozialisten. Die ständestaatlichen Lehren standen rasch nicht mehr im Einklang mit den gesellschaftspolitischen Ideen der braunen Machthaber, die 1934 mit Erfolg auf das Ende der Institution drängten. Die eskalierende Hetze gegen die jüdische Bevölkerung beantwortete Fritz Thyssen 1938 mit dem Austritt aus dem Preußischen Staatsrat; im August 1939 weigerte er sich schließlich, als Reichstagsabgeordneter dem Überfall auf Polen zuzustimmen. Ihm blieb nur noch die Flucht aus Deutschland. Sein Weg führte ihn gemeinsam mit seiner Frau Amélie, seiner Tochter Anita und seinem Schwiegersohn Gabor in die Schweiz, bevor er mit seiner Gattin auf einer Reise nach Monte Carlo von französischen Behörden an der Fahrt gehindert und nach Deutschland ausgeliefert wurde. Es folgte seit November 1943 die Haftzeit in den Konzentrationslagern Sachsenhausen, Buchenwald und Dachau, die Befreiung durch das amerikanische Militär sowie im Oktober 1947 das Entnazifizierungsverfahren in Königstein. Zwölf Monate später wurde Thyssen der Status «minderbelastet» zugesprochen, und in einem anschließenden Verfahren wurde er in die Kategorie der «Mitläufer» eingeordnet. Zusätzlich legte das Gericht fest, daß 15 Prozent seines Vermögens in Deutschland eingezogen werden sollten. Im Februar 1951 verstarb August Thyssens Erstgeborener, als er bei seiner Tochter Anita in Buenos Aires weilte.

Als sich der Lebensweg Fritz Thyssens seinem Ende zuneigte, standen die Thyssen-Werke inmitten der stürmischen Nachkriegszeit. Auf dem Werksgelände der August Thyssen-Hütte führte seit dem Frühjahr 1948 das rund einhundertköpfige britische Demontagebüro Regie. Die Demontagen von Produktionsanlagen trafen die Hütte zwar nicht ins Mark, hinterließen aber dennoch ihre Spuren und störten den Produktionskreislauf empfindlich. Die zukünftige Organisations- und Produktionsstruktur des Unternehmens hing darüber hinaus insbesondere von den Ergebnissen der «Entflechtung» ab, von jener Auflösung der gewaltigen Konzerne, die zu den vorrangigen industriepolitischen Zielen der Alliierten zählte. Die bereits im Oktober 1946 von «North German Iron and Steel Control» gegründete und ausschließlich mit deutschen Vertretern besetzte «Stahltreuhändervereinigung» mit Heinrich Dinkelbach an der Spitze führte in den nächsten Jahren die zähen Verhandlungen mit den alliierten Behörden. Der ‹Koloß› Vereinigte Stahlwerke, neben den I. G. Farben sicher das spektakulärste Objekt der Entflechtungspolitik, wurde schließlich in 23 Einheitsgesellschaften aufgeteilt, zu denen etwa die Rheinische Röhrenwerke AG, die Niederrheinische Hütte AG und die Deutsche Edelstahlwerke AG gehörten. Als letztes Unternehmen wurde am 2. Mai 1953 die August Thyssen-Hütte AG in Duisburg Hamborn erneut ins Leben gerufen. Mit der ‹alten› Hütte in den Vereinigten Stahlwerken war das reorganisierte Unternehmen allerdings fast nur noch über seinen Namen verbunden.

Die Gründerfamilie hinterließ auch im Thyssen-Konzern der Nachkriegszeit ihre Spuren. Gerade ihre finanziellen Ressourcen trugen dazu bei, das neue Großunternehmen zu begründen. Fritz Thyssens Ehefrau Amélie und seine Tochter Anita Gräfin Zichy-Thyssen brachten das Erbe des Verstorbenen, der 20,75% des Grundkapitals der Vereinigten Stahlwerke sein eigen nannte, in die August Thyssen-Hütte ein. Der Aktienbesitz Amélie Thyssens ging in die «Fritz Thyssen Vermögensverwaltung AG», die Wertpapiere Anitas in die «Thyssen AG für Beteiligungen» über, die beide Anteile an der August Thyssen-Hütte AG sowie anderen Nachfolgegesellschaften der Vereinigten Stahlwerke hielten. Auch in späteren Jahren blieb der familienkapitalistische Einfluß durchaus von Gewicht. So gehörte 1973 die Familie Zichy-Thyssen mit einer Schachtelbeteiligung von 25% neben der Fritz Thyssen-Stiftung (11%) zu den Großaktionären der August Thyssen-Hütte AG.

Den Vorständen des Unternehmens gehörte im Zeitalter der angestellten Manager indes kein Familienmitglied mehr an. In den 1950er Jahren war es der neu konstituierte Vorstand mit Hans-

Günther Sohl (Vorstandsvorsitzender), Walter Cordes und Alfred Michel, die den bemerkenswerten Wiederaufbau der Hütte, die sich nun auf die Produktion von Flachstahl konzentrierte, vorantrieben. Allerdings waren die Zichy-Thyssens lange im Aufsichtsrat vertreten, zunächst durch drei Rechtsanwälte, seit 1974 auch über Frederico und Claudio, die sich in den ausgehenden 1990er Jahren als letzte Familienangehörige aus dem Konzern zurückzogen. Die beiden Urenkel August Thyssens – in Argentinien im Besitz von gewaltigen Ländereien, Immobilien und großen Rinderfarmen – veräußerten 1997 ihre Aktien und legten ihre Aufgaben im Aufsichtsrat nieder. Das Aktienpaket (15,38 % des Grundkapitals) in einem geschätzten Wert von 1,2 Milliarden DM ging im März in die Hände der Commerzbank über. Während sich die letzten Thyssens verabschiedeten und die Weltfirma endgültig zu einem Konzern ohne Familie wurde, stand das Großunternehmen schon vor der nächsten wegweisenden Zäsur. Noch im gleichen Jahr entschlossen sich die Thyssen Stahl AG und die Krupp Hoesch Stahl AG zur «Elefanten-Hochzeit». Unter dem Namen ThyssenKrupp Stahl AG stellen sich seitdem die beiden größten deutschen Stahlkonzerne gemeinsam dem Markt.

Weitaus unmittelbarer blieb der Zusammenhang zwischen Familiengeschichte und Firmenentwicklung in den Unternehmenszweigen, die seit 1926 in der Obhut Heinrich Thyssen-Bornemiszas lagen. In der Zwischenkriegszeit florierten sowohl die deutschen als auch die niederländischen Unternehmen, die sich von den Zerstörungen während des Zweiten Weltkriegs rasch erholten. Nachdem die Firmengruppe auch die schwierigen eigentumsrechtlichen Diskussionen unbeschadet überstand und in Familienhand verblieb, entwickelte sich in den nächsten Jahrzehnten die «Thyssen-Bornemisza Group N.V.» (TBG) zu einem weltweit «effizient werkelnden Gemischtwarenladen» (Thomas Rother). Die eigentliche Geschäftsführung erfolgt durch die in Monaco ansässige «TBG Management S.A.M.», während die Finanzholding «TBG Holdings N.V.» von den Niederländischen Antillen aus die Unternehmensinteressen vertritt. Bei einem durchschnittlichen Gesamtumsatz von rund 1,5 Milliarden Euro erbringt die TBG Dienstleistungen in der Informationstechnologie vom Antennenbau bis hin zur Entwicklung satellitengesteuerter Systeme zur Datenübertragung, produziert und vertreibt Pumpen und Dichtungen, betreibt zahlreiche kleine Unternehmen unter ihrem Dach, die Nischen besetzen und etwa Eiersortiermaschinen herstellen, widmet sich dem Ölhandel und unterhält Investmentfonds.

Ungeachtet der bemerkenswerten Erfolgsgeschichte trat Heinrich, der sein Mandat im Aufsichtsrat der Vereinigten Stahlwerke AG bis 1933 wahrnahm, als Unternehmer kaum öffentlich in Erscheinung. Sein eigentliches Steckenpferd wurde die Kunst. 1932 verlegte er seinen Wohnsitz von Den Haag nach Lugano und erwarb dort die im 17. Jahrhundert erbaute «Villa Favorita» vom preußischen Prinzen Friedrich Leopold. In einem Galerietrakt von ansprechender Größe nahm der neue Wohnsitz auch die in Qualität und Umfang herausragende Kunstsammlung Heinrichs auf, die er bereits seit den Jahren vor dem Ersten Weltkrieg zusammengestellt hatte und die besonders die Etappen und wichtigsten Entwicklungslinien der europäischen Malerei zwischen dem 14. und 19. Jahrhundert dokumentierte. In dieser Privatsammlung – einer der größten der Welt – verbrachte er nicht nur viel Zeit, sondern gab sich dort ganz dem Studium der Gemälde und der kunsthistorischen Literatur hin. Wie als Unternehmer übte Heinrich auch als Kunstsammler Zurückhaltung gegenüber der Öffentlichkeit. Seine Galerie mit Werken von Weltrang besuchen zu dürfen, blieb nur sehr wenigen vergönnt.

Als Heinrich am 27. Juni 1947 starb, trat nicht sein ältester Sohn Stephan in seine Fußstapfen, den schon August Thyssen nur zu gerne in einer verantwortungsvollen Rolle als Unternehmer gesehen hätte. Die großen Erwartungen, die er in seinen Enkel setzte, erfüllten sich für ihn jedoch nicht. Stephan Thyssen-Bornemisza schlug keine Laufbahn in den Thyssen-Werken ein, erlebte allerdings in einem anderen Berufsfeld einen beachtlichen Aufstieg. Stephan entdeckte seine Begabungen in den Naturwissenschaften und schlug eine Karriere in Wissenschaft und Forschung ein. Nach Studium und Promotion nahm er 1938 einen Lehrauftrag für Geophysik an der Universität in Münster an. Ein Jahr vorher wurden auf der Pariser Weltausstellung seine Verdienste in der Forschung öffentlich gewürdigt. Das von ihm erfundene Gravimeter, das der Erschließung von Erdöllagerstätten dient, gehörte dort zu den preisgekrönten Objekten.

Die eigentliche Nachfolge des Vaters als Unternehmer und kunstbeflissener Sammler trat sein Sohn Hans-Heinrich an: Kosmopolit mit bewegter Lebensführung, zwischen hoher Kunst, dem weiblichen Geschlecht und seinen zahlreichen Unternehmen vagabundierend, avancierte er mit fünf Heiraten, vier Scheidungen und einem Leben im «Jet-Set» oft genug zu einem Titelhelden der Boulevard-Presse. Ganz im Gegensatz zu seinem Vater liebte Hans-Heinrich die Öffentlichkeit – was auch und gerade für die Kunst galt. Die wertvolle Sammlung in der Villa Favorita baute er mit Leidenschaft zur weltweit zweitgrößten Privatsammlung (hinter den Kunstschätzen des britischen Königshauses) aus und präsentierte die Werke immer wieder in Galerien und Kunsthallen. Als Unternehmer machte er oft genug durch spektakuläre Aktiengeschäfte von sich reden. Dabei verfolgte Hans-Heinrich seit den frühen 1970er Jahren die Strategie, sich von Wertpapieren deutscher Unternehmen in der Montanindustrie und im Schiffbau sowie von seinen Aktien inländischer Gas- und Wasserwerke weitgehend zu trennen. Sein Firmenimperium übertrug er schließlich am 18. April 1983 einem Trust unter der Geschäftsführung seines ältesten Sohnes Georg-Heinrich (der wie sein Großvater öffentliche Auftritte eher vermeidet), um sich im Gegenzug eine ansehnliche Beteiligung an den jährlichen Gewinnen der Thyssen-Bornemisza Group festschreiben zu lassen.

Wenn es auch nach dem Tod August Thyssens kein zusammenhängendes Firmenimperium mehr gab und dementsprechend von einer Dynastie zu sprechen wenig Sinn macht, so scheint der Familiengedanke immerhin fortzuleben. Auf eigenen Wunsch wurde Hans-Heinrich Thyssen-Bornemisza nach seinem Tod am 27. April 2002 auf Schloß Landsberg beigesetzt, und zwar in jenem Mausoleum, das bereits für August Thyssen, Fritz Thyssen und Heinrich Thyssen-Bornemisza zur letzten Ruhestätte wurde.

August Thyssen senior ist es somit trotz intensiver Bemühungen nicht gelungen, eine Dynastie zu begründen. Zwar ist der Name der heute weit verzweigten Familie weiterhin eng mit Reichtum, Exklusivität und Prominenz verknüpft; aber eine Dynastie bilden «die Thyssens», sollte es sie denn überhaupt geben, nicht. Die Gründe hierfür sind vielfältig, aber sie bestätigen die zuvor geäußerte Vermutung: Dynastiebildungen sind in der modernen Wirtschaft nicht die Regel, sondern die Ausnahme, und zwar eine derart voraussetzungsreiche Ausnahme, daß ihr Auftreten mehr als unwahrscheinlich ist und, wenn überhaupt, stets nur von begrenzter Dauer sein kann. Auffällig ist zunächst – und die Industrialisierungsforschung bestätigt dies durchweg –, daß das 19. Jahrhundert für Dynastiebildungen insofern überaus günstig war, als die frühen Unternehmen durchweg Familiengründungen waren, die vom Kapital und den Kompetenzen der beteiligten Familien entscheidend abhingen. Im Falle Thyssens ist dies ganz offensichtlich. Familien- und Unternehmensschicksal waren in gewisser Weise aneinandergekettet; es gab in diesem Sinne keine gegeneinander ausdifferenzierten Handlungsmuster, sondern sich jeweils stabilisierende Sphären. Die beteiligten Akteure wußten dies, und damit ist der zweite Faktor benannt: die normative Umsetzung des Zusammenhanges von Familie und Unternehmen in Karriere- und Handlungsleitbilder für die jeweils maßgebende und die nachwachsenden Generationen. Die Erhaltung von Unternehmen und Familienzusammenhang als Ideal des eigenen Leistungsstrebens paßte zudem reibungslos in den «bürgerlichen Wertehimmel»; fleißige Arbeit und gelingende Ehen wurden in einen geradezu existentiellen Zusammenhang gebracht, zumal die Ausbildung nur teilweise außerhalb des Verbandes von Familie und Unternehmen erfolgte. Ein dritter wesentlicher Faktor wird heute in der Regel vernachlässigt, doch dürfte er von ebenso großer Bedeutung gewesen sein: Die Unternehmerfamilien im 19. Jahrhundert bekamen genügend Kinder, um die Funktionsfähigkeit des familiären Komplexes auch dann noch zu gewährleisten, wenn einzelne Familienmitglieder ausscherten. Zwar konnte August Thyssen schon nicht mehr den Kinderreichtum seiner Eltern und Großeltern erreichen; aber immerhin hatte er noch vier Sprößlinge, während sein Ältester, Fritz, nur eine Tochter, der nächste August jun. keine Nachkommen und Heinrich zwei Söhne und zwei Töchter hatte. Damit sind jene Faktoren benannt, die den Aufstieg von Familie und Unternehmen ermöglichten, der seinerseits die Dynastiebildung, d. h. die Besetzung von Ämtern über Familienmitglieder, gestattete: Familien-Unternehmens-Konnex, bürgerliche Leistungs- und Familiensemantik als Leitorientierung, Kinderreichtum.

In diese «heile» Welt brach die Realität der modernen Gesellschaft seit den 1880er Jahren sukzessive ein und änderte Strukturen, Leitbilder und Verhaltensweisen derart, daß dynastieartige Familienkomplexe sich, von Ausnahmen abgesehen, auflösten. Im Falle der Thyssenschen Familie werden die allgemeinen und besonderen Momente dieses Wandels, die ja ineinander aufgehen, geradezu beispielhaft sichtbar. Zwar gestattete die Organisationsform der Thyssenschen Unternehmungen noch bis zur Mitte der 1920er Jahre die Besetzung von wichtigen Leitungsfunktionen durch Familienmitglieder; und auch faktisch hielt August Thyssen an den familiären Prinzipien bei der Besetzung von Führungspositionen fest, zumal er (und bis zu seinem Tod auch sein Bruder Joseph) an der autoritären Unternehmensführung von der Spitze her keinen Zweifel aufkommen ließ. Doch zeigte allein die rasche Expansion der Unternehmen seit den 1880er Jahren, daß allein auf Familienangehörige bei der Rekrutierung von Führungskräften nicht zurückgegriffen werden konnte. Wesentlicher aber wurde die Erfahrung der Überforderung der Kinder von August Thyssen, die trotz guter Ausbildung eben nicht unbedingt auch gute Unternehmer waren. Danach gab es einen familiären Einfluß auf das Unternehmen, der auch hätte dynastiebildend sein können, nicht mehr. Und auch dort, wo der formale familiäre Einfluß ungeschmälert blieb, ging der faktische Rekrutierungsprozeß von Führungskräften aufgrund von Heinrichs und Stephans Desinteresse andere Wege. Immerhin blieb hier der familiäre Anteil an der Unternehmensführung bis in die Gegenwart erhalten, aber von einer Dynastie läßt sich kaum sprechen. Bei der Wiederherstellung des Thyssen-Konzerns nach dem Zweiten Weltkrieg wurde der operative Einfluß der Familie weitgehend ausgeschlossen. Der Untergang des Imperiums von August Thyssen markierte mithin den wesentlichen Abbruch in der Dynastiebildung. Doch war es nicht allein der Wandel der Organisations- und Rechtsformen, der der Familiendynastie den Boden entzog. Schon August Thyssen hatte die Stabilität seiner eigenen Familie nicht mehr gewährleisten können: Die Scheidung von seiner Frau markierte einen kaum zu überschätzenden Bruch in der Geschichte der Familie. Einerseits zeigte sie die beschränkten Fähigkeiten August

Thyssens, neben der Arbeit auch ein angemessenes bürgerliches Familienleben zu entfalten – eine Beschränktheit, die er sich nach der Scheidung noch mehr auferlegte als zuvor. Andererseits legte das faktisch elternlose Aufwachsen der Kinder den Grundstock für zahllose spätere Konflikte zwischen dem Vater und seinen Söhnen sowie zwischen diesen. Der familiäre Zusammenhalt jedenfalls brach; und gerade die verstärkten Bemühungen von August Thyssen, ihn autoritär wiederherzustellen, trieben die Familie eher auseinander, zumal er sich nicht scheute, auch in den innersten Privatbereich der Söhne regulierend einzugreifen. Die Ablösungskonflikte der Thyssen-Kinder vom Vater erhielten so eine dreifache Schärfe: erstens waren sie familiär begründet, zweitens nahmen sie sehr rasch die Form einer Auseinandersetzung um Kompetenz, Führungsfähigkeit und Handlungsautonomie an, drittens schließlich wurden die Thyssen-Kinder in einem anderen Milieu und mit anderen Leitvorstellungen groß als ihr im Grunde asketischer, pflichtergebener Vater, dem die schöne neue Welt des Wilhelminismus nur Ablenkung von den Forderungen des Tages bedeutete. August Thyssen und seine Söhne erlebten diesen Wandel der Leitvorstellungen richtigen Lebens und Handelns als familiären Generationenkonflikt, in dem Unterschiede der Auffassungen schnell zu Charakterfragen moralisiert wurden, obwohl sozialhistorisch betrachtet der Niedergang der bürgerlichen Leitvorstellungen und deren Ersetzung durch eine zumindest in der Tendenz hedonistisch-synthetische Vorstellung des guten Lebens keineswegs auf individuelle charakterliche Merkmale zurückzuführen war. Doch wie dem auch sei: Diese Ablösungskonflikte in der Familie Thyssen paarten sich mit Weltkrieg, Inflation und Krise der Weimarer Republik zu einem Knäuel, in dem jede Dynastiebildung letztlich unvorstellbar wurde. Das Auseinanderfallen der Familie und das Aufgehen des Unternehmens im größeren Konzernverbund waren mithin gemeinsam daran beteiligt, daß aus «den Thyssens» keine Dynastie, sondern nur ein verwandtschaftlich vermittelter Zusammenhang einiger reicher Familien wurde.

Das Beispiel der Familie August Thyssens und der letztlich gescheiterte Versuch einer industriellen Dynastiebildung sind singulär und paradigmatisch zugleich, je nachdem, aus welcher Perspektive der sich hier vollziehende Strukturwandel betrachtet wird. Der Wandel zeigt die große Unwahrscheinlichkeit industrieller Dynastiebildungen zumindest über längere Zeit, da diese von zu vielen Voraussetzungen abhängen – Voraussetzungen zumal, die jeweils zueinander passen müssen (Unternehmensform, Familienstabilität, Kinderreichtum, geteilter Werthorizont, um nur die wichtigsten zu nennen). Gerade diese Vielfalt der Voraussetzungen war in der alteuropäischen Welt nicht erforderlich, auch wenn Dynastiebildungen hier nicht automatisch erfolgten. Doch war ihr Vorhandensein zumindest wahrscheinlich. Die Zerbrechlichkeit derartiger Zusammenhänge in der Moderne ist indes kein Defizit, da sich für dynastische Rekrutierungsverfahren längst funktionale Äquivalente gefunden haben, die zumeist eine höhere Leistungsfähigkeit besitzen. Diese funktionalen Äquivalente (Karrieremuster mit bürokratischen Inklusions- und Exklusionsmechanismen) machen freilich die moderne Gesellschaft und ihre Prozeduren weniger anschaulich; es mag hierin einer der Gründe liegen, warum Dynastien trotz ihrer faktischen Entbehrlichkeit und Fragilität immer wieder, wenn auch kurzzeitig, die gesteigerte Aufmerksamkeit der Medien finden. Und es erklärt vielleicht auch, warum das Sombartsche Bonmot von den erwerbenden, erhaltenden und durchbringenden Generationen so langlebig ist, wird hierdurch doch die anschauliche Vorstellung bedient, es handle sich bei den Problemen der Gegenwart vor allem um Charakterfragen.

Die Wagners

von Stefan Bodo Würffel

Name, Aura, Ritual

Die Familie Wagner trägt nicht nur einen bekannten Namen, sondern auch einen berühmten Vornamen: Richard. Jedenfalls hat sie bis heute an ihm zu tragen, denn wie in kaum einem anderen Fall definieren sich Persönlichkeit und Identität der einzelnen Familienmitglieder allein in Bezug auf den Ahnherrn, auf sein Werk und dessen andauernde Wirkung. Dieses nämlich hat auch gut hundertfünfzig Jahre nach seiner Entstehung nichts von seiner Attraktivität und seinem Polarisationspotential, nichts von seiner Aura und seiner rituellen Präsenz verloren.

Leben und Schaffen Richard Wagners (1813–1883) wecken bis heute ein nicht abreißendes Interesse und einen nicht enden wollenden Widerstreit der Stimmen und Meinungen, eine Mischung aus Bewunderung und Ablehnung, Faszination, Empörung und immerwährender Neugier. Weit vor dem der Familie schwankt das Bild des Komponisten in der Geschichte, kaleidoskopartig zersplitternd in zahllose Facetten, changierend zwischen Barrikadenkampf und Antisemitismus, Fürstenanbiederung und Künstlerwahn, Schulden und Theaterreform, Gesamtkunstwerk und Liebeshändel, seidenen Schlafröcken und maßlosem Egozentrismus. So gibt es Leitmotive des Lebens in Fülle: musikalische und literarische, politische und pseudoreligiöse, vor allem aber persönliche, die in die Werke einwandern und deren Wirkungszauber je nach Beleuchtung trüben oder erhellen, verdunkeln oder zum Strahlen bringen. Wo von Nachruhm nicht gesprochen werden kann, weil Person und Werk des Ahnherrn präsent bleiben, sind alle Träger gleichen Namens – Cosima (1837–1930), Siegfried (1869–1930) und Winifred (1897–1980), Wieland (1917–1966), Wolfgang (geb. 1919) und die anderen Enkel, erst recht aber die inzwischen ein gutes Dutzend umfassende Schar der Urenkel und Ururenkel – a priori nur die, die danach kommen.

Wagner, der umstrittenste Künstler der Moderne, ein Durchkreuzungsphänomen im Schnittpunkt vielfältiger kultureller und politischer Strömungen des neunzehnten Jahrhunderts: durch seine Wirkungsgeschichte im Deutschen Reich hat er nachhaltig auch das folgende zwanzigste bestimmt. Ja, er hat vorgelebt, was die nachfolgenden Generationen nie einholen oder gar übertreffen konnten, so begabte Theaterleute sie immer sein mochten und so viel Klatsch und Tratsch sich auch an ihre Fersen heftete.

Wagner, Säulenheiliger und Antityp in einem, mit vorspringendem Kinn und Zinkennase, klein und unendlich groß zugleich, Dichter und Diktator, ein Frauenschwarm auf kurzen Beinen – und wenn's um Geld ging für sich und für die eigene Kunst ein Schnorrer par excellence. Dazu ein Redner ohnegleichen, unablässig bramarbasierend sowohl im Privaten wie in der Öffentlichkeit. Noch die Abertausende von Lobes- und Verdammungsschriften einer Nachwelt, die Kränze flicht und Steine wirft, hallen wider von seinem Gesang und seinem Gezänk, sind geprägt von seinen pathetischen Ansprachen wie von seinen endlosen Liebes- und Haßtiraden, seinen Revolutions- und Theaterschreibereien, ganz zu schweigen von den schwer verdaulichen Schriften und Vorschriften zum Thema «Regeneration».

Wagner, der große Kopf auf gedrungenem Körper, der wahre Zauberer, hat seinen Beinamen dem – ob der übermächtigen Größe des Übervaters stets leicht irritiert wirkenden, halb entlaufenen, halb hingesunkenen – Schüler Thomas Mann vermacht. Dieses Vermächtnis macht Sinn, denn Thomas Mann hat Wagner am besten gekannt, am genauesten durchschaut, genauer noch als Nietzsche, dessen Wagner-Porträt, immer wieder von Blitzen durchzuckt, schließlich allen scharfen Umrissen zum Trotz im Dunkel der eigenen Götzendämmerung verglomm. Demgegenüber wurde das Wagner-Bild des eine Generation jüngeren Autors der Décadence und der deutschen Krankheit zum Tode immer heller und klarer, doch am Ende, als dem Autor des *Doktor Faustus* die fatale Wirkung des Komponisten peinvoll hervortrat, auch immer kritischer und distanzierter.

Wagner ist jedoch nicht nur präsent in den widerspruchsvollen Zeugnissen der stets neugierig-voyeuristischen Mit- und Nachwelt, er lebt nicht nur in den musikalischen Schulen, die von ihm zehrten und zehren, ja nicht einmal nur in der 1968 begonnenen, auf 69 Bände angelegten Monumental-Edition der Sämtlichen Werke (darunter knapp 9000 Briefe!). Vor allem ist Wagner präsent in einer Stadt, in der sich Erinnerung und fortdauernde Faszination brennspiegelartig durchmischen, Huldigung und Verdammung begegnen und dem Jahrhundertphänomen die Aura des zeitlos Ewigen zu sichern scheinen: Wagner in seinem Bayreuth ist Schaufenster-Ikone und Arno-Breker-Büste, Heerrufer und Festspielfanfare, Devisen bringender Geist des Ortes und ehrfürchtig verehrter Leichnam in seinem Privatgrab. Diese Wallfahrtsstätte liegt im fürstlichen Hofgarten hinter der im gründerzeitlichen Geschmack hochherrschaftlichen Villa «Wahnfried», die er bauen ließ für sich und die Seinen. Die Seinen – das waren seine zweite Frau Cosima, illegitime Tochter Franz Liszts und der Gräfin d'Agoult und geschiedene Frau von Bülow, und ihre fünf Kinder, von denen – je nach Zählung – zwei bzw. drei tatsächlich die seinen waren.

Seit 1930 teilt er das Grab mit seiner aristokratisch-internationalen zweiten Frau, zu Füßen der Neufundländer. «Hier ruht und wacht Wagners Russ» – gestorben am 2. Mai 1875 hat der treue Vierbeiner die Eröffnung der ersten Bayreuther Festspiele nicht mehr miterlebt. Er war ein Glied in einer langen Kette; nicht weniger als sechzehn folgsame Hundekreaturen hat der Hundenarr Wagner im Lauf seines Lebens um sich geschart: von Rüpel und Robber über Fips, Peps und Pohl, Marke und Brange bis zu Fafner und Freia, Fricka und Froh, letztere bellende Abbilder zentraler *Ring*-Figuren. Sie alle zählten gleichfalls zur Familie.

Seit Wagner mit seiner Familie 1874 die Villa bezog und dort im eigenen Theater auf dem Grünen Hügel zwei Jahre später die ersten Richard-Wagner-Festspiele veranstaltete, entwickelte sich das fränkische Residenzstädtchen Bayreuth zu einem der wirkungsmächtigsten Erinnerungsorte der Deutschen. Im jährlichen Ritual der Festspiele erneuern sich auch Ruhm und Aura der Familie. Das gilt weiterhin, selbst wenn man nicht mehr wie einst nach Bayreuth pilgert, als sei es Lourdes, sondern das Publikum des Event-Zeitalters das Spektakel der Festspiele als gehobenen Bildungskonsum in der Risikogesellschaft von heute goutiert. Dazu gehört unabdingbar die Präsenz der Wagner-Nachkommen, die zum Auftakt der Festspiele die Größen aus Politik, Wirtschaft, Business und Medienwelt empfangen wie einst der Vorfahr die Fürsten des In- und Auslandes, die Kunst, Kultur und Kult Bayreuths früh als repräsentationsträchtiges Dekor entdeckt hatten und entsprechend nutzten.

Das sorgsam gewahrte persönliche Ambiente im Umkreis des heutigen Festspielleiters, seiner zweiten Frau und seiner Tochter aus zweiter Ehe hält die Illusion aufrecht, daß sogar der bloße Zuschauer am Straßenrand einer Gruppe der gleich bzw. gut Gesinnten angehört. Darin überlebt ein Abglanz der Vision von jener Volksfamilie, die Wagner als Keimzelle einer neuen Volksgemeinschaft einst erträumt hatte und die sich doch bald als hohl erwiesen hatte: zuerst im kleinen Kreis der fanatisiert-chauvinistischen Altwagnerianer vor dem Ersten Weltkrieg, dann im massenwirksamen Politrummel der Festspiele im «Dritten Reich» und schliesslich im heute dominierenden Glanz der Schönen und Reichen sowie der Wagner-Jünger und -Bewunderer, die nach dem Vergabemodus der Festspielkarten alle zehn Jahre auch einmal dabei sein dürfen.

In der wechselvollen Geschichte dieser größeren Wagner-Familie mit ihren zwei Kreisen – dem esoterischen, zu dem heute vor allem der Kreis der finanzkräftigen Förderer der «Freunde von Bayreuth» gehört, und dem exoterischen, der seit je die schnell gewachsene Gemeinde der Wagner-Fans und Wagner-Freunde umfaßte – spiegeln sich zugleich Entwicklung und Seelenlage einer ganzen Nation in den letzten zweihundert Jahren auf paradigmatische Weise. Das gilt für das revolutionäre Aufbegehren des Frühsozialisten Richard Wagner, die Resignation des Bürgertums nach 1848 sowie den theatralischen Pomp, den der Wilhelminismus liebte. Doch auch das Götterdämmerungsszenario, dessen Vorspiel der Erste Weltkrieg bildete und das nach dem Wagner-Rausch des «Dritten Reiches» die Villa Wahnfried in Trümmer legte, ist hier angelegt. Und selbst die nüchternere Nachkriegszeit, die Bayreuth für einige Jahre von seinem angemaßten nationalen Bildungsauftrag suspendierte, bis nach der Wiederaufnahme der Festspiele 1951 mit der mythisch-psychologischen Neuinterpretation der Werke die Auseinandersetzung mit der fatalen Wirkungsgeschichte Wagners für viele Jahre neutralisiert wurde, ist hier für immer eingefangen. Alle diese Tendenzen und Entwicklungen spiegeln sich im wechselvollen Schicksal der großen Wagner-Familie, so wie der biographische Kontext der kleinen, der eigentlichen Familie Wagners bzw. des Wagner-Clans die gesellschaftlichen Umbrüche der Moderne von frühen, durchaus erstaunlichen Emanzipationsversuchen über die Etablierung einer pseudofeudalen Dynastie mit herrschaftlicher Stellvertreterfunktion bis hin zur familiären und sozialen Ausdifferenzierung in der Enkel- und Urenkelgeneration nachzeichnet.

Schauspielerei und Ehebruch, Kindsverleugnung und erotische Techtelmechtel, unterdrückte Homosexualität und Tantenquerelen, Bruderzwist und Verstoßung der Nachkommen, Hausverbote und symbolischer Vatermord: all das wirkt nicht nur wie eine permanente Fortsetzung des Werkes ins Leben hinein, es sicherte und sichert der Familie über Generationen hinweg das Interesse der Öffentlichkeit. Diese nimmt, selbst wenn sie kaum die Musik, kaum das Theater Richard Wagners kennt, begierig am Geschick des zum Mythos gewordenen Ortes und seiner berühmten Familie Anteil. Ahnherr und Sippe bieten somit Identifikationsangebote und Überlebensstrategien in Fülle. Dabei spielt Richard Wagner die Rolle des Praeceptor Germaniae und des deutschen Ärgernisses in einem. Seine Familie hingegen tritt als ein Atridenclan auf, der nicht von den Göttern geschlagen, sondern von der deutschen Geschichte gezeichnet wurde – beginnend mit den sogenannten Befreiungskriegen gegen Napoleon, in welche die Geburt des Familienstifters fiel.

Kulissenzauber, Talent und Charakter

Wagner, der sein Geburtsjahr 1813 mit den Dramatikern Otto Ludwig, Friedrich Hebbel, Georg Büchner und Giuseppe Verdi teilt, wird hineingeboren ins Schauspieler- und Künstlermilieu der bereits damals umtriebigen Messestadt Leipzig. In seiner Familie hatten sich bislang Beamtentugenden mit künstlerischen Begabungen glücklich gemischt; so hatte es der Großvater Gottlob Friedrich Wagner zum Steuereinnehmer gebracht, während dem Vater Karl Friedrich Wilhelm (1770–1813) als Polizeiaktuarius gleichfalls eine Karriere im Staatsdienst zu winken schien. Wagner erbte die künstlerischen Fähigkeiten der Eltern: die des «unbekannten», weil noch im Geburtsjahr verstorbenen Vaters, eines leidenschaftlichen Theaterliebhabers, der selbst auf der Laienbühne am Leipziger Markt gespielt hatte, und der Mutter Johanna Rosine (1774–1848), die gleichfalls in ihrer Jugend Theatererfahrung gesammelt hatte. Als sie ein Jahr nach dem Tod ihres Mannes den Schauspieler Ludwig Heinrich Christian Geyer (1779–1821) heiratete, nahm die Theaterwelt endgültig die Familie in Beschlag. Ja, der junge Wagner wuchs buchstäblich zwischen den Kulissen des nicht weniger theatergesättigten Dresden auf, wohin die Familie Geyer gefolgt war, und hing dort an den Rockschößen des geliebten Stiefvaters, der auch als Dichter und Porträtmaler reüssierte. Theater und Familie waren eins; von den sechs älteren Geschwistern schlugen nicht weniger als vier den Weg auf die Bühnenbretter ein. Der älteste Bruder Albert, lange als Tenor an verschiedenen Häusern tätig, wurde Regisseur an der Hofoper in Berlin. Die Schwestern Rosalie und Luise waren in den späten zwanziger Jahren am Leipziger Theater engagiert. Und die dritte Schwester Klara sang bereits im Alter von sechzehn Jahren an der italienischen Hofoper in Dresden. Die Stieftochter des Bruders schließlich, Johanna, eine hochbegabte Singschauspielerin – in den Jahren zwischen 1844 und 1851 als jugendlich-dramatischer Sopran am Dresdner Hoftheater und 1845 Wagners erste Elisabeth in der Uraufführung des *Tannhäuser* – wirkte noch bei den ersten Bayreuther Festspielen als Walküre und Norn im *Ring des Nibelungen* mit.

Die Welt als Kulisse und Künstlerkontakte zuhauf: das bedeutete eine Theatersozialisation, die weitgehend die Schule ersetzte, auch nachdem der geliebte Stiefvater 1821 gestorben war. Die gleichsam doppelte Vaterschaft hat früh Anlaß zu Spekulationen gegeben, wer nun eigentlich der Erzeuger gewesen sei. Bekannt ist Nietzsches spöttisch-denuziatorische Fußnote im «Fall Wagner», «Ein Geyer ist beinahe schon ein Adler», die eine jüdische Abkunft unterstellte. Doch dafür fand sich ebenso wenig ein Anhaltspunkt wie für eine vermeintliche Vaterschaft Geyers.

An die Stelle eines systematischen Bildungsprozesses tritt das unersättliche wahllose Lesen, das unablässige Schauen und Hören schon des Schülers. Dieser versucht, Webers *Freischütz* mit Freunden nachzuspielen, und bastelt dafür alle Kulissen selbst: ein Theaterherrscher im kleinen, wie er später einer im großen werden wird als Komponist und Dirigent, als Dramatiker und Impresario. Das «wilde» Studium der Klassiker, der alten wie der neuen, dient von früh an dem einen Zweck, Theater nicht nur zu spielen, sondern Theater zu schaffen. Das gelingt dem Fünfzehnjährigen mit seinem Trauerspiel *Leubald*, in dem nicht weniger als vierzehn dramatis personae zu Tode kommen, allerdings zunächst nur unvollkommen.

Als Wagner 1831 als Student der Musik an die Universität Leipzig wechselt, tut er es ohne Abiturzeugnis. Und die sprunghafte Arbeitsweise bestimmt selbst noch das Musikstudium, dessen Theoriestunden den angehenden Komponisten weit weniger ansprechen als die Aufführungen von Beethovens *Fidelio* und der *Siebten Sinfonie*. Wagner, zu dieser Zeit kaum mehr als ein talentierter Dilettant, wird früh getrieben von dem Versuch, Wort und Musik zu verbinden im Geist der romantischen Universalbegabung E. T. A. Hoffmanns, dem dritten musikdramatischen Vorbild neben Weber und Beethoven. Was ihm an systematischer Ausbildung fehlt, das wird er sich – jenseits aller Schulen – im Eigenstudium erwerben. Die ersten ernst zu nehmenden Werke, das unvollendete Opernprojekt *Die Hochzeit* (1832) und die vollendete Oper *Die Feen* (1833) zeugen davon.

Das bohèmehafte Leben, das die erste Lebenshälfte Wagners kennzeichnet, ist nicht ein Ergebnis des zunächst ausbleibenden künstlerischen Erfolgs, auch nicht eine Konsequenz der revolutionären Aktionen im aufgewühlten Dresden des Jahres 1849 und der damit verbundenen Flucht ins Exil. Es ist ihm gleichsam in die Wiege gelegt. Die Geburt des Künstlers vollzieht sich aus dem Geist des Theaters, ein in deutschen Landen weit weniger häufiger Bildungshintergrund als das protestantische Pfarrhaus oder die theologischen Stifte in Tübingen und Schulpforta, deren Schüler die deutsche Kulturszene bis ins zwanzigste Jahrhundert hinein nachhaltig geprägt haben.

Ein zweites, kaum weniger bemerkenswertes Sozialisationsmoment, das den Zeitgenossen wie den späteren Generationen gleichermaßen ins Auge sticht, ist die Dominanz der Frauen. Sie tritt schon in frühester Jugend nach dem Tod des Vaters und dem des geliebten Stiefvaters hervor; wichtig ist sie vor allem im Hinblick auf die vielen Frauenbilder des späteren Werkes und ihres fast immer vorhandenen Erlösungsauftrags. Richard, der Vielgeliebte und Vielliebende, von früh an von seidenen Stoffen umgeben, vom warmen Atem der Schwestern unwiderstehlich angezogen, wie er im eigenen Lebensbericht vermerkt, und im Alter von zunehmender Putz- und Prunksucht getrieben, die man als Einbettung im Mütterlichen zu erklären versuchte – er hat sich zeitlebens die Liebe zu den Frauen bewahrt. Männer hingegen, so nützlich sie ihm stets waren, zogen ihn im Gegensatz zu seinem anders veranlagten Sohn nicht an. Der schwülstige, zuweilen homoerotisch schillernde Briefwechsel mit dem jugendlichen König von Bayern war nichts anderes als kalkulierte Verstellung.

War das Theater die erste Bildungsstätte, so wurde die Politik, die mit der Julirevolution nach Heines Wort die Zeit «gleichsam in zwei Hälften auseinandersprengte», die zweite Schule des jungen Wagner. Die frühe Theaterbegeisterung erfuhr ihre inhaltlich-thematische Grundlegung, die zunächst ganz unbestimmt avisierte Kunstrevolution wurde zunehmend mit der politischen Revolution zusammengedacht. Diese Verbindung sollte sein Werk bis weit über die Lebensmitte prägen und die frühen Kompositionen, das 1835/36 entstehende *Liebesverbot* und die *Polonia-* und *Britannia-Ouvertüren*, ebenso bestimmen wie sein individuelles Studienprogramm zwischen Heine und Laube (den er in Leipzig kennenlernte), Heinses *Ardinghello* und Bulwer-Lyttons *Cola Rienzi*, die Vorlage für seine spätere Oper. Das war oppositionelle Lektüre ganz im Sinne Heines; diese Texte schwärmten für bürgerliche Freiheit, sinnliche Liebe und sexuelle Emanzipation.

So verwundert es nicht, daß der, für den das Theater die früheste Liebe darstellte, seine erste Liebe auf dem Theater fand. In Magdeburg begegnete der frisch berufene Musikdirektor der ersten Liebhaberin der Bühne, der fast vier Jahre älteren, schönen und begehrten Schauspielerin Minna Planer (1809–1866), die er zwei Jahre später im November 1836 in Königsberg heiratete.

Frauenliebe und -leben

Es gehört zu den Eigenheiten der Wagnerschen Familienstory, daß ihr im Rückblick eine Folgerichtigkeit zugeschrieben wurde, die ihr in Wahrheit abging. Es gab eine Familie Wagner vor Cosima, eine Familie mit einer unehelichen Stieftochter Minnas, die als ihre Schwester ausgeben wurde und mit den Wagners durch die Lande zog, mit Eifersuchts- und Versöhnungsszenen der Liebenden und wahrscheinlich auch mit einer Fehlgeburt Minnas auf der Flucht von Riga nach London 1839: Hunde und Papageien ersetzten fortan die nicht vorhandenen Kinder.

Minna Planer, mit Wagner immerhin dreißig Jahre lang verheiratet, die Begleiterin der frühen Mißerfolge und Erfolge in den Jahren, in denen Wagners gesamtes musikdramatisches Werk konzipiert wurde, war das erste Opfer der späteren Datierung der Familiengeschichte. Diese begann nach der Bayreuther Zählung erst mit der Verbindung Wagners mit Cosima. Durch die Fokussierung auf die «heilige Familie» war diese eigentümliche Abart der Hagiographie bestrebt, all die ins Dunkel zu verweisen, die einen Schatten auf das stilisierte Familienidyll werfen konnten. Der Abbé Franz Liszt hat in späteren Jahren ebenso darunter gelitten wie seine Enkelin Isolde (1865–1919), der man den Namen Wagner vorenthielt. Franz Beidler (1872–1930), ihr Mann, wurde als unliebsamer Konkurrent Siegfrieds aus Bayreuth vergrault, dessen Sohn Franz Wilhelm Beidler (1901–1981) nach dem Zweiten Weltkrieg in gebotener Distanz vom

Festspielgeschehen gehalten. Nach demselben Muster wurde der im selben Jahr geborene uneheliche Sohn Siegfrieds vor der Öffentlichkeit verborgen. Ja, selbst den legitimen Erben von Bayreuth ereilte ein ähnliches Schicksal, wurde Siegfried Wagners durchaus eigenständiges Werk doch bewußt nicht zur Kenntnis genommen, so wie Bayreuth lange Zeit die selbständige Position von Siegfrieds Tochter Friedelind nicht zu respektieren vermochte.

Der neurotische Zwang, den Cosima in späteren Jahren nach dem Tod ihres Mannes vorgelebt hat, ganz im Dienst an einer Person, einem Werk, einer Sache aufzugehen, führte früh zu Verstoßungen, ja regelrechten Ausschlußverfahren. Sie wurden gegen unbotmäßige Familienmitglieder ebenso angestrengt wie der Abtrünnigkeit verdächtige Freunde, von Künstlern und anderen, die gleichsam fremdgingen, gar nicht zu reden. Die Bayreuther Familie mutierte am Ende des 19. Jahrhunderts zur geschlossenen Runde mit allen entsprechenden gruppendynamischen Eigenheiten, durchaus dem George-Kreis vergleichbar und wie dieser getragen und geleitet von einem kulturpolitischen Auftrag, der keinen Widerspruch, schon gar keinen Abfall duldete und auf jede Art von Konkurrenz allergisch reagierte.

Wie aber sollte die Familienhistoriographie mit all den Frauen umgehen, die nach Minna kamen und unter denen diese selbst schon gelitten hatte? Sie alle stellen sich als wechselnde Projektionen von Wagners männlichem Blick auf das «Weib der Zukunft» dar, von dem er zeitlebens schwärmte und dessen er zweifellos bedurfte als fortgesetzte erotische Faszination, als Inspirationsquelle und als Utopie eines Idealbildes.

Die Reihe dieser Liaisons und der von ihnen verursachten Skandale ist lang. Jessie Lassot, die von Wagner begeisterte Frau eines Weinhändlers in Bordeaux, wollte mit ihrem Idol 1850 nach Griechenland durchbrennen. Mathilde Wesendonck (1828–1902) hingegen war die herausragende Muse in der Nachbarschaft; in den Jahren 1853 bis 1859 lebte Wagner in ihrer und ihres angetrauten Gatten, des Seidenhändlers Otto Wesendonck, seines großzügigen Mäzens, unmittelbarer Nähe, bis der Skandal nicht mehr haltbar, nicht mehr lebbar war. Danach kamen die beiden attraktiven und unverheirateten Damen Meyer und Maier, Friederike, die Frankfurter Schauspielerin und Mathilde, die Mainzer Notarstochter, die man mit der Eva der *Meistersinger* verglichen hat – beide Bekanntschaften fallen ins Jahr 1862. Ihre Fortsetzung findet des Komponisten Musenkette mit der erotischen Faszination durch Judith Gautier (1846–1917), Tochter des Schriftstellers Théophile Gautier, die Wagner schon in Tribschen bei Luzern und dann während der Festspiele des Jahres 1876 besucht hatte. Und an ihrem Ende steht die letzte vage Versuchung in Venedig, das Bayreuther Blumenmädchen Carrie Pringle – allesamt Figuren wie aus der Schönheitsgalerie Ludwigs I.

Doch alle verblassen wie die Namen Parsifals – «Ich hatte viele, doch weiß ich derer keinen mehr». Sie treten zurück wie Minna, die sinnenfrohe, begabte Schauspielerin, die Wagner die Wirtschaft zu führen verstand, auch wenn keine da war. Sie war die klassische Lebensabschnittsgefährtin, wie eine neuere Biographie sie nennt, Mutter, Schwester und Geliebte, in späteren Jahren, als Wagner im Deutschen Reich persona non grata war, auch getreue Berichterstatterin der Aufführungen seiner Werke. In dieser Künstlerehe hatte er sie lange nötiger als sie ihn, und sei es als Arrangeurin der bescheidenen Pariser Soireen, die für die Kontakte Wagners auf der Suche nach Anstellung und Protektion in den langen Jahren des Wanderlebens so wichtig waren.

Minna überstand Flucht und Verfolgung durch Gläubiger, suchte Wohnungen, löste sie auf und suchte von neuem. Doch sie verwand nie, daß die Zeit der Ruhe und des gesicherten Lebens, die Jahre der Anerkennung und des festen Berufs im königlichen Dresden durch den Auftritt ihres Gatten auf den Barrikaden des Revolutionsjahres 1849 so schnell vorbei waren. Dieser persönliche und gesellschaftliche Bruch war der eigentliche Grund der sich jetzt schnell einstellenden Entfremdung, wichtiger und tiefgehender als die von beiden Seiten zu verantwortenden Temperamentsausbrüche. Nach allem, was wir wissen, ist sie, die ihn wohl wirklich geliebt hat, an ihm zu Grunde gegangen, während er, fern in Frankreich, unfähig war, im Januar 1866 zu ihrem Begräbnis nach Dresden zu reisen. Statt dessen übertrug er die Trauer gleichsam stellvertretend auf seinen in jenen Tagen ebenfalls verstorbenen Hund. Für Minna war die letzte Zeit nach den Jahrzehnten rastlosen Umherziehens zwischen Paris und Dresden, Zürich und Venedig, nach den langen Trennungsphasen, in denen Wagner sie von fern versorgte und sie ihn immer wieder vor Verleumdungen in Schutz nahm sowie nach den wechselnden Erfolgen und Mißerfolgen seiner Opern wohl wirklich ein Hundeleben gewesen; hatte sie den frühen «Rienzi» noch geliebt, so wurde ihr die spätere Musik fremd – wie ihr Mann.

Als Wagner vom Tod Minnas erfährt, ist zwar noch immer keine Familie in Sicht, wohl aber seit einiger Zeit die Protektion des jungen Bayernkönigs Ludwig II. (1845–1886) vorhanden. Das Verhältnis zum homophil veranlagten Monarchen, der wie ein deus ex machina auf der Bühne als Retter auftauchte, ist von Anfang an weniger durch Wagners exzessiven Geld- und Gunstbedarf gefährdet – beides wird ihm im Übermaß gewährt –, als vielmehr durch die lange verschleierte Beziehung Wagners zu Cosima von Bülow (1837–1930), der Frau seines begeisterten Anhängers und Adepten Hans von Bülow (1830–1894). Was zumindest zeitweilig Wagners herausragende Position am bayerischen Hof in Frage stellt, ist letztlich eine Liebesgeschichte, die das Zeug zum Roman hat; zu einer solchen Stilisierung neigt Wagners dem König zugeeignete Autobiographie *Mein Leben* ohnehin ebenso wie die Dichtung und Wahrheit munter mischenden Biographien späterer Wagner-Apologeten.

Durch diese Liaison knüpfte der Komponist eine indirekte Verbindung zu französischen Hofadelskreisen. Cosimas Mutter, die Gräfin Marie d'Agoult (1805–1876), gehörte nämlich kraft Geburt dieser Elite an, war allerdings aus ihr vielfältig ausgebrochen. Sie hatte eine standesgemäße Ehe verlassen, ihr Kind zurückgelassen und war statt dessen eine Beziehung zum sechs Jahre jüngeren Klaviervirtuosen Franz Liszt (1811–1886) eingegangen, mit dem sie drei Kinder – neben Cosima die ältere Tochter Blandine und den jüngeren Sohn Daniel – hatte. Das war eine Skandal- und Emanzipationsgeschichte in einem und markierte den entscheidenden Schritt der Comtesse auf dem Weg zur selbstbewußten Schriftstellerin und Historikerin. Als solche publizierte sie unter dem Namen Daniel Stern 1845 nicht nur den kaum verschlüsselten Liebesroman *Nélida*, sondern stellte darüber hinaus mit den *Lettres républicaines* (1848) und der Revolutionsstudie *Histoire de la révolution de 1848* (1851–1853) ihre der Zeit weit vorauseilende progressive Gesinnung nachdrücklich unter Beweis. Mit ihrem Tod im ersten Festspieljahr 1876 verschwand die letzte, wenngleich nur noch höchst indirekte Erinnerung an die Revolution, von der Wagner einst ausgegangen war, endgültig aus dem Bannkreis Bayreuths.

Bohème statt Adel, Gouvernanten statt Eltern, Wanderschaft statt Zuhause: auch für Cosima gab es die Familie nicht. Das mag wie bei Wagner die Sehnsucht nach der Dynastie erklären, die erst mit der Geburt Siegfrieds, des Sohnes, und dem Umzug nach Bayreuth als dem eigentlichen, dem endgültigen Stammsitz gestillt wurde. Hin- und her gerissen zwischen der emanzipiert-souveränen Mutter, der sie nach französischem Recht nicht einmal zugehört, und dem virtuos-brillierenden Vater, den sie selten zu Gesicht bekommt, ersetzt ihr die angelernte Weltläufigkeit das unbekannte Familienleben, der französisch akzentuierte Kosmopolitismus das nicht vorhandene Vaterland. Cosimas spätere Germanophilie entspringt dem, was ihr Kindheit und Jugend vorenthielten.

Als der junge Dirigent aus preußischem Adel Hans von Bülow, Liszts legitimer Erbe, der achtzehnjährigen Cosima in Berlin begegnet, sich 1855 mit seiner Klavierschülerin verlobt und sie zwei Jahre später heiratet, handelt es sich um eine Verbindung, die einem Ausbruchsversuch ähnlicher ist als einer Liebesbeziehung. Cosima selbst betrachtete diese Beziehung im Rückblick mit schlechtem Gewissen und zugleich mit großem Erstaunen. Denn als sie sich zwölf Jahre später von ihrem Gatten trennte, hatten die beiden noch gar nicht richtig zusammengelebt, auch nach der Geburt der beiden Töchter Daniela (1860–1940) und Blandine (1863–1941) ging dem hochtalentierten, musikbesessenen und dabei unsteten Bülow nach Cosimas Wort jeder Familiensinn ab.

Welch ein Kontrast zur Verbindung mit Wagner! Zweifellos hat die Erfahrung der Illegitimität – die freie Liebe der Eltern, auch die nicht legalisierte Beziehung, in der Liszt später mit der Fürstin Wittgenstein lebte – der jungen Frau geholfen, die Verwirrung der Gefühle über ein Jahrzehnt lang durchzustehen. Von der Hochzeitsreise, als die Bülows bei Wagner in Zürich Station machten, über das in der Autobiographie von Wagner zum «Bekenntnis, uns einzig anzugehören» stilisierte Gelöbnis im November 1863 in Berlin bis zur Heirat zwischen Wagner und Cosima 1870 in Luzern entwickelte sich dieser fortgesetzte und fortgesetzt verleugnete Ehebruch zu einem Gesellschaftsdrama, dessen Öffentlichkeitswirkung nur mit Mühe klein gehalten werden konnte.

Die Wirren, die der Heirat vorausgingen, haben die Beziehung nie gefährdet, sondern erst eigentlich begründet. Ja, sie haben entschieden beigetragen zur späteren Stilisierung dieser Verbindung als seltenes, hohes, ja einmaliges Ereignis, von dem Wagner noch am Vorabend seines Todes nach Cosimas Überlieferung schwärmte: «Alle 5000 Jahre glückt es!»

Dynastie, Regie und Kult

1864 ist die entscheidende Etappe auf dem Weg zur Etablierung der späteren Festspiele. Die unerwartete Berufung durch den jungverträumten bayrischen König gibt Wagners vermessenen Träumen vom eigenen Theater eine Richtung. Und nachdem sich die Münchener Theaterpläne, die eigenen und die des Revolutionsarchitekten, des einstigen Barrikadenbauers Semper, zerschlagen haben, macht Hans Richter den zum Hofkomponisten Avancierten auf Bayreuth aufmerksam: die Weichen sind gestellt.

Ins folgende Jahr fällt schließlich die Gründung der Wagnerschen Dynastie. Am 10. April 1865 wird die Tochter Isolde (1865–1919) geboren, offiziell die Tochter Bülows, in Wahrheit die erste Vertreterin der zweiten Wagner-Generation; zwei Jahre darauf folgt ihr die zweite Tochter Eva (1867–1942). Die Erbfolge freilich ist endgültig erst mit der Geburt Siegfrieds (1869–1930) gesichert. Wagner gedenkt des Ereignisses am Weihnachtstag des Jahres 1870 mit dem *Siegfried-Idyll*, das in seltsamem Kontrast zum Schlachtenlärm des deutsch-französischen Krieges zu Cosimas Geburtstag erklingt. Dieses Stück ist die Initiationsmusik der Wagner-Dynastie, in ihrer kammermusikalischen Differenziertheit und Durchsichtigkeit ein durchaus bewegender Kontrapunkt zu den Riesenpartituren der inzwischen immer

Es ist erreicht: Richard Wagner in Bayreuth 1881. Das Gruppenbild auf der Gartentreppe von «Wahnfried» zeigt (v.l.n.r.) Blandine und Isolde von Bülow, Heinrich von Stein, Cosima Wagner, Daniela von Bülow, Richard Wagner, Eva und Siegfried Wagner sowie Paul von Joukowsky.

häufiger aufgeführten, gleichwohl nie unumstrittenen Musikdramen des Meisters, wie er nun tituliert wird.

Cosima, vierundzwanzig Jahre jünger als ihr Mann, gebildet, aber nicht eigentlich kreativ, sollte in ihrem Einfluß auf diesen gleichwohl nicht unterschätzt werden. Schon zu seinen Lebzeiten, nicht erst nach seinem Tod, als sie die Belange der Familie wie die der Festspiele entschlossen in die Hand nimmt, hat die lebenserfahrene

Frau entscheidend auf ihren Gatten eingewirkt. Deutlich wird das bei der Abfassung des Textbuches zu den *Meistersingern*, als Cosima den Dichter-Komponisten überredet, in die Schlußansprache des Hans Sachs die nationalistisch klingenden Passagen mit antifranzösischer Akzentuierung aufzunehmen. Diese haben nicht nur die Wirkungsgeschichte des Werkes, sondern die Rezeptionsgeschichte Wagners insgesamt belastet. Zusammen mit dem offenen Antisemitismus des späteren Bayreuther Kreises bilden sie den Ausgangspunkt der Diskussion um Wagner bis heute.

Die familiäre Obdachlosigkeit der Liszttochter hatte nicht nur den überstürzten Sprung in die Ehe mit Bülow verursacht, sie führte, weittragender und ungleich verhängnisvoller, auch zum salto mortale in den sich im neuen Deutschen Reich rasch ausbreitenden Chauvinismus und den nun auch rassistisch begründeten Antisemitismus. Für diesen stellte Wilhelm Marr 1879, drei Jahre nach der Eröffnung der Bayreuther Festspiele, die entsprechenden Vokabeln bereit. Cosimas eigentliche Stunde freilich schlägt nach dem Tod Wagners in Venedig am 13. Februar 1883. Nachdem sie die offizielle Trauerfeier im heimischen Bayreuth ignoriert und nur an der Beisetzung Wagners im Hofgarten hinter Wahnfried teilgenommen hat, beginnt im Alter von fünfundvierzig Jahren ihr zweites Leben. Es wird länger dauern als das erste. Kaum jemand hatte damit rechnen können, daß Cosima die Nachfolge Wagners als Festspielleiterin in Bayreuth antreten würde. Was hätte sie dafür prädestiniert?! Mit Wagners Gedankenwelt zweifellos zutiefst vertraut – das belegen ihre in den siebziger Jahren des letzten Jahrhunderts veröffentlichten Tagebücher –, war ihr jedoch jede theaterpraktische Erfahrung fremd. Und wenn auch im Gegensatz zum finanziellen Fiasko der Festspieleröffnung 1876 das zweite Festspieljahr 1882 mit der Uraufführung des *Parsifal* nicht nur zu einem künstlerischen, sondern erstaunlicherweise auch zu einem wirtschaftlichen Erfolg geworden war, so konnte die Zukunft des Unternehmens Bayreuth doch kaum schon als gesichert gelten und verlangte einen Intendanten von Format, sollte es überleben.

Der weltgewandt auftretenden, mit ihrer beachtlichen Körpergröße durchaus elegant erscheinenden Witwe Richard Wagners, die

Stefan Bodo Würffel

an seiner Seite gelernt hatte, die zeitlebens bewahrte Scheu- und Schüchternheit hinter einer hoheitsvoll distanzierten Attitüde zu verbergen, gelang indes, was ihr zuvor kaum jemand zugetraut hatte. Sie sicherte die Fortführung der Festspiele, mehr noch: die für Jahrzehnte gültig-vorbildliche Inszenierung der für Bayreuth bestimmten Musikdramen Wagners, angefangen mit der Wiederaufnahme des *Parsifal* 1884, dem zwei Jahre später der *Tristan* folgte. Als sie 1901 den Zyklus mit der Inszenierung des *Fliegenden Holländer* abschließt und fünf Jahre später nach einer zweiten Inszenierung des *Tristan* die Leitung der Festspiele an ihren Sohn übergibt, hat sie in den gut zwanzig Jahren ihrer Intendanz nicht nur das Gesamtwerk Wagners in Szene gesetzt, sondern mit den insgesamt zweihundertzweiundfünfzig Aufführungen Bayreuth zu einem Theater mit internationaler Ausstrahlung, zur unbestritten ersten Bühne für die Werke Wagners gemacht. Das Publikum dankte es ihr; es wurde zunehmend chic, nach Bayreuth zu pilgern, Wagners Musik zu hören, aber auch die «hohe Frau» zu sehen, die das Erbe verwaltete.

So war Cosima die erste der starken Wagner-Frauen, die, angeheiratet wie später Winifred, die Frau Siegfrieds, und Gertrud, die Frau Wielands, der künstlerischen Veranlagung ihrer Männer ein handfest-praktisches Moment hinzufügten: zumeist standfest und ellenbogenstark und eben deshalb in einer von Männern dominierten Welt von diesen bewundert. Was Cosima nicht selbst kann, das gelingt ihr mittels all jener männlichen Helfer, die sie sich zunutze macht. Das fängt bei den zehn Dirigenten an, mit denen sie in den zwanzig Jahren von 1886 bis 1906 zusammenarbeitet. Siegfried, ihr Sohn, ist der sechste in der Reihe bemerkenswerter, durchaus auch eigensinniger, in jedem Fall qualitätsbewußter Orchesterchefs.

Erstaunlich ist, daß sie, die nie auf der Bühne gestanden hatte, keinen Regisseur brauchte, sondern selbst in diese Rolle zu schlüpfen vermochte, selbst wenn es sich dabei nicht um Regie im heute geläufigen Sinne handelte, schon gar nicht um Regietheater. Schon 1876 bei der ersten *Ring*-Aufführung hatte sie an der Seite Wagners in theatertechnische Details eingegriffen, die Kostüme bestimmt und 1882 bei der *Parsifal*-Uraufführung keine Probe versäumt, helfend und einspringend, wenn immer es nötig war. Genügte das für die spätere Aufgabe? Es hat genügt, nicht nur ihren eigenen Ansprüchen, sondern auch denen der internationalen Kritik. Insofern war Cosima zweifellos ein Glücksfall nachschöpferischer Intelligenz, kaum innovativ beflügelt, aber nachdrücklich geprägt durch den Auftrag, Wort und Gedanke, Bild und Phantasie Wagners so getreu wie irgend möglich für die Nachwelt, ja für die Ewigkeit zu bewahren. Daher rührte das eigentümlich Statische und Auratische, das diesen Inszenierungen anhaftete. Das Theater wurde zum Gralsdienst. Tatsächlich könnten die einzigen Worte Kundrys im letzten *Parsifal*-Akt, ihr zweifaches «Dienen, dienen», das Motto abgeben für die zweite Lebenshälfte der Cosima Wagner, die zugleich ihr eigenes, ihr eigentliches Lebenswerk war.

Dazu gehörte nicht zuletzt die systematische Begründung eines Wagner-Kultes, der Bayreuth in der Folge kaum weniger belasten sollte als ihre tatkräftige Förderung all der Bestrebungen im Wilhelminischen Reich, «die große Sache Richard Wagners […] mehr und mehr zu einer wahrhaft *nationalen Sache* werden zu lassen» (Hans von Wolzogen, 1885). Mit der Reaktualisierung der germanischen Mythologie kam Bayreuth gegen Ende des Jahrhunderts der verstärkten Suche nach nationaler Identität und weltpolitischer Größe im Deutschen Reich entgegen – um so mehr, als für dieses die «deutsche Zukunft […] das deutsche Mittelalter war.» (Hagen Schulze). Die von Bayreuth ausgehende Mythentransformation aus der Sage auf Theater war dabei auch deshalb so wirkungsvoll, weil die Kunst – nicht ganz so, wie es Wagner in seinen Kunstschriften gemeint hatte – an die Stelle der Politik getreten war. Genauer: sie hatte sich als politische Ersatzhandlung bzw. Ersatzwelt etabliert. Und in diese zog sich das in seiner Bedeutung zunehmend marginalisierte Bildungsbürgertum zurück, das die meisten der Bayreuth-Besucher stellte. In der Kunst, ihren künstlichen Paradiesen und germanischen Gegenwelten hoffte es zu finden, was ihm die Gesellschaft der Epoche mehr und mehr verweigerte.

Die Stilisierung Wagners zur zweiten Leitgestalt dieser Jahre neben Bismarck, dem «eisernen Kanzler», war in erster Linie Cosimas Werk. Dementsprechend war sie bemüht, jeden Brief, jedes Dokument und jedes Manuskript nach Bayreuth zurückzuholen; auf dieser Grundlage sollte sich das Mausoleum errichten lassen, das die Villa «Wahnfried» in den folgenden Jahren auch wurde. Darüber hinaus griff sie entschieden in die Dokumente ein, d. h. sie zensierte und veränderte, wo immer von ihnen ein Schatten auf Wagners überlebensgroßes Bild zu fallen schien. Dieses manipulative Verfahren hat die Wagner-Forschung bis weit ins zwanzigste Jahrhundert nachhaltig belastet.

Doch geht, wie kaum verwunderlich, diese Arbeit am Mythos nicht ohne Blessuren ab. Das gilt für die breitgetretenen Prozesse um die Erbansprüche der Tochter Isolde und um das *Parsifal*-Schutzrecht. Geht auch der zweite verloren und lehnt der Reichstag eine «Lex Parsifal» ab, die das Schutzrecht für Wagners letztes Werk verlängert hätte, so gewinnt sie doch den ersten. Dieser schließt Wagners Tochter Isolde, die den Namen von Bülow trägt, und den ungeliebten Schwiegersohn Franz Beidler, einen der zehn Dirigenten der Cosima-Ära, endgültig von der Erbfolge aus. In beiden Fällen geht es um die Firma Bayreuth, die ungeteilt überleben soll. Denn noch war kein Erbe, d. h. kein Enkel in Sicht. In Cosimas Augen war weder der im Oktober 1901 geborene Sohn Isoldes, Franz Wilhelm, noch gar Siegfrieds illegitimer Sprößling, der zum Anbruch des neuen Jahrhunderts mit einer lebenslustigen verheirateten Bayreuther Pfarrfrau gezeugte Walter Aign, der richtige – geschweige denn prädestiniert, das Familienunternehmen fortzuführen. Die Erbfolge war um so ungewisser, als Siegfrieds homosexuelle Neigungen ein offenes Geheimnis waren.

Doch blieb der Familie, die in aller Munde war – wer wendet sich schon, um dynastische Ausnahmeregelungen zu erwirken, an den Reichstag? –, ein lang anhaltender Skandal, der die wilhelminische Gesellschaft bewegt hätte wie zuvor die Eulenburg-Affäre, durch den Ausbruch des Weltkriegs erspart. Der Rest war Schweigen, in das sich die Gralshüterin Cosima in den ihr noch verbleibenden Jahrzehnten zurückzog, nachdem sie 1917 endlich die Geburt des ersten wirklichen Enkels Wieland erlebt hatte. Sie, die zuweilen noch im Rollstuhl in der Familienloge einigen Aufführungen im Festspielhaus beiwohnte, war längst zur Ikone Bayreuths geworden, zur übergroßen Bühnengestalt im frühen Wagner-Theater, bestaunt und bewundert bis zu ihrem Tod im Frühjahr 1930, siebenundvierzig Jahre nach Wagners Tod in Venedig.

Kronprinz und Wunschmaid

«Den hehrsten Helden der Welt», als den Brünnhilde den Namensvetter des Wagner-Sprosses in der *Walküre* betitelt, hat wohl niemand in ihm gesehen. Doch wurde der buddenbrook-nah vom Schweizer Dienstmädchen Vreneli mit dem Ausruf «Ein Sohn ist da!» angekündigte Stamm- und Statthalter Siegfried Wagner, als er sich an einem Juni-Sonntag des Jahres 1869 im Tribschener Idyll bei Luzern einstellte, nicht minder erwartungsvoll begrüßt: Die Dynastie war gesichert. Und Vater Richard gratulierte sich bei dieser Gelegenheit zu «Besitz, Domizil, Bürgerrecht, Vermögen», alles Errungenschaften, die der Barrikadenkämpfer a.D., der durch Europa gejagte einstige Sozialrevolutionär lange entbehrt hatte. Dem Sohn allein traute Wagner «die geistig-ethische Aufrechterhaltung» seines Werkes zu, wie er später, zwei Monate vor seinem Tod, an den königlichen Gönner Ludwig II. von Bayern schrieb. Er ist auf die ab 1908 tatsächlich wahrgenommene Verantwortung für die Festspiele nicht schlecht vorbereitet gewesen mit anfänglichem Privatunterricht bei berühmten Lehrern, der abgeschlossenen Gymnasialzeit in Bayreuth und der soliden musikalischen Ausbildung, um die sich die illustren Freunde des Hauses Engelbert Humperdinck, Hans Richter und Felix Mottl kümmerten.

Auch im Fall Siegfried Wagners kann man von einer vielfältigen Begabung sprechen, gleichermaßen vom Vater wie vom Grossvater Liszt ererbt. Zunächst als Dirigent auftretend, seit 1896 auch in Bayreuth, wo er sich früh als geeigneter Leiter empfahl – durchaus in Konkurrenz zum ungeliebten Schwiegersohn Cosimas, Franz Beidler, dem 1906 denn auch die Tür gewiesen wurde –, wollte Siegfried auch als Opernkomponist ernst genommen werden. Klug genug, der unmittelbaren Auseinandersetzung mit dem Werk des Vaters auszuweichen, orientierte er sich zunächst am Schaffen seines Lehrers Humperdinck. Was Richard die Mythologie war, das Germanen- und Mittelalterbild, das in den neunziger Jahren zur Aufrüstung «der öffentlichen Seele unter Wilhelm II.» (Heinrich Mann) beitrug, das wurde Siegfried in seinen insgesamt neunzehn Opern die durchaus einfallsreich adaptierte Märchen- und Sagenwelt: vom *Bärenhäuter* des Jahres 1898 bis zum unvollendeten *Walamund* aus dem Jahre 1929 ein bemerkenswerter, zunächst durchaus Erfolg verspechender Versuch, zwischen Verismo, Exotismus und der sich rasch durchsetzenden Literaturoper einen eigenen Weg zu finden.

Allerdings war es nach seinem Tod schlagartig mit den Aufführungen vorbei; alle Bestrebungen, den Werken des Sohnes des Lieblingskomponisten des Führers im «Dritten Reich» zur Wiederaufführung zu verhelfen, waren vergeblich. Der Kompositionsstil Siegfrieds war zu komplex, zu differenziert, zu artifiziell, die Textbücher waren zu verschroben, bisweilen sogar zu surrealistisch, als daß sich die Opern als Propagandamusik hätten verwerten lassen. In der Bayreuther Monokultur war für solche Abweichung kein Platz. Als Regisseur der väterlichen Werke aber reüssierte Siegfried seit der *Lohengrin*-Inszenierung 1908 erstaunlich schnell. Die allmähliche Öffnung der Bühne für neuere Entwicklungen durch den verstärkten Einsatz von Licht und Farbe und durch die zunehmende Verwendung dreidimensionaler Szenenelemente haben wegweisend gewirkt. Und wenn auch die genialen Entwürfe eines Adolphe Appia in Bayreuth weiterhin tabu blieben, so wies die Bayreuther Arbeit des Sohnes mit ihren neuartigen Raumdimensionen und der Choreographie der Massenszenen doch auf spätere Formen der Opernregie voraus. Die vielfältige Dirigiertätigkeit Siegfrieds – nicht zuletzt auf einer erfolgreichen Konzertreise in den USA – kam der Wiederaufnahme der Festspiele nach der kriegsbedingten Unterbrechung zugute. Auf der Suche nach einem neuen Publikum stellte sich Bayreuth ab 1924 ganz in den Dienst der nationalpolitischen Wiederaufrüstung, von der die Altwagnerianer um den Publizisten Hans von Wolzogen und seine *Bayreuther Blätter* seit je geträumt hatten. Nach der *Meistersinger*-Vorstellung im schwarz-weiß-rot (statt schwarz-rot-gold, den Nationalfarben der Weimarer Republik) beflaggten Festspielhaus stimmte das Publikum das «Deutschlandlied» an, ein Vorspiel zur Instrumentalisierung und Funktionalisierung Bayreuths im «Dritten Reich». Allein hatte Siegfried Wagner diesen Tiefpunkt der Wagner-Wirkung und -Rezeption allerdings nicht zu verantworten. Denn in der Familienloge hatte es Zuzug gegeben. Der Generalprobe wohnten neben der greisen Cosima weitere Wagners bei: die Enkel Wieland und Friedelind, inzwischen sieben und sechs Jahre alt, und ihre Mutter Winifred.

Tatsächlich war es für den Chef des Hauses höchste Zeit gewesen, neben seinem illegitimen Nachwuchs für die eigentliche Nachfolge im Familienunternehmen zu sorgen. Doch woher die Wunschmaid nehmen? Über deren Ausbleiben wurde bereits seit geraumer Zeit gespöttelt, allen voran von den unglücklich begabten, noch unglücklicher liierten Schwestern, in der Ära Winifreds später kurz «die Tanten» genannt: die Bülow-Tochter Daniela, seit 1886 mit dem Kunsthistoriker Heinrich Thode verbunden, der sich 1904 mit der attraktiven Barfußtänzerin und Choreographin des Bayreuther *Tannhäuser*-Bacchanals Isadora Duncan einließ und aus dem Bayreuther Dunstkreis verschwand, dann die Wagner-Töchter Isolde, seit 1900 die Frau Franz Beidlers, und Eva, die 1908 den naturalisierten englischen Historiker und Rassentheoretiker Houston Stewart Chamberlain, einen fanatischen Antisemiten, geheiratet hatte. Sie alle schwankten zwischen offenem Drängen zur baldigen Heirat und heimlichem Abwarten, ob sie nicht selbst noch eine bedeutende Rolle in Bayreuth spielen könnten. Lediglich die zweite Bülow-Tochter Blandine, die 1882 den italienischen Grafen Gravina geheiratet hatte, zog das südliche Florenz dem nordischen Götter- und Mythen-Tempel vor.

Mitten im Ersten Weltkrieg brachte Siegfried schließlich seine Beute heim, die 1897 geborene Winifred Williams, eine Engländerin, die als Vollwaise von den alten Wagnerianern Karl und Henriette Klindworth in Berlin unter dem Namen Senta adoptiert worden war. Siebzehnjährig kommt sie zum ersten Mal nach Bayreuth und verlobt sich ein Jahr später mit dem 27 Jahre älteren Bayreuth-Statthalter. Im selben Jahr wird geheiratet, und am 5. Januar 1917 kommt der dritte Enkel Richard Wagners, Wieland, als legitimer Sohn des Festspielchefs zur Welt. In kurzen Abständen folgen Friedelind (1918–1991), Wolfgang (1919) und Verena (1920). Spät, aber nicht zu spät war die Nachfolge gesichert. Wie einst Cosima kompensierte auch die vaterlos aufgewachsene Winifred – der ursprüngliche Vorname wurde des Stabreimes wegen wieder aufgenommen – die Erfahrung der Unbehaustheit durch eine Überidentifikation mit der neuen Heimat, erst mit der musikalischen, dann auch mit der politischen. War schon die Heirat mit dem so viel älteren Siegfried als Suche nach dem nie gekannten Vater zu verstehen, so muß auch die sich in den zwanziger Jahren rasch entwickelnde Beziehung zu Hitler, der am 1. Oktober 1923 zum ersten Mal «voller Ehrfurcht» in Bayreuth erscheint, im Kontext einer fortgesetzten Mädchenschwärmerei, einer in mancher Hinsicht unausgefüllten Ehe mit einem Mann, dessen homosexuelle Neigungen bekannt waren, und einer zwischen Schwiegermutter und Schwägerinnen nicht unproblematischen Familienkonstellation gesehen werden.

Die Fürsorge für den nach dem 9. November 1923 in Landsberg einsitzenden Nazi-Putschisten, der auf dem von Winifred übersandten Schreibpapier *Mein Kampf* verfaßte, war nach Meinung der oberfränkischen Behörden ebenso wie die Unterstützung der lokalen NSDAP-Organisation in erster Linie das Werk der weiblichen Teile des Hauses «Wahnfried», die einen regelrechten Hitler-Kult betrieben. Ob die immer offensichtlicher werdende Verflechtung Bayreuths mit der nationalsozialistischen Schickeria die letzten Jahre des Festspielleiters tatsächlich so belastet hat, wie sein Biograph zu wissen meint, muß ebenso offen bleiben wie die Vermutung, sein Testament, das Winifred zur Vorerbin, für den Fall ihrer Wiederverheiratung die Kinder mit sofortiger Wirkung zu gemeinschaftlichen Nacherben einsetzte, hätte in erster Linie dazu gedient, eine mögliche Heirat zwischen Winifred und Hitler auszuschließen. Entschieden weniger politisiert als seine Frau, verstand sich Siegfried zuallererst als Künstler, Komponist und Regisseur. Seinen größten Triumph, die bejubelte Neuinszenierung des *Tannhäuser* unter der musikalischen Leitung Toscaninis im Festspielsommer 1930, konnte er allerdings nur noch vom Krankenlager aus miterleben; er verstarb am 4. August im Bayreuther Krankenhaus, nur wenige Monate nach dem Tod der Mutter.

Macht, Nacht und Nebel

Das Selbstverständnis der vierunddreißigjährigen Winifred ist von Anfang an auf staunenswerte Weise das der Erbin von Bayreuth. Diesen – in der Familie durchaus nicht unumstritten – Anspruch verfolgt sie mit klug austarierter Konsequenz. Die seit langem eingeleitete Anpassung an die Weimarer Rechte führt nach 1933 zur symbiotischen Verbindung mit dem nationalsozialistischen Regime des «Onkel Wolf» – Hitlers. Zugleich soll die künstlerische Bedeutung Bayreuths durch die Zusammenarbeit mit bedeutenden Persönlichkeiten der Opernbühne gesichert werden. Dazu gehörte als weiterer «Onkel» der Berliner Opernintendant Heinz Tietjen, der, in «Wahnfried» wohnend, bis übers Kriegsende hinaus mit intellektuellem Charme die Siegfried-Witwe zu betören verstand, sehr zum Mißfallen der aufmüpfigen «Wahnfriedjugend», zu deren Vormund er bestellt war. Gemeinsam mit dem Münchner Kunstprofessor Emil Preetorius und dem Dirigenten Wilhelm Furtwängler verstand es Tietjen, das außergewöhnliche künstlerische Niveau Bayreuths bis zu den letzten Kriegsfestspielen im Sommer 1944 zu halten. Dabei hat sich Winifred die Freundschaft zu Hitler – früh begehrtes Fotoobjekt des ältesten Sohnes Wieland –, zunutze gemacht, um die Festspiele dem Einfluß des Goebbels-Ministeriums zu entziehen und sie finanziell abzusichern. Mit dem Zuschuß aus dem Fonds der Reichskanzlei, der Kartenabnahmegarantie des Propagandaministeriums und den Einnahmen aus den häufiger werdenden Rundfunkübertragungen stand Bayreuth auf so gesunden Füßen wie niemals zuvor: charakteristisches Spiegelbild einer Gesellschaft, die den wirkungsmächtigen Nationalismus, Chauvinismus und Antisemitismus Wagners und des Bayreuther Kreises so weit internalisiert hatte, daß sie die Propagandafunktion der Wagner-Klänge kaum mehr wahrnahm und in gespielter Naivität mit den *Meistersingern* meinte: «Hier gilt's der Kunst». Dieses 1951 bei den ersten Festspielen nach dem Untergang des Dritten Reiches wieder aufgenommene Diktum dient bis heute dazu, die Wirkungsgeschichte vom Werk zu trennen, als wären die zwei Paar Stiefel nicht gemeinsam marschiert, während

Stefan Bodo Würffel

die Fanfaren Liszts, des anderen Großvaters, im Reichsrundfunk die Frontberichte der Wehrmacht ankündigten.

Widerspruch kam nicht von außen, sondern erneut aus dem innersten Kreis der Familie. Wieder war es ein vaterlos gewordenes Mitglied der Familie, die älteste Tochter Friedelind, die sich dem Wunschvater Toscanini anschloß und nicht nur dessen abgrundtiefe Verachtung für den Führer und seinen Mummenschanz teilte, sondern auch seinen Bayreuth-Boykott. Mied der berühmte Dirigent seit 1933 konsequent den deutschen Boden, so folgte Friedelind nach einem letzten vergeblichen Versuch der Mutter, die Abtrünnige ins braune Nest zurückzuholen, im Frühjahr 1940 der geliebten Vaterfigur ins amerikanische Exil, wo sie, halb ungezogene Walküre, halb wütende Kassandra, zum aktiven Widerstand gegen das «Dritte Reich» aufrief und 1944 in ihrem Buch *Heritage of Fire* (dt. *Nacht über Bayreuth*, 1945) mit dem Bayreuth ihrer Jugend und der Nazis abrechnete.

Da machten die anderen Mitglieder des Clans Winifred mehr Freude. Wieland, schon früh zum Festspielleiter ausersehen, war ab 1943 als Chefregisseur in Altenburg tätig, wo er neben anderen Werken den *Ring* inszenierte. Als schließlich nichts mehr ging im deutschen Theaterleben, konnte der älteste Wagner-Sproß auf Grund der Protektion seines Schwagers im Außenlager des KZs Flossenbürg als stellvertretender ziviler Leiter des dortigen Instituts für physikalische Forschung bis zum April 1945 den Untergang überleben. Unklar ist bis heute, was er dort zu tun hatte. Die Vorstellung, er hätte sich während der Götterdämmerung der Naziherrschaft mit *Götterdämmerungs*-Bühnenbildern beschäftigt, ist so reizvoll wie unbelegbar: Wieland hat nie etwas über diesen Aufenthalt verlauten lassen. Wolfgang, der Reservesohn, der 1939 im Polenfeldzug verwundet worden war, debütierte nach seiner Ausbildung an der Berliner Lindenoper dort im Juni 1944 mit der letzten Neuinszenierung des in Agonie liegenden Reiches, mit der Oper *Bruder Lustig* seines Vaters, die unter dem zeitbedingten Titel *Andreasnacht* herauskam. Zudem gab es diesmal keinerlei Nachwuchssorgen. Wieland hatte 1941 auf Drängen der Mutter seine langjährige Freundin, die diplomierte Tanzpädagogin Gertrud Reissinger, geheiratet, die in den Jahren Neubayreuths zu seiner wichtigsten künstlerischen Mitarbeiterin werden sollte. Der jüngere Bruder folgte ihm zwei Jahre später und führte ebenfalls eine Tänzerin heim, die unwagnerianisch zurückhaltende, ja scheue Ellen Drexel. Im selben Jahr heiratete die jüngste Siegfried-Tochter Verena den 23 Jahre älteren KdF-Offizier Bodo Lafferentz, und noch im Krieg stellte sich die Generation der Urenkel in erstaunlicher Vielzahl ein. Während Wielands vier Kinder, Iris (1942), Wolf Siegfried (1943), Nike (1945) und Daphne (1946), mit den Kindern Wolfgangs, Eva (1945) und Gottfried (1947), im Nachkriegsbayreuth durch die Straßen tollten, lebten die fünf Kinder Verenas, Amélie (1944), Manfred (1945), Winifred (1947), Wieland (1949) und Verena (1952) in der schwäbischen Außenstelle der «Firma» am Bodensee. Und fern von Bayreuth gab es in der Schweiz schließlich noch die Tochter Franz Wilhelm Beidlers, die 1942 geborene Dagny Ricarda.

Der Kindersegen mochte verschmerzen lassen, daß nach 1945 an eine Wiederaufnahme der Festspiele kaum zu denken war, obwohl das Festspielhaus unversehrt geblieben war. Nur «Wahnfried» hatte bei einem der letzten Luftangriffe Schaden genommen, nicht jedoch die Wagners. Die anderthalb Jahrzehnte dauernde Winifred-Ära erfuhr nach Kriegsende ein Nachspiel. In einem sogenannten Entnazifizierungsverfahren sollte, wenn schon nicht Bayreuth, so doch die Festspielchefin vom braunen Virus befreit werden. Aber war das überhaupt möglich? Die Starrheit des Alters – sie fand sich nach Cosima auch bei der englischstämmigen Schwiegertochter, der, auch unter dem Eindruck des Buches ihrer Tochter Friedelind, zweimal der Prozeß gemacht wurde. Die Gratwanderung zwischen Nazibewunderung und Bayreuther Eigensinn, zwischen ideologischer Nähe und persönlicher Unabhängigkeit, die im Eintreten für Verfolgte des Regimes zum Ausdruck kam, machte sich schließlich bezahlt. Im zweiten Spruchkammerverfahren wurde Winifred aufgrund zahlreicher persönlicher Fürsprachen als Minderbelastete eingestuft und mit einer Geldstrafe, einer Bewährungsstrafe und dem Verbot, ein Unternehmen zu führen, belegt. Das Schauspiel wiederholte sich: Wie die Gestalt ihrer Schwiegermutter nach der Jahrhundertwende über Jahrzehnte hinweg Bayreuth allein durch ihr Vorhandensein geprägt hatte, so schwebte Winifred bis weit in die siebziger Jahre als gewandte Chauffeuse und als Schatten der Vergangenheit zugleich über dem Bayreuth der Nachkriegsära. Auch die Mauer, die der Sohn Wieland zwischen «Wahnfried» und dem sogenannten Siegfried-Bau, der dem Führer früher als Domizil gedient hatte und in dem Winifred wohnte, hatte bauen lassen, konnte die Last der braunen Vergangenheit nicht mindern. Im Gegenteil: mit bemerkenswerter Konsequenz blieb sie ihren Überzeugungen treu, pflegte die Kontakte zu den Frauen der Nazi-Größen, hatte für die Inszenierungen Neubayreuths nur Verachtung übrig und betrieb ihre Wagner-Aktivitäten eher in den Wagnerverbänden, die das konservativ-reaktionäre Erbteil Bayreuths hochhielten. Ohne ein Blatt vor den Mund zu nehmen, stand sie 1975 Hans-Jürgen Syberberg Rede und Antwort in seinem fünfstündigen Film über die Geschichte des Hauses «Wahnfried», offen über ihre Beziehung zu Hitler sprechend, als schriebe man noch das Jahr 1933, und immer wieder beteuernd, daß sie Politik nicht interessiert habe. Der schizophrene «Riefenstahl-Effekt», zwischen dem Freund und dem Verbrecher, zwischen der Person und der Politik Hitlers eine Trennlinie ziehen zu können, war auch der alten Dame von Bayreuth eigen.

Diese Töne störten das Festspielspektakel zum hundertjährigen Bayreuth-Jubiläum empfindlich; auch durch das Hausverbot, das der Festspielchef Wolfgang aussprach, waren sie nicht aus der Welt zu schaffen. Die späten Versöhnungen, die erste mit Friedelind, die spätere mit Wolfgang, haben die Schatten nicht vertreiben können, die sich über Winifreds 1977 gefeierten 80. Geburtstag gelegt hatten. Maliziös hatte die älteste Enkelin Iris telegraphiert: «Im allgemeinen sterben die Drachen VOR dem Siegfried...» Drei Jahre später war Winifred Wagner, geborene Williams, tot. Ihre Büste – wie die Wagners, Cosimas und Listzs vom Nazi-Bildhauer Arno Breker gestaltet – schmückt Bayreuths kleine «Walhalla», das Foyer der Stadthalle. Eine geplante Winifred Wagner-Ausstellung zum hundertsten Geburtstag 1997 wurde abgesagt.

Bruderzwist und Erbfolgekrieg

Daß es die Festspiele nach 1945 überhaupt wieder gab, war dem energischen Zupacken der beiden Enkel Wieland und Wolfgang zu verdanken, die früh die heilige Stätte auch gegen berechtigte Erbansprüche der Schwestern absicherten. Weder Friedelind und Verena, noch gar der Sohn Isoldes, Franz Wilhelm Beidler, der in der Schweiz lebende einzige völlig unbelastete männliche Erbe, hatten nach der Entmachtung Winifreds in Bayreuth eine Chance. Zum ersten Mal gab es zwei gleichberechtigte männliche Erben. Konnte das gut gehen?

Zweifellos ist der bemerkenswerte Erfolg «Neu-Bayreuths» auf die nicht ungeschickte Arbeitsteilung der ersten Festspieljahre zurückzuführen, in denen Wieland für die künstlerische Regie, Wolfgang für die finanziell-geschäftliche Leitung verantwortlich zeichnete. Daß beide einander nötig hatten, verhinderte indes nicht die zunächst versteckte, später nach den ersten Inszenierungen Wolfgangs auch offen zutage tretende Konkurrenzsituation. Als gelernte Theatermenschen waren sie höchst unterschiedlich begabt. Was sich in der Persönlichkeit des Vaters noch glücklich verbunden hatte, die künstlerische Potenz des Komponisten, Dirigenten, Regisseurs und das Organisationstalent des Theaterleiters und Intendanten, das trat in den beiden Söhnen auseinander. Wielands künstlerischem Erfolg, seinem raschen Aufstieg zum unumschränkten Star eines völlig neuen Regietheaters, entsprach die enorme organisatorische Leistung des Bruders, die sich freilich ganz erst nach dem frühen Tod Wielands im Oktober 1966 entfalten sollte. Der ältere Wagner-Enkel, fraglos die begabtere, ungleich sensiblere Künstlernatur, war nicht nur durch seine rastlose Regietätigkeit und den nach außen lange verborgen gehaltenen Konflikt mit dem Bruder, körperlich geschwächt, sondern auch durch die ungeklärten Verhältnisse in seiner eigenen Familie. Mit der Liebe zu seiner Senta des Jahres 1960, zum jugendlich-dramatischen Sopranwildfang Anja Silja, hatte er über Jahre hinweg seine Frau und engste Mitarbeiterin Gertrud in die altvertraute Minna-Rolle getrieben, ein Schicksal, das ihn nicht gleichgültig ließ und

Stefan Bodo Würffel

von dem sie sich bis zu ihrem Tod 1998, zweiunddreißig Jahre nach dem ihres Mannes, nie erholt hat.

Mit dem Tod Wielands endet der für die fünfziger und frühen sechziger Jahre nicht untypische Versuch Neubayreuths, die Schatten von einst mit dem Sprung in die psychologisch ausgeleuchtete Ortlosigkeit der Antiutopie abzustreifen. Der Weg war frei für den Bruder, den geschickt agierenden Macher. Wolfgang, «dieser fränkische Schwejk» (Nike Wagner), baute sein Bayreuth zum Kultfestival par excellence aus. Bayreuth wurde zum Eventspektakel mit zehnfach überzeichneter Auslastung, mit einer weltweiten multimedialen Vermarktung und mit einer bis in die jüngste Zeit professionell entwickelten Publicity-Strategie, die geschickt die kulturkonservative Aura der Bayreuther Gemeinde von einst in die postmoderne Yuppie-Kultur transferierte, auch um den Preis, daß es in späteren Jahren immer seltener der Kunst und immer mehr dem Geschäft galt. Dabei zeigte der unbestrittene Alleinherrscher von Bayreuth wenig Skrupel, wenn es um die ungeteilte Besitzwahrung des Familienunternehmens ging. So war der Hundertjahrfeier der Festspiele 1976 die Einrichtung der «Richard-Wagner-Stiftung» vorausgegangen, die zur organisatorischen Trennung von Familie und Festspielen geführt hatte. Freilich wurde dabei ein Familienmitglied für den Posten der Festspielleitung bevorzugt, sofern die künstlerische Begabung dafür vorhanden war. Es erstaunt nicht, daß sich Wolfgang Wagner in den achtziger Jahren diesen Posten auf Lebenszeit zusichern ließ. Dagegen überraschte der Festspielleiter im Jubiläumsjahr die Öffentlichkeit mit einer neuen Frau. Mit der über zwanzig Jahre jüngeren Gudrun Mack heiratete Wolfgang seine langjährige persönliche Assistentin an Stelle der öffentlichkeitsscheuen Ellen und entmachtete nach den Kindern Wielands nun auch seine eigenen.

Während «Wahnfried» in seiner ursprünglichen Form termingerecht zum Wagner-Museum umgestaltet wird, treten die vaterlos gewordenen Kinder den Weg in die Welt an. Eva, die langjährige Mitarbeiterin im Haus, wird über Positionen in Covent Garden, an der Bastille-Oper und in New York schließlich als künstlerische Beraterin ans renommierte Festival nach Aix-en-Provence berufen. Gottfried, der seit jeher rebellische Musikwissenschaftler, läßt nach seinen ersten Vorträgen zum Thema «Wagner und die Juden» in Tel Aviv nicht ab, von Italien aus der NS-Verflechtung seines Vaterhauses, der «Bayreuth-Connection», als Publizist den bitterbösen Prozeß zu machen, ein mutwillig Verstoßener und freiwilliger Emigrant wie seine Tante Friedelind vor ihm. Derweil verwaltet der seit 1984 mit der Besoldung eines Zwei-Sterne-Generals verbeamtete Festspielleiter Wolfgang Wagner in altbewährter Bayreuther Manier mit klarem Blick und kühlem Kalkül Haus und Hof, mit jedem Lebens- und Dienstjahr der Nachfolgefrage in seinem Sinne näher kommend. Denn für diese Nachfolge steht längst die 1978 geborene Tochter aus zweiter Ehe, Katharina, bereit, die nach einem Jura- und Betriebswirtschaftsstudium in Berlin seit Mitte der neunziger Jahre als Regieassistentin in Bayreuth tätig ist, zuletzt beim umstrittenen *Parsifal* 2004, dessen Regisseur Christoph Schlingensief von ihr ans hohe Haus geholt wurde. Hatte sie sich auch keinen Namen mehr zu machen – noch immer wirkt der Name Wagner als Entréebillet zur deutschen Opern-Kultur –, so hat sie sich doch inzwischen mit eigenen, durchaus auch eigenständigen Inszenierungen des *Fliegenden Holländer* in Würzburg und des *Lohengrin* in Budapest einen Ruf erworben, der über Bayreuth hinausgeht, zugleich aber auch, ganz im Sinne des Vaters, auf den magischen Ort zurückstrahlt.

Gegenüber diesem strahlend-blonden Shooting-Star der Wagner-Sippe sehen die anderen Urenkel des großen Richard, allesamt aufs Pensionsalter zusteuernd, alt aus. Der wagner-typische Alterssprung setzt sich fort und treibt die verlorene Zwischengeneration der älteren Abkömmlinge ins Abseits. Ohne reale Chance, in der Nachfolge noch berücksichtigt zu werden, hatte sich schon Wolf-Siegfried, der Sohn Wielands, Opernregisseur und Bühnenbildner auch er, nach immerhin über vierzig Inszenierungen als Architekt nach Mallorca zurückgezogen. Inzwischen ist auch die kluge, hellsichtige Kultur-Publizistin Nike, die als schärfste Widersacherin ihres Onkels unablässig die Bayreuther Monokultur beklagt hatte, als Intendantin nach Weimar ausgewichen. Damit tritt sie in die Fußstapfen ihres anderen Urgroßvaters Franz Liszt, der zu seinen Lebzeiten in Bayreuth mehr geduldet als geachtet worden war: auch dies ein Bekenntnis. Abseits von Bayreuth, fern vom Schatz hütenden Fafner und der jungblonden Fee an seiner Seite, bildet das übrige Dutzend der Wagner-Urenkel, in alle Welt zerstreut und in wechselnden persönlichen Verhältnissen und vielfältigsten Berufen lebend, mit den neun Ururenkeln längst schon das kosmopolitische Gegengewicht zur Bayreuther Familientradition, zur Monopoldynastie des «Grünen Hügels».

Die Warburgs

von Bernd Roeck

Die Sekunde der fab five

Das bekannteste Gruppenporträt der *fab five*, der berühmten fünf Warburgs, gibt, wie jede Fotografie, nur die Impression eines flüchtigen Ereignisses. Die auf Papier gehauchten feinen Niederschläge von Licht und Schatten erzählen den kleinen Moment zwischen der Öffnung des Objektivs und seinem blitzartigen Zuschnappen. Kaum daß das Glotzauge der Kamera sich seiner bemächtigt hat, ist er unwiederbringlich entrückt. Das Testament des Augenblicks ist jenes Foto: Es trägt die Sekunde der fünf Herren in unsere Zeit, verleiht ihrer längst vergangenen Existenz Dauer. Es gibt Geschichten Gesichter.

Man weiß genau, wann und wo das Foto entstand: Am 21. August 1929 in der kulturwissenschaftlichen Bibliothek Aby Warburgs (1866–1929) – er sitzt ganz rechts – in Hamburg, Heilwigstraße 116. Im Hintergrund schimmern Buchrücken. Die fünf Brüder müssen sich im Lesesaal, wo die Regale mit Lexika und Überblickswerken gefüllt sind, zusammengefunden haben. Es sollte ihre letzte Begegnung werden. Aby wird nur wenige Wochen, nachdem das Foto aufgenommen worden war, einem Herzinfarkt erliegen. Mit ganz leichtem, resigniertem Lächeln blickt er in die Kamera: mit aufgehaltenen Händen zeigt er sich, als Bittsteller. Aby Warburg hatte auf die Leitung der Bank zugunsten einer Existenz als Privatgelehrter verzichtet; er lebte stets von Wechseln, die ihm die Brüder bereitwillig ausstellten.

Aby gegenüber fixiert Paul Warburg (1868–1932) ernst und nachdenklich den Fotografen. Auch er gibt sich zurückgenommen, ja melancholisch; mit seiner Glatze und dem aufmerksamen Blick wirkt er wie ein Intellektueller, unbesehen würde man ihm jeden Profes-

*Die «berühmten Fünf»: Paul, Felix, Max, Fritz und Aby Warburg.
Hamburg, Heilwigstr. 116, 21. August 1929.*

sorentitel abnehmen. Ein wenig erinnert seine Physiognomie an die des Physikers Max Planck.

Paul Warburg war ein bedeutender Mann. Der Ökonom und Bankier hatte als einer der geistigen Väter der amerikanischen Notenbank, der *Federal Reserve Bank*, Finanzgeschichte geschrieben. Als das Foto gemacht wurde, sah Paul Warburg deutlicher als seine Brüder die dunklen Wolken, die am Horizont aufzogen. Schon Anfang März hatte er für die *International Acceptance Bank*, zu deren Gründern er gehörte, eine äußerst pessimistische Einschätzung der weltwirtschaftlichen Lage gegeben und die amerikanische Regierung mit seiner Prognose konfrontiert, die ausufernden Spekulationen an der Wall Street würden in unmittelbarer Zukunft in eine beispiellose Katastrophe münden. Wenn man ihn später die «Kassandra von Wall Street» oder auch nur «die alte Unke» nannte, waren das eigentlich Komplimente.

Hinter Paul Warburg steht sein um drei Jahre jüngerer Bruder Felix (1871–1937), der wie sein Bruder in die amerikanische Hochfinanz eingeheiratet hatte. Den Gegensatz zwischen den beiden deutet bereits ein winziges Detail an. Paul hat ein penibel gefaltetes Ziertüchlein in der Brusttasche verborgen, als winziger Strich lugt es daraus hervor. Felix dagegen hat sein Seidentuch gebauscht, deutlich macht es sich auf dem Bild bemerkbar. Im Knopfloch trägt er eine frische weiße Nelke; man weiß, daß er sich dieses Accessoir allmorgendlich vom Floristen kommen ließ. Die Handhaltung läßt den Schluß zu, daß sein Träger es gewohnt war, mit eleganten Zigarettenspitzen zu jonglieren. Der stolze Schnurrbart kann ein leichtes, etwas ironisches Lächeln nicht verbergen. Felix ist der einzige, der sich der Anweisung des Fotografen, ihn zu fixieren, nicht gefügt hat. Hochgemut geht sein Blick über die Kamera hinweg.

Ganz rechts steht Fritz Warburg (1879–1964). Sein engsitzender dunkler Anzug umspannt einen massigen Leib. Hinter dicken Brillengläsern – sie reflektieren das Blitzlicht – blickt er ein wenig erschrocken in die Kamera, fast so, als fühlte er sich bei etwas Ungehörigem ertappt: der Mund unter dem schwarzen Walroßschnauzbart steht offen, die dicke Unterlippe ist etwas vorgeschoben.

Fritz war in der Hierarchie der Sippe das Schicksal des Jüngsten beschieden gewesen. Er hatte mit wenig Eifer Jura studiert, war dann in die väterliche Bank eingetreten. Mehr als für Paragraphen und Bilanzen interessierte sich Fritz Warburg für die Welt und Halbwelt der Goldenen Zwanziger, reiste nach Berlin, um die Regiekunst Max Reinhardts zu sehen oder auch nur nach St. Pauli, wo er in Bars und Bordellen als «Onkel Fritz» bekannt war. Dabei wirkt Fritz Warburg auf dem Foto wie ein biederer Oberbuchhalter. Tatsächlich muß er eine komplexere Persönlichkeit gewesen sein, als die Anekdoten erkennen lassen, die von ihm erzählt werden. Er fühlte sich dem Judentum enger verbunden als seine Brüder, sprach im Alltag gerne jiddisch und war in Hamburgs jüdischer Gemeinde aktiv. Er war der einzige der Brüder, der nach Palästina auswanderte.

Ron Chernow, der eine materialreiche Familiengeschichte verfaßt hat, meint, Fritz habe im Windschatten seiner Brüder ein Leben in wohlwollender Nichtbeachtung geführt. Die Aufnahme scheint dieses Urteil zu bestätigen: Fritz Warburg steht tatsächlich ein wenig im Hintergrund. Das Objektiv ist auf die vier anderen fokussiert, Fritz' Physiognomie bleibt ein wenig unscharf.

Als ob der fotografische Apparat sich tatsächlich darauf verstünde, Allegorien zu konstruieren, die Sprache des Symbolischen beherrsche, hat er im Gegenzug Max Warburg (1867–1946) in gleißende Helle getaucht. Der Chef der Bank ist der einzige der Brüder, der einen hellen Anzug trägt, und sein Gesicht ist etwas überbelichtet. Der schon ergraute Bart ist deshalb kaum zu erkennen. Felix hat ihm freundschaftlich die Hand auf die linke Schulter gelegt, die Geste ist wichtig für die Gesamtkomposition. Max, der älteste der Brüder, ist das Zentrum, daran läßt die Aufnahme keinen Zweifel. Das Foto zeigt Schatten hinter dem erstarrten *tableau vivant*, sie scheinen zu bekräftigen, daß da fünf Brüder leibhaftig vor uns stehen, vier ein wenig zurückgesetzt, einer, der wichtigste, «im Lichte». Aber das Bild ist eben doch nicht mehr als ein Spiel von Hell und Dunkel, eine bloße Inszenierung. Max, den das Blitzlicht wie «erleuchtet» zeigt, ist – was der Betrachter nicht erkennt – am Ende seiner Karriere angelangt. Der 62jährige hat die Brille abgenommen; ein paar Augenblicke zuvor, suggeriert das Foto, muß er Bilderbogen betrachtet haben, die wahrscheinlich aus einem von Aby Warburg angelegten Atlas stammen, der als Titel den Namen der Muse der Erinnerung, Mnemosyne, trug.

Warburg imaginaire

Über dem Erinnerungsfoto von 1929 liegt für heutige Betrachter die Melancholie des Abschieds, es hält ja für immer Verlorenes fest. Man stellt sich vor, die Brüder ahnten, daß sie an diesem 21. August zum letzten Mal beieinander waren. Und wir projizieren in das Bild unser Wissen hinein, daß das Jahr, in dem das Foto gemacht wurde, einen tiefen Einschnitt nicht nur für die Familie Warburg darstellt und die «Schatten von morgen» darauf fallen. Die Büchse der Pandora öffnet sich, die abschüssige Bahn, die in die Katastrophe führen wird, ist beschritten. Eine Galgenfrist von dreieinhalb Jahren trennt die Warburgs von Hitlers Diktatur.

Das Foto wurde zu einer Warburg-Ikone. Die fünf Hanseaten in der Bibliothek zählen zu den prägnanten Gestalten der Familiengeschichte; ihre Biographien deuten die ganze Spannweite an, die zu durchmessen ist, wenn man sich mit den Warburgs auseinandersetzt. Max und Paul, das sind die Männer der Politik und der Hochfinanz; sie lassen an den Stoff denken, der Ruhm und Größe des Geschlechts vor allem begründet hat: Geld. Paul steht zudem für die amerikanischen Warburgs. Er gehört einer Generation an, in deren Brust noch immer ein sehr deutsches Herz pochte.

Der neben ihm sitzende Aby gilt als der Rabbi der Familie (Ingrid Warburg-Spinelli, seine Nichte, nennt ihn einmal so): Er ist der Gelehrte und Suchende; ein Skeptiker. Aber er ist ein merkwürdiger Rabbi, ein Mann, der mit einer Protestantin verheiratet ist und seinen Glauben mehr und mehr verloren hat. Kunst und Gelehrsamkeit sind an seine Stelle getreten. Schon als junger Mann hat er Abschied genommen von der jüdischen Orthodoxie. Letztere wird auf dem Foto am ehesten durch Fritz repräsentiert. Felix schließlich steht für eine dem schönen Leben zugewandte Haltung, die große Toilette, alte Weine und chromblitzende Limousinen ebensowenig verschmäht wie die feineren Genüsse von Kunst und Musik. Aber er ist auch der großzügige Philanthrop, der sich in unzähligen Wohltätigkeitsorganisationen betätigt und bedrängten Juden und Jüdinnen hilft. All das sind Züge, die in Habitus und Charakter vieler Mitglieder der Familie begegnen.

Nähme man die Familiengeschichte als große Biographie eines einzigen, imaginären Warburg, begegnete eine vielschichtige, äußerst widersprüchliche Persönlichkeit. Wirtschaftlichem Genie stehen Spekulation und Hasardspiel gegenüber, in sich versponnenes Gelehrtentum und strenge Religiosität souveräner Weltoffenheit. Nobelpreiswürdige wissenschaftliche Vernunft gesellt sich zu Wahnsinn; Understatement und Pflichtethik konterkarieren neureichen Pomp und ungehemmte Freude an der Leichtigkeit des Seins. Warburg *imaginaire* ist sublimer Geist und Verrückter, Dandy und Priester, Tycoon, *big spender* und barmherziger Samariter; er begegnet als Nationalist und Weltbürger, als Hanseat und Amerikaner. Er ist, in literarischer Verschlüsselung, Konsul Buddenbrook, Thomas, Hanno und Christian in einer Person.

So bleiben Krisen nicht aus. Die wohl schmerzlichsten Spannungen sind Konsequenzen einer vielfach gebrochenen, prekären Identität und zugleich der Präsenz der Familie in Gesellschaften, die den Warburgs selten indifferent begegnen. Sie sind Juden in protestantischen Milieus, leben als Deutsche im Ausland; sie sind großbürgerlich, pflegen einen aristokratischen Lebensstil, den die große Mehrheit sich nicht leisten kann. Kurz: Sie sind anders. Und sie werden immer wieder mit diesem Anderssein konfrontiert, nicht nur in Deutschland. Sie müssen erfahren, daß es auch in den Vereinigten Staaten und England durchaus etwas Eigenes ist, jüdisch zu sein, dazu noch wirtschaftlich erfolgreich.

Das Problem der Identität prägt die Familiengeschichte auch im Innern, manche Biographien durchzieht es wie eine Brandspur. Hier wird gerungen zwischen Orthodoxen und Aufgeklärten; unter den Altonaer Mitgliedern der Familie waren nicht wenige, die sich taufen ließen. Über eine spätere Generation der Familie urteilte Frederic Warburg, im Grunde seien die Warburgs eben Juden gewesen, weil sie von jüdischen Eltern abstammten und sich für Juden hielten. «Aber ihre religiösen Empfindungen gingen nicht tief.» Das traf in dieser allgemeinen Form nicht zu, kennzeichnete aber doch die Einstellung eines großen Teils der Familie. Einige Warburgs wählten einen *american way of life*, der so amerikanisch war, wie sich nur denken ließ; Frederic fühlte sich als Engländer durch und durch, und Ingrid Warburg-Spinelli wollte, daß ihre Kinder als Italienerinnen und Italiener aufwuchsen. Mit Sympathie berichtet sie von einer Weihnachtsfeier im Freundeskreis, bei der neben dem Christbaum auch der Chanukkaleuchter entzündet wurde.

Die meisten Mitglieder der Dynastie begegneten dem Zionismus mit Distanz, bei allem Interesse für Palästina und Sympathie für die jüdischen Siedler. In der bildschönen Lola Hahn-Warburg (1901–1989), der Geliebten Chaim Weizmanns, hat die Familie indes auch eine Repräsentantin der zionistischen Ideologie in ihren Reihen; auch Max Warburgs jüngste Tochter Gisela (1912–1991) stand dem Zionismus nahe. Felix Warburg war in jüdischen Wohltätigkeitsorganisationen und der *Jewish Agency* ein dezidierter Exponent des nichtzionistischen Flügels.

Man sieht, es wäre möglich, die Biographie unseres Warburg *ima-*

ginaire als «Biographie in allgemeiner Absicht» (Lothar Gall) zu schreiben. Sie erschiene als Konglomerat der verschiedensten, in vielem typischen, in vielem aber auch außerordentlichen Lebensläufe. Es ist eine manchmal dramatische, oft glänzende, aber auch tragische Biographie. Die «große Geschichte» ist ihr Hintergrund. Sie beeinflußt das Leben im Kleinen, verdichtet sich im individuellen Erlebnis. Auch die Warburgs sind ihr unterworfen, so sehr sich einige von ihnen mühen, sie zu gestalten.

Die gelobte Stadt

Aby Warburg besaß in seiner Bildersammlung einen kleinen Kupferstich des 17. Jahrhunderts, der die Stadt Warburg zeigt. Seine Erinnerungsarbeit betraf offenbar auch die eigene Geschichte, denn die Namensgleichheit war nicht zufällig. Die frühesten sicheren Spuren hat die Familie Warburg nämlich in dem westfälischen Ort hinterlassen. Eine Familiensaga meint, die tieferen Wurzeln der Warburgs reichten nach Portugal; die Vorfahren des Geschlechts wären nach dieser Tradition zusammen mit anderen Glaubensgenossen 1492 von der Iberischen Halbinsel vertrieben worden und dann – vielleicht auf Umwegen über Nordafrika und Italien – nach Deutschland gelangt.

Sicher ist, daß sich 1559 ein Jude namens Simon von Kassel in Warburg als Geldwechsler und Pfandleiher niederließ. Ein Schutzbrief des Fürstbischofs von Paderborn sicherte ihm freien Aufenthalt für ein Jahrzehnt zu. Doch wurde die Erlaubnis, die dem Bischof gutes Geld in die Kasse brachte, immer wieder verlängert, so daß die Familie nahezu ein Jahrhundert im Westfälischen blieb. Offenbar gelangte sie bald zu Wohlstand und Ansehen. Sein Enkel Jacob Simon wurde Vorsteher der Juden des Fürstbistums; als Synagoge stellte er sein Haus zur Verfügung, einen noch erhaltenen Fachwerkbau.

Der Weg der Warburgs nach Hamburg führte über Altona. Noch bevor die Friedensverträge von Münster und Osnabrück den Dreißigjährigen Krieg beendet hatten, war Jacob Samuel, ein Nachfahr

Simons von Kassel, nach Altona umgesiedelt. Er hatte bereits einen *pied-à-terre* in Hamburg, wo er 1668 starb. Zu dieser Zeit finden wir auch seinen Vater Juspa-Joseph, der seinen Sohn um ein Jahrzehnt überlebte, in Altona. Beide schrieben sich nun ohne den geographischen Hinweis «von». Die Leute aus Warburg waren zu den Warburgs geworden.

Der Ort unter den Mauern Hamburgs war damals Dänemark untertan. Er bot Juden, aber auch anderen religiösen Minderheiten günstige Aufenthaltsbedingungen. Der Handel mit dem Umland war erlaubt; der Ausbildung einer Gemeindeverfassung setzte Kopenhagen keinen Widerstand entgegen. Altona hatte ein Rabbinatsgericht und – seit 1680 – eine Synagoge: es wurde im 17. Jahrhundert so etwas wie das «gelobte Städtchen» der deutschen Juden. Hinter dieser Entwicklung stand die nicht unrealistische Erwartung der dänischen Krone, man werde aus den wirtschaftlich aktiven, fleißigen Zuwanderern schon guten Gewinn ziehen können. Steuern und Abgaben, Taler, Kronen und Dukaten wogen religiöse Skrupel um ein Mehrfaches auf; das konfessionelle Zeitalter mit seinem Glaubenseifer war Vergangenheit, jedenfalls hier. Toleranz gegen Geld, diese merkwürdige Formel kennzeichnete das schizophrene Verhältnis christlicher Obrigkeiten gegenüber jüdischen Gemeinschaften bekanntlich nicht nur an der Elbe.

Altona muß den Zuwanderern auch aus anderen Gründen als attraktive Option erschienen sein. Das Gebiet um Hamburg war vom Dreißigjährigen Krieg weitgehend verschont geblieben, im Gegensatz zum Westfälischen; dazu bot die geographische Lage weite Perspektiven. Über die Elbe war Altona mit dem Ozean verbunden. Vom nahen Hamburg aus ging der Blick in die Weite, nach England, Skandinavien, ins Baltikum, bald auch weit hinaus über alle Horizonte in die neue Welt.

In Altona, wo 1804 die Bank W. S. Warburg gegründet wurde, bestand ein Zweig der Familie bis ins 20. Jahrhundert fort. Zur Schicksalsstadt der Warburgs, zum Ort, von dem aus ihr Aufstieg seinen Anfang nahm, wurde die benachbarte Hansestadt Hamburg.

Wahlverwandtschaften

Die Ursprünge der Hamburger Warburgs sind mit Samuel Moses Warburg, der 1722 dort heiratete, und dessen Sohn Marcus Gumprich (1727–1801) verbunden. Letzterer hatte in Altona ein Geldwechsel- und Pfandleihgeschäft betrieben. Nach der Eheschließung mit einer Tochter des Hamburger Bankiers Marcus Ruben Heckscher ließ er sich in der Hansestadt nieder. Drei Jahre vor seinem Tod übertrug Marcus Gumprich sein Unternehmen den Söhnen Moses Marcus (1763–1831) und Gerson (1765–1825). Sie nannten die Firma «M. M. Warburg & Co.». Sie war ein später weltweit berühmtes Markenzeichen.

Die endgültige Niederlassung der Warburgs in Hamburg wurde durch die allmähliche Lockerung der rechtlichen Beschränkungen erleichtert, denen der Erwerb von Grundbesitz und die Arbeit im Bank- und Maklergeschäft lange unterlagen. Noch im 17. Jahrhundert hatten portugiesische Juden den Markt dominiert; sie waren darauf bedacht, ihre Stellung gegen Neuankömmlinge zu verteidigen – was einer der Gründe für die Prosperität Altonas war, denn die deutschen Juden wichen eben dorthin aus und mehrten so die ökonomische Kraft der kleinen Stadt. 1784 wurde ihnen der Zugang zu Maklerstellen eröffnet; auf den Einwand, so werde christlichen Maklern das Geschäft geschmälert, antwortete die Commerzdeputation – die spätere Handelskammer – mit dem erzliberalen Hinweis, der Kaufmann achte in einem freien Handelsstaat weder auf Privilegien noch auf Religion, sondern auf seinen Gewinn: «Wenn er solchen findet, nutzt er ihn.»

Was das Unternehmen M. M. Warburg betrifft, entwickelte sich das Wechselgeschäft in den ersten Jahrzehnten des 19. Jahrhunderts offenbar kontinuierlich, ohne von politischen Konjunkturen allzusehr beeinträchtigt zu werden. Als Gerson 1825 starb, nahm Moses Marcus seinen Neffen Abraham Samuel Warburg (1798–1856) als Teilhaber auf. Abraham, den alle «Aby» nannten, erhielt dazu die Hand von Moses Marcus' Tochter Sara. Die Verwandtschaft war kein Hindernis. Groß war der Heiratsmarkt in Hamburg und Umgebung nicht, wenn nur eine Braut jüdischen Glaubens in Frage kam. Die Eheschließung folgte im übrigen einer alteuropäischen Dramaturgie: Sie wurde von den beteiligten Parteien ausgehandelt und diente dazu, eine wichtige Geschäftsverbindung zusätzlich abzusichern. Sara Warburg (1805–1884) war eine schöne, vielbegehrte Frau; Heine soll sie vor Augen gehabt haben, als er sein berühmtes, von Schumann vertontes Gedicht «Ein Jüngling liebt ein Mädchen» schrieb.

Auch die Kinder – vier Töchter und zwei Söhne – wurden wie Figuren in einem großen Spiel eingesetzt, das um Geld und Einfluß kreiste. Siegmund Warburg (1835–1889), der älteste Sohn, gewann dank der Aktivitäten eines Heiratsvermittlers die Hand Théophilie Rosenbergs, der Tochter eines russischen Großgrundbesitzers; damit waren die Warburgs in ein europäisches Netzwerk von Bankiers eingeflochten, das seine Knotenpunkte in Osteuropa hatte. Moritz M. Warburg (1838–1910), der andere Sohn, ehelichte Charlotte Oppenheim, deren Vater in Frankfurt mit Juwelen handelte.

Eine «gute Partie» machte auch Rosa Warburg, ihre ältere Schwester. Sie heiratete Paul Schiff, der als Direktor der Wiener Credit-Anstalt tätig war. Die Ehe festigte die Beziehung zu einer der bedeutendsten jüdischen Familien Deutschlands. Siegmund und Moritz wurden zu Stammvätern von zwei Zweigen der Familie, die man nach ihren Hamburger Wohnsitzen nannte: Siegmund und Théophilie stehen am Anfang der Genealogie der «Alsterufer-Warburgs», während auf Moritz und Charlotte die «Mittelweg-Warburgs» zurückgehen. Letztere sind die Eltern der fünf berühmten Brüder Aby M., Max, Paul, Felix und Fritz. Aby S. Warburg (1864–1933) war sozusagen der Repräsentant des Alsterufers in der Bank, mischte sich indessen nicht in die Geschäfte.

Zuerst an der Seite ihres Mannes und nach dessen Tod unterstützt von den beiden Söhnen, hat Sara Warburg das Unternehmen mit Energie und Geschick geleitet. In den Erinnerungen ihres Enkels Max hat sie Züge einer gebieterischen, etwas furchterregenden Ahnfrau.

Die große Bankenkrise von 1857 wurde mit Hilfe von Paul Schiff gemeistert; danach nahm die Firma einen langsamen, stetigen Weg nach oben. Seit 1863 nannten sich die Warburgs nicht mehr Geldwechsler, sondern *Bankiers*; der Wertpapierhandel trat im Geschäft der Firma immer mehr in den Vordergrund. Fünf Jahre später konnte sich das Unternehmen den Umzug in ein repräsentatives Gebäude an der Binnenalster leisten, in die unmittelbare Nähe der Börse. Das Haus Warburg unterhielt zu dieser Zeit Verbindungen mit den bedeutendsten Banken Europas. Besonders intensiv waren die Beziehungen mit den verschiedenen Dependancen der Rothschilds. M. M. Warburg & Co. stand an der Schwelle einer goldenen Epoche der Firmengeschichte.

Kaiserjuden und Antisemiten

Damals, im letzten Drittel des 19. Jahrhunderts, schienen die Juden ihren Platz in der deutschen Gesellschaft gefunden zu haben. Ihre rechtliche Emanzipation war abgeschlossen. Die jüdische Unterschicht war stetig kleiner geworden, die weitaus meisten jüdischen Familien führten eine gesicherte Mittelklassen-Existenz. Juden saßen in Stadtverwaltungen und Länderkammern; Baden hatte mit Moritz Ellstätter zwischen 1858 und 1893 sogar einen jüdischen Finanzminister.

Allerdings führten die Emanzipation und der Erfolg der jüdischen Minderheit zu Gegenbewegungen. Ihr öffentliches Auftreten erschien vielen als signifikant neues und daher irritierendes Element. Selbst Jacob Burckhardt, den man nicht leicht eines dumpfen Antisemitismus verdächtigen wird, liefert einen Beleg für diese Voraussetzung des modernen Antisemitismus. In einem Brief von 1875 läßt er sich abfällig über die Frankfurter Juden «mit ihren bekannten Nasen» verlauten. Dazu setzt er einen dümmlichen Reim über die Gründerzeit-Fassaden ihrer Stadtpaläste: «Denn die reichen Jüden/ Bau'n mit Caryatiden».

Vor allem im akademischen Bereich und im Militärwesen wurden Juden zahlreiche Hindernisse in den Weg gelegt; das preußische Offizierskorps blieb ihnen verschlossen, in anderen deutschen Teilstaaten – etwa in Bayern – war es zwar möglich, aber nicht einfach, zu den begehrten Epauletten eines Reserveoffiziers zu gelangen.

Max Warburg, der sie mit glühendem Eifer anstrebte, trat schließlich in ein *Chevaux-Légers*-Regiment am anderen Ende Deutschlands, in München, ein. Seinen Plan, Berufsoffizier zu werden, kommentierte der Vater nur mit einem einzigen Wort: «Meschugge!» Daß seine Wahl in Hamburgs Senat trotz verschiedener Anläufe scheiterte, hat Max nur schwer verwunden.

Der tiefverwurzelte christliche Judenhaß bildete den Humus, auf dem der moderne, nationalistisch und rassistisch gefärbte Antisemitismus gedeihen konnte. Er wurde, wie Shulamit Volkov sagt, zum kulturellen Code einer rechtsbürgerlichen Subkultur. Doch blieb er keineswegs auf das Bürgertum begrenzt. Die Juden gerieten immer wieder in ihre seit dem Mittelalter gewohnte Sündenbock-Rolle. Rasch waren sie als «Schuldige» an allen möglichen Übeln, die der Modernisierungsprozeß mit sich brachte, identifiziert, wie sich etwa nach dem Börsenkrach von 1873 zeigte. Der Historiker Heinrich von Treitschke brachte diese diffusen Vorurteile auf die berüchtigte Formel: «Die Juden sind unser Unglück.» Und eine anonyme Schrift von 1876 klagte die Finanzmächte «mosaischen Glaubens» an, sie hätten bereits eine «israelitische Weltherrschaft» verwirklicht.

Wie viele ihrer Glaubensgenossen neigten auch die Warburgs dazu, die Bedeutung solcher Stimmungen zu unterschätzen. Sie fühlten sich in ihrem Hamburg ungeachtet der antisemitischen Reden eines Wilhelm Marr auf einer «glückseeligen Insel». Als im November 1889 eine gegen die Juden gerichtete Hetzschrift verteilt wurde, Bürgermeister und Senat sich indes sofort davon distanzierten, rief Moritz Warburg aus: «Dürfen wir nicht glücklich sein, Hamburger zu sein?» In die Hamburger Clubs mit ihren vertäfelten Wänden, wo man in schweren Lederfauteuils versank und bei französischem Cognac und edlen Zigarren die Weltlage erörterte, drang das Gebrüll der Antisemiten nicht.

Bis an sein Lebensende dürfte Moritz Warburg die größeren Gefahren für das Judentum weniger in äußeren Bedrohungen gesehen haben als in Auflösungserscheinungen, die von innen kamen. Als sein Sohn Aby eine Protestantin, die Hamburger Senatorentochter Mary Hertz, heiratete, war das eine Tragödie für ihn. Aby seinerseits hatte schon als Kind auf koschere Speisen verzichtet, und er weigerte sich, beim Tod des Vaters Kaddisch zu sprechen, was seine Pflicht als Ältester gewesen wäre. Den «Ghetto-Juden» aus dem Osten stand er mit Abscheu gegenüber; ebensowenig goutierte er jüdische «*Parvenus* des Besitzes». In diesem Punkt war sein Standpunkt dem Jacob Burckhardts ziemlich nahe.

Einem tiefgläubigen Mann wie Moritz Warburg war es als Selbstverständlichkeit erschienen, wie er sich einmal ausdrückte, «die Fahne des edlen Judentums» hochzuhalten. Er engagierte sich in der jüdischen Gemeinde Hamburgs, hielt sich strikt an die Regeln der Orthodoxie; er heiligte den Sabbat und aß koscher. Im Ritus wahrte und demonstrierte die Gemeinschaft ihre Identität, ohne damit auf Distanz zum Vaterland zu gehen. Zwischen ihrem jüdischen Glauben und einer nationalen Gesinnung sahen die Warburgs keinen Widerspruch. Sie fühlten sich im Reich Bismarcks zu Hause. Unter den Söhnen Moritz Warburgs erscheint der schneidige Kavallerist Max – mit den Worten Chaim Weizmanns – als der übliche Typus eines «Kaiserjuden», dazu «deutscher als die Deutschen». Zu religiösen Angelegenheiten hatte er ein pragmatisches Verhältnis, nicht anders als sein Bruder Felix, der einmal seine Anwesenheit in der Synagoge als bloßen «*acte du présence*» bezeichnete.

Die Konsequenz, die Max' älterer Bruder Aby aus seinen Beobachtungen zog, mündete in ein leidenschaftliches Plädoyer dafür, Juden und Christen sollten «praktisch ein gegenseitiges Durchdringen» anstreben. Einen Hauptgrund für den grassierenden Antisemitismus meinte er bei den Juden selbst zu sehen, und zwar vor allem bei jenen, die christliche Deutsche durch ihr «aufreizend widerwärtiges» Verhalten provozierten. Es gibt Äußerungen aus Aby Warburgs Mund, die man unbesehen für antisemitisch halten würde. Gleich nach der Hochzeit, 1897, ging er mit seiner jungen Frau nach Florenz. Die Reise nach Süden war ein Versuch, den Irrungen und Wirrungen daheim zu entkommen.

Der Saturngeborene

Aby M. Warburg ist auf unserem Foto der Mann mit der Bittstellergeste. Er dürfte das bis heute berühmteste Mitglied der Familie sein. Legendären, ja mythischen Ruf verdankt er weniger seinen Publikationen zur Geschichte der italienischen Renaissance – sein Œuvre ist verhältnismäßig schmal, aber bedeutend – als seiner dramatischen Lebensgeschichte; die Quellen, die er hinterlassen hat, sind voller Rätsel und Ambivalenzen, was eine romantisch-verklärende Sicht begünstigte.

Moritz Warburgs Erstgeborener balancierte zeitlebens auf dem schmalen Grat zwischen Genie und Wahnsinn. Er gilt heute als einer der großen Kulturhistoriker seiner Zeit. Zugleich war er manisch depressiv, wie seine Ärzte urteilten, und er litt unter Schizophrenie. Immer wieder suchten ihn die inneren Gespenster heim, selbst im strahlenden Florenz verfolgten ihn Phobien, fühlte er sich unter einer bedrückenden «Nebelkappe», wie er in sein Tagebuch notierte. Er erscheint als emblematische Figur einer Epoche, die sich selbst zum «nervösen Zeitalter» erklärt hat; Warburg versuchte selbst immer wieder, die Wurzeln seines Leidens in den allgemeineren Umständen aufzuspüren – in der beispiellosen Beschleunigung, die Kommunikation und Verkehr seit dem 19. Jahrhundert erfuhren, in den Begleiterscheinungen der industriellen Massengesellschaft.

Daß durch die Moderne Distanzen zerstört wurden, und sie lärmend in stille «Denkräume» eindrang, hat Warburg lebhaft beklagt. Dennoch war er lange Zeit fest davon überzeugt, daß die europäische Geschichte als Erfolgsstory – als Prozeß, der unter mancherlei Kämpfen schließlich die westliche Zivilisation hervorgebracht hatte – interpretiert werden könne. Seine Forschungen galten vor allem den Anfängen des langen Weges der Menschheit aus finsterem Aberglauben zu Aufklärung und Humanität; als Argument diente ihm die Entwicklung der Kunst, als Arbeitsinstrument die von Jahr zu Jahr wachsende Bibliothek. Mit unendlicher Mühe rang er der fortschreitenden psychischen Krankheit seine wissenschaftlichen Aufsätze ab.

Den Höhepunkt von Warburgs öffentlicher Wirksamkeit bedeutete ein Vortrag, den er 1912 auf dem Internationalen Kunsthistorikertag in Rom hielt. Er sprach über einen Freskenzyklus des 15. Jahrhunderts, der noch heute in einem Saal des *Palazzo Schifanoia* zu Ferrara zu sehen ist. Die Bilder zeigen Szenen aus dem höfischen Alltag, darüber olympische Götter; auf einem mittleren Streifen gruppiert der Maler, Francesco Cossa, jeweils drei merkwürdige Gestalten um das Tierkreiszeichen. Er hat sie mit rätselhaften Attributen ausgestattet: einer hält einen Schlüssel, ein anderer windet einen Strick in den Händen. Auch Frauen und Kinder sind zu sehen.

Bisher hatten sich die geheimnisvollen Triaden allen Versuchen, sie zur Preisgabe ihrer Identität zu bewegen, widersetzt. Erst Aby Warburg brach nun ihr Schweigen. Ein zusehends fasziniertes Publikum wurde Zeuge, wie der Gelehrte sie als Figuren der indischen Mythologie entlarvte, als «Dekane», von denen eben je einer zehn Tage des Monats regieren sollte. Den Schlüssel zu dieser Deutung hatte Warburg in einem Text des 9. Jahrhunderts gefunden, der «Großen Einleitung» des arabischen Astrologen Abû Ma' schar. Er nahm seine Hörer mit auf eine Wanderung durch Zeit und Raum, führte vor, auf welchen Wegen die indischen Planetendekane vom fernen Orient nach Europa gewandert waren und dann ihren Platz in der monumentalen Kosmologie der italienischen Frührenaissance gefunden hatten.

Dabei ging es Warburg, wie er am Schluß seines Vortrages sagte, nicht einfach um die «Auflösung eines Bilderrätsels». Die Fresken des *Palazzo Schifanoia* schienen ihm Einblick zu geben in die welthistorische Auseinandersetzung zwischen abergläubischem Mittelalter und aufgeklärter Renaissance, zwischen dämonengläubigem Orient und rationalem Europa: so interpretierte er den Antagonismus zwischen den furchterregenden Planetendekanen und den antiken Göttern, die sich auf Cossas Fresken breitmachten. Der Triumph der olympischen Götter, den die Kunst der Hochrenaissance feiern würde, schien sich anzudeuten.

Während Warburgs Dechiffrierung der Bilder in ihren Grundzügen der Kritik bis heute standhielt, haben sich die universalhistorischen Spekulationen, die er an seine Beobachtungen knüpfte, als problematisch erwiesen. Weder war das Mittelalter so finster, wie Warburg meinte, noch die Renaissance so heiter; seine Sicht des Orients als irrational und dekadent entsprach zwar damals verbreiteten Klischees, traf aber ebensowenig zu. Bei genauerer Betrachtung erweist sich der Schifanoia-Vortrag als Selbstinterpretation Warburgs und seiner kulturellen Welt. Er gab ein Resümee westlicher Zivilisiertheit; und er führte als weltgeschichtlichen Kampf vor Augen, was er im eigenen Inneren erlebte: ein Ringen der diskursiven Vernunft mit den Dämonen des Irrationalen, oder auch: einen Götterkrieg, in dem die in bacchantischer Raserei über das Schlachtfeld stürmende Schar des Dionysos der Streitmacht Apolls gegenüberstand. Daß der überlegenen Strategie des Sonnengotts am Ende der Sieg gehören würde, stand für Aby Warburg außer Zweifel.

Sein «Nekromantengeschäft», die wissenschaftliche Auseinandersetzung mit längst zu Staub zerfallenem Leben, half ihm, innere Stabilität zu gewinnen; sich der «Sorgenkralle» zu entwinden, die immer wieder nach ihm griff. Wenn Warburg seine Beschreibung des Zivilisationsprozesses unter die Formel *per monstra ad sphaeram*, «über die Monster zum Himmel» brachte, kennzeichnete dieses Motto ebenso sein eigenes lebenslanges Ringen um Ruhe und Besonnenheit.

Ein Reich ohne Grenzen

Aby soll schon als Dreizehnjähriger sein Erstgeborenenrecht an der Bank dem jüngeren Bruder Max unter der Bedingung abgetreten haben, daß er immer alle Bücher kaufen dürfe, die er brauche. Max meinte, es sei der größte Blankoscheck gewesen, den er jemals ausgestellt habe – denn Aby nutzte die Zusage extensiv und kaufte Bücher, Bücher und nochmals Bücher; am Ende war eine Bibliothek von Weltrang zusammengekommen. Max mußte nochmals tief in die Tasche greifen und die Mittel für ein eigenes, mit moderner Technik ausgestattetes Bibliotheksgebäude bereitstellen.

Max wurde auf seine Aufgabe als Chef der Bank gut vorbereitet. Bevor er 1891 als Prokurist und dann als Teilhaber in das väterliche Unternehmen eintrat, lernte er das Bankgeschäft in Frankfurt und

Amsterdam; dann arbeitete er in der *Banque Impériale Ottomane* in Paris und bei N.M. Rothschild in London. Sein Name ist mit der Expansion der Warburg-Bank zu Weltformat eng verbunden, allerdings auch mit ihrem Niedergang in der Spätphase der Weimarer Republik.

Der zweitälteste Sohn Moritz' und Charlotte Warburgs – er ist auf unserem Foto der «Mann im Licht», ganz vorne – führte M.M. Warburg in die erste Reihe der europäischen Privatbanken. Zur Säule des Warburg-Imperiums wurde der Handel mit Emissionen, den man zunächst vorsichtig, bald aber im ganz großen Stil betrieb. Der Aufstieg wurde durch einen langfristigen Aufschwung der Weltwirtschaft und den entsprechenden Kapitalbedarf der Industrie begünstigt.

Bis zum Weltkrieg weitete sich der Horizont ins schier Grenzenlose. Die Bank drang nach Skandinavien vor, engagierte sich in Asien, in Rußland, in beiden Amerikas und in Afrika. So wurden auch die Zahlen, die Warburgs Buchhalter zu bändigen hatten, höher und höher. Die Geschäftsbücher füllten sich mit immer längeren Ziffernfolgen, stromweise stürzten die Nummernkaskaden über die Seiten, um sich am Ende zu den beruhigten Seen positiver Saldi zu vereinigen. Hier waren 80 Millionen Mark Reichsschatzanweisung zu plazieren, dort amerikanische Eisenbahnaktien für 50 Millionen Dollar, dann die Beteiligung an einer japanischen Regierungsanleihe in Höhe von 30 Millionen Pfund; oder es ging um die Kapitalerhöhung der Hamburg-Amerika Linie – mit deren Generaldirektor Albert Ballin Warburg eine lebenslange Freundschaft verband – von 100 auf 125 Millionen Mark. 1914 betrug die Bilanzsumme von M.M. Warburg & Co. stolze 127 Millionen Mark, sie hatte sich gegenüber 1889 mehr als verdreifacht. Seit 1905 war das Haus Mitglied im Reichsanleihekonsortium, dem exklusiven Kreis der wichtigsten Vertreter der deutschen Hochfinanz.

Das internationale Engagement erforderte eine enge Abstimmung mit der deutschen Außenpolitik. So war Max Warburg oft in der Berliner Wilhelmstraße zu Besuch. Er war zweifellos ein politischer Bankier, dem es in Vielem an Realitätssinn nicht mangelte – die Ökonomie ist ja von jeher ein guter Lehrmeister in Sachen Wirklichkeit gewesen. Doch war sein Blick immer wieder getrübt, wenn es um Angelegenheiten ging, die sich nicht völlig in die Geschäftsbücher zwingen ließen. So machte er sich in den Jahren vor Ausbruch des Weltkriegs erstaunliche Illusionen über die Chancen eines Ausgleichs mit England. Und er versuchte, aus den deutschen Kolonial-Abenteuern Nutzen zu ziehen. In der Vorgeschichte des «Panthersprungs nach Agadir», 1911, und in der durch die deutsche Kanonenboot-Aktion ausgelösten Marokko-Krise spielte die Bank eine aktive und keineswegs rühmliche Rolle. Drei Jahre später hatte Warburg die Hände bei einem phantastischen Plan im Spiel: Im Zusammenspiel mit Berlin engagierte sich Warburg in einem Bankenkonsortium, das sich das Ziel gesetzt hatte, halb Moçambique zu erwerben. Das sollte über den Erwerb der Aktienmehrheit der Nyassa Corporation geschehen, die weitreichende, Hoheitsrechte einschließende Konzessionen an dem portugiesischen Kolonialland besaß. Es ging dabei um eine Fläche, die größer war als England und ein Drittel Deutschlands zusammengenommen. Das Projekt scheiterte, ebenso wie der Versuch, in Nordafrika eine englisch-deutsche Bank zu gründen, am Ausbruch des Weltkriegs.

Im Zenit

Der steile Aufstieg, den die Bank bis zum Ersten Weltkrieg erlebte, machte es den Warburgs möglich, einen großbürgerlichen Lebensstil zu pflegen. Sie konvertierten dabei echtes in symbolisches Kapital, das sich erneut in bare Münze verwandelte: Reichtum zu demonstrieren, gehörte in einer Zeit, da Bilanzen nicht veröffentlicht werden mußten, durchaus zu den Erfordernissen einer klugen Geschäftspolitik. Ein Stadtpalast mit Prachtfassade, vielköpfige Dienerschaft, ein Automobil mit Chauffeur – das alles unterstrich, daß man mit gutem Erfolg gewirtschaftet hatte, und verkündete, daß M. M. Warburg & Co. kreditwürdig war und man dem Haus bedenkenlos sein Geld anvertrauen konnte.

Moritz Warburg hatte 1897 in Blankenese einen Landsitz erworben, den «Kösterberg». Max Warburg ließ hier 1912 eine herrschaftliche Villa im Neorenaissancestil errichten, von dem der Blick über die Elbe schweifen konnte. Der «Kösterberg» wurde zum Sehnsuchtsziel, zum festen Zentrum der Familie, die damals – wie Ron Chernow schreibt – auf einem Lebensgipfel stand, den sie nie wieder erreichen sollte. Man dinierte unter sternenüberglänztem Himmel, tanzte zur Musik eines eigens bestellten Orchesters. Freunde und Gäste aller Couleur – Geschäftsfreunde, Künstler, Diplomaten – fanden sich ein. Die Kinder der Warburgs konnten auf Ponys die weiten Ländereien durchreiten, es gab ein Schwimmbad, einen Tennisplatz und eine Bocciabahn. Selbst ein kleines Naturtheater stand zur Verfügung.

Wer dabeigewesen war, erinnerte sich mit Wehmut an die Tage im verlorenen Traumland. Ingrid Warburg-Spinelli, Fritz Warburgs älteste Tochter, schreibt: «Wenn ich an den Kösterberg zurückdenke, an den Blick aus meinem Fenster auf den Fluß und die vorüberziehenden Schiffe, die in alle Welt, auch nach England und Amerika zu meinen Verwandten, fuhren, dann kommt mir dieser Ort noch heute wie eine Insel, ein gleichbleibend sicherer Bezugspunkt in allen Wirrnissen, wie ein Stückchen Ewigkeit vor.»

America!

Die amerikanische Verbindung war schon seit der Jahrhundertwende für das Warburg-Imperium von zentraler Bedeutung gewesen. M. M. Warburg plazierte für *Kuhn, Loeb* amerikanische und japanische Papiere im Europa, die amerikanischen Freunde versorgten die Wall Street mit deutschen Schatzanweisungen. Die New York-*connection* der Warburgs ging auf die alte Freundschaft mit der Familie Schiff zurück, im besonderen zu Jacob Schiff, der deren Frankfurter Zweig entstammte. Der Sproß einer alten jüdischen Frankfurter Familie hatte die Hamburger Filiale der Deutschen Bank geleitet und war damals mit den Warburgs in freundschaftliche Beziehung getreten. Er hatte dann in die New Yorker Familie Loeb eingeheiratet. Sein Schwiegervater Solomon Loeb war einer der Gründer der Bank *Kuhn, Loeb*. Da Jacob Schiff sich als tüchtig erwies, wurde ihm bald die Führung des Unternehmens anvertraut. Durch erfolgreiches Engagement im boomenden Eisenbahngeschäft machte Schiff *Kuhn, Loeb* zu einer der bedeutendsten Banken Amerikas. Töchter aus diesem Haus waren, was man «gute Partien» nennt.

1895 vermittelten Liebe und Kapitalismus eine veritable Doppelhochzeit. Felix Warburg ehelichte im März Jacob Schiffs Tochter Frieda, die er im Jahr zuvor im Haus des Frankfurter Bankiers Dreyfus kennengelernt hatte; im Oktober desselben Jahres gaben sich Nina Loeb und Moritz Warburgs drittältester Sohn Paul das Jawort. Nina hatte bei Friedas Hochzeit als Brautjungfer fungiert und bei dieser Gelegenheit ihre Zuneigung zu Paul Warburg entdeckt. Übrigens war sie eine jüngere Schwester von Frieda Schiffs Mutter: so wurde Paul Onkel seines eigenen Bruders. In «*our crowd*», in «unseren Kreisen» – wie Stephen Birmingham seine Kulturgeschichte der New Yorker Juden nennt – ging es eben manchmal eng zu.

Felix Warburg, der sich auf dem Foto von 1929 als fröhlicher Herr mit gespreiztem Schnurrbart präsentiert, ließ sich in New York nieder. Er konnte es sich leisten, nun auf ganz großem Fuß zu leben. 1907 ließ er sich an New Yorks *Fifth Avenue*, gegenüber dem *Central Park*, einen neugotischen Palast mit gut dreißig Metern Frontlänge errichten. Der Bau war mit kostbarstem Interieur ausgestattet: Italienische Renaissancebilder schmückten die Wände, Damastvorhänge, Teppiche und Wandbehänge dämpften Licht und Lärm. Am Abend schimmerten die Silbergedecke im Schein pompöser Lüster. Livrierte Lakaien empfingen die Gäste der Diners und Soireen, deren Glanz in New York seinesgleichen suchte. Die Ferien und Wochenenden pflegte Felix mit Familie und Freunden auf einem Landgut – 200 Hektar Grund, Herrenhaus im Tudorstil! – in Westchester zu verbringen. Er war ein passionierter Musikliebhaber; in seinem Besitz befanden sich vier Stradivari-Geigen, die er für Konzerte zur Verfügung stellte. Sein Sohn Gerald (1901–1971) wurde, nicht zuletzt dank entschiedener Unterstützung durch den Vater, ein Cellist von internationalem Rang. Seinen eigentlichen Lebensinhalt aber fand «*Fizzie*» – wie Felix von seinen Freunden genannt wurde – in zahlreichen karitativen Engagements. Das Bankgeschäft sagte ihm wenig zu, seine Arbeit für *Kuhn, Loeb* blieb auf das Nötige beschränkt.

Die wichtigste Position, die er übernahm, war die Präsidentschaft im *American Jewish Joint Distribution Committee*, das 1914 als Dachorganisation jüdisch-amerikanischer Hilfseinrichtungen gegründet worden war. Aufgabe des Ausschusses war die effektive Verteilung an notleidende Juden. Das *Committee*, dem Felix mit großem diplomatischem Geschick vorstand, wurde zur wichtigsten jüdischen Hilfsorganisation der Welt.

Paul, der melancholische, skeptische Intellektuelle, war dagegen ein Ökonom ersten Ranges, und er machte eine glänzende Karriere. Er war der Mann Max M. Warburgs in den Vereinigten Staaten; das Haus *Kuhn, Loeb* profitierte umgekehrt von den Informationsflüssen, die aus Hamburg über den Atlantik gekabelt wurden. Dem Treiben an der *Wall Street* stand Paul Warburg distanziert gegenüber, obwohl er sich dem nervenaufreibenden Börsengeschäft nicht entziehen konnte – so war er einer der Kombattanten in der dramatischen Übernahmeschlacht, die sich Jacob Schiff und Edward H. Harriman mit J. Pierpont Morgan 1901 um die *Northern Pacific Railway* lieferten. Neben Schiff, dessen Sohn Mortimer und Otto Kahn wurde Paul Warburg zur entscheidenden Figur bei *Kuhn, Loeb*.

Einen Platz in der Finanzgeschichte Amerikas hat Paul Warburg sicher, weil er zu den Vordenkern der Einrichtung eines Zentralbanksystems nach deutschem Muster zählte. Die Auseinandersetzungen um diese Initiative führten ihn auf das glatte Parkett der Politik, in die unmittelbare Nähe des Weißen Hauses. Im Auftrag Präsident Woodrow Wilsons war er an der Ausarbeitung des Gesetzentwurfs beteiligt, mit dem 1913 die *Federal Reserve Bank* und acht regionale Zentralbanken gegründet wurden. Er wurde in den Zentralbankrat berufen und 1916 zu dessen Vizegouverneur ernannt; dafür mußte er seine lukrativen Engagements in der Privatwirtschaft aufgeben. Daß Präsident Wilson 1918 davon Abstand nahm, sein Mandat zu verlängern, hatte offenbar weniger mit Warburgs deutscher Herkunft zu tun – er besaß erst seit 1911 die amerikanische Staatsbürgerschaft – als mit parteipolitischen Kabalen. Auf jeden Fall war seine politische Karriere damit beendet.

Auf dem Felde der Ehre

Während die «*Yankee*-Banken» an der Wall Street gewöhnlich nach England blickten, pflegten die jüdischen Bankhäuser traditionell gute Kontakte mit Deutschland. Die Strategien des Hauses *Kuhn, Loeb* waren zwar an amerikanischen Mustern orientiert und ihre Ausrichtung international; als jedoch der Weltkrieg ausbrach, geriet die Bank in ein gefährliches Dilemma. Wie deutsch Jacob Schiff noch war und dachte, zeigte sich daran, daß er im Stillen von M. M. Warburg aufgelegte Kriegsanleihen zeichnete und – 1915 – aus seinem Privatvermögen einen Kriegskredit von einer Million Dollar gewährte. Geld für Deutschlands Krieg, das war in seinen Augen nicht nur Geld für das alte Vaterland, sondern auch gegen das antisemitische Rußland. Als J. P. Morgan & Co. der Entente eine Kriegsanleihe von 500 Millionen Dollar zusagten, beteiligte sich *Kuhn, Loeb* nicht daran, weil Schiff nicht akzeptieren konnte, daß das Geld auch dem Zaren zugute kam. Er sei nicht dazu bereit, jene zu unterstützen, die sein Volk mit bitterer Feindschaft quälten, begründete Jacob Schiff sein Votum in einer dramatischen Vorstandssitzung, die über die Angelegenheit zu entscheiden hatte.

Der Krieg ließ Risse aufbrechen, die sich quer durch die Familien zogen. Schiffs Sohn Mortimer und sein Teilhaber Kahn hielten es mit den Alliierten; für Felix und Paul war die Situation schon wegen ihrer exponierten Stellung in der amerikanischen Öffentlichkeit überaus prekär. Beide hatten ein deutsches Herz – doch durfte es niemand allzu laut pochen hören. Man kann sich vorstellen, welche Gefühle die beiden Brüder überkamen, als der Kriegseintritt der Vereinigten Staaten beschlossene Sache war und ihre Söhne vor der Einberufung zur Armee standen. Paul Warburgs glänzend begabter Sohn James (1896–1969), der sich durch und durch als Amerikaner fühlte, brannte darauf, gegen das verachtete Wilhelminische Reich in den Krieg zu ziehen. Der Vater ließ seine Beziehungen zur Regierung spielen und intervenierte persönlich beim Marineminister, damit «Jimmy» nicht an die Front geschickt wurde. Und auch Felix wurde aktiv: Er verbot es seinem Sohn Frederick (1897–1973) mit Nachdruck, sich zu den aktiven Truppen zu melden. Im übrigen sah er sich als amerikanischer Staatsbürger gezwungen, seine Teilhaberschaft an der Hamburger Warburg-Bank aufzugeben. Selbst Paul hatte allerdings Amerikas Kriegseintritt für den Fall befürwortet, daß das Reich den U-Boot-Krieg nicht aufgab. Charlotte, Moritz' Witwe, schrieb 1917 einen rührenden Brief an den amerikanischen Präsidenten, in dem sie fragte, ob es denn keine Möglichkeit gäbe, den Krieg zu beenden? Sie sei doch nicht die einzige Mutter, die Söhne auf beiden Seiten des Atlantik habe ...

Mnemosyne

Kurz darauf mußte Charlotte den Zusammenbruch ihres ältesten Sohnes Aby erleben. Jetzt, da der große Krieg seine optimistische Deutung der Weltgeschichte als eines zu Aufklärung und Zivilisiertheit führenden Prozesses widerlegt hatte, überwältigten ihn die inneren Dämonen. Er wurde gewalttätig, tobte und schrie; einmal rief er aus, er sei im Grunde seines Herzens nicht Jude, sondern Christ. Merkwürdig, wie sich dem verzweifelten Mann im Moment der Krise das Problem der Religion zudrängte.

Man brachte Aby nach Kreuzlingen in das Sanatorium Ludwig Binswangers, eines Freud-Schülers. 1924 konnte er nach Hamburg zurückkehren. Ein Vortrag über das Schlangentanz-Ritual der Hopi-Indianer, das er auf einer großen Amerika-Reise 1895/96 kennengelernt hatte – Anlaß war Paul Warburgs Hochzeit mit Nina Loeb gewesen –, schien seine geistige Gesundung zu belegen. Ihm sollten noch fünf Jahre bleiben. Er widmete sie einem gewaltigen Projekt, dem er den Namen «Mnemosyne» gab. Anhand von Bildtafeln, deren Beziehung zueinander sich dem Auge unmittelbar erschloß, verfolgte er die Wanderung von Formen und Symbolen durch die Jahrtausende. Es ging um sein altes Thema – um jene Frage, die schon bei der Entzifferung der *Schifanoia*-Fresken im Zentrum gestanden hatte: wie nämlich die olympischen Götter und mit ihnen abgeklärte Ruhe und Humanität zur Herrschaft gelangt waren. Der Atlas verfolgte die Erinnerungen der Menschheit. Dabei stand das Werk, wie der Titel verrät, seinerseits im Dienst des kulturellen Gedächtnisses. Erinnerung sieht Warburg als Voraussetzung aller Kultur; sie bedingt die Kunst der Distanzierung, der Differenzierung zwischen Magieglauben und Vernunft. Ohne sie ist die rationale Durchdringung der Welt unmöglich, treiben die wilden Gespenster des Irrationalen ihr böses Spiel.

Anders, als der Warburg-Mythos will, hatte vermutlich eine Opiumkur zur Beruhigung des Kranken geführt und nicht die wissenschaftliche Arbeit. Doch berührt sein tapferes Ringen um Besonnenheit bis heute. Er war sich am Ende bewußt, in diesem Kampf unterlegen zu sein. «Die Bilder und Worte» – so sagte er in seinem Kreuzlinger Vortrag – «sollen für die Nachkommenden eine Hilfe sein bei dem Versuch der Selbstbesinnung zur Abwehr der Tragik der Gespanntheit zwischen triebhafter Magie und auseinandersetzender Logik.» Und er schloß: «Die Konfession eines (unheilbar) Schizoiden, den Seelenärzten ins Archiv gegeben.»

Am Abgrund

Während des Weltkrieges, der Aby buchstäblich um den Verstand gebracht hatte, wußte der glühende Patriot Max Warburg zumindest, wo er selbst stand und wo die Interessen seines Unternehmens lagen. Die Bank zählte zu den wichtigsten Finanziers der Reichsregierung, M. M. Warburgs Schicksal war enger denn je mit der Außenpolitik verbunden. Es habe wohl keine Privatbank gegeben, «die in so hohem Maße für das Deutsche Reich garantiert hat wie unsere Firma», stellte er in einem späteren Rückblick fest. Sollte Deutschland den Krieg verlieren und die Reichsbank außerstande sein, ihre gegenüber der Firma gegebenen Garantien zu erfüllen, bliebe nichts übrig, als die Anzeige aufzugeben: «Auf dem Felde der Ehre stellten ihre Zahlungen ein M. M. Warburg & Co.».

Max Warburg hatte immer mit der Politik verhandelt, konspiriert, paktiert. Bei der alljährlichen Elbregatta traf er Wilhelm II.; Minister, Staatssekretäre, selbst der Reichskanzler zählten zu seinem Umgang.

Sein Einfluß auf den Gang der Dinge blieb aber immer begrenzt, allein deshalb, weil er Jude war.

Als der Krieg verloren war, wurde Warburg zu einem der Liquidatoren der Konkursmasse des wilhelminischen Deutschlands berufen. Zusammen mit seinem Teilhaber Dr. Carl Melchior nahm er als Experte an den Versailler Friedensverhandlungen teil und sah sich deshalb später Anfeindungen und Pöbeleien ausgesetzt. Warburg, der politisch Stresemanns DVP nahestand, wurde zweimal – von Prinz Max von Baden und von Rathenau – gedrängt, in die Reichsregierung einzutreten. Beide Male lehnte er mit der Begründung ab, es sei angesichts der vorherrschenden Atmosphäre nicht klug, wenn mehrere Juden in ein- und demselben Kabinett säßen. Nach Rathenaus Ermordung erhielt auch Max Warburg Polizeischutz; 1922 konnte ein Attentatsplan gegen ihn aufgedeckt werden. Die Berufung in den Generalrat der Reichsbank nahm er indes an. Über Dr. Melchior, der in Locarno als deutscher Vertreter in das Finanzkomitee des Völkerbundes gewählt wurde, war M. M. Warburg an den Verhandlungen um den Dawes- und den Young-Plan mit offiziellem oder offiziösem Mandat beteiligt.

Der Wiederaufbau des Bankgeschäfts erwies sich als außerordentlich schwierig. Ein großer Vorteil für M. M. Warburg bedeuteten erneut die amerikanischen Beziehungen. Schon 1920 vermittelte *Kuhn, Loeb* bei der Plazierung einer Effektenemission der AEG in Höhe von 25 Millionen Mark an die Metallfirma *Guggenheim Brothers* in New York. Besonders eng gestaltete sich die Beziehung zur *International Acceptance Bank*, die Paul Warburg 1921 gegründet hatte. Nach dem Rückzug aus der großen Politik war die «IAB» sein großes Projekt. M. M. Warburg zählte neben anderen wie N. M. Rothschild, dem Schweizerischen Bankverein und *First Boston* zu den Gründungsaktionären. Die *Acceptance Bank* gewann für den Wiederaufbau Deutschlands große Bedeutung; sie übernahm zum Beispiel die Finanzierung von Getreideeinfuhren.

Die Jahre der Hyperinflation überstand die Bank mit Geschick und Glück. Die Stabilisierung der Weimarer Republik Mitte der zwanziger Jahre schien zu vorsichtigem Optimismus zu berechtigen. Mit der Gründung einer Amsterdamer Dependance verschaffte sich das Unternehmen ein ausländisches Standbein. Welch bedeutende Stellung M. M. Warburg im deutschen Wirtschaftsleben errungen hatte, zeigt sich daran, daß die Bank 1928 in nicht weniger als 87 Aufsichtsräten vertreten war. Doch der Schein trog. Nur ein Jahr später stand die Firma am Abgrund.

Zu den Auswirkungen der Weltwirtschaftskrise waren hausgemachte Probleme gekommen; es erwies sich, daß in Warburgs Büchern nicht wenige «faule» Kredite verborgen waren. Als besonders gefährlich erwies sich die Schieflage des Kaufhauskonzerns Karstadt, dessen Expansion mit Warburg-Geld finanziert worden war. Ohne amerikanische Finanzspritzen – am Ende waren es über neun Millionen Dollar – hätte M. M. Warburg nicht überleben können. Paul, Felix und James Warburg, Pauls immer nur «Jimmy» genannter Sohn, griffen sogar ihre Privatvermögen an. Faktisch gehörte M. M. Warburg 1932 einer neugegründeten Holding namens *Kara Corporation*. Doch wurden Max Warburg und die Teilhaber der Bank, zu denen seit 1929 auch sein Sohn Erich (1900–1990) gehörte, erneut mit der Leitung des Unternehmens betraut.

Jimmys Urteil über Max' unternehmerische Leistung war damals vernichtend. Nach dem Tod Paul Warburgs, der seinen älteren Bruder tief verehrt und am Schluß die Hand über ihn gehalten hatte, scheute der sich nicht, die Hamburger Verwandten einem demütigenden Regiment zu unterwerfen.

Untergang und Neubeginn

Die Gefahr, die von Hitler ausging, hat Max Warburg lange unterschätzt. «Ich hielt es für vollkommen ausgeschlossen», erinnert er sich, «daß dieser Mann jemals zum Alleinherrscher eines der schöpferisch befähigsten, fleißigsten und mächtigsten Völker werden könnte.» Auch machte er sich Illusionen über die Nazis. Noch kurz nach der «Machtergreifung» urteilte er, es sei ein Jammer, daß die nationalsozialistische Bewegung, die viel Gutes in sich trage, «mit so vielen Schlacken» behaftet sei. So war er auch zum Ausharren entschlossen. Im Sommer 1933 wirkte er an der Gründung der Reichsvertretung deutscher jüdischer Organisationen mit; den ihm angetragenen Vorsitz schlug er aus und überredete den Berliner Rabbiner Leo Baeck, das Mandat anzunehmen.

Max war entschlossen, die Firma zu verteidigen wie eine Festung. Aber es war eine belagerte Festung; alte Geschäftsfreunde wandten sich ab, nach und nach wurde Warburg aus den meisten Aufsichtsräten gedrängt. Paradoxerweise hatte die Firma zunächst von den Arisierungskampagnen der Nazis profitiert. Als eine der wenigen noch aktionsfähigen jüdischen Banken hatte das Hamburger Haus das Vertrauen der Glaubensgenossen. Die Bank gewann seit 1933 neue Kunden, da viele der alten jüdischen Häuser wie Dreyfus und Bleichröder aus dem Gewerbe gedrängt wurden. Über eine Treuhandgesellschaft half Warburg auswanderungswilligen Juden, Kapital nach Palästina zu transferieren.

Einen Rest an Spielraum verdankte das Unternehmen selbst nach Erlaß der Nürnberger Rassengesetze Max' Beziehung zu dem zwielichtigen Reichsbankpräsidenten Hjalmar Schacht, der zugleich Hitlers Wirtschaftsminister war. Schachts Rücktritt 1937 bedeutete das Ende. Es gelang, ein Übernahmekonsortium zu gründen, in dem Freunde des Hauses persönlich haftende Kommanditisten wurden: Dr. Rudolf Brinckmann, der seit 1931 Generalbevollmächtigter der Bank war, und Paul Wirtz, ein, wie Max Warburg ihn würdigte, «hanseatischer Kaufmann im vornehmsten Sinn des Wortes». Sie führten die nun «arische» Bank unter dem alten Namen weiter. Ende August 1938 reiste Max Warburg mit seiner Frau Alice und seiner jüngsten Tochter Gisela nach New York; aus dem kurzen Aufenthalt wurde Exil. Max sollte Deutschland nie wiedersehen. Kurz nach Kriegsende, 1946, starb er.

Die meisten in Deutschland lebenden Warburgs konnten sich vor dem Terror der Nazis ins Exil retten. Viele versuchten, von dort aus den bedrängten europäischen Juden zu helfen. Fritz Warburg, auf unserem Foto der Mann mit der dicken Brille, wurde von der Gestapo festgenommen und monatelang ins Gefängnis gesteckt; man ließ ihn mit seiner Frau Anna Beata, die einem schwedischen Zweig der Warburgs entstammte, nach Stockholm ausreisen. Als Gegenleistung mußte er die Mittel zum Freikauf von hundert jüdischen Kindern und mittellosen Erwachsenen bereitstellen. Nach dem Tod seiner Brüder fand er sich unversehens als ältester seiner Generation wieder. Ende der fünfziger Jahre wanderte das Ehepaar nach Israel aus, wo Fritz 1964 im Kibbuz Nezer Sereni starb.

Siegmund George Warburg (1902–1982), der dem Zweig der «Alsterufer-Warburgs» entstammte und seit 1929 Einzelvollmacht in der Bank besaß, hatte sich schon während der Karstadt-Krise mit seinem Onkel Max überworfen. Er emigrierte 1934 nach London; fünf Jahre später folgte ihm seine Mutter Lucie.

Siegmund Warburg brachte es – in hartem Kampf gegen die etablierten Häuser der City – zu einem der führenden *Banker* Londons. 1966 wurde er in den Adelsstand erhoben. Die von ihm Ende der 50er Jahre erfolgreich organisierte Übernahmeschlacht um *British Aluminium* ist ein Stück englischer Wirtschaftsgeschichte; Sir Siegmunds große Pläne an der *Wall Street* zerschlugen sich allerdings.

Gerta und Betty Warburg aus dem Altonaer Zweig der Familie wurden in einer Gaskammer des Konzentrationslagers Sobibor ermordet. Nach der Besetzung der Niederlande durch die Wehrmacht geriet auch die Amsterdamer Niederlassung in die Gewalt der Deutschen. Es gelang aber im März 1941, vierzehn Verwandte und Mitarbeiter der Firma nach Frankreich zu schleusen. Angeblich war auch in diesem Fall ein Lösegeld in Millionenhöhe bezahlt worden.

Den Menschen vorausgereist war Aby Warburgs Bibliothek. Im Januar 1934 brachten die Dampfschiffe *Hermia* und *Jessica* 60 000 Bücher, die Fotosammlung und allerlei Geräte und Möbel nach London. Heute ist das Warburg Institute an Londons *Russell Square* eine international renommierte kulturhistorische Forschungsstätte. Noch immer wird dort Abys legendärer Zettelkasten aufbewahrt, sein wichtigstes Arbeitsinstrument: eine papierne, säuberlich in rechteckige Schubladen gezwängte Weltordnung.

Und die Bank?

Erich M. Warburg, Max' Sohn, war 1944 als Offizier der *Air Force* nach Deutschland zurückgekommen. Das große «Finale» seiner Soldatenkarriere (Warburg), die ihn an Kriegsschauplätze in halb Europa geführt hatte, war der Auftrag gewesen, Göring zu verhören – ein ebenso groteskes wie bedrückendes Erlebnis. In Hamburg fand er das Bankgebäude an der Ferdinandstraße inmitten von Ruinen unversehrt vor. Man konnte an den Wiederaufbau gehen. Erich stiftete den größten Teil des Kösterberg-Besitzes dem Roten Kreuz. 1956 trat er als Mitinhaber wieder in die Bank ein, die inzwischen unter dem Namen Brinckmann, Wirtz & Co. firmierte.

Wenn die Warburgs 1938 gedacht hatten, Brinckmann, den man damals als eine Art «Arier vom Dienst» gesehen hatte, werde als willige Marionette agieren, die sich nach getaner Arbeit wieder in die Requisite hängen ließ, sahen sie sich getäuscht. Brinckmann lieferte der Familie einen zähen Krieg um die Macht in der Bank und um den Firmennamen, den Erich – mit Sir Siegmund Warburgs Hilfe – am Ende gewann. Seit 1970 hieß das Unternehmen «M. M. Warburg-Brinckmann, Wirtz & Co.». Erich Warburg durfte noch erleben, daß der Zusatz gestrichen wurde: Einige Monate vor seinem Tod erfuhr er, daß die Bank ab 1. Oktober 1991 wieder den alten Namen M. M. Warburg & Co. tragen würde.

Bilder und Schatten

Ernst H. Gombrich, der große Kunsthistoriker und spätere Direktor des Londoner Warburg-Instituts, hat 1995 ein kleines Buch veröffentlicht, das der Geschichte des Schattens in der abendländischen Kunst nachgeht. Man lernt daraus, daß Schatten immer auch Zeichen von Echtheit sind. Der Schatten behauptet ein Hier und Jetzt, er gehört zum Leben. Ohne Schatten gibt es keine Wirklichkeit; zugleich ist der Schatten, in Platons Höhlengleichnis, erkenntnistheoretische Metapher: der Mensch kann niemals die Wirklichkeit erkennen, er sieht allein ein Schattenspiel an den Wänden des Verlieses, in dem er gefesselt liegt.

In Anspielung auf Platons Gleichnis hat Iris Origo ihre Autobiographie «*Images and Shadows*», Bilder und Schatten, genannt. Man könnte den vielsagenden Titel auch über die Geschichte der Warburgs schreiben. Ihre fotografierten oder geschriebenen Porträts ziehen als flüchtige Schatten an uns vorbei, manche gewinnen schärfere Umrisse. Dann scheinen sie uns gegenüberzutreten als Menschen aus Fleisch und Blut, mit ihrem Geist, ihrem Können, mit ihren Fehlern auch und ihren Absonderlichkeiten. Es gäbe noch viel zu erzählen: etwa von Jimmy Warburgs Beziehungen zu den amerikanischen Präsidenten Hoover und Roosevelt oder – wenn etwas Klatsch auf höherem Niveau gefällig sein sollte – von George Gershwins Liaison mit Jimmys Frau Kay. Zu berichten wäre von Felix' Sohn Frederick (1897–1973), dem Bonvivant und amerikanischen Gegenspieler Siegmund Warburgs, oder von dem Mediziner, Biochemiker und Zellphysiologen Otto Warburg (1883–1970), dem Nobelpreisträger von 1931. Natürlich verdiente auch Frederic Warburg (1898–1981), der Verleger H. G. Wells', unsere Aufmerksamkeit. Seine hinreißende Autobiographie «Ein Beruf für Gentlemen» ist eine Hymne auf die Kunst des Büchermachens und Kamingespräch über interessante Leute in einem.

Zu schreiben wäre auch über die Frauen und Töchter der Warburgs, die oft genug im Schatten bleiben. In den großen Familienchroniken sind oft nicht viel mehr als ihre Lebensdaten vermerkt, denn sie haben keine Finanzimperien errichtet und keine Nobelpreise gewonnen. Dafür brachten sie Kinder zur Welt und zogen sie auf; sie halfen ihren Männern, zu siegen, und erleichterten es ihnen, Niederlagen zu überstehen. Viele von ihnen pflegten die traditionelle jüdische Wohltätigkeit, engagierten sich in karitativen Einrichtungen; während des Krieges unterstützten sie von New York oder von London aus Abertausende von Flüchtlingen, halfen mit Geld und Beziehungen.

Eine von ihnen war Fritz Warburgs Tochter Ingrid, deren ungewöhnliches Leben fast das ganze 20. Jahrhundert umfaßt. Lassen wir ihr den letzten Auftritt.

1910 geboren, durchlebt sie eine typische Warburg-Jugend. Sie verbringt eine umsorgte Kindheit, absolviert die Eliteschule Salem, studiert Literaturwissenschaft und Philosophie in Heidelberg und Oxford; 1935 wird sie in Hamburg promoviert. Mit den Eltern flüchtet sie zuerst nach Stockholm, dann nach New York. Hier verwendet sie ihre ganze Kraft auf die Unterstützung jüdischer und anderer Flüchtlinge, unter denen berühmte Leute sind: Marc Chagall etwa, Max Ernst und Franz Mehring. Ihrem alten Freund Adam von Trott zu Solz, einem Mitglied des Kreisauer Kreises, hilft sie bei dem – vergeblichen – Versuch, Unterstützung für den innerdeutschen Widerstand gegen Hitler zu gewinnen. Immerhin, dank ihrer Beziehungen kann sie eine Teeinladung bei Eleanor Roosevelt für ihn arrangieren.

Während eines Italien-Aufenthaltes verliebt sie sich in den Agitator Veniero Spinelli (1909–1969). Die beiden heiraten 1941. Damit nimmt ihr Leben eine Wendung, die wegführt von der bisher gewohnten Existenz in Luxusappartements und Landhäusern. Das Paar läßt sich nach dem Krieg in Rom nieder und lebt dort in einfachen Verhältnissen; Ingrid wird fünf Kinder zur Welt bringen. Nach dem Krieg holt sie, die liberale Jüdin, die katholische Trauung mit Spinelli nach. Ihr Umgang sind nun «antifaschistische» Intellektuelle wie Ignazio Silone oder Nicola Chiaromonte.

Der Leser ihrer Lebenserinnerungen erlebt sie als Humanistin und undogmatische Linke, die ihre großbürgerliche Herkunft weder leugnen kann noch will. Nach dem Krieg kehrt sie immer wieder nach Deutschland zurück, sucht, an Orten ihrer Jugend, die verlorene Zeit. Einmal reist sie nach Warburg, zu den tiefsten Wurzeln ihrer Familie.

Es sind «Winterreisen» im übertragenen Sinn, auf denen selbst die Geranien des Spätsommers zu Bildern der Banalität des Bösen werden. Als sie die üppigen Blumenkästen an Schwarzwälder Bauernhäusern sieht, kommt ihr die Assoziation an einen SS-Mann in Treblinka, der vorschlug, man möge doch vor die Fenster der Baracken ein paar Töpfe mit Geranien stellen, «das sähe doch nett aus».

Ingrid Warburg erlebte ein Land, in dem es nur wenige jener «letzten Deutschen» gab, von denen Heinrich Böll in der Totenrede auf Werner von Trott, Adams Bruder, spricht. Im satten Westen habe

Adenauer den Deutschen das Nachdenken erspart, urteilt sie; aber auch die DDR erweist sich keineswegs als jenes Paradies, das manche ihrer italienischen Freunde hinter dem eisernen Vorhang vermuten. Die Vopos in Ostberlin erinnern sie «ein wenig» an die Polizei der Nazizeit. Näher fühlt sie sich den Studenten von 1968. Auf Rudi Dutschkes Grab in Dahlem legt sie einen Strauß roter Nelken.

Die Rückkehr auf den Kösterberg wird zu einem bewegenden Erlebnis. «Es war wunderschönes Wetter, und wir haben auf der Terrasse Abendbrot gegessen», erinnert sie sich. «Von hier aus sieht man über den Rasen auf die Buchen und auf die Elbe. Am Telefon hatte Erich gesagt: ‹Ich habe noch viele Fragen›, und ich habe gesagt: ‹Ich habe keine mehr.›» Aber war sie in diesem Moment wirklich *daheim* angekommen, war alles ausgesprochen, alles gefragt?

Ingrid Warburg-Spinelli starb, neunzigjährig, im Jahr 2000. Sie erlebte die Wiedervereinigung, sah noch eine andere, größere Bundesrepublik entstehen. Gewiß hat sie die weltgeschichtlichen Umwälzungen mit wachem Interesse beobachtet, Deutschland aber war ihr fremd geworden. Die letzten Sätze der Autobiographie – sie handeln vom Abschied nach einer Tagung über Adam von Trott – sind mit Bedacht formuliert. Scheinbar beiläufig erinnern sie daran, daß die Schreiberin ihr Vaterland schon lange verloren hatte; daß der magische Abend auf dem Kösterberg nichts anderes gewesen war als eine schöne Illusion. «Am nächsten Tag verabschiedeten wir uns alle auf dem Flughafen von London. Clarita fuhr nach Berlin, Chris und Peter nach Irland und ich nach Hause, nach Rom.»

Die Weizsäckers

von Thomas Lau

Die Rede

Kaum hatte sich die Stimme des Redners gesenkt, da stimmten die Kommentatoren bereits in einen Chor des Lobes und der Zustimmung ein. Bundespräsident Richard von Weizsäcker (geb. 1920) hatte mit seiner Ansprache zum vierzigsten Jahrestag des Kriegsendes, so die einhellige Meinung des In- und Auslandes, ein politisches und rhetorisches Meisterstück vollbracht. Er habe, so Egon Bahr, eine «innere politisch-seelische Aussöhnung» Deutschlands mit sich selbst herbeigeführt. Indem er die Verbrechen des Nationalsozialismus als ein Kollektivtrauma, das immer wieder von neuem zu überwinden sei, darstellte, hatte der Bundespräsident die Nation gleichsam als Erinnerungsgemeinschaft neu konstituiert. Aus sinnlosem Elend war ein einzigartiges Grauen mit handlungsleitender Botschaft geworden.

Vieles von dem, was von Weizsäcker sagte, war bereits vor ihm von anderen Rednern, auch von anderen Bundespräsidenten so oder ähnlich gesagt worden. Auch bedeutete Weizsäckers Rede alles andere als das Ende der Kontroversen über den Holocaust in der deutschen Geschichte. Sie relativierte lediglich die Bedeutung des Streites, indem sie auf die neue Tradition kollektiver Scham und tätiger Reue hinwies. Letztlich, so Weizsäcker, habe das Kriegsende auch für die Deutschen als Befreiungsakt gewirkt. Es habe ihnen die Chance zum Neuanfang gegeben.

Es war ein Wechsel der Perspektive, der hier eingeleitet wurde. Ihn erfolgreich zu vollziehen, konnte nur einer Persönlichkeit gelingen, der alle Bevölkerungsschichten Achtung und Vertrauen entgegen brachten. Diese Autorität leitete sich nur zum Teil aus seinem

Amt her. Zu einem anderen, wichtigeren Teil jedoch war sie aus der Reputation Richard von Weizsäckers und seiner Familie zu erklären. Wie kaum eine andere deutsche Familie hatten die von Weizsäckers nach 1945 über ihre Position im Dritten Reich reflektiert. Wie kaum eine andere hatten sie, höchst erfolgreich und mit großer öffentlicher Resonanz, um die Deutungshoheit über ihre eigene Geschichte gerungen und damit zugleich die Debatte um die Rolle der deutschen Elite im Nationalsozialismus wesentlich beeinflußt. Die Rede vom 8. Mai 1985 war damit der Kulminationspunkt einer Entwicklung, in der das Selbstbild der Nation und das Selbstbild der von Weizsäckers, auch dank ihrer medialen Omnipräsenz, im öffentlichen Bewußtsein immer näher zueinander gerückt waren. Es war diese Nähe, die Vertrauen, und es war die Durchsetzungskraft der umtriebigen Familienmitglieder, die Autorität erzeugte.

Leistungswille und Leistungsdruck

Anders als es ihr aristokratischer Habitus und der Freiherrentitel nahe legen, gehören die von Weizsäckers keineswegs zum deutschen Uradel. Sie waren bis weit in das 18. Jahrhundert hinein eine mit bescheidenem Wohlstand gesegnete hohenlohische Müllerfamilie, deren Name vermutlich auf das mittelhochdeutsche «Wattsacker», was soviel wie Sattler bedeutet, zurückzuführen ist.

Der erbliche Adelstitel war der Familie erst im Jahre 1916 verliehen worden. Sie war damit im Vergleich zu anderen Teilen des Militär- und Beamtenadels ein junges Geschlecht ohne glänzende Vergangenheit und ohne Stammsitz. Dies hatte weitreichende Folgen: Als Aufsteiger waren die von Weizsäckers sozial und regional heimatlos, was Flexibilität, aber auch Gefährdung bedeutete. Sie hatten sich, wie Richard von Weizsäcker in seinen Erinnerungen betonen sollte, ihren Platz in der Gesellschaft immer wieder aufs Neue durch Bildung und Leistung zu erkämpfen.

Nicht nur fehlende Leistung, auch gesundheitliche Rückschläge oder ein früher Tod der Eltern konnten diesen Kampf zu einem aussichtslosen Unternehmen machen. Eben dies drohte, als 1831 der

Öhringische Stiftsprediger Christian Ludwig Friedrich Weizsäcker (1785–1831) an Tuberkulose verstarb. Der Enkel eines Müllers und Sohn eines Kochs am hohenlohischen Hofe hatte sich anders als sein Halbbruder nicht damit begnügt, den bescheidenen Aufstieg seines Vaters zu nutzen, um sich in der regionalen Verwaltungselite zu etablieren. Er hatte in Göttingen Theologie studiert und – welch ein gesellschaftlicher Triumph – die Tochter eines hohenlohischen Hofrates geheiratet. Sein früher Tod im Alter von 46 Jahren kam jedoch für seine Frau und die drei Söhne, von denen ihm einer bald ins Grab folgen sollte, einer Katastrophe gleich. Finanziell schlecht versorgt, bestand ihr einziges Kapital in ihren gesellschaftlichen Verbindungen, die die Witwe in der Folgezeit resolut zu Gunsten ihrer Söhne auszuspielen verstand.

Um das Fortkommen der Familie zu sichern, bedurfte es einer immensen Kraftanstrengung. Die kränklichen Söhne mußten das Landesexamen bestehen und sich damit die kostenlose Ausbildung an den württembergischen Pfarrerschmieden sichern. Dank der dynamischen Mutter, die ihre Söhne antrieb und das Manko verstrichener Prüfungstermine durch unmittelbare Eingaben an den König ausglich, schlüpften sie schließlich durch das Nadelöhr der Begabtenförderung. Beide Söhne bestanden und konnten damit die Basis für weiteren Aufstieg legen.

Sie nutzten ihre Chance in beeindruckender und für ihre Nachfahren wegweisender Form. Der jüngere, früh auf einem Auge erblindete Bruder Julius Ludwig (1828–1889) studierte zunächst Theologie. Ein Pfarrerleben in Württemberg übte jedoch nur wenig Reiz auf ihn aus. Er strebte nach höheren akademischen Weihen und wandte sich dem Geschichtsstudium zu. Von seinen Vorgesetzten beurlaubt und mit einem zäh erfochtenen Stipendium versehen, reiste er nach Berlin, um Ranke zu treffen. Die Begegnung hatte geradezu einen Offenbarungscharakter. Im Historismus lag seine Zukunft. Wer dessen methodische Forderungen verinnerlichte, konnte als begabter junger Wissenschaftler, auch wenn er aus einfachen Verhältnissen stammte, zu Ruhm und Anerkennung gelangen. Und tatsächlich erreichte der jüngere Weizsäcker das Unwahrscheinliche: Aus dem Enkel des Kochs wurde der Mitbegründer der renommierten Edition der mittelalterlichen Reichstagsakten, ein Gelehrter, der Lehrstühle in Erlangen, Göttingen, Berlin, Straßburg und Tübingen bekleidete, ein Historiker von Rang.

Noch erstaunlicher war der Werdegang seines älteren Bruders Carl Heinrich Weizsäcker (1822–1899), der der Theologie treu blieb. Es war ein hart umkämpftes Terrain. Um die wenigen lukrativen Stellen stritten seit dem 16. Jahrhundert immer die gleichen Familien, die ihren Kampf um Pfründen in theologische Kontroversen zu kleiden verstanden. Wer ohne die Unterstützung eines familiären Netzwerkes erfolgreich sein wollte, dem blieb nur der gefahrvolle Weg, den Streit des Establishments für eigene Zwecke zu nutzen. Carl Heinrich Weizsäcker legte in dieser Hinsicht eine erstaunliche Begabung an den Tag. Während seiner Tübinger Studienzeit tobte der Streit zwischen dem liberalen Rationalismus und dem konservativen Supranaturalismus über die Frage, ob Gott in oder über der Natur wirke. Weizsäcker hatte sich zunächst den Rationalisten zugewandt, um sich nach Ende seines Studiums schrittweise von ihnen zu distanzieren. Zwar bekannte er sich weiterhin zur historisch-kritischen Bibelinterpretation, doch pries er zugleich die Kraft des persönlichen Offenbarungserlebnisses. Er positionierte sich damit als führender Vertreter der sogenannten Vermittlungstheologie. Begeistert zeigte sich vor allem der württembergische Hof. Weizsäcker konnte man fördern, ohne in dem festgefahrenen Lehrstreit Position beziehen zu müssen.

Als die renommierte Stellung eines Hofpredigers frei wurde, war er – begabt, profiliert und unabhängig – die naheliegende Besetzung. Was folgte, war die Musterkarriere eines württembergischen Theologen, die ihn in das Ministerium für das Kirchen- und Schulwesen, das Konsistorium und schließlich auf den Lehrstuhl für Kirchengeschichte führte. Doch damit nicht genug: Der ebenso produktive wie geschickte Wissenschaftler, der sich zu profilieren wußte, ohne anzuecken, der auffiel, ohne Mißgunst zu erwecken, wurde 1889 Universitätskanzler und damit zugleich ein mit dem nicht erblichen Adelstitel geehrtes Mitglied der württembergischen Abgeordnetenkammer. Sein wissenschaftliches Werk krönte er mit einer ungewöhnlichen Interpretation der Entstehung des Neuen Testa-

Die Weizsäckers

ments und dessen Neuübersetzung. Es sollte im folgenden Jahrhundert die Grundlage der Bibelarbeit seines Enkels Ernst und seines Urenkels Carl Friedrich von Weizsäcker (geb. 1912) bilden.

Der Aufstieg beider Brüder, des Universitätskanzlers und des Historikers, wäre ohne die gute Vernetzung der Mutter kaum möglich gewesen. Ihr Beispiel demonstrierte die Bedeutung einer klugen Heiratspolitik für die Entwicklung der Familie. Auch die Nachfahren des Stiftspredigers legten hier einiges Geschick an den Tag. Sie heirateten stets in jene Schicht, die das Ziel der Karrierewünsche bildete. Der Universitätskanzler ehelichte die Tochter eines anhaltinischen Regierungsrats, sein Sohn, der württembergische Ministerpräsident, eine aus altem Dienstadel stammende Aristokratin. Ihr folgten in der nächsten Generation Schwiegertöchter mit den nun schon überaus klangvollen Namen Curtius und von Grävenitz. Die Liebe klopfte stets an der richtigen Haustür an.

So glich die Liste der Ehefrauen den Sprossen der Leiter des sozialen Aufstieges. Sie markierten den neuen Status und sicherten ihn durch ihre familiären Verbindungen. Dasselbe galt für die Verheiratung der Töchter. Bereits der Universitätskanzler achtete darauf, daß seine weiblichen Nachkommen ihre Ehegatten in einem standesgemäßen Umfeld suchten. Die Verbindung zu den Familien von Bruns und von Bilfinger, die in dieser Generation geknüpft wurden, sollten noch seinem Enkel Ernst von Nutzen sein. Dieser erwies sich selbst als ein gestrenger Vater, der die Werber um die Hand seiner Tochter Adelheid eingehend prüfte. Der geniale, aber bürgerliche Werner Heisenberg hatte keine Chance. Ihn, der zudem wesentlich älter als Adelheid war, wies der Staatssekretär zurück. Als seine Tochter, sich schließlich für den ostpreußischen Aristokraten von Eulenburg entschied, fand diese Wahl seine Billigung – nicht ahnend, daß sie damit der Tragödie von Vertreibung und früher Witwenschaft entgegenging.

Die Rolle der Ehefrauen und Mütter ging im übrigen weit über die des passiven Statussymbols hinaus. Ihre wohl wichtigste Aufgabe lag in der Erziehung und Förderung der Kinder. Was dies bedeutete, zeigen die Berichte eines für die Erziehung Richard von Weizsäckers zeitweise zuständigen Hauslehrers, der staunend die intensive fami-

Familienleben 1929 auf dem Balkon der Etagenwohnung in Berlin-Wilmersdorf: Marianne von Weizsäcker (geb. von Grävenitz) mit ihren Kindern (von rechts) Carl Friedrich, Adelheid, Heinrich und Richard.

liäre Bildungsarbeit seiner Mutter Marianne von Weizsäcker (geborene von Grävenitz) beobachtete. Jede Zugreise, so wußte er zu berichten, wurde hier zum Bildungstraining genutzt. Im Hause wurde der Grundstock für die Möglichkeit, die eigenen Begabungen voll zu entfalten, gelegt. Hier wurde die Leistungsfähigkeit gefördert und die Leistungsbereitschaft anerzogen. Hochbegabung wurde dabei geradezu erwartet, ja zur Selbstverständlichkeit. Der Erfolg des Vaters, später auch des Großvaters und Urgroßvaters, war nicht nur nachzuahmen, er war, wenn möglich, zu übertreffen.

Die Begeisterung der Familie Weizsäcker für die Reichseinigung war logische Konsequenz dieser Haltung. Ein einiges Deutschland war nicht nur eine Sache des Herzens, es verhieß, dank seiner größeren Ressourcen, Karriereperspektiven, die jene des kleinen Königreiches Württemberg bei weitem übertrafen. Das ganze Deutschland sollte es sein – wie es zusammenzuführen war, darüber herrschte nach der gescheiterten Revolution von 1848 zwischen den Brüdern Julius Ludwig und Carl Heinrich Einigkeit. Der Liberalismus hatte versagt. Nur Preußen konnte diese Aufgabe erfüllen. Aus dem zunächst mit den Demokraten sympathisierenden Julius Ludwig wurde ein kompromißloser Anhänger Bismarcks, der 1870 die schwäbische Jugend unter Beifallsstürmen zu den Waffen rief.

Der «Seher» und seine Söhne

Einer, der diesem Ruf folgen sollte, war sein nur wenig martialischer Neffe Karl Hugo (1853–1926). Die Kriegserlebnisse unter dem Kugelhagel französischer Soldaten bescherten ihm das Abenteuer seines Lebens. Er sollte es stets in Ehren halten.

Dem Dienst am Vaterlande folgten das Jurastudium und die Aufnahme in den Staatsdienst. Es war der Startschuß zu einer mustergültigen Beamtenkarriere. Sie begann mit dem Posten eines Amtsrichters. Ihre Krönung fand sie mit der Ernennung zum Ministerpräsidenten 1906 und der Erhebung in den erblichen Freiherrenstand 1916. Dazwischen lag die Tätigkeit als Ministerialrat, Kultusminister und Außenminister des Königreichs. Ob es um Scheidungsprozesse, die Einführung des Bürgerlichen Gesetzbuches, die Modernisierung der Infrastruktur, vorsichtige Bildungs- und Verwaltungsreformen oder um die Zusammenarbeit mit dem Reich ging, Karl Hugo von Weizsäcker war als umsichtiger, kompetenter und stets loyaler Staatsdiener aufgefallen. Vor allem aber hatte er es verstanden, die Karriereleiter zu erklimmen, ohne Haß und Mißtrauen zu erregen. Selbst in den Reihen der Sozialdemokraten galt von Weizsäcker als verläßliche und aufgeschlossene Persönlichkeit. In dem humorigen Ministerpräsidenten, der auch mit ihnen stets freundlich plauderte, mochte niemand so recht den Vertreter des Klassenfeindes erblicken.

Als vorsichtiger Taktiker war er allerdings kaum der richtige Mann, um tiefgreifende Strukturreformen energisch voranzutreiben, wohl aber war er fähig zu einer Politik der kleinen Schritte, die vor allem auf die Erhaltung eines breiten Konsenses ausgerichtet war. Unter seinem Einfluß blieb Württemberg stabil, im Vergleich zu anderen Ländern des Reiches jedoch rückständig.

Karl Hugo von Weizsäcker verkörperte einen Regierungsstil, der die bildungsbürgerliche Funktionselite als Kernelement des Staates sah. Der kompetente Spitzenbeamte stand für eine Politik der kühl abwägenden Vernunft. Könige und Abgeordnete mochten kommen und gehen, die funktionierende Staatsverwaltung blieb. Dieser Elite ging es nicht um die Staatsform. Ihr ging es um die Funktion des Staatsapparates. Das Verhältnis zur Staatsgewalt, ob sie nun dem König, einem Diktator oder einem gewählten Minister zufiel, war daher stets dasselbe. Der Beamte hatte das Vertrauen des Souveräns zu erwerben, um an seiner Stelle die wirkliche Regierungsmacht ausüben zu können.

Diese Beamtenaristokratie scheute keinen Vergleich mit dem Geblütsadel. Ihr ungetrübtes Selbstbewußtsein kam in der Konzeption des neuen Familienwappens der von Weizsäckers zum Ausdruck, das der frisch gebackene Freiherr Karl Hugo von Weizsäcker 1916 in Auftrag gab. Die bürgerlichen Insignien des Müllergeschlechts wurden mit aristokratischen Elementen der Meibom, der Familie der Ehefrau, verschmolzen. Kornähren und Maibaum standen für Verdienst und Kontinuität, für Aufstieg und den Willen, den erreichten Stand zumindest zu behaupten.

So schien es selbstverständlich, daß Karl Hugo und seine Nachkommen für die höchsten Ämter des Reiches in Frage kamen. Er selbst wußte in seinen Memoiren davon zu berichten, daß ihm 1917 nach der Demission der Reichskanzler von Bethmann Hollweg und Michaelis das Amt des Reichskanzlers angetragen wurde. Es war ein Ansinnen, das er ablehnte. Freunde berichteten, daß von Weizsäcker bereits zu diesem Zeitpunkt von der Aussichtslosigkeit einer Fortsetzung des Krieges überzeugt war.

Die Erinnerung an die zurückgewiesene Reichskanzlerschaft barg eine zwiespältige Botschaft in sich. Sie atmete das Selbstbewußtsein dessen, der um ein Haar zu einer welthistorischen Figur geworden wäre. Und doch schwang ein Hauch Resignation mit. Der Ruf war zu spät gekommen.

Warum die Entdeckung so lange auf sich warten ließ, darüber hatte der Ministerpräsident schon vor dem Kriege eingehend reflektiert. Mißfällig hatte er zur Kenntnis nehmen müssen, daß die württembergische Elite nach der Reichseinigung in der Bedeutungslosigkeit zu versinken drohte. Zentrale Entscheidungen des Reiches wurden, so klagte er immer wieder, in Preußen getroffen.

Die erzwungene Distanz zur Macht schärfte den Blick für die Unvollkommenheiten der Reichsregierung und der Reichsverfassung. Grollend begann der Ministerpräsident zu warnen und zu mahnen. Seine Kritik betraf vor allem das Übergewicht des Militärischen über das Politische, des Wunschdenkens über das kühle Rechnen, vor allem aber von Öffentlichkeit und Parlament über die Funktionselite. Dies alles, so erklärte er, der von seinem Sohn Ernst Heinrich später zum «Seher» verklärt wurde, drohe, den Staat ins Verderben zu stürzen. Es war eine Klage, die er nach dem Kriege auch öffentlich wiederholen sollte.

Nicht die alten Eliten, so seine Botschaft, hätten versagt, versagt habe ein Staat, der den Beamtenapparat beständig in seiner Arbeit beeinflußt, ihn sabotiert, ihn teilweise sogar zerstört habe.

Neuorientierung

Das Ende des Krieges zwang die Familie zur Neuorientierung. Der Patriarch war seiner politischen Ämter entkleidet worden. Von den drei Söhnen war einer gefallen – die anderen beiden suchten aus unterschiedlichen Gründen nach einem beruflichen Neuanfang.

Von erheblichem Selbstbewußtsein kündete die Haltung Viktor von Weizsäckers (1886–1957). Der Zusammenbruch des Kaiserreiches, die Depression der gescheiterten Funktionselite, der Sieg der Revolution – all dies waren für ihn nicht nur Zeichen der Krise. Sie waren Ausdruck einer Zeitenwende. Die Gesellschaft schrie um Hilfe, sie sehnte sich nach Führung. Von Weizsäcker meinte, seinen Beitrag leisten zu können, um sie zu retten.

Ansatzpunkt war seine Kritik an der konventionellen medizinischen Forschung, an der er während des Krieges schier verzweifelt war. Der Grundlagenforscher hatte in den Feldlazaretten die Bedeutung der Psyche für den Heilungserfolg schwerer Verwundungen beobachtet. Der seelische Zusammenbruch eines Soldaten ließ sich nicht mit Pillen beheben, wohl aber ließen sich körperliche Heilungsprozesse durch seelische Zuwendung beschleunigen. Diese Erfahrungen setzte er nach dem Krieg im Rahmen eines medizinischen Neuansatzes um. Entgegen dem dominierenden Trend, wandte sich von Weizsäcker von der «mechanistischen» Medizin ab. In seinen späteren autobiographischen Schriften legte er großen Wert darauf, zu betonen, daß er durchaus die Möglichkeit gehabt habe, einen anderen, leichteren Weg zu wählen. Immerhin habe er den Wert der Blutsenkung schon lange vor der offiziellen Entdeckung des Verfahrens in einem Lazarett beobachtet. Hätte er diese Beobachtungen wissenschaftlich ausgewertet, hätte eine glänzende Karriere auf ihn gewartet. Schon zu diesem Zeitpunkt sei ihm jedoch klar gewesen, daß eine weitaus größere Aufgabe auf ihn wartete. In einem Moment der Kontemplation habe er beim Anblick einer Patronentasche im Feld das Ineinanderfließen von Subjekt und Objekt, von Individuum und Umwelt, von Wahrnehmung und Bewegung erfaßt. Dieser Moment der Erleuchtung, den er mit Descartes' Traumerlebnissen verglich, läutete in seinen Augen ein neues Zeitalter der Medizin ein, in dem die Interaktion zwischen Umwelt und Patient in den Vordergrund rückte. Es war die Geburtsstunde der deutschen Psychosomatik. Von Weizsäcker entwickelte die Theorie des Gestaltkreises und begann nach Mitstreitern in anderen Wissenschaftszweigen Ausschau zu halten. Als ebenso wichtige wie schwierige Verbündete erwiesen sich der Philosoph Max Scheler und der Begründer der Psychoanalyse, Sigmund Freud.

Damit entsprach Viktor von Weizsäckers Ansatz nicht nur dem

Versuch, der medizinischen Forschung eine grundsätzlich neue Ausrichtung zu verleihen, er stand zugleich für ein neues Elitenverständnis. Nicht in der Spezialisierung und immer weiteren Segmentierung der Eliten lag aus seiner Sicht die Zukunft, sondern in einer neuen Annäherung von Philosophie, Politik und Naturwissenschaften – ein Gedanke, den sein Neffe Carl Friedrich später aufnehmen sollte.

Die Position Viktor von Weizsäckers stand in scharfem Kontrast zur Haltung seines Bruders Ernst, der ganz andere Konsequenzen aus der Erfahrung des Zusammenbruchs zog. Auch Ernst von Weizsäcker (1882–1951) war alles andere als ein blinder Verehrer der untergegangenen Monarchie. Als Seekadett hatte er nähere Bekanntschaft mit dem jungen Hohenzollernprinzen Adalbert geknüpft. Umschmeichelt von schneidigen preußischen Offizieren, wurden dessen negative Charaktereigenschaften, wie Ernst seinen Eltern klagte, noch verstärkt. Die Begegnung mit den Hohenzollern machte ihm immer klarer, was er zuvor nur geahnt hatte. Die Flotte, der er sein Leben verschrieben hatte, war offenbar nicht der Hort der neuen militärischen Eliten – sie war nur das Spielzeug eines überspannten Monarchen. So sehr er Reisen in fremde Länder liebte, die ihn etwa mit den Kuriosa des chinesischen Hofzeremoniells in Berührung brachten, so sehr begann er am Sinn der kostspieligen Kriegsmarine und an ihrer Führung zu zweifeln.

Sein selbständiges Urteil sollte ihm während des Krieges noch erhebliche Schwierigkeiten machen. Von Weizsäcker wurde auf ehrenvolle, aber wenig einflußreiche Posten abgeschoben. So erlebte er das Kriegsende mit gemischten Gefühlen. Die neue Republik rief zwar kaum seine Begeisterung hervor, sie erfüllte ihn aber auch nicht mit Grauen und Ablehnung.

Seine Entscheidung, in den diplomatischen Dienst einzutreten, brachte ihn mit dem neuen Staat in nähere Verbindung. Daß auch er dem Seiteneinsteiger nicht die erhoffte Würdigung bescherte, trug dazu bei, daß Ernst von Weizsäckers Urteil über den Parlamentarismus kaum besser ausfiel als jenes über die Hohenzollern. Von Weizsäcker liebte die kühle Analyse, die der Durchsetzung nationaler Interessen vorauszugehen hatte. Nichts haßte er nach eigenem

Bekunden mehr als Geschwätz. Sitzungen des Völkerbundes waren für ihn eine geradezu unerträgliche Geduldsprobe. Schlimmer noch waren für ihn die Reden der Parlamentarier, vor allem aber des Außenministers Stresemann. Ihn betrachtete er als einen blumigen Sonntagsredner, der den geschickten Franzosen auf den Leim ging und das nationale Tafelsilber verschleuderte. So sah Ernst von Weizsäcker die Rettung aus der Not nicht darin, die Beamtenelite an die Gesellschaft anzunähern. Im Gegenteil, sie sollten, ganz wie der Vater es gefordert hatte, endlich aus der Bevormundung der Dilettanten befreit werden. Unfähige Politiker und beckmesserende Journalisten waren von Entscheidungsprozessen fernzuhalten.

Der Staatssekretär

Das Ende der Republik wurde von Ernst von Weizsäcker daher ohne Bedauern zur Kenntnis genommen. Seine Haltung gegenüber den Nationalsozialisten war dennoch von Distanz geprägt. Weder er noch sein Bruder machten sich irgendwelche Illusionen hinsichtlich des Charakters des neuen Regimes. In den braunen Horden vermochten die beiden Bildungsbürger die Rettung Deutschlands nicht zu erkennen. Und doch spielten beide mit dem Gedanken, sich dem Umbruch, wenn er schon nicht zu verhindern war, zu fügen und ihn zu eigenen Zwecken zu nutzen. Viktor, der die Republik einst unterstützt hatte und antisemitischen Vorurteilen mit Unverständnis entgegentrat, gab Werke seines Freundes Sigmund Freud zur Bücherverbrennung frei. In einer Vorlesung im Sommersemester 1933 philosphierte er gar über die Rolle des Arztes bei der «Vernichtung unwerten Lebens oder unwerter Zeugungsfähigkeit». Da die Nationalsozialisten sich jedoch nicht bereit fanden, Viktors wissenschaftliche Arbeit zu unterstützen, blieben solche zaghaften Sympathiebekundungen eine kurzfristige Episode.

Wesentlich komplizierter sollte sich das Verhältnis Ernst von Weizsäckers zum Dritten Reich gestalten. Die Zeit der bonapartistischen Diktaturen, so hatte er bereits im Vorfeld festgestellt, sei vorbei. Selbst ein Genie sei heute nicht mehr in der Lage, einen Staat aus eigener Gewalt zu führen. Ob der Verehrer Stefan Georges ausgerechnet in Hitler jemals ein Genie sah, sei dahingestellt. Einzelne bewundernde Äußerungen mögen ironisch gemeint gewesen sein und stehen anderen Notizen gegenüber, die Hitler bereits 1933 in die Nähe Neros rückten. Die Diktatur war für den Spitzenbeamten wohl nur eine weitere Heimsuchung des Staates, der nach einem weltfremden Monarchen und korrupten Demokraten nun einen proletenhaften Diktator zu erdulden hatte. Die Aufgabe der Beamtenelite blieb damit, in den Augen Ernsts, die gleiche. Es galt, die neuen Machthaber zu domestizieren und für eine härtere, aber realistische Außenpolitik nutzbar zu machen.

Seine Bereitschaft zur Kooperation wurde von den neuen Machthabern aufmerksam wahrgenommen. Innerhalb von nur fünf Jahren stieg von Weizsäcker vom deutschen Gesandten in Norwegen zum Botschafter in Bern (1933), Leiter der Politischen Abteilung im Auswärtigen Amt (1937) und schließlich zum Staatssekretär (1938) auf. Er hatte sich durch Erfahrung, Kompetenz, Stil und einen makellos guten Ruf für dieses Amt qualifiziert. Seine Ernennung beruhigte vor allem jene im Auswärtigen Amt, die befürchteten, daß mit der Berufung des neuen Außenministers von Ribbentropp die alte Beamtenelite in den Hintergrund gedrängt werden sollte. Sie beruhigte aber auch das Ausland, dem von Weizsäckers Amtsantritt signalisierte, daß Deutschlands Politik nach wie vor berechenbar blieb. Für von Weizsäcker selbst, der in privaten Notizen den eigenen Lebensweg immer wieder mit jenem des Vaters verglichen hatte, bedeutete der berufliche Aufstieg endlich die erhoffte und lange verwehrte Anerkennung.

Dennoch zögerte der Diplomat, der damit nach innen und außen zu einer der Symbolfiguren des alten Deutschland geworden war, die hohe Position anzunehmen. Hitler und seinem Außenminister zu dienen, bedurfte für ihn der inneren Rechtfertigung.

Er zog sie aus der nach seiner Überzeugung unwiderlegbaren Notwendigkeit, die Funktionsfähigkeit und den Einfluß des Außenministeriums zu bewahren. Von Weizsäcker sah sich, wie seine Notizen belegen, als Stimme der Vernunft, die notfalls unter Umgehung des Dienstherrn in privaten Geheimverhandlungen mit ausländischen Kollegen das nationale Interesse schützte. Kern dieses Interesses war es für ihn, einen neuen Weltkrieg zu verhindern, den er nicht nur für unmoralisch, sondern vor allem für nicht gewinnbar hielt.

Mit allen bürokratischen Finessen führte er seinen Kleinkrieg gegen den großen Krieg. Er verhinderte und intrigierte. Für sein Meisterstück hielt er das Münchner Abkommen, das auf sein Drängen hin zustande gekommen war.

Am Ende war alle Mühe umsonst. Statt den Krieg zu verhindern, hatte er Hitlers Ausgangsposition verbessert. Der Diplomat hatte sich verkalkuliert. Daß es seiner Regierung nicht um eine übersteigerte Großmacht-, sondern um eine irrwitzige Lebensraumpolitik ging, erkannte von Weizsäcker erst erstaunlich spät. Fassungslos stand der Diplomat dem Überfall auf die Sowjetunion gegenüber, der allen Regeln der Machtpolitik zu widersprechen schien. Obwohl die militärischen Erfolge der Wehrmacht ihn in seinem Urteil immer wieder schwanken ließen, war dem kühlen Analysten doch klar, daß eine Niederlage nun wohl kaum noch zu vermeiden war. So begann er, an die Zeit nach dem Krieg zu denken. Nach wie vor kreisten seine Gedanken um die Bewahrung des alten Beamtenapparats. In ihm sah er den Garanten für die Rückkehr Deutschlands in die Völkergemeinschaft. In dieser Zeit begeisterte er sich bezeichnenderweise vor allem für die Lebensgeschichte Talleyrands, den er ausdrücklich als Vorbild nannte.

Es lag in der Logik dieser Gesamteinschätzung, daß von Weizsäcker weiterhin Kompromisse einging. Mit den Machthabern kooperierte er auch dann noch, als das Auswärtige Amt ab Frühjahr 1942 zunehmend in die administrative Vorbereitung des Holocaust einbezogen wurde. Sein Unterstaatssekretär Luther, ein überzeugter Nationalsozialist, umging seinen widerstrebenden Vorgesetzten dabei, so weit dies möglich war. Bei Schlüsselentscheidungen wurde der Staatssekretär allerdings durchaus informiert. Daß er beispielsweise über die Wannseekonferenz unterrichtet worden war, bestätigte sein Unterstaatssekretär in einer Notiz vom 21. August 1942. Schon 1941 hatte von Weizsäcker Berichte über Massenerschießungen zur Kenntnis genommen, die mündliche Informationen des Admirals Canaris bestätigten. Die massenhafte Ermordung von Juden war ihm also mit Sicherheit ab Herbst 1941, die systematische

Vernichtungspolitik wahrscheinlich ab Sommer 1942 bekannt. An Rücktritt dachte er dennoch nicht. Er beschränkte sich auf das Weiterleiten von Schreckensberichten. Seine Proteste, seine Versuche, mildernd zu wirken, blieben vorsichtig und ohne Nachdruck. Zumindest im Fall der Deportation von 6000 Juden von Frankreich nach Auschwitz im März 1942 kam es zu einer aktiven Kooperation mit der SS. Später sollte er beteuern, von der Absicht, die Juden zu ermorden, nichts gewußt zu haben – eine Darstellung, die bis heute heftig umstritten ist.

Vor diesem Hintergrund begann von Weizsäcker sich ab 1941 die bange Frage zu stellen, wie er sein Verhalten nach dem Kriege rechtfertigen sollte und den guten Namen seiner Familie retten konnte. Gelingen konnte dies nur, wenn er dem engsten Kreis der Macht entkam. Als die Stelle eines deutschen Botschafters beim Vatikan 1943 neu zu besetzen war, signalisierte er Interesse. Sein Minister war erleichtert. Von Weizsäcker war ihm mittlerweile eher lästig als nützlich, und so gab er dem Gesuch statt. Mit dem Abstand zu Berlin wuchs der Abstand zum Dritten Reich. Ernst von Weizsäcker begann in dem neuen Umfeld, für die Zeit nach dem Krieg zu planen und sein eigenes internationales Renommee zu pflegen.

So trat er, zunächst noch als Gast des Vatikans, auch nach Kriegsende selbstbewußt gegenüber den Alliierten auf. Mit seiner Bereitschaft, als Zeuge in Kriegsverbrecherprozessen aufzutreten, präsentierte er sich den Siegern bis zu seiner überraschenden Verhaftung im Juli 1947 als angeblich anständig gebliebener deutscher Spitzenbeamter.

Mythen und Gegenmythen

Die Ankläger im sogenannten Wilhelmstraßenprozeß, dessen Hauptbeschuldigter er war, versuchten das Bild des untadligen Beamten gründlich zu zerstören. Sie stellten ihn als Opportunisten und Handlanger des Todes dar, der als General der SS mit den Nationalsozialisten bereitwillig kooperiert habe. So habe er mit Gutachten und konkreten Vorschlägen an der Besetzung Tschechiens aktiv mitgewirkt und auch an den Planungen zum Angriff auf Polen ohne zu zögern teilgenommen. Doch nicht nur die Vorbereitung eines Angriffskriegs sei ihm anzulasten. Schlimmer noch sei seine Beihilfe zum Völkermord an den Juden.

Es waren Vorwürfe, die nicht nur die Person Ernst von Weizsäcker betrafen. In seiner Lebensgeschichte sollte die Öffentlichkeit den Prototyp des Schreibtischtäters wiedererkennen. Die Verteidigung begriff den Prozeß daher als einen Kampf um die Ehre der alten Beamtenschaft. Aufgenommen wurde er nicht nur von den Freunden des Staatssekretärs und dessen Verteidigern, sondern auch von seinen Söhnen. Der ältere der beiden, Carl Friedrich, ließ nichts unversucht, um Entlastungszeugen zu gewinnen, während sein jüngerer Bruder Richard das Jurastudium unterbrach und den Vater als Hilfsverteidiger unterstützte.

Der Angeklagte und seine Verteidiger zeichneten, unterstützt von ehemaligen Mitarbeitern im Außenministerium, ein Gegenbild des Angeklagten, das ihn in heldenhafte Höhen emporhob. Der Gegenseite warf man schlichte Ignoranz vor. Diese unterschätze den Druck, unter dem der Staatssekretär gestanden habe. Wer nicht das Risiko der Verhaftung habe eingehen wollen, sei gezwungen gewesen, sich dem Jargon des Regimes anzupassen und auch solch hohe Ehrentitel wie die eines Generals der SS anzunehmen. «Die damit verknüpften Abzeichen und Uniformen bedeutete», so ließ von Weizsäcker den Leser seiner Memoiren wissen, «damals für jeden etwas anderes: für den unorientierten Idealisten das Kundtun seiner Begeisterung, für den Opportunisten Karriere und Profit, für Fälle meiner Art die notwendige Begleiterscheinung im Kampf um ein echtes Ziel, das Opfer rechtfertigte.»

Tatsächlich habe er das «Kreuz» seines Amtes nur auf sich genommen, um Schlimmeres zu verhindern. Daß Hitler beseitigt werden müsse, habe für ihn außer Frage gestanden. Als unbeugsamer Widerstandskämpfer habe er daher engen Kontakt zu den inneren Zirkeln der Opposition gepflegt und selbst einen Kreis gleichgesinnter Freunde im Außenamt um sich geschart. «Sie führten», so von Weizsäcker, «tagaus, tagein in stillem Fanatismus und in verhaltener Sprache, jeder in seiner Weise, den gemeinsamen Kampf um Recht und um den Frieden.» Wann immer sich ihm die Möglichkeit geboten habe, habe dieser Kreis Einzelpersonen geholfen, Massenverbrechen und Kriegsvorbereitung verhindert, verlangsamt, sabotiert. Als der Krieg unausweichlich schien, sei von Weizsäcker gar mit einer geladenen Pistole zu Hitler gegangen und habe geplant, ihn zu erschießen. Bedauerlicherweise habe es nicht in seiner Erziehung gelegen, einen Menschen töten zu können.

Er sei, dies betonen seine Söhne bis heute, unschuldig gewesen. Er verkörperte das anständige Deutschland, das, so mahnte der ehemalige Staatssekretär in seinen Erinnerungen, nicht erneut, wie einst durch Versailles, brüskiert und aus der Völkergemeinschaft ausgestoßen werden dürfe. Man möge sich keine Illusionen machen – Deutschland bleibe auch in Zukunft ein politischer Faktor.

Das Bild des Widerstandkämpfers rief schon früh heftigen Widerspruch hervor. So wurde auf das Zerwürfnis zwischen von Weizsäcker und dem Widerstandskreis um Generaloberst Beck, zu dem er zeitweiligen Kontakt unterhielt, hingewiesen. Detaillierte Textanalysen demonstrierten zudem, daß keineswegs alle schriftlichen Bemerkungen des Staatssekretärs, die den Nationalsozialismus positiv kommentierten, mit einem Geheimcode zu erklären seien. Von Opposition gegen Hitler könne im Falle von Weizsäckers, so konstatierte der Historiker Rainer Blasius, allenfalls im systemimmanenten Sinne die Rede sein.

Daß die selbstbewußte Verteidigungshaltung des Staatssekretärs dennoch erhebliche öffentliche Beachtung erfuhr und auch in der Geschichtsschreibung Spuren hinterließ, war nicht nur auf das argumentative Geschick seiner Verteidiger zurückzuführen. Entscheidend war, daß sie durch Elemente vorsichtiger Selbstkritik ergänzt wurde. Die Verbrechen, die im Dritten Reich geschehen waren, wurden vom ehemaligen Staatssekretär ebenso wenig wie von seinen Söhnen beschönigt. Zudem hatte er sich bereits vor Kriegsende für die «Westorientierung» Deutschlands ausgesprochen. Nur so könne das Reich ein Minimum an Handlungsfreiheit erhalten. In diesem Sinne waren auch die zunehmend positiven Äußerungen zu verstehen, die von Weizsäcker in seinen Memoiren über die Weimarer Republik fallen ließ. Dieser noch sehr vorsichtige Wandel machte von Weizsäcker für die junge deutsche Demokratie interessant. Sozialdemokraten, Liberale und Christdemokraten erkannten rasch die Chance, alte Eliten, die der Demokratie bisher kritisch gegenüber gestanden hatten, mit der neuen Verfassung zu versöhnen. Die zu langjährigen Haftstrafen in der Festung Landsberg verurteilten ehemaligen Spitzenbeamten erlebten daher eine Welle der Sympathie. Hohe Kirchenvertreter, Parlamentarier aller Fraktionen und selbst der Bundespräsident erklärten ihre Solidarität mit den Märtyrern in Landsberg. Weizsäcker war einer der ersten, die auf öffentlichen Druck hin vorzeitig entlassen wurden.

Im Schatten der Bombe

Bevor der Staatssekretär den Wandel zum aufrechten Diener der Republik vollziehen konnte, starb er 1951 an einem Schlaganfall. Sein Erbe trat sein Sohn Carl Friedrich von Weizsäcker (1912–2007) an, der zu einer Symbolfigur der Bundesrepublik werden sollte.

Auch Carl Friedrichs Lebensweg hatte nach dem Krieg Anlaß zur Kritik gegeben. Anders als sein Vater hatte er eine wissenschaftliche Karriere eingeschlagen, ähnlich wie er war er zunächst in der Illusion verharrt, die Leistungselite könne ihre Unabhängigkeit von der Diktatur bewahren und sie möglicherweise sogar in ihrem Sinne beeinflussen.

Schon als Schüler war seine hohe Begabung zu Tage getreten. Carl Friedrich war der Stolz der Familie. Er war ein junges Genie, das früh die Aufmerksamkeit der Förderer auf sich lenkte. Sein wichtigster Mentor wurde Werner Heisenberg, der ihn für die Quantenphysik begeisterte und seine akademische Karriere entschlossen förderte. Es war ein elitärer Zirkel mit eigenen Konventionen, in den Heisenberg seinen Schüler einführte. Stolz auf die eigene Nation und internationale Kooperation, Konkurrenz und Verständigung waren eng miteinander verwoben. Im Wettbewerb der Ideen zeichnete sich von Weizsäcker rasch aus. Er zog die Aufmerksamkeit Niels Bohrs und Lise Meitners auf sich und erhielt 1942, mit dreißig Jahren, seinen ersten Lehrstuhl in Straßburg.

Der wissenschaftliche Aufstieg hatte in einem Umfeld wachsender politischer Bedrängnis stattgefunden. Schon seit 1933 hatten sich die Quantenphysiker der «deutschen Physik» zu erwehren, die ihnen ihre Existenzberechtigung streitig machte. Während der Einsatz der so herausgeforderten Wissenschaftler für die Relativitätstheorie energisch und mutig war, blieb die Zahl jener, die sich aktiv für jüdische Kollegen einsetzten, gering. Ob Carl Friedrich von Weizsäcker zu ihnen gehörte und sich bei seinem Vater für die Ausreise Lise Meitners einsetzte, ist bis heute umstritten.

Umstritten ist gleichermaßen die Rolle, die er im sogenannten Uranverein spielte, einer Arbeitsgemeinschaft deutscher Physiker, die ab 1939 im Auftrag des Heereswaffenamtes die militärische Nutzung der im selben Jahr entdeckten Kernspaltung erforschte. Der Bau einer Atombombe, die in diesem Zusammenhang angedacht worden war, gelang ihnen nicht.

Warum dies so war, beschäftigte bereits die Alliierten 1945, die die Wissenschaftler unmittelbar nach Kriegsende auf dem englischen Landgut Farm Hall internierten und dort abhören ließen. Die unfreiwilligen Gäste hatten zunächst nur wenig zu erzählen, bis sie vom amerikanischen Atombombenabwurf über Japan erfuhren. Nun entspann sich ein wahres Drama verletzter wissenschaftlicher Eitelkeit und menschlicher Empörung. Sie selbst, hier waren sich alle Forscher einig, hätten eine ähnliche Bombe unter entsprechenden technischen Voraussetzungen natürlich auch bauen können. Die Konstruktion der Bombe sei, dies betonte vor allem Heisenberg, nicht an eigenen Denkfehlern gescheitert, sondern vielmehr an kriegsbedingten technischen Schwierigkeiten und dem Desinteresse der politischen Führung.

Von Weizsäcker widersprach dieser zunächst auf wissenschaftliche Ehrenrettung bedachten Darstellung nicht, er ergänzte sie jedoch um eine moralische Ehrenrettung. Wenn man die Atombombe tatsächlich hätte bauen wollen, dann hätte man sich viel stärker für das Projekt engagieren müssen. Dies aber habe man schon aus moralischen Gründen nicht getan. Die Welt, so von Weizsäcker, werde feststellen müssen, daß Amerika die Bombe gebaut habe, während deutsche Wissenschaftler all ihre Energie dem Bau eines Atomreaktors gewidmet hätten.

Die These von den unwilligen Konstrukteuren hält die Wissenschaftsgeschichte bis heute in Atem. Zweifler weisen vor allem auf den Besuch Heisenbergs und von Weizsäckers in Kopenhagen im Jahre 1941 hin, der zu einem vorübergehenden Bruch zwischen Bohr und seinen deutschen Freunden führte. Dänische Quellen legen den Verdacht nahe, daß man sich wissenschaftliche Hilfe oder zumindest moralische Absolution für den Atombombenbau erhoffte. Von Weizsäcker weist diese Thesen bis heute ebenso zurück wie die Vermutung, der Besuch habe Propagandazwecken gedient. Tatsächlich habe es sich um eine Reise gehandelt, mit der man den Bau der Bombe habe verhindern wollen. Leider habe Bohr Heisenberg völlig mißverstanden, was wohl auf die ungünstigen Umstände zurückzuführen sei.

Carl Friedrich von Weizsäckers Darstellung der Handlungsweise der deutschen Physiker im Dritten Reich ähnelte damit in bemerkenswerter Weise dem Bild des eigenen Vaters. Auch hier tritt dem Publikum die mißbrauchte und mißverstandene, letztlich jedoch moralisch unbefleckte Elite entgegen. Auch hier findet sich das Motiv des unschuldig schuldig Gewordenen. Den Physikern war kein Vorwurf aus ihren Entdeckungen zu machen, da, was denkbar war, auch gedacht werden mußte. Und doch hatten sie der Menschheit Instrumente in die Hand gegeben, mit der sie sich selbst vernichten konnte. In dieser neuen historischen Situation durfte der Wissenschaftler nicht im Abseits stehen, er hatte seine moralischen und politischen Pflichten wahrzunehmen. Die Elite hatte zwar nicht versagt, doch sie war gefährdet und mußte sich wandeln.

Konsequent begann Carl Friedrich von Weizsäcker nach dem Krieg den engen Zusammenhang zwischen Natur- und Geisteswissenschaft, zwischen Forschung und Politik, zwischen Vernunft und Religion zu betonen. Der Wissenschaftler wird zum Mahner, zu einer Kassandra, die die Gefahr, vor der sie warnt, zugleich erzeugt, der zur Verständigung aufruft und doch die Grenzen menschlicher Friedensfähigkeit mit Sorge beobachtet. Wenn auch das wissenschaftliche Echo auf von Weizsäckers Bemühungen gemischt blieb, so war jenes der Öffentlichkeit überwältigend groß. Als pessimistischer Warner, als öffentlicher Gelehrter stand er für eine sich öffnende Elite. Diese war sich ihrer Verantwortung bewußt, reflektierte sie aber nicht nur innerlich, sondern stellte sich auch der öffentlichen Kritik. Von Weizsäcker stand für ein republikanisches Eliteverständnis. Obwohl selbst eher konservativ, wurde er zur Symbolfigur der demokratischen Linken, die ihn 1979 zum Bundespräsidenten küren wollte – ein Ansinnen, das er angesichts mangelnder Erfolgsaussichten ausschlug.

Tradition

Es war ein Amt, das ausgerechnet dem oft unterschätzten jüngeren Bruder Richard zufiel, der dank seiner Eloquenz in der Familie schon früh als künftiger Parlamentarier bespöttelt wurde.

Den Krieg hatte Richard von Weizsäcker im Potsdamer Infanterieregiment 9 und damit in einer militärischen Einheit verbracht, die Hitler besonders kritisch gegenüberstand. Als während einer hitzigen politischen Diskussion einer seiner Kameraden auf das Bild Hitlers schoß, soll von Weizsäcker dasselbe getan haben. Die übrigen schlossen sich den beiden an und versicherten sich damit des gegenseitigen Stillschweigens. Dieses Verhalten soll nach Aussagen von Regimentsangehörigen typisch für von Weizsäcker gewesen sein. In der Tat zählten einzelne Widerstandskämpfer, wie Axel von dem Busche, zu seinem engsten Freundes- oder Bekanntenkreis.

Aus dem Krieg zurückgekehrt kämpfte er mit seinem Bruder und seinem Vater Seite an Seite für die Wiederherstellung der Reputation der deutschen Leistungseliten. Die Alliierten, so von Weizsäcker damals, sollten die Kriegsverbrecher der deutschen Justiz aushändigen. Auf diesem Wege könne Deutschland vor den Augen der Welt demonstrieren, daß es durchaus über kompetente und unbelastete Richter und Anwälte verfüge, die mit deutschen Verbrechern auf deutschem Boden rechtstaatlich verführen.

Die Bedeutung der Tradition, der alten Elitenkultur, die zu zerstören nach seiner Überzeugung die falsche Konsequenz aus Krieg und Diktatur war, blieb ein Leitmotiv auch künftiger Stellungnahmen. Doch ein Beharren auf alten Positionen lehnte er ab. Die Funktionselite hatte sich zu politisieren und zu öffnen, sie hatte neues Vertrauen zu gewinnen, um eine alte Bildungstradition bewahren zu können.

Als erstes Mitglied seiner Familie war Richard von Weizsäcker als leitender Angestellter eines Unternehmens tätig und durchbrach damit die Grenze zwischen staatsbezogenem Bildungsbürgertum und der Wirtschaftselite. Bezeichnend war auch die leitende Tätigkeit, die er in verschiedenen Funktionen für den evangelischen Kirchentag (1962–1985) ausübte. Dessen Funktion eines gemeinsamen Forums für theologische und politische Diskussionen wurde von ihm ausdrücklich gefördert. Ab 1966 trat das aktive politische Engagement hinzu. Nach über zwölf Jahren Parteimitgliedschaft hatte Helmut Kohl den damaligen Kirchentagspräsidenten für den Parteivorstand gewinnen können. Bekannt wurde er in den Jahren 1972–1974 als Vorsitzender der CDU-Grundsatzkommission und Vordenker seiner Partei. Als solcher befürwortete er auch die von seiner Partei mehrheitlich abgelehnten Ostverträge und hatte wesentlichen Anteil daran, daß die Abgeordneten der CDU-Fraktion sich bei der entscheidenden Abstimmung der Stimme enthielten. Es war diese Haltung, die ihn auch für linksliberale Kreise interessant machte. Dies zeigte sich nicht zuletzt in seiner Wahl als Berliner Bürgermeister 1981, die ihm bundespolitische Aufmerksamkeit sicherte.

Auch im politischen Wettbewerb hatte er traditionelle Verhaltensmuster seiner Familie keineswegs abgelegt. Auch er war ein Meister darin, den Kampf um Posten zu vermeiden und sich statt dessen in ein Amt berufen zu lassen. Wie kaum ein anderer deutscher Politiker wußte er Distanz und Transparenz zu kombinieren. So selbstverständlich, wie er die Kontrolle der Öffentlichkeit akzeptierte, so selbstverständlich beanspruchte er als gewählter Amtsträger Unabhängigkeit und Handlungsfreiheit.

Das Amt des Bundespräsidenten hatte von Weizsäcker bereits 1968 als innerparteilicher Rivale Schröders und 1974 als Gegenkandidat Walter Scheels angestrebt. Als 1984 Karl Carstens auf eine zweite Amtszeit verzichtete, schien seine Kandidatur geradezu unausweichlich zu sein. Helmut Kohl zeigte sich von der Selbständigkeit des potentiellen Staatsoberhauptes wenig angetan und enthielt sich eines Wahlvorschlags. Dieser wurde von Kohls beständigem Rivalen Franz Joseph Strauß vorgebracht, der ihn damit unter Zugzwang setzte. Offenbar versuchte der Kanzler, von Weizsäcker noch zu einem Verzicht zu überreden. Darauf deutet zumindest der Bericht eines Mitarbeiters der Süddeutschen Zeitung hin, der während eines Fußballspiels hinter den beiden im Olympiastadion saß und sie bei einem lautstarken Disput beobachten konnte.

Bei so viel Widerstand von seiten des Kanzlers durfte von Weizsäcker von Anfang an mit dem Wohlwollen der Opposition rechnen, die ihn bei der Wahl zum Bundespräsidenten unterstützte. Das neue Staatsoberhaupt verfügte damit über denkbar günstige Ausgangsbedingungen, die es geschickt zu nutzen verstand. Ihm war das Mißtrauen der demokratischen Linken gegenüber den alten bildungsbürgerlichen Eliten wohl bewußt. Das volle Bewußtsein über den Umfang der Verbrechen des Nationalsozialismus war Stück für Stück in das Bewußtsein einer breiten Öffentlichkeit gedrungen. Die Rolle, die die deutschen Eliten bei diesen Verbrechen gespielt hatten, wurde seit den sechziger Jahren heftig diskutiert. Neben eine apologetische Erinnerungskultur, die die Nation als Geisel einer nationalsozialistischen Verbrecherclique und Opfer eines infernalischen Krieges sah, etablierte sich eine kritische Gegenbewegung, die nach Mittätern in den Funktionseliten, aber auch in anderen Gesellschaftsschichten fragte und die deutschen Kriegsverbrechen thematisierte. Die ungebrochenen Karrieren wichtiger Repräsentanten von Wirtschaft, Wissenschaft, Militär und Beamtenschaft sorgten in diesem Zusammenhang für zunehmende Irritation und untergruben die Akzeptanz gesellschaftlicher Führungsgruppen – ein Vorgang, der von seiten der DDR-Führung nach Kräften unterstützt wurde.

Richard von Weizsäcker hatte die alten Leistungseliten einst vehement verteidigt. Nun ging er, am 8. Mai 1985, in seiner Rede zum vierzigsten Jahrestag des Kriegsendes auf Kritiker zu. Zwar vermied er es auch bei dieser Gelegenheit sorgsam, die Bedeutung der deutschen Spitzenbeamten für den Aufstieg Hitlers zu thematisieren, doch gestand er das kollektive moralische Versagen der Nation, einschließlich ihrer Eliten, ein. Die Deportation der jüdischen Mitbürger hätten alle wortlos geduldet, obwohl jedermann geahnt habe, was mit den Verschleppten geschehen werde. Zwar könne von Kollektivschuld keine Rede sein, da Schuld immer individuell zu beurteilen sei, wohl aber von Kollektivscham. Dem Eingeständnis folgte der Hinweis auf die Lehren, die man aus der Katastrophe gezogen hatte. Auch an dieser Wende hatten die alten Leistungseliten mitgewirkt. Der Schuld stand die Läuterung gegenüber.

Von Weizsäcker sollte in den folgenden Jahren seiner Amtszeit immer wieder auf die Bedeutung der alten Leistungseliten für die Entwicklung der Bundesrepublik hinweisen. Vor allem das preußische Erbe lag ihm am Herzen. Die deutsche Geschichte habe nicht im Jahre 1945 neu begonnen. Sie konnte nicht in wünschenswerte und weniger wünschenswerte Traditionen geschieden werden. Den Erfolg dieser Appelle schätzte er nach dem Ende seiner Amtszeit als eher gering ein. Anders als in den USA, England oder Frankreich, so stellt er heute mit Sorge fest, ist es in Deutschland nur begrenzt gelungen, eine politische Elitenstrukturen zu schaffen, die auf alten Traditionen aufbaut. Vergleicht man die heutige Situation mit jener von 1949, so Weizsäcker, werde der Mangel an profilierten und innovativen Köpfen in deprimierender Art und Weise deutlich.

Neue Wege zum alten Ziel

Politische Karrieren sind in der Bundesrepublik, daran lassen auch neuere wissenschaftliche Untersuchungen keinen Zweifel, eng an die erfolgreiche Sozialisation in den Parteien gebunden. Nur wer die sogenannte Ochsentour auf sich nimmt, hat eine Chance, den Gipfel zu erklimmen. Die Zugehörigkeit zu einer vielfach vernetzten, bildungsbürgerlichen Funktionselite, die sich durch Kompetenz und Stil nach außen abzugrenzen versteht, ist für den Erfolg auf der politischen Bühne dagegen nur noch bedingt förderlich. Richard von Weizsäcker scheint damit auf den ersten Blick ein Auslaufmodell zu sein. Daß dem nicht so ist, haben zwei herausragende Vertreter der nächsten Generation der Familie bewiesen.

Wie die meisten ihrer Geschwister und Verwandten entschieden sich auch die beiden älteren Söhne Carl Friedrich von Weizsäckers für Karrieren, die außerhalb des politischen Wettbewerbs lagen. Im

Wissenschaftsbetrieb waren die Chancen altehrwürdiger Akademikerdynastien in den sechziger Jahren noch immer hervorragend. Kam noch Begabung hinzu – und darüber verfügten sie reichlich – stand einer glänzenden Karriere nichts im Wege.

Carl Christian von Weizsäcker (geb. 1938) wurde bereits mit 27 Jahren zum Professor der Volkswirtschaftslehre berufen. Sein jüngerer Bruder, der Physiker und Biologe Ernst Ulrich (geb. 1939) war bei seiner Erstberufung zum Professor für interdisziplinäre Biologie 33 Jahre alt. Sie haben nicht nur unterschiedliche Fachrichtungen eingeschlagen, verschieden sind auch ihre Grundpositionen. Hatte der Volkswirt einst als Anhänger des Ordoliberalen Karl Schiller begonnen, so ist aus ihm längst ein entschiedener Marktwirtschaftler geworden, der die Lenkungsmöglichkeiten des Staates als eher gering einschätzt. Im Inneren wirbt er für mehr Eigenverantwortung, im außenwirtschaftlichen Bereich für eine Öffnung der internationalen Märkte. Zwar sieht auch er die Notwendigkeit der Ressourcenschonung, doch hält er den Staat für denkbar ungeeignet, um sie durchzusetzen. Die milliardenschwere Förderung der regenerativen Energiequellen nennt er ein «Wohlstandshobby». Völlig anders sieht dies Ernst Ulrich, der seine Familie schon in Jugendjahren mit der Zucht exotischer Schmetterlinge in Atem hielt und den Artenschutz schließlich zu einer seiner Lebensaufgaben gemacht hat. Seit 1991 ist er Präsident und Geschäftsführer des Instituts für Klima, Energie und Umwelt in Wuppertal. Er drängt auf eine massive Intervention der internationalen Staatengemeinschaft zugunsten bedrohter Arten und auf eine veränderte Energiepolitik der Einzelstaaten. In der vielbeachteten Studie *Faktor vier,* deren Koautor er ist, weist von Weizsäcker darauf hin, daß Wachstum zukünftig nur durch eine wesentlich effizientere Nutzung der globalen Ressourcen möglich ist. Die Förderung erneuerbarer Energien ist für ihn unverzichtbar, um dieses Ziel zu erreichen.

So unterschiedlich die Brüder auch sein mögen, in einigen Punkten weisen ihre Lebenswege unverkennbare Ähnlichkeiten auf. Beide genießen internationale Anerkennung. Carl Christian knüpfte bereits in den sechziger Jahren Kontakt zum renommierten Massachussetts Institute of Technology und hielt auch in den folgenden Jahrzehnten stets engen Kontakt zur amerikanischen Forschungslandschaft. Ernst Ulrich arbeitete 1981 bis 1984 als Direktor des UN Instituts für Wissenschaft und Technik in New York und ist seit 1992 Mitglied des Club of Rome. Internationales Renommee ist für beide kein Selbstzweck. Sie wissen es politisch zu nutzen. Carl Christian übte Einfluß als Vorsitzender der Monopolkommission (1989–1998) und als Mitglied des wissenschaftlichen Beirats des Bundesministeriums für Wirtschaft aus. Nicht als Berater, sondern als Entscheidungsträger versucht Ernst Ulrich von Weizsäcker auf politische Entwicklungen Einfluß zu nehmen. Das SPD-Mitglied engagiert sich seit Mitte der sechziger Jahre im Bereich der Sicherheits-, Hochschul- und Umweltpolitik. Von 1998 bis 2005 war er Mitglied des Bundestages, von 2002 bis 2005 Vorsitzender des Umweltausschusses.

Als personifiziertes Umweltgewissen seiner Partei repräsentiert Ernst Ulrich von Weizsäcker ein neues Gesicht seiner Familie. Fragen der Nation und der Tradition hat er hinter sich gelassen. Er ist, stärker noch als sein Vater, ein Global Player. Und doch steht er, so modern und aufgeschlossen er auftritt, wie kein anderer von Weizsäcker seiner Generation für die fortdauernde Entfaltung der Familientradition. Wie sein Vater, sein Großvater und Urgroßvater, so sieht auch Ernst Ulrich von Weizsäcker seine Aufgabe darin, den Souverän zur Vernunft zu bringen und sich nicht etwa seinen Launen zu unterwerfen. Wie sie stellt er sich als Warner und Mahner dar, der die Wege aus der Krise weist und den Untergang der Welt mit unerbittlicher Kraft abzuwenden versucht. Da er dies aber nur im Rahmen politischer Kompromisse tun kann, ist sein Wirken stets unvollkommen.

Die deutsche Kassandra, der unschuldig Schuldige, der politisch wirkende Gelehrte, die unermüdliche Stimme der Ratio inmitten des Chors der Schmeichler – dies sind die Rollen, die eng mit der Familie von Weizsäcker verbunden sind. Ihr Name ist zu einem Orientierungspunkt nationaler Selbstreflexion geworden. Er ruft Erinnerungen an vermeidbare deutsche Katastrophen und ihre Folgen wach. Zugleich weckt er ein Vertrauen, das aus Vertrautheit entspringt. Das Bild der von Weizsäckers, die über die Ursachen vergangener Zusammenbrüche reflektieren und vor zukünftigen warnen, bildet einen Anker der Kontinuität inmitten des Wandels.

Die Wittelsbacher

von Eberhard Straub

Alles *Neue* gefällt. So heißt es durch die Jahrhunderte, seit das Christentum unter dem Zeichen des *Neuen* Bundes den *neuen* Adam verkündete, der unter dem *neuen* Gesetz als *neuer* Mensch zu *neuem* Leben im *neuen* Jerusalem berufen ist. Ununterbrochen wurden Innovation, der Aufbruch zu einer vita nova verlangt und durchgesetzt. Was dennoch erhebliches Mißtrauen erweckte, das waren neues Geld und neuer Adel. Den homines novi, die gleichsam von sich selber als Söhne ihrer Taten abstammten, und Neureichen, also den Aufsteigern, wie es heute heißt, öffneten sich die alten Aristokraten, die Reichen und Mächtigen, was meist das gleiche bedeutete, nur sehr widerstrebend. Zum Adel gehört die Herkunft, das Bekannt-Sein wegen der Verdienste und Tugenden tapferer, frommer und ehrenvoller Ahnen. Anderenteils traten immer wieder Gestalten auf, die es verdienten, ausgezeichnet zu werden, ganz abgesehen davon, daß andere berühmte Familien ausstarben. Die Zusammensetzung des Adels befand sich daher immer in Bewegung, schon allein weil Könige und Kaiser mit neuen, ihnen ergebenen Geadelten die Macht der eigenwilligen alten Geschlechter zu beschränken versuchten. Freilich alles, was einmal neu war, wird, wie Kaiser Claudius störrischen Senatoren erläuterte, ganz von selbst alt, und alles Alte, Ehrwürdige, durch die Jahrhunderte Geheiligte war einmal neu, ungewohnt und aufregend.

Als Kaiser Friedrich Barbarossa 1180 Otto von Wittelsbach zum Herzog von Bayern erhob, belohnte er ganz bewußt einen homo novus, ein «neues Element», das sich strebsam und loyal in kaiserlichen Diensten bewährt hatte. Der Ruhm der kleinen Leute, wie alte Aristokraten schon damals spotten, ist der Erfolg. Der «kleine Mann» Otto, ganz und gar auf Karriere bedacht, hatte Erfolg, und seine unmittelbaren Erben in den beiden nächsten Generationen bewahrten sich den Ehrgeiz und die Energie, das Herzogtum in der Familie zu behalten, darüber überhaupt im strengen Sinne zu einer Familie, zu einer großen Familie zu werden und in Bayern zur ersten, mächtigsten und vornehmsten von allen. Denn bislang liefen die Wittelsbacher in der «guten Gesellschaft» nur so mit – als etwas zweifelhafte Existenzen. Deswegen förderte sie ja der Kaiser, darauf rechnend, daß sie, weil nach Höherem strebend, nicht so schnell undankbar und unberechenbar werden würden. Einwände seines sehr stolzen Neffen – des großen Historikers und Bischofs, Otto von Freising, eines altadeligen Prinzen – gegen diesen Otto und dessen Vater, der sich als erster den Namen Wittelsbach zugelegt hatte, mußten ihn gerade nicht bekümmern. Otto von Freising hielt Vater wie Sohn für höchst widerwärtige Subjekte, die sich als kaiserliche Pfalzgrafen und Rechtswahrer in Bayern seit 1121 zumindest in seiner Diözese anmaßend bemerkbar machten.

Otto von Freising behauptete, daß diese selbstherrlichen Beamten, untergeordnetes Personal ohne Augenmaß, von jenem gewalttätigen Arnulf von Bayern abstammten, der um 919 voll ungerechten Ehrgeizes als Gegenkönig zu Heinrich I. auftrat und im Einverständnis mit den Ungarn, mit dem Reichsfeind, für Unordnung sorgte. Wer von solch verstockten Bösartigen abstammt, von dem läßt sich nichts Gutes erwarten. Otto von Wittelsbach fühlte sich verletzt und war beleidigt. Genau das war die unchristliche Absicht des geistreichen Aristokraten. Ihm ging es um ein moralisch-rhetorisches Spiel, d. h. zu betonen, daß von diesen Wittelsbachern nichts Ersprießliches zu erwarten sei, wenn Anmaßung und Friedlosigkeit ihnen gleichsam angeboren seien. Arnulf von Bayern wäre trotz seiner politischen Eskapaden im übrigen ein sehr respektabler Vorfahre, denn er gehörte zur fränkischen Reichsaristokratie, deren Ursprünge in die Merowingerzeit und in den spätrömischen Senatorenadel zurückreichen. Otto von Freising wußte natürlich, daß das nicht stimmte, ja daß kein Mensch, der etwas auf sich hielt, mit den unbedeutenden Grafen von Wittelsbach verwandt war. Er war es jedenfalls nicht, und das sagte schon fast alles.

Die Verwandtschaft der seit 1121 allmählich ins Licht der Geschichte gerückten Wittelsbacher entsprach dem Dunkel, aus dem sie sich erhoben bzw. dem sie durch kaiserliche Huld entrückt wurden. Kein Mönch hatte es bislang für notwendig erachtet, irgend etwas Denkwürdiges über sie aufzuschreiben, und das in Zeiten, in denen gerade Mönche den Ruhm und Nachruhm der Stifter ihrer Klöster und Förderer pflegen mußten. Allerdings verpflichteten die Wittelsbacher als neue Herzöge sofort Mönche und damit Historiker – die zu allen Zeiten bereit sind, der Geschichte einen wünschenswerten Sinn zu vermitteln – dazu, ihnen eine ansehnliche Vergangenheit zu verschaffen. Sie sollte über Arnulf zu Karl dem Großen und den Karolingern zurückführen, von denen sich alle großen kaiserlichen Familien bis zu den Staufern ableiteten. In den Klöstern Tegernsee, Garsten oder Admont war man damit beschäftigt, eine königliche Vergangenheit für die Herzöge Bayerns zu entwerfen, weit zurück bis in die Spätantike, in der es noch gar keine Bayern gab. Mit den uralten Bayern und deren Königen und Herzögen wurden die Wittelsbacher auf diese Weise unmittelbar verknüpft und in ununterbrochener Kontinuität der Herrscher zu einem uralten Geschlecht gemacht. Bayern als gelehrter Mythos: darauf greifen die Wittelsbacher zurück, um anderen, aber auch sich selbst ihre Vergangenheit zu vergegenwärtigen und auf den historisch berechtigten Vorrang Bayerns unter den Herrschaften im Reich aufmerksam zu machen. Herrscherhaus, Herrschaftsraum und Landesbewußtsein wurden unmittelbar zusammengebracht. Das Haus Wittelsbach wurde zum Haus Bayern, dem jeder als Hausgenosse angehörte, der in Bayern lebte.

Bayern als Herrschaftsverband innerhalb des Fränkischen Reiches hat seit dem sechsten Jahrhundert zuweilen eine sehr eigenwillige und selbstbewußte Rolle gespielt. Aber es wurde den Herzogen aus wechselnden Familien immer wieder von den fränkischen Königen – zuweilen recht nachdrücklich, wenn sie einfach abgesetzt wurden – verdeutlicht, daß sie eine Reichsprovinz verwalten und durchaus an Weisungen gebunden sind. Als Reichsprovinz war Bayern eine fränkische Organisation, durchdrungen von der Reichsaristokratie, zu der auch die Herzöge gehörten. Es sind die Reichsaristokraten und deren Herrschaftsstrukturen, die überhaupt erst den Stamm der Bayern aus romanisierten Kelten, Römern und eingewanderten Germanen, aber auch Slawen schaffen. Bayern gehörte zu den wichtigsten Provinzen im ostfränkischen Reich, das sich seit 918 zum deutschen Reich ausbildete. Es wurde bewußt als königliche Provinz behandelt, möglichst Verwandten der Könige und Kaiser übertragen, und zwar mit stets wechselnden Grenzen, je nach den Erfordernissen der Politik. Es gehörten um 950, unter Kaiser Otto I., ganz Österreich, Tirol, die Steiermark, Kärnten und Friaul bis zur Küste an der Adria und hinüber nach Verona dazu. Die Erinnerung an dieses Groß-Bayern kultivierten die Wittelsbacher von vornherein, ja die Erneuerung dieses historischen Bayerns erhoben sie zu ihrem Programm. Sie verknüpften ihren Mythos mit dem des Landes und ließen sich zur bayerischen Familie schlechthin stilisieren, an der aller Ruhm und vergangene Größe des ältesten Staates in Europa haftet.

Es ist bemerkenswert, daß es sehr schnell gelang, diese Legende durchzusetzen, die selbst nach 1918 weiterlebte und dem republikanischen Selbstbewußtsein der Staatsbayern gelegen kam, um sich als Ordnungsmacht in der Republik zu empfehlen und die Überlegenheit gegenüber Preußen hervorzuheben. Vor noch gar nicht so langer Zeit hieß es in der CSU: Deutschland braucht Bayern. Diese trotzige, durchaus kämpferisch gemeinte Devise wiederholte vereinfacht den Anspruch der Wittelsbacher, den sie von Anfang an vortrugen, nämlich Bayern wieder so groß und mächtig zu machen, daß ohne ihre Zustimmung nichts im Reich geschehen könne. Das setzte allerdings voraus, erst einmal in Bayern überhaupt zur mächtigsten und reichsten Familie zu werden. Denn die Andechs-Meranier, mit ganz Europa verwandt und mit verstreuten Besitzungen bis hinab nach Istrien und Dalmatien, übertrafen in Bayern als glänzendes «Haus» die Wittelsbacher bei weitem. Von den Welfen erst gar nicht zu reden, der ältesten Familie Europas, die bis in die Merowingerzeit zurückreicht und die vor 1180 neben den Staufern die mächtigste Dynastie im Reich war, verschwägert mit dem europäischen Hochadel. Die Wittelsbacher hatten nicht nur Ehrgeiz, sondern auch viel Glück. Die Welfen zerstritten sich mit den Staufern und deshalb konnten die Wittelsbacher 1180 Bayern erhalten, auf das Heinrich der Löwe verzichten mußte. Im 12./13. Jahrhundert starben die meisten der alten aristokratischen Familien aus. Davon profitierten wiederum die Wittelsbacher, die als Herzöge von Bayern durch Tod frei werdende Lehen behielten und damit ihren Hausbesitz erheblich erweiterten.

Der lange Weg zur Reputation

Sie kannten keine Bedenken, das Haus Andechs–Meranien zu kompromittieren und zu erledigen. 1208 ermordete Otto von Wittelsbach, ein Vetter Herzog Ludwigs von Bayern, den staufischen König Philipp in Bamberg. Er war beleidigt, weil der König sich nicht an das Versprechen gebunden fühlte, ihn mit seiner Tochter zu verheiraten. Dieser Affront veranschaulicht, daß ein sehr wohlerzogener Fürst wie dieser «junge sueze man» sich nicht genötigt sah, übertriebene Rücksicht auf die Erwartungen von Leuten wie die Wittelsbacher zu nehmen, deren Ruhm der Dienst ist; dabei dürfte dem König nicht einmal in den Sinn gekommen sein, durch diese Zurückweisung unhöflich zu wirken. Die Wittelsbacher gehörten eben nicht «dazu», sie waren nicht gleichrangig. Bischof von Bamberg war damals ein Andechs-Meranier. Deren Feinde warfen dem Bischof und seinen Verwandten – allesamt gut kaiserlich gesinnten Herren – vor, mit dem Mörder im Einverständnis gewesen zu sein. Herzog Ludwig beschlagnahmte daraufhin sofort die Güter der Andechser in Bayern. Die Verdächtigungen erwiesen sich als völlig haltlos, doch ihre Besitzungen erhielten die zu Unrecht Beschuldigten nie mehr zurück. Der Welfe Otto IV., der anschließend zum König gewählt wurde, brauchte die Hilfe der bislang staufisch gesonnenen Fürsten. Ludwig verließ daraufhin die staufische Partei – und zum Lohn erhielten die Wittelsbacher das Herzogtum in Bayern von nun an als erbliches Lehen; zudem durften sie die Andechser Besitzungen behalten. Der Welfe hatte nichts dagegen, eine konkurrierende, ihm lästige Familie zu schwächen. Eines der abscheulichsten Verbrechen für die Christen, den Königsmord, die Tötung des Stellvertreters Christi auf Erden, machte sich der robuste Herzog kühl und entschlossen zunutze. Die Wittelsbacher waren in erstaunlich kurzer

Zeit zur ersten Familie im Herzogtum geworden. Die Absicht war darüber hinaus, in den Kreis der ersten Familien des Reiches zu gelangen. Ludwig wechselte daher 1214 wieder in das Lager des Staufers Friedrich II., als dieser nach Deutschland kam, um die ihm vorenthaltene Krone zurückzugewinnen.

Ludwig erhielt zum Dank die Rheinpfalz, und die Wittelsbacher wuchsen dadurch ins Reich hinein. Bis zum Tode Friedrichs II., in dem die einen das Staunen der Welt feierten und andere zusammen mit den Päpsten die Inkarnation des Bösen erkannten und bekämpften, wahrten sie diesem Kaiser die Treue. Dazu gehörte Mut und seelenruhige Berechnung. Denn je größer die Schwierigkeiten für den Kaiser wurden, desto gewisser waren die Aussichten auf großzügige Anerkennung furchtloser Loyalität. Immerhin scheute sich Friedrich II. nicht, seinen Sohn und Erben König Konrad IV. 1246 mit einer Wittelsbacherin zu verheiraten. Damit waren die Bayern in die vornehmste Familie Europas aufgenommen. Von jetzt an gehörten sie dazu. Das war für das adelige Verständnis der Zeit ein unschätzbarer Gewinn. Die Wittelsbacher, die vor hundert Jahren «niemand» kannte, waren in den Kreis der Hocharistokratie aufgenommen. Von nun an verschwägerten sie sich nicht mehr mit den benachbarten Gutsbesitzern, die sie ohnehin aufgeheiratet und beerbt hatten, sondern schlossen Ehebündnisse mit königlichen Geschlechtern quer durch Europa. Sie hatten viel erreicht, aber sie waren noch nicht am Ziel ihrer Wünsche. Denn 1246 starb der letzte Babenberger in Österreich.

Das eröffnete die Möglichkeit, zu einer «Wiedervereinigung» Bayerns mit Österreich, und damit zur Renovatio, zur Erneuerung altbayerischer Größe. Kaiser Friedrich II. zauderte allerdings, sich auf solche Begehrlichkeiten einzulassen, nicht zuletzt weil er Österreich seiner Familie erhalten wollte. Ohne etwas zu entscheiden, starb er unerwartet 1250. Während der Wirren in der langen kaiserlosen, der schrecklichen Zeit konnten die Wittelsbacher aus dem Zusammenbruch der Staufer einiges als Erbe einheimsen: die heutige Oberpfalz und ihr vorgelagerte Besitzungen. Aber das genügte ihnen nicht. Denn sie sahen sich um Österreich, die Steiermark und Kärnten betrogen. Diese Herzogtümer verlieh der habsburgische König Rudolf I., der im Reich seit 1276 wieder für Ruhe und Ordnung sorgte, 1282 seinen Söhnen. Das mußte die Wittelsbacher sehr verstimmen. Außerdem konnte es ihnen gar nicht gefallen, daß diese Habsburger, die unlängst kein Mensch kannte, gleichsam aus dem Nichts zu Reichsfürsten und einem königlichen und kaiserlichen Geschlecht aufstiegen. Es verschaffte ihnen Unruhe, daß sie diese Kinder des Glücks zu Nachbarn hatten. Die Habsburger standen ihnen im Wege in den Alpen bis hinüber nach Italien, sie standen ihnen im Wege in Ungarn und Böhmen, diesem in dauernder Umgestaltung begriffenen Raum, der die Phantasie der Bayern beschäftigte. Sie standen ihnen im Reich, in Franken entgegen, weil sie entfremdete Reichsgüter wieder in kaiserlichen Besitz bringen wollten, und endlich auch am Rhein, wo sie, im Elsaß begütert, sorgsam ihre Interessen verfolgten. Vor allem aber stellten die Habsburger das Reichsoberhaupt, verfügten über die rechtlichen Mittel des Reiches, gewannen Anhänger und dachten in keiner Weise gering von sich.

Im Gegenteil: sie sahen sich als die von Gott zum Kaisertum Berufenen und betrachteten jeden Widerspruch gegen ihre gleichsam angeborene Überlegenheit als Ausdruck verworrenen Gemüts oder des sündhaften Begehrens, die gottbestimmte Ordnung in Unruhe zu stürzen. Für eine neue Familie, die von heute auf morgen emporkam, verfügten die Habsburger über ein ungewohntes, vor allem unerschütterliches Selbstbewußtsein. Sie ruhten im Mittelpunkt der eigenen Schwerkraft und harrten unverdrossen, wenn sie Rückschläge erleiden mußten, der Rückkehr der Geister, welche schweifen, damit die gestörte Ordnung wieder in ihre wohltätige Ruhe zurückfinde. Die Wittelsbacher waren hingegen nervös, wußten nie so recht, wie sie mit diesen Nachbarn umgehen sollten, weil sie nicht wußten, was sie eigentlich wollten – abgesehen von der Chimäre eines Groß-Bayern. Von ihr vermochten sie sich nicht zu lösen, obschon die Habsburger als Haus Österreich dieses Herzogtum gleichsam zu ihrem Eigennamen erhoben und jede Hoffnung illusorisch machten, sie würden je auf Österreich verzichten. Im übrigen ließen sie eine österreichische Geschichte entwerfen, die bewußt unbayerisch war, um Erinnerungen an frühere bayerische Zusammenhänge möglichst zu verdunkeln. Beide Dynastien heirateten zwar sogleich untereinander, doch solche Eheabsprachen halfen den Wittelsbachern nie zu einer Abklärung jeweiliger Einflußsphären und darüber zu aufrichtiger Zusammenarbeit untereinander. Die Wittelsbacher griffen in alle Richtungen aus, mit den unterschiedlichsten Kombinationen am Rhein, in Franken oder Südosteuropa beschäftigt.

Die einzelnen Linien, die unter sich den Besitz teilten, über Erbgänge wieder Bruchstücke vereinten, die dann abermals fragmentiert wurden, folgten ihren regionalen Bedürfnissen, die sich meist entschieden widersprachen. Selten genug konnte ein übergreifendes Interesse das gesamte Haus zu gemeinschaftlicher Politik veranlassen, obschon das historische Bild von Bayern und dem ehrwürdigen Haus Bayern gerade ein Gefühl der Zusammengehörigkeit der verschiedenen Herren angehörenden Bayern wachhielt und kräftigte. Trotz aller dauernd wechselnden Trennungen und Vereinigungen entwickelte sich ein Stammesgefühl, ein Landschaftsbewußtsein unter den Ständen, eine Idee von rechtlicher Einheit und Gemeinsamkeit. Insofern ist es das Haus Bayern, das mit seinen Mythen tatsächlich Bayern als landesherrlichen Organisationsraum schuf. Ja dessen Einwohner entwickelten sich unter diesem Einfluß erst zu Bayern. Die Erbteilungen waren kein spezifisch bayerisches Übel. Sie waren unvermeidlich in den adeligen Häusern, in denen jeder Prinz als gleichberechtigt galt. Zum Adel gehört die Selbständigkeit. Wer Dienstmann eines anderen ist, hat seine Freiheit verwirkt. Es war unmöglich, einen Bruder seinem Bruder unterzuordnen, denn damit würde dem einen seine angeborene Unabhängigkeit genommen. Man konnte nur an Eintracht und Nächstenliebe appellieren. Zum ritterlich–adeligen Selbstverständnis gehörte aber, einigen Lärm in der Welt zu machen, sich Ruhm zu erwerben, seine heroische Tugend zu bestätigen und die Einbildungskraft «des Volkes» zu beschäftigen. Das alles hieß, auf sich hinzuweisen, auf die Schönheit seiner Person und die Kraft, Macht und Ruhm zu mehren. Der einzelne ist ganz und gar auf sich verwiesen, um zu brillieren und aufzufallen, was jedoch nicht bedeutet, sich ohne Rücksicht auf Normen selbst zu «verwirklichen».

Vielmehr soll jeder dem Typos genügen, dem Bild vom edlen Ritter, der sich gefällt, indem er anderen gefällt. Diese «Vereinzelung» eines jeden dynamisierte das ohnehin labyrinthische Kleinleben nicht nur im Reich, sondern in Europa während der Inkubationszeit des modernen Staates. Vorerst wurde diese Epoche weiterhin von den Aristokraten geprägt, die, gerade weil sie jungen Ursprungs waren – ob Wittesbacher, Habsburger oder Hohenzollern –, altadelige Formen aufgreifen oder überhaupt revitalisieren mußten. Als Landesherren zogen sie zur Mitarbeit die Ministerialen heran, ehemalige Unfreie, die mit einem Anflug von Bürgerlichkeit versehen in den Dienstadel aufstiegen und ihrerseits nach vornehmen Sitten, hübscher Kultur und gefälliger Lebensart strebten. Die Vorherrschaft der erneuerten Aristokratie bedeutete einen weiteren Schub in der Ästhetisierung des Lebens, bei der Ausschmückung des Anstands und der Tugend, also deren Verbindung mit dem guten Geschmack.

Kaiserliche Höhen und herzogliche Niederungen

Spätestens Ludwig IV. von Bayern, der 1314 zum König gewählt worden war, veranschaulichte, daß die Wittelsbacher längst alle Erwartungen liebenswürdiger Eleganz erfüllten. Daran änderte auch der Umstand nichts, daß er wegen familiärer Unverträglichkeiten nicht im heimatlichen München, vielmehr bei seinem Onkel in Wien erzogen worden war und sich eigentlich die habsburgische Vornehmheit aneignete, formale Disziplin mit kunstvoller Nachlässigkeit ganz natürlich und ungezwungen wirken zu lassen. Er wuchs zusammen mit seinem Vetter Friedrich auf; beide waren nahezu zärtliche Freunde, die als schöne Seelen und wahre Ritter einander nicht betrüben wollten. Friedrich galt als der Schöne, sehr Feine und ungemein Elegante. Ludwig war kräftiger, körperlich gewandter und zuweilen unbeherrscht. Doch gerechter Zorn kann eine königliche Tugend sein. Beide hatten etwas Latein gelernt, liebten die höfisch-verspielte ritterliche Poesie und die Musik. Frühhumanistisch-religiöse Strömungen mit ihren frommen Überlegungen zum armen, machtlosen Christus, der die Herzen durchdringt und verwandelt, hatten sie berührt.

Beide bekümmerte, daß die Reichsfürsten ihre Eintracht stören könnten, weil sie sich nicht mehrheitlich auf den Habsburger zu verständigen vermochten. Ein Teil entschied sich für Ludwig von Bayern. Die beiden Freunde fielen von einer Verlegenheit in die andere. Krieg wollten sie gegeneinander nicht führen, ein Doppelregiment war nach dem Herkommen nicht vorgesehen. Nach vielen Ausflüchten mußten sie dennoch miteinander kämpfen. Ludwig gewann 1322 bei Mühldorf glücklich und doch schweren Herzens. Er ließ den schönen Friedrich auf der Trausnitz in Landshut internieren, wo er sich früh gereift und zart und traurig in gepflegtem Müßiggang die Zeit vertrieb. Freund Ludwig, als er daran dachte, nach Italien aufzubrechen, um sich zum Kaiser krönen zu lassen, erhob Herzog Friedrich 1325 zum Mitkönig, der in Deutschland während seiner Abwesenheit regierte. Das war bei aller Freundschaft auch ein kluger Schachzug, denn Papst Johannes XXII. hatte schon 1324 «den Bayern» aus der Kirchengemeinschaft ausgeschlossen. Zum Ärger des Papstes maßte er sich an, die kaiserlichen Rechte in Italien zu erneuern. Außerdem hatte er sich allzu sehr auf Strömungen eingelassen, die nach einer unpolitischen Kirche mit spiritueller Macht verlangten. Zudem wollten sie «dem Staat» das Recht vorbehalten wissen, die Welt in Ordnung zu halten, ohne diese deshalb der geistigen Fürsorge der Kirche zu entziehen.

Kaiser Ludwig, ein insgesamt verträgliches, wegen seiner Phantasie aber sehr lebhaftes Temperament, wurde so in theologische Auseinandersetzungen hineinzogen, die ihn überforderten. Ja er wurde zum Kaiser der Intellektuellen, die ihn, ob Marsilius von Padua oder William von Ockham, für ihre Ideen verwerten wollten. Die Welt war zu kompliziert geworden für einen frohgemuten und anständigen Ritter. Friedrich der Schöne, der Welt trotz des Freundes abhanden gekommen, starb 1330. Ludwig IV. war seinerseits zu vornehm, um gegen Johannes XXII. mit so zweideutigen Mitteln zu kämpfen, wie dieser uralte, böse Papst, der erst sterben wollte, wenn er «den Bayern» als Sohn der Hölle vernichtet hatte. Den frohen Ludwig überfielen zuweilen Melancholien, die sich auch unabhängig von päpstlicher Willkür einstellen konnten, weil es kaum möglich war, diese ganze verworrene, im Kleinen sich verlierende Welt unkontrollierbarer Einzelbestrebungen einem großen Gedanken unterzuordnen. Kaiser Ludwig dachte groß vom Reich, vom Kaiseramt, von seinem Haus, aber als Geschöpf seiner Zeit verlor er sich selber an plötzliche Launen, die eben die Klarheit durcheinanderbrachten, nach der es ihn verlangte. Gerade seinem Haus – nun endlich ein kaiserliches, als immer schon königliches sichtbar bestätigt – wollte er die für dauerhafte Größe notwendigen unerschütterlichen Fundamente bauen. Wo es eine Möglichkeit gab, zuzugreifen, in Holland, in Brandenburg, in Franken oder Tirol, da zögerte er nicht lange.

So wurde er zu einer Phantasie der Zeit und phantastisch verspielt wie seine Zeit. Allzu verspielt. Denn mächtigen Zeitgenossen war es doch zu viel, daß ein aus der Kirche ausgeschlossener Kaiser Ehen annullierte, wie z.B. die der Margarethe Maultasch von Tirol, um diese mit seinem Sohn Ludwig von Brandenburg zu verheiraten und dadurch den Wittelsbachern ein Einfallstor in den habsburgisch beherrschten Raum zu verschaffen. Diese Ehescheidung, ein Willkürakt, empörte die Angehörigen des Geschiedenen, die Luxemburger und vor allem die aufmerksamen Habsburger, die keinen Bayern in Tirol wissen wollten, übrigens in innigster Übereinstimmung mit den Tirolern, die ihre Freiheit vor allem als Freiheit von Bayern verstanden – was sehr bayerische Bayern noch heute schmerzt. Ludwig IV. starb plötzlich im Oktober 1346. Vielleicht hätte er sich seiner Gegner erwehrt. Der Luxemburger Karl IV. konnte den überraschenden Tod zu seinem Vorteil nutzen, durchaus bemüht, erst einmal die Wittelsbacher wieder auf ein herzogliches Maß zurückzustutzen.

Für das Haus Wittelsbach galt jedoch Ludwig IV. von nun an gleichsam als der neue Gründungsvater eines «kaiserlichen» Hauses Bayern, ähnlich Rudolf I., der etwas früher das Haus Österreich zu einem kaiserlichen bestimmte. Die Wittelsbacher erkannten nie oder nur widerwillig und vorübergehend in den Habsburgern, die das Kaisertum alsbald in Erbpacht übernahmen, das «Allerhöchste Kaiserhaus», denn sie hielten sich für nicht minder berechtigt, das Reich zu verwalten, und konnten nie ihre Eifersucht auf die Habsburger verbergen, die geschickt die historischen Erinnerungen an das Kaisertum mit ihrer Familie verknüpften. Diese empfingen dadurch einen numinosen Glanz, der vom Heiligen Römischen Reich ausging, von einer Geschichte der Jahrtausende «unter dem Adler», die über Caesar und Aeneas endlich auf die Göttin Venus zurückführte und dadurch auf den Jupiter Optimus Maximus. Mythische und christliche Bestimmung verschmolzen zwanglos in der Bildersprache kaiserlicher Repräsentation, die von den Habsburgern virtuos eingesetzt wurde, um ihre Einzigartigkeit zu veranschaulichen.

Brandenburg konnten die Wittelsbacher nicht behaupten, es gelang nicht, sich am Niederrhein dauernd einzurichten, und Tirol ging auch alsbald wieder verloren. Wer allzu viel umarmt, der hält nicht fest. Da sich die Wittelsbacher gar nicht wohl in der Mark Brandenburg fühlten, schmerzte sie auch deren rascher Verlust nicht sonderlich. Aber durch ihre flüchtigen Interessen im Norden und Nordwesten heirateten sie nun auch nach Schweden und Dänemark. In ihren engen und überschaubaren Welten – ob in Landshut, München oder Heidelberg – übten sie sich doch für den Auftritt in der großen Welt. Dazu gehörte guter Geschmack und das Talent, seine Person angemessen zur Geltung zu bringen. Mit anderen Worten: zum Adel gehört ästhetische Erziehung. Die Wittelsbacher hatten das Glück, nahe an Italien zu liegen, dort waren die hohen Schulen der Eleganz und verfeinerter Lebenskultur. An Höflichkeit gebrach es den meisten Wittelsbachern nicht und auch nicht an formaler Anmut, die durch bizarre Launen gar nicht beeinträchtigt werden konnte. Vorausgesetzt, es waren vornehme Launen, die den Roman des Lebens dramatisierten, den die unberechenbare Fortuna, die Sündhaftigkeit des schwachen Menschen und göttliche Gnade abwechslungsreich und für alle erbaulich machten. Das galt etwa für Herzog Ludwig im Barte, der von 1413 bis 1447 regierte. Er lebte lange Zeit nicht bei sich in Ingolstadt, sondern in Paris bei seiner Schwester, der Isabeau de Bavière, die gegen ihren eigenen Sohn, König Karl VII., intrigierte und die Schiller in der Jungfrau von Orléans zum Inbegriff des «politischen Weibes» stilisierte. Er heiratete dort, verdingte sich als Condottiere im Krieg gegen England, reihte als Projekteschmied ein Abenteuer ans nächste, kam ins Gefängnis und brachte dennoch erworbenen Reichtum sicher nach Bayern. Daheim überwarf er sich mit Verwandten und Nachbarn, lebte weiterhin großartig im Kleinen, immer unruhig und unternehmend. Schließlich starb er in Festungshaft zu Burghausen, wohin ihn sein Vetter Heinrich gesteckt hatte. Das war kein vorbildliches, aber auch kein verächtliches Leben, eben ein adeliges, freies, ein Herrenleben.

Staatsbauer

Allerdings wurde allmählich unter dem Eindruck der in der Renaissance erneuerten klassischen Proportionen deren Harmonie auf den werdenden Staat übertragen, auf den Staat als Kunstwerk. Das hieß, daß die Prinzen Disziplin lernen mußten und zu ihrer Harmonie in den schönen Verhältnissen des Staates finden sollten, im Staatsdienst, der ihnen eine ganz neue Freiheit gab, nicht Freiheit vom Staat, sondern Freiheit im Staat, den die erste Familie wie die Unruh einer kunstvollen Uhr zu energischer Tätigkeit anhält. Alle artes, alle Künste ergänzten einander: schöne Sitten, Förderung der Kunst, kunstsinnige Paläste, Staatskunst und Kriegskunst, die alle überkrönt wurden von der siegreichen ars moriendi, der Kunst gottselig zu sterben. Die Wittelsbacher waren nach den Hohenzollern die nächsten, die Konsequenzen aus dem Sinn für harmonische Ordnung zogen. Sie verständigten sich 1505 auf die Unteilbarkeit des Herzogtums Bayern, des vereinigten Ober- und Niederbayern, während die pfälzischen Linien bei altem Herkommen blieben wie auch die Wettiner oder Habsburger. Die Hohenzollern und Wittelsbacher waren die «modernsten» unter den deutschen Dynastien, wobei die Wittelsbacher den Hohenzollern aber gerade auf dem Gebiet überlegen waren, das als «preußische» Spezialität später besonders beachtet oder gefürchtet war: der Staatsbildung.

Es sind vor allem die humanistischen Herzöge Wilhelm IV. und Albrecht V. im 16. Jahrhundert, die den absolutistischen Verwaltungsstaat durchsetzen und die Macht der Stände ganz erheblich einschränken. Sie sind zugleich kunstsinnig, fördern die Wissenschaft und legen als Freunde der Ordnung den Grund zu einem geregelten Leben am Hofe und damit zur Repräsentation und Zeremonialität, deren Formen sich unter dem spanischen Einfluß in Europa vereinheitlichten. Als der junge, übrigens schöne und lebensfrohe,

Philipp II. von Spanien 1550/51 im Reich herumreiste, um sich als möglicher Kaiser den Deutschen bekannt zu machen, fühlte er sich bei seinen Cousins im reinlichen und festlich-ordentlichen München am wohlsten. Dort sah er die organisierende Vernunft am Werk, auf deren Wohltätigkeit er ebenfalls vertraute. Die Einführung der Unteilbarkeit und alleinigen Erbfolge des erstgeborenen Prinzen betraf unmittelbar die Familie. Denn es stellte sich sofort die Frage: Was geschieht mit den nachgeborenen Söhnen? Töchter kann man verheiraten, wie versorgt man jedoch die Söhne? Bayerns Herzöge erkannten sogleich, daß ein Abfall von der Kirche mit unkalkulierbaren Nachteilen verbunden war.

Zur Verstaatlichung Bayerns gehörte auch, die Kirche möglichst weitgehend mit zu verstaatlichen. Seit dem Ende des 15. Jahrhunderts hatte sich der «werdende Staat» in Bayern auch um eine Reform der Kirche gekümmert. Nicht die Freiheit der Kirche interessierte, sondern ihre Funktionstüchtigkeit – daß sie kein Ärgernis gab, sondern Mission trieb und «die Leute» religiös erzog und aufklärte, was oft genug zusammenhing, um die Menschen tüchtig in der Welt zu machen. Die Herzöge waren damit sehr erfolgreich und erkannten sogleich die Vorteile, die die Treue zur Kirche verhieß. Die Kirche mußte sich in die Oberherrschaft der Herzoge oder des Staates fügen. Neben den spanischen Habsburgern waren die bayerischen Wittelsbacher die treuesten der Treuen. Die Päpste stöhnten unter dem Druck dieser anspruchsvollen Liebe, der sie sich nicht verweigern konnten. Es war nun aber auch Aufgabe der Kirche, bayerische Prinzen zu versorgen. Sie tat es zähneknirschend, aber erkannte nun ihrerseits die Vorteile, die sich ihr damit boten. Bayerische Prinzen als Bischöfe und Reichsfürsten in Köln, Münster, Osnabrück, Paderborn und Lüttich konnten immerhin dafür sorgen, daß diese Diözesen dem katholischen Glauben nicht verloren gingen.

Dabei mußte die Kirche über vieles hinwegsehen, vor allem, daß diese hochadeligen Bischöfe gar nicht gewillt waren, sich zum Priester weihen zu lassen. Sie liebten die Frauen, die Kunst, den Wein und den Gesang. Außerdem mußten sie bereit und fähig sein, sich zu verheiraten und den Erbgang zu sichern, falls die ursprünglich vorgesehenen Erben vorzeitig das Zeitliche segneten. Da Kinderreichtum unter den frommen Wittelsbachern seit der Unteilbarkeit des Territoriums unerwünscht war – zu viele Mädchen kosteten Geld, selbst wenn sie ins Kloster abgeschoben wurden, und zu viele Buben sorgten nur für Aufregung –, achteten die Herzöge sehr darauf, daß eine Familie eigentlich nicht klein genug sein konnte. Das war ein riskantes Spiel, das erstaunlicherweise bis 1777 erfolgreich blieb. Das Haus Bayern konnte bis dahin in Nordwestdeutschland Bistümer als erbliche «Sekundogenituren» betrachten. Ihm deren Besitz streitig zu machen, erwies sich selbst für Habsburger als vergeblich, weil sofort französische Könige die bayerischen Rechte unterstützten. Die katholische Kirche im Reich wurde noch stärker als zuvor zu einer Adelskirche, erst recht nach dem Dreißigjährigen Krieg, der als Wittelsbachischer Hauskrieg europäische Dimensionen annahm. Die pfälzischen Wittelsbacher hatten sich Luther, schließlich Calvin angeschlossen, und ihre bayerischen Vetter wollten sie endlich doch vernichten, um die Pfalz und die damit verbundene Kurwürde in die Hand zu bekommen, also unter die sieben Kurfürsten aufzusteigen, die den Kaiser wählten. Denn die Pfälzer träumten von der böhmischen Krone, damit von der Zertrümmerung des Hauses Österreich und der katholischen Bayern. Sie trieben die widerstrebenden Bayern in das Bündnis mit den Österreichern, dem sich eine katholisch gewordene Nebenlinie der Pfälzer anschloß.

Träume von europäischer Größe

Hieß es später «Bayern und Pfalz,/Gott erhalt's», so war im 17. Jahrhundert Bayern und Pfalz der Inbegriff der Feindschaft. Es gelang den Bayern nicht, die Pfälzer zu vernichten. Aber der Zwist im Hause Wittelsbach verhinderte mögliche Sternstunden. Diese hätten die Kurfürsten der drei Linien – in Köln, in der Pfalz und in Bayern – anderenfalls heraufführen können. Außerdem traten pfälzische Wittelsbacher das Erbe der Wasa in Schweden an und hielten mit ihren heroischen Abenteuern in Polen und Rußland alsbald ganz Europa in Atem. Eine gemeinsame Familienpolitik wäre abgesehen von konfessionellen Gegensätzen insofern denkbar gewesen, als fast alle Wittelsbacher mit Frankreich verbündet waren und in den Habsburgern wie eh und je den Erbfeind ihrer Größe erkannten. Doch Max Emanuel, mit einer Österreicherin verheiratet, die Tochter einer spanischen Infantin war, spekulierte wie seine Verwandten in Paris und Wien auf das spanische Erbe, sofern, was zu erwarten war, der «verhexte», kranke und traurige Karl II. keinen Erben zeugte. Dieser arme Mann ernannte 1698 den Sohn des bayerischen Kurfürsten zu seinem Nachfolger. Max Emanuel war hingerissen von dem Glück, daß Bayern zur Weltmacht werden sollte, sein Haus zum ersten in der Welt, unter Zurücksetzung der Habsburger, die immer unerschütterlich behaupteten, daß aller Erdkreis dazu bestimmt sei, Österreich untertan zu sein. Von jetzt an nicht mehr. Der Kurfürst hatte jedoch nicht mit dem Tod gerechnet – dem Tod seines Sohnes 1699. Der sehr erregbare Kurfürst erlitt einen Nervenzusammenbruch. Er hatte sich hineingeträumt in Königreiche. Bayern war ihm zu klein, er war bereit es einzutauschen für irgendein Königreich aus der spanischen Erbmasse. Aber er selber war nicht erbberechtigt, und wieder einmal hatten die Wiener Vetter und Onkeln mehr Glück.

Daraufhin verbündete sich Max Emanuel im spanischen Erbfolgekrieg mit Frankreich und verspielte alles: seine Ehre und sein Land. Die bayerische Linie – nicht die reichstreue pfälzische – wurde zu Grafen von Wittelsbach degradiert. Bayerische Weltgeltung war verhindert, übrigens mit Hilfe der katholischen Pfalz-Neuburger. Wenn jemand auf die Vereinigung Bayerns mit Österreich hoffte, waren es nun die Habsburger. Daß Bayern dennoch 1715 wieder sein angestammtes Herrscherhaus zurückerhielt und die Bayern «ihren» Max Emanuel im Triumph in München empfangen durften, verdankten sie Ludwig XIV.

Die bayerischen Wittelsbacher hatten aus dem Desaster nichts gelernt. Sie spekulierten nun auf das österreichische Erbe, das Karl VI. seiner Tochter Maria Theresia sichern wollte. Die bayerische Familie hatte sich vertraglich verpflichtet, und zwar entgegen allem Herkommen, eine weibliche Erbfolge anzuerkennen. Sie war ungemein erleichtert, als Friedrich von Preußen in Schlesien einfiel und alle europäischen Fürsten aufforderte, sich an keine Verträge zu halten. Karl Albrecht von Bayern glaubte an die Preußen. Diese ließen ihm gerne 1741 die Kaiserkrone, ohne sich deswegen genötigt zu fühlen, «den Bayern» bei seinen Bemühungen, sie auch zu behalten, zu unterstützen. Für Preußen nämlich war ein gutes Einvernehmen mit Österreich viel wichtiger als ein bayerisches Kaisertum. So stellten die armen Bayern fest, daß die Preußen so wenig taugten wie die Österreicher. Sie dachten an sich und nicht an Bayern. Ein abgeklärter, sehr enttäuschter Mann wie Max III. Joseph, der 1745 seinen Vater, dem Kaiser Karl VII., nachfolgte, war klug genug, das kaiserliche Abenteuer nicht fortzuführen und einen Ausgleich mit seiner Tante in Wien zu suchen. Die Resignation ist, wie es heißt, die größte Nation. Doch die Resignation von Max III. Joseph war so groß, daß er darauf verzichtete, Kinder in eine Welt zu setzen, die es mit den Bayern nicht gut meinte. Damit gefährdete er fast das Überleben der bayerischen Nation.

Bayern kam nie dazu, zum Großbayern zu werden, geschweige denn zur Weltmacht, oder sonstwie Karriere zu machen. Die welfischen Hannoveraner wurden Könige in Großbritannien, die sächsischen Wettiner Könige in Polen, die Brandenburger in Preußen. Das «königliche» Haus Bayern war nach fünf Jahrhunderten immer noch ohne Königskrone. Insofern lag es nahe, 1777 nach dem Tode Max III. Joseph Abschied von Bayern zu nehmen. Österreich hätte es gerne übernommen, und der Erbe, der pfälzische Karl Theodor, hätte es gerne aufgegeben. Dieser Rheinländer, in Mannheim und Düsseldorf zu Hause, hoffte im Tausch für Bayern das österreichische Belgien zu gewinnen und damit den Schwerpunkt des Hauses zu verlagern, mit der Aussicht, vielleicht bei günstigen Umständen ein Königreich im Westen zu gründen. Neben Friedrich dem Großen, dem Wittelsbacher als Nachbarn am Niederrhein äußerst ungelegen kamen, waren es vor allem die bayerischen Untertanen, die unter keinen Umständen Österreicher werden wollten. Sie wollten bleiben, was die Väter waren: treue Insassen des «Hauses Bayern», selbst wenn ein deutscher Ausländer dessen Oberhaupt wurde. Schließlich war er mit den ehemaligen Hausherren verwandt. Karl Theodor mußte sich dem energischen Einspruch Preußens fügen und klagte, daß seine schönen Tage aufhörten, seit er genötigt war, nach München umzuziehen. Die Bayern hingen das Bild Friedrichs des Großen, ihres Beschützers, in den Herrgottswinkel, eines Preußen, der sich um Bayern verdient gemacht hatte, wie sie glaubten.

Umsturz, Romantik und Umsturz

Bald erwies es sich als ein Wink der Vorsehung für die Wittelsbacher, Bayern behalten zu haben. Denn die Französische Revolution drang menschheitsbeglückend sofort in Belgien ein und besetzte in Gestalt von Bürger-Soldaten der «grande nation» das linke Rheinufer. Es gelang Karl Theodor gerade noch, seine Düsseldorfer Gemälde vor französischem Zugriff nach München zu retten, wo sie heute den Ruhm der Alten Pinakothek ausmachen. Da dieser letzte Kurfürst keine Kinder hatte, lag es an der letzten noch bestehenden Linie der Wittelsbacher, die Familie fortzuführen und zu Mehrern des kleinstbayerischen Reiches zu werden: Jetzt war Pfalz-Zweibrücken-Birkenfeld an der Reihe. Max Joseph, der Nachfolger Karl Theodors, kam aus «kleinen Verhältnissen» – die gab es auch im Hochadel. Die Birkenfelder wußten, daß sie zu einem großen Haus gehörten, mit dem sie als arme, provinzielle Abzweigung jedoch, weil keine gute Partie, nur locker verwandt waren. Im Grunde begann die Geschichte der Familie wieder dort, wo sie einmal anfing: sich nach und nach heimisch zu machen unter den großen Häusern Europas. Den europäischen Umsturz während der Revolutionskriege und des napoleonischen Imperialismus überstand Bayern wie die übrigen deutschen Mittelmächte sehr erfolgreich. Es gab seit 1805 ein Königreich Bayern von Napoleons Gnaden. Das war nun doch in gewisser Weise ein Großbayern, weil um schwäbische und fränkische Provinzen erweitert, zeitweise auch um Salzburg und Tirol. Diese Provinzen gingen nach 1815 verloren, dafür kam die Pfalz an Bayern zurück. Max I. Joseph, wie er sich als König nannte, war ein kluger Kleinbürger, der bewußt sehr leutselige Umgangsformen pflegte – Plebsereien nannte sein Urenkel Ludwig II. solche Geschmacklosigkeiten –, um nach all den Metamorphosen in Staat und Gesellschaft Fürst und Volk miteinander vertraut zu machen. Schließlich war er ein Fremder in Bayern, dessen Sprache er kaum verstand, ähnlich den Franken und Schwaben, die gemeinsam mit ihm lernen mußten, Bayern zu werden.

Obschon das neue Bayern nur entstehen konnte, weil während der Kriege alle historischen Rechte beiseite geschoben wurden, die der alten Ordnung zu Grunde lagen, wurde ausgerechnet die Geschichte bemüht, um der ganz modernen, ungeschichtlichen Konstruktion der bayerischen Monarchie einen historisch vertieften Sinn zu geben. Die pfälzischen Birkenfelder, die drei Generationen brauchten, um sich über die österreichische Verwandtschaft ein sanft nasales Hochdeutsch anzugewöhnen, griffen vorzugsweise auf die bayerischen Erinnerungen zurück und damit auf den bayerischen Wittelsbacher-Mythos. Jetzt erst nannte sich die Familie in zeitgemäßer historisierender Mode nach ihrer Stammburg wie die Hohenzollern und Habsburger. Nicht das Haus Bayern in seiner wechselnden Gestalt verhieß Dauer, sondern das die Zeiten überdauernde Geschlecht, das zurück in die Geschichte, in die Vorzeit wies und Kontinuität gerade nach Katastrophen versprechen sollte. Durch eine wohlüberlegte Heiratspolitik, die der fast proletarisch kinderreiche Max I. Joseph betrieb – viele Kinder zu haben, bestätigte jedoch jetzt hochadeligen Familiensinn –, befanden sich die Wittelsbacher schon in der zweiten Generation wieder dort, wo sie ihrem Glauben nach hingehörten, im Oberhaus der Hocharistokratie. Bayerische Prinzessinnen heirateten nach Wien, Berlin und Dresden. Alsbald vermischten sich die Wittelsbacher außer mit den Habsburgern vor allem mit den spanischen, portugiesischen und italienischen Dynastien.

Der bürgerliche Nationalismus, dem ansonsten auch die bayerischen Herrscher ihren Respekt nicht verweigern durften, hielt sich damit zurück, in die Heiraten der ersten Familie hineinzureden, solange sich die Hoheiten zumindest in der Öffentlichkeit der deutschen Sprache bedienten. Das Recht auf Privatheit, das Bürger für sich beanspruchten, gestanden sie ihren Prinzen selbstverständlich zu. Diese privatisierten schon aus Ermangelung öffentlicher Aufgaben und Ämter. Sie führten ein Doppelleben zwischen bildungsbürgerlicher Intimität und zuweilen notwendiger Repräsentation in der

Residenz. Herzog Max in Bayern, Chef einer 1799 eingerichteten Nebenlinie des Hauses, veranschaulichte am treffendsten das zeitgemäße Dilemma vieler Prinzen, gar nicht benötigt zu werden, weil in einer «Berufsgesellschaft» für staatliche, militärische oder kirchliche Laufbahnen ohnehin genug dafür ausgebildetes Personal zur Verfügung stand. Der Vater von Sisi – der wegen ihrer Schönheit berühmten und wegen ihrer nervösen Allüren berüchtigten Kaiserin von Österreich –, reiste gerne, bemühte sich als Philhellene um griechische Geschichte, interessierte sich für den Orient, sammelte als Neubayer Volkslieder und trieb Landeskunde. Als Kunstreiter konnte er es mit jedem Zirkusartisten aufnehmen. Zuweilen zog er sich in Depressionen zurück wie viele seiner Standesgenossen, denen eine ähnlich liebenswürdige wie zerfahrene Existenz auferlegt war. Ausgeprägtere Aufgaben harrten indes des Familienzweiges, der 1832 bis 1862 die Krone des neugeschaffenen Königreichs Griechenland trug – und ebenfalls nicht zu behaupten vermochte.

Das bayerische Königtum selber, zum monarchischen Prinzip entpersönlicht, bot immer weniger Möglichkeit, darin eine erfüllende Aufgabe zu erkennen. Ludwig I. genoß seine besten Tage in der langen, verantwortungslosen Pensionärszeit nach seiner erzwungenen Abdankung 1848. Als Schöngeist konnte er sich selbst und seinen Freunden und Freuden leben. Sein Enkel Ludwig II., König von 1864 bis 1886, trennte seine «Büroexistenz» vollständig von seinem überreichen Ich und den Sensationen, die es zu seiner Entfaltung brauchte. Bismarck schätze ihn im geschäftlichen Umgang als den kompetentesten «Beamten» in München, ungeachtet seiner Schrullen, wie er die Launen des Monarchen nannte. Gerade weil er seinen Pflichten nachkam, zog er sich, der er nicht mehr König sein konnte im alten Verständnis, in selbstentworfene Illusionsräume, vor allem seine berühmten Schlösser Neuschwanstein, Linderhof und Herrenchiemsee, zurück, um dort wahren Königen zu begegnen: Lohengrin und Parsifal – aus den Opern des von ihm überaus generös geförderten Richard Wagner –, aber auch Ludwig XIV. oder der Königin Marie Antoinette. Seine ästhetische Existenz im Spiel imponierte Lyrikern wie Verlaine, vor allem aber «dem Volk», das sich den fernen Fürsten als «Märchenkönig» verständlich und vertraut

*Prinzregent Luitpold von Bayern (Mitte)
bei einem Treffen der Mitglieder des Hauses Wittelsbach 1901
in der Münchner Residenz (Ausschnitt).*

machte. Der Ludwigskult veranschaulichte jedoch weniger die Lebenskraft des Königtums, sondern bestätigte statt dessen, daß eine Monarchie, die nur noch als Märchen das Gemüt beschäftigt, ihre Legitimation nahezu eingebüßt hat.

Nach dem bis heute umstrittenen Tod Ludwigs II. – Selbstmord, Unfall oder «Mord»? – herrschte in Bayern tatsächlich nur noch das monarchische Prinzip. Denn Ludwigs Nachfolger König Otto war regierungsunfähig, lebte aber immerhin bis 1916. An seiner Stelle übernahm der Prinzregent Luitpold die Repräsentation der Monarchie und ließ im übrigen die Beamten und Politiker regieren, vornehm genug, sie dabei als lästiger Anachronismus nicht weiter zu stören. Mit Otto fing alles an, mit Otto hörte fast die offizielle Geschichte der Familie auf. Der Sohn des Prinzregenten setzte mit Hilfe des Parlaments König Otto 1913 ab und ließ sich zum König Ludwig III. ernennen. Damit war das monarchische Prinzip aufgehoben. Das Parlament bestimmte über die Krone. Die Abschaffung der Monarchie nach dem verlorenen Krieg im November 1918 war nur die letzte Konsequenz aus der Absetzung König Ottos.

Die Wittelsbacher führen seitdem unauffällig ein «adeliges Landleben». Das heißt, sie beschäftigen sich mit der Landwirtschaft, brauen Bier oder sammeln Bilder. Mancher, wie Prinz Adalbert, schrieb über seine Vorfahren und wirkte als Botschafter in Madrid. Sein Sohn Konstantin war der erste Journalist der Familie und dann auch der erste Abgeordnete. Die Wittelsbacher sind weiterhin unumstritten die erste Familie Bayerns. Mit dem Kronprinzen Rupprecht verbanden um 1932 manche Oppositionelle sogar die Hoffnung, aus der Republik wieder eine Monarchie zu machen. Der Prinz entzog sich solchen Spekulationen und auch nach 1945 blieb es bei dem Wunsch des Sozialdemokraten Wilhelm Högner, ihn zum Staatspräsidenten zu wählen. Der kunstsinnige und auch anderweitig gebildete Rupprecht beschränkte sich auf eine indirekte Macht: wenn man ihn fragte, einen Rat oder eine Empfehlung zu geben, so wie später sein Sohn Herzog Albrecht oder jetzt sein Enkel, Herzog Franz. Die Bayern wissen, daß sie den Wittelsbachern ihre Staatlichkeit verdanken, und sie haben keine Scheu, die Königsrechte des Staates anzuerkennen, ja mit einer gewissen Freude zu betonen, weil sie darin etwas Besonderes würdigen, das ein bayerisches Selbst- und Staatsbewußtsein kräftig belebt. Insofern gehören doch auch heute noch alle Bayern zum Hause Bayern – als einer übergreifenden Idee ihrer Entwicklung in Geschichte und Gegenwart. Das ist im Gegensatz zu allen übrigen ehedem herrschenden Familien einmalig in Deutschland.

Anmerkungen und Literaturhinweise

Die Bismarcks

Anmerkungen

1 So Otto von Bismarck in: Otto von Bismarck, Die Gesammelten Werke. Hg. von Herman von Petersdorff u. a., hier: Bd. 15, «Gedanke und Erinnerung». Hg. von Gerhard Ritter und Rudolf Stadelmann, Berlin 1932, S. 14.
2 Ebd., S. 27.
3 Ebd., S. 15.
4 Vgl. Engelberg, Ernst: Bismarck, Berlin 1985–1990, hier: Bd. 2, S. 34 f. Ebd. Das Zitat aus einem Brief Bismarcks an Prof. Ludwig Aegidi vom 30.7.1871.
5 Johanna von Bismarck an Frau von Eisendecher, 25.3.1871, ebd., S. 34 f.
6 Bismarck an Johanna, 4.3.1847, in: Bismarck, Die Gesammelten Werke, Briefe. Hg. von Wolfgang Windelband und Werner Frauendienst, 2. Aufl., Berlin 1933, Bd. 14/I, S. 74.
7 Pöls, Werner: Das Friedrichsruher Bismarck-Archiv und seine Bedeutung für die Bismarckforschung, in: Otto Pflanze (Hg.), Innenpolitische Probleme des Bismarck-Reiches. München 1983, S. 268.
8 Vgl. das von Otto (II.) Fürst von Bismarck gezeichnete Geleitwort zum ersten Band der von Herman von Petersdorff u. a. herausgegebenen «Gesammelten Werke», hier: Bd. 1: Politische Schriften bis 1854. Hg. von Herman von Petersdorff, Berlin 1923, S. VII.
9 Undatierter Zeitungsartikel der «Bergedorfer Zeitung», 16.6. (?) «Gedanken zum Bismarck-Bild der Gegenwart», in: OBS I 95, Bestand Otto (II.) Fürst von Bismarck.
10 So der deutschsprachige «Baltimore Correspondent» in einem Artikel über «Bismarck-Museum in Friedrichsruh neu eingerichtet» vom 7.3.1951, ebd.
11 Haffner, Sebastian: Von Bismarck zu Hitler. Ein Rückblick, München 1987.
12 Walter Henkels, 99 Bonner Köpfe, Frankfurt/M. 1965, S. 39.
13 Vgl. Henkels, 99 Bonner Köpfe, S. 40.
14 Bismarck an Scharlach, 4.5.1836, in: Otto von Bismarck, Die Gesammelten Werke, Bd. 14/I, Briefe. Hg. von Wolfgang Windelband und Werner Frauendienst, 2. Aufl., Berlin 1933, S. 7.
15 «Des Kanzlers Ur-Ur-Enkel. Adlig und doch bodenständig», von Dara Hassanzadeh (ZDF), 5.2.2003.

Literaturhinweise

Bismarck, Otto von: Die gesammelten Werke. Hg. von Herman von Petersdorff u. a., 15 Bde., Berlin 1923–1935.
Engelberg, Ernst: Bismarck, 2 Bde, Berlin 1985–1990.
Engelberg, Waltraut: Das private Leben der Bismarcks, Berlin 1998.
Gall, Lothar: Bismarck. Der weiße Revolutionär, Frankfurt a. M. 1980.
Machtan, Lothar (Hg.): Bismarck und der deutsche Nationalmythos, Bremen 1994.
Opitz, Eckart: Die Bismarcks in Friedrichsruh, Hamburg 1990.
Pflanze, Otto: Bismarck, 2 Bde., München 1997–1998.
Schmidt, Rainer F.: Otto von Bismarck, Stuttgart 2004.
Schwarzmüller, Theo: Otto von Bismarck, München 1998.
Stern, Fritz: Gold und Eisen. Bismarck und sein Bankier Bleichröder, Frankfurt a. M. 1978.
Ulrich, Volker: Otto von Bismarck, Reinbek 1998.

Die Hohenzollern

Anmerkungen

1 Zit. nach Wolfgang Neugebauer, Friedrich III./I. (1688–1713), in: Frank-Lothar Kroll (Hg.), Preußens Herrscher: Von den ersten Hohenzollern bis Wilhelm II., München, 2. Aufl. 2001, 114.
2 Zit. nach Dagmar von Gersdorff, Königin Luise und Friedrich Wilhelm III., Reinbek 1998, 26 f.
3 Ebd., 12.
4 Luise an ihren Bruder Georg, Berlin, 1. November 1794, in: Malve Gräfin Rothkirch (Hg.), Königin Luise von Preussen. Briefe und Aufzeichnungen 1786–1810, München 1985, 94.
5 Ebd.
6 Luise an Kronprinz Friedrich Wilhelm, 18. August 1806, in: Rothkirch (Hg.), Luise, 284.
7 Luise an ihre Schwester Therese, Fürstin von Thurn und Taxis, 5. Februar 1795, in: Rothkirch Hg., Luise, 96 f.
8 Heinrich von Kleist, An die Königin von Preußen zur Feier ihres Geburtstages den 10. März 1810, zitiert nach: Günter de Bruyn, Königin Luise, in: Etienne Francois/Hagen Schulze (Hg.), Deutsche Erinnerungsorte Bd. II, München 2001, 286–98, hier 291.
9 Wilhelm an Charlotte, Pfaueninsel, 24. Juni 1826, in: Karl- Heinz Börner (Hg.), Prinz Wilhelm von Preußen an Charlotte. Briefe 1817–1860, Berlin 1993, 111 f.
10 Friedrich Wilhelm an den König, 19. Juli 1823, zit. nach: Dirk Blasius, Friedrich Wilhelm IV.:1795–1861, Göttingen 1992, 67.
11 Gedenkbuch an die silberne Jubel-Hochzeitsfeier Ihrer königlichen Maje-

stäten Friedrich Wilhelm IV. und Elisabeth Ludovica von Preußen zu Potsdam am 29. November 1848, Berlin 1849, VIII.
12 Wilhelm an Charlotte, Teplitz, 13. August 1827, in: Börner (Hg.), Wilhelm an Charlotte, 123.
13 Ebd., Berlin, 30. Oktober 1840, S. 210.
14 Ebd.
15 Kronprinzessin Victoria an Queen Victoria, 10. Juni 1882, zit. nach John C. G. Röhl, Wilhelm II.: die Jugend des Kaisers 1859–1888, München 1993, 408.
16 Äußerung Bismarcks, zit. nach Otto Pflanze, Bismarck. Der Reichskanzler, München 1998, 530.
17 Kronprinzessin Victoria an Kronprinz Friedrich, 16. März 1880, zit. nach Röhl, Wilhelm II. Jugend, 418.
18 Wilhelm I. anläßlich des Festmahls des Brandenburgischen Provinziallandtages (5. März 1890), in: Ernst Johann (Hg.), Reden des Kaisers. Ansprachen, Predigten und Trinksprüche Wilhelms II., München 2. Aufl. 1977, 48.
19 Kronprinzessin Cäcilie, Erinnerungen, München/Berlin 2001, 228.
20 Kronprinz Wilhelm an v. Dryander, 14. Mai 1924, zit. nach Stephan Malinowski, Vom König zum Führer. Sozialer Niedergang und politische Radikalisierung im deutschen Adel zwischen Kaiserreich und NS-Staat, Berlin 2003, 244.
21 Bundesverfassungsgerichtsurteil vom 2.4.2004; vgl. Frankfurter Allgemeine Zeitung, 3.4.2004, 7.

Literaturhinweise

Blasius, Dirk: Friedrich Wilhelm IV.: 1795–1861. Psychopathologie und Geschichte, Göttingen 1992.
Fulford, Roger (Hg.): Letters between Queen Victoria and the Crown Princess of Prussia, Bde 1–5, London 1964–1981.
Krockow, Christian Graf von: Kaiser Wilhelm II. und seine Zeit. Biographie einer Epoche, Berlin 1999.
Kroll, Frank-Lothar (Hg.): Preussens Herrscher. Von den ersten Hohenzollern bis Wilhelm II., München 2000.
Neugebauer, Wolfgang: Die Hohenzollern. Bde. 1 u. 2, Stuttgart 1996 u. 2003.
von Rochow, Caroline/Marie de la Motte-Fouqué: Vom Leben am preußischen Hofe 1815–1852. Aufzeichnungen, bearbeitet von Luise von der Marwitz, Berlin 1908.
Röhl, John C. G.: Wilhelm II. Die Jugend des Kaisers 1859–1888, München, 2. Aufl. 2001.
Sinclair, Andrew: Victoria. Kaiserin für 99 Tage, Frankfurt am Main 1983.
Stamm-Kuhlmann, Thomas: Die Hohenzollern, Berlin 1995.
Vierhaus, Rudolf (Hg.): Das Tagebuch der Baronin Spitzemberg. Aufzeichnungen aus der Hofgesellschaft des Hohenzollernreiches, Göttingen 4. Aufl. 1976.

Die Krupps

Anmerkungen

1 Tenfelde: Bilder von Krupp, S. 15.
2 Berdrow: Alfred Krupps Briefe, S. 272.
3 Ebd.
4 Ebd., S. 84.
5 Tenfelde: Bilder von Krupp, S. 15.
6 Reden des Kaisers. Ansprachen, Predigten und Trinksprüche Wilhelms II. Hrsg. v. Ernst Johann, München 1966, S. 104 f.
7 Zit. nach: Golo Mann: Krupp und das Dritte Reich, in: Diana Maria Friz: Die Stahlgiganten. Alfried Krupp und Berthold Beitz, Frankfurt a. M. u. a. 1990, S. 33.

Literaturhinweise

Berdrow, Wilhelm: Alfred Krupp. 2 Bde., Berlin 1927.
Berdrow, Wilhelm: Alfred Krupp und sein Geschlecht. 150 Jahre Krupp – Geschichte 1787–1937 nach den Quellen der Familie und des Werks, Berlin 1937.
Beyer, Burkhard: Vom Tiegelstahl zum Kruppstahl. Technik- und Unternehmensgeschichte der Gußstahlfabrik von Friedrich Krupp in der ersten Hälfte des 19. Jahrhunderts (Veröffentlichungen des Instituts für soziale Bewegungen, Reihe A; Bd. 32), Essen 2005.
Gall, Lothar: Krupp. Der Aufstieg eines Industrieimperiums, Berlin 2000.
Gall, Lothar (Hrsg.): Krupp im 20. Jahrhundert, Berlin 2002.
Krupp 1812–1912. Zum 100jährigen Bestehen der Firma Krupp und der Gußstahlfabrik zu Essen, herausgegeben auf den hundertsten Geburtstag Alfred Krupps, Jena 1912.
Stenglein, Frank: Krupp. Höhen und Tiefen eines Industrieimperiums, München, Düsseldorf 1998.
Tenfelde, Klaus (Hrsg.): Bilder von Krupp. Fotografie und Geschichte im Industriezeitalter, München 1994.
Wolbring, Barbara: Krupp und die Öffentlichkeit im 19. Jahrhundert. Selbstdarstellung, öffentliche Wahrnehmung und gesellschaftliche Kommunikation (Schriftenreihe zur Zeitschrift für Unternehmensgeschichte; Bd. 6), München 2000.

Die Manns

Literaturhinweise

Zeugnisse und Dokumente:
Breloer, Heinrich: Unterwegs zur Familie Mann. Begegnungen, Gespräche, Interviews, Frankfurt a. M. 2001.

Hoffmeister, Barbara (Hg.): Familie Mann. Ein Lesebuch, Reinbek 1999.
Kesting, Hanjo: Heinrich und Thomas Mann. Ein deutscher Bruderzwist, Göttingen 2003.
Mann, Golo: Erinnerungen und Gedanken. Eine Jugend in Deutschland, Frankfurt a. M. 1986.
Mann, Katia: Meine ungeschriebenen Memoiren, hg. von Elisabeth Plessen und Michael Mann, Frankfurt a. M. 1974.

Darstellungen:
Jens, Inge/Walter Jens: Frau Thomas Mann. Das Leben der Katharina Pringsheim, Reinbek 2003.
Krüll, Marianne: Im Netz der Zauberer. Eine andere Geschichte der Familie Mann, Zürich 1991.
Kurzke, Hermann: Thomas Mann. Das Leben als Kunstwerk. Eine Biographie, München 1999.
Lühe, Irmela von der: Erika Mann. Eine Biographie, Frankfurt a. M. 1993.
Wisskirchen, Hans: Die Familie Mann, Reinbek 2000.

Die Moltkes

Anmerkungen

1 Moltke an Ludwig v. Moltke, 27.9.1849, abgedruckt in: Helmuth von Moltke, Gesammelte Schriften und Denkwürdigkeiten, 8 Bde., Berlin 1891–93, Bd. 4, S. 275.
2 Zitiert nach: Franz Herre, Moltke. Der Mann und sein Jahrhundert, Frankfurt a. M./Berlin 1988, S. 168.
3 Unterredung v. 22.2.1889, zitiert nach: Helmuth von Moltke, Gespräche, hrsg. v. Eberhard Kessel, Hamburg 1940, S. 217 f.
4 Zitiert nach: Herre (wie Anm. 2), Moltke, S. 251.
5 Moltke an Adolf v. Moltke, 9.7.1848, abgedruckt in: Moltke (wie Anm. 1), Gesammelte Schriften, Bd. 4, S. 119 f.
6 Moltke an Goubareff, 4.2.1881, abgedruckt in: Moltke (wie Anm. 1), Gesammelte Schriften, Bd. 5, S. 200 f.
7 Stenographische Berichte über die Verhandlungen des Reichstages, Berlin 1890/91, Bd. 114, S. 77.
8 Helmuth von Moltke, Erinnerungen, Briefe, Dokumente, 1877–1916. Ein Bild vom Kriegsausbruch, erster Kriegsführung und Persönlichkeit des ersten militärischen Führers des Krieges, hrsg. v. Eliza von Moltke geb. Gräfin Moltke-Huitfeldt, Stuttgart 1922, S. 160.
9 Wilhelm II. an Schlieffen, 29.12.1903. Zitiert nach: Eberhard Kessel, Generalfeldmarschall Graf Alfred Schlieffen. Briefe, Göttingen 1958, S. 303 f.
10 Tagebucheintrag des Admirals Georg Alexander von Müller v. 8.12.1912, vollständig abgedruckt bei: John C. G. Röhl, Kaiser, Hof und Staat. Wilhelm II. und die deutsche Politik, München 1995, S. 175–176, hier: S. 176.

11 Moltke (wie Anm. 8), Erinnerungen, Briefe, Dokumente, S. 362.
12 Zitiert nach: Egmont Zechlin, Motive und Taktik der Reichsleitung 1914. Ein Nachtrag, in: Der Monat 209 (1966), S. 91–95, hier: S. 92.
13 Moltke an Bethmann Hollweg, 29.7.1914, abgedruckt in: Imanuel Geiß, Julikrise und Kriegsausbruch 1914. Eine Dokumentensammlung, 2 Bde., Hannover 1964, Bd. 2, S. 263.
14 Theobald von Bethmann Hollweg, Betrachtungen zum Weltkriege, hrsg. v. Jost Dülffer, Essen 1989, S. 130.
15 Zitiert nach: Moltke (wie Anm. 8), Erinnerungen, Briefe, Dokumente, S. 20.
16 Tagebuchaufzeichnung des Admirals Georg Alexander von Müller v. 30.8.1914, abgedruckt bei: Walter Görlitz (Hrsg.), Regierte der Kaiser? Kriegstagebücher, Aufzeichnungen und Briefe des Chefs des Marine-Kabinetts Admiral Georg Alexander von Müller. 1914–1918. Mit einem Vorw. v. Sven von Müller, Göttingen [u. a.] 1959, S. 53.
17 Wilhelm Groener, zitiert nach: Gotthard Jäschke, Die Ernennung des jüngeren Moltke zum Generalstabschef, Münster 1971, S. 16.
18 Moltke (wie Anm. 8), Erinnerungen, Briefe, Dokumente, S. 384.
19 Helmuth James von Moltke an Caspar u. Konrad von Moltke, 5.2.1944, abgedruckt bei: Freya von Moltke/Michael Balfour/Julian Frisby, Helmuth James von Moltke. 1907–1945. Anwalt der Zukunft, Stuttgart 1975, S. 9–28, hier: S. 14.
20 Ibid.
21 Freya von Moltke, Erinnerungen an Kreisau 1930–1945, München 2003, S. 15.
22 Helmuth James von Moltke an Caspar u. Konrad von Moltke, 5.2.1944, abgedruckt bei: Moltke/Balfour/Frisby (wie Anm. 19), Helmuth James von Moltke, S. 9–28, hier: S. 26.
23 Helmuth James von Moltke, zitiert nach: Freya von Moltke/Henric L. Würmeling, Frauen im Widerstand (= Meine Geschichte). Moderation: Jürgen Engert. Interview: Henric L. Würmeling. Bearbeitung: Christine Walter, 2004.
24 Helmuth James von Moltke an Freya von Moltke, 10.1.1945, abgedruckt in: Moltke/Balfour/Frisby (wie Anm. 19), Helmuth James von Moltke, S. 308–314, hier: S. 312.
25 Helmuth James von Moltke an Freya von Moltke, 10.1.1945, abgedruckt in: Moltke/Balfour/Frisby (wie Anm. 19), Helmuth James von Moltke, S. 308–314, hier: S. 313.
26 Zitiert nach: Otto Friedrich, Blood and Iron. From Bismarck to Hitler. The Von Moltke Family's Impact on German History, New York 1995, S. 409.
27 Friedrich (wie Anm. 26), Blood and Iron, S. 406 f.
28 Freya von Moltke (wie Anm. 21), Erinnerungen an Kreisau, S. 137.

Literaturhinweise

Friedrich, Otto: Blood and Iron. From Bismarck to Hitler. The Von Moltke Family's Impact on German History, New York 1995.
Haffner, Sebastian: Preußen ohne Legende, Berlin ⁵1998.

Herre, Franz: Moltke. Der Mann und sein Jahrhundert, Frankfurt a. M./Berlin 1988.
Kessel, Eberhard: Moltke, Stuttgart 1957.
Moltke, Dorothy von: Ein Leben in Deutschland. Briefe aus Kreisau und Berlin. 1907–1934. Eingel., übers. u. hrsg. v. Beate Ruhm von Oppen, München 1999.
Moltke, Freya von: Erinnerungen an Kreisau 1930–1945, München 2003.
Moltke, Freya von/Michael Balfour/Julian Frisby: Helmuth James von Moltke. 1907–1945. Anwalt der Zukunft, Stuttgart 1975.
Moltke, Helmuth von: Erinnerungen, Briefe, Dokumente, 1877–1916. Ein Bild vom Kriegsausbruch, erster Kriegsführung und Persönlichkeit des ersten militärischen Führers des Krieges, hrsg. v. Eliza von Moltke geb. Gräfin Moltke-Huitfeldt, Stuttgart 1922.
Moltke, Helmuth James von: Briefe an Freya. 1939–1945. Hrsg. v. Beate Ruhm von Oppen, München 1988.
Röhl, John C.: Kaiser, Hof und Staat. Wilhelm II. und die deutsche Politik, München [4]1995.
Roon, Ger van: Der Kreisauer Kreis zwischen Widerstand und Umbruch, Berlin [2]1988.
Tuchmann, Barbara: August 1914, Frankfurt a. M. 2001.

Die Mommsens

Anmerkungen

Bei meinen Recherchen habe ich von verschiedener Seite Hilfe und Unterstützung erfahren. Zunächst gilt mein Dank den Mitgliedern der Familie Mommsen, die mir schriftlich und mündlich Auskünfte erteilt haben und Dokumente zukommen ließen, insbesondere Dr. Ute Franke, der Urenkelin Tycho Mommsens, Ursula Goltz, der Tochter von Ernst Wolf Mommsen, Monika Lorenz-Meyer, der Urenkelin von August Mommsen, Prof. Dr. Hans Mommsen, dem Sohn von Wilhelm Mommsen, Prof. Dr. Hans Mommsen, dem Sohn von Wolfgang A. Mommsen, und Peter Mommsen, dem Enkel von Oswald Mommsen. Darüber hinaus bin ich Gregor Pickro vom Bundesarchiv in Koblenz für vielfältige Hilfe sehr dankbar; schließlich danke ich meinen Bielefelder Kolleginnen und Kollegen Ingrid Gilcher-Holtey, Martina Kessel und Werner Abelshauser für bibliographische Hinweise und anregende Gespräche. Zur problematischen Darstellung von Peter Köpf: Die Mommsens. Von 1848 bis heute – die Geschichte einer Familie ist die Geschichte der Deutschen, Leipzig 2004 vgl. meine Besprechung in der Süddeutschen Zeitung vom 8. November 2004 (Nr. 259), S. 16.

Die in den Literaturhinweisen genannte Literatur wird in den Endnoten abgekürzt zitiert.

1 Wickert: Theodor Mommsen III, S. 487.
2 Wickert: Theodor Mommsen IV, S. 22.
3 Dove: Karl Mommsen, S. 193.
4 Staatsbibliothek zu Berlin, Preußischer Kulturbesitz, Nachlaß Mommsen I: Emil Du Bois-Reymond Mappe 2, Bl. 59 f.: Brief von Emil Du Bois-Reymond an Theodor Mommsen 20.12.1890.
5 Eine Kopie dieses Briefs verdanke ich der Großzügigkeit Alexander Demandts.
6 Deutsches Literaturarchiv Marbach am Neckar, Nl. Mommsen: Brief von Marie Mommsen an Theodor Mommsen vom 11. 3. 1896.
7 Calder, William M.: Ulrich von Wilamowitz-Moellendorff: Selected Correspondence 1869–1931, Neapel 1983, S. 184.
8 Calder, William M.: Studies in the Modern History of Classical Scholarship, Neapel 1984, S. 158 Anm. 74.
9 Mommsen, Ernst Wolf: Erinnerungen und Betrachtungen zum 12. Mai 1972, o. O. und o. D. [1972], S. 2.
10 Wilamowitz-Moellendorf, Ulrich von: Erinnerungen 1848–1914, Leipzig ²1929, S. 11.
11 Troeltsch, Ernst: Der Historismus und seine Probleme, Tübingen 1922, Neudruck Aalen 1961, S. 26.
12 Ritter, Gerhard: Gutachten über die politische Haltung des Prof. Dr. Wilhelm Mommsen in Marburg, 30. 12. 1946 (Bundesarchiv Koblenz, N 1166 Nr. 328).
13 Mommsen, Wilhelm: Autobiographie o. D. [1945], 32: «Die Abstoßung von Hugenberg hat mich beruhigt, da ich darin eine Abstoßung auch reaktionärer Tendenzen sah. Die Rede Hitlers vom 1. Mai mit ihrer starken sozialen Tendenz und erst recht die von Mitte Mai, die von einer Friedenspolitik sprach und davon, dass wer sein eigenes Volk liebe auch die anderen achte, hatten Töne angeschlagen, die meinen Auffassungen entsprachen. Trotzdem habe ich abgelehnt mich gleichzuschalten, allerdings geglaubt, dass Mitarbeit Verpflichtung sei, wie ich 1919 ins Parteileben ging, um durch aktive Mitarbeit zu helfen» (Bundesarchiv Koblenz, N 1478 Nr. 315).
14 Mommsen, Wilhelm: Politische Geschichte von Bismarck bis zur Gegenwart 1850–1933, Frankfurt a. M. 1935, S. 259.
15 Ritter, Gutachten, a. O.
16 Vgl. Bundesarchiv Koblenz, N 1478 Nr. 556: Rechtfertigung Wilhelm Mommsens für seine demokratische Vergangenheit.
17 Bundesarchiv Koblenz, N 1478 Nr. 523: Abschrift des Gutachtens der amerikanischen Militärregierung über Wilhelm Mommsen vom 22. 6. 1945.
18 Bundesarchiv Koblenz, N 1478 Nr. 456: Brief vom 30. 8. 1949.
19 Mommsen, Ernst Wolf: Erinnerungen und Betrachtungen zum 12. Mai 1972, o. O. und o. D. [1972], S. 5.
20 Rudolph: Wirtschaftsdiplomatie, S. 270; Schmidt: Weggefährten, S. 474.
21 Mommsen, Wolfgang A.: Die letzte Phase des britischen Imperialismus auf den amerikanischen Kontinenten, Leipzig 1933.
22 Bundesarchiv Berlin, R 153/1719.

23 Hehn: Umsiedlung, S. 179 Anm. 637.
24 Mommsen, Hans: Beamtentum im Dritten Reich, Stuttgart 1962, S. 68.
25 So eine Anweisung des Leiters der Archivschutzkommission, Ernst Zipfel, vom 2. 11. 1943; zitiert nach Heuss: Kunst- und Kulturgutraub, S. 198.
26 Bundesarchiv Koblenz, N 1389.
27 Die Wandlung 3 (1948), S. 69 f.
28 Rebenich: Mommsen und Harnack, S. 328 Anm. 4.
29 Lerner: Kantorowicz und Mommsen, S. 201 Anm. 36.
30 Gilbert: Lehrjahre S. 119.

Literaturhinweise

Zur Kategorie des Bildungsbürgertums:
Bollenbeck, Georg: Bildung und Kultur. Glanz und Elend eines deutschen Deutungsmuster, Frankfurt a. M./Leipzig 1994.
Lepsius, M. Rainer: Das Bildungsbürgertum als ständische Vergesellschaftung, in: Bildungsbürgertum im 19. Jahrhundert. Teil III, hrsg. von M. Rainer Lepsius Stuttgart 1992, S. 9–18.
Vierhaus, Rudolf: Art. «Bildung», in: Geschichtliche Grundbegriffe I, Stuttgart 1972, S. 508–551.
Wehler, Hans-Ulrich: Deutsche Gesellschaftsgeschichte, bisher 4 Bde., München 1987–2003.

Zu Theodor Mommsen:
Calder, William M./Kirstein, Robert: «Aus dem Freund ein Sohn.» Theodor Mommsen und Ulrich von Wilamowitz-Moellendorff. Briefwechsel 1872–1903, 2 Bde., Hildesheim 2003.
Heuß, Alfred: Theodor Mommsen und das 19. Jahrhundert, Kiel 1956 (Nachdruck 1996).
Rebenich, Stefan: Theodor Mommsen. Eine Biographie, München 2002.
–: Theodor Mommsen und Adolf Harnack. Wissenschaft und Politik im Berlin des ausgehenden 19. Jahrhunderts. Mit einem Anhang: Edition und Kommentierung des Briefwechsels, Berlin/New York 1997.
Wickert, Lothar: Theodor Mommsen. Eine Biographie, 4 Bde., Frankfurt a. M. 1959–80.

Zu Tycho Mommsen:
Wilamowitz-Moellendorff, Ulrich von: Zum hundersten Geburtstage Tycho Mommsens (23. Mai 1919), in: Ders., Kleine Schriften VI, Berlin/Amsterdam 1972, 66 f.
Ziehen, Julius: Erinnerungen 1864–1925, hrsg. und eingel. von H. Ziehen, Frankfurt a. M. 1980, S. 53–60.
–: Tycho Mommsen, in: Biographisches Jahrbuch für Alterthumskunde 27, 1904 (1905), S. 103–117.

Zu Adelheid Mommsen und der Familie:
Frevert, Ute (Hg.): Bürgerinnen und Bürger. Geschlechterverhältnisse im 19. Jahrhundert, Göttingen 1988.
Mommsen, Adelheid: Theodor Mommsen im Kreise der Seinen: Erinnerungen seiner Töchter, Berlin 1936 (= Mein Vater. Erinnerungen an Theodor Mommsen, München 1992).
Schaser, Angelika: Helene Lange und Gertrud Bäumer. Eine politische Lebensgemeinschaft, Köln u. a. 2000.

Zu Karl Mommsen:
Dove, Heinrich: Karl Mommsen, in: Deutsches Biographisches Jahrbuch 4, 1922 (1929), 190–193.

Zu Wilhelm Mommsen:
Wichtig ist der Nachlaß von Wilhelm Mommsen im Bundesarchiv Koblenz (N 1478) sowie die dort verwahrte Korrespondenz mit Gerhard Ritter (N 1166). Die einschlägigen Archivalien im Hessischen Staatsarchiv Marburg hat Anne Chr. Nagel ausgewertet.

Döring, Herbert: Der Weimarer Kreis. Studien zum politischen Bewußtsein verfassungstreuer Hochschullehrer in der Weimarer Republik, Meisenheim/Glan 1975.
Heiber, Helmut: Walter Frank und sein Reichsinstitut für Geschichte des neuen Deutschlands, Stuttgart 1966.
Hohls, Rüdiger/Jarausch, Konrad H. (Hg.): Versäumte Fragen. Deutsche Historiker im Schatten des Nationalsozialismus, München 2000, bes. S. 163 ff. 191 ff.
Nagel, Anne Chr.: «Den Prototyp der Leute, die man entfernen soll, ist Mommsen». Entnazifizierung in der Provinz oder die Ambiguität moralischer Gewißheit, in: Jahrbuch zur Liberalismusforschung 10 (1998), S. 55–91.
–: (Hg.): Die Philipps-Universität Marburg im Nationalsozialismus. Dokumente zu ihrer Geschichte, Stuttgart 2000.
Schönwälder, Karen: Historiker und Politik. Geschichtswissenschaft im Nationalsozialismus, Frankfurt/M, New York 1992.
Schulze, Winfried: Deutsche Geschichtswissenschaft nach 1945, München 1989.

Zu Ernst Wolf Mommsen:
Der sich hauptsächlich auf gedruckte Unterlagen erstreckende Nachlaß von Ernst Wolf Mommsen findet sich im Bundesarchiv in Koblenz (N 1300).
Abelshauser, Werner: Wirtschaftsgeschichte der Bundesrepublik 1945–1980, Frankfurt/M 1983.
Rudolph, Karsten: Wirtschaftsdiplomatie im Kalten Krieg. Die Ostpolitik der westdeutschen Großindustrie 1945–1991, Frankfurt/New York 2004, bes. S. 258–272.
Schmidt, Helmut: Weggefährten: Erinnerungen und Reflexionen, Berlin 1996, S. 471–475.

Simoneit, Ferdinand: Die neuen Bosse. So wird man Generaldirektor, Frankfurt a. M. 1969, S. 145–156.

Zu Wolfgang A. Mommsen:
Wichtig sind insbesondere der (allerdings für die Zeit nach 1945 gesperrte) Nachlaß im Bundesarchiv Koblenz (N 1389) sowie die Bestände des Reichsministeriums für die besetzten Ostgebiete (R 6), des Reichskommissars für das Ostland (R 90) sowie der einschlägigen Gebietskommissare (R 91–92), der Deutschen Archivschutzkommission für Estland und Lettland (R 153) und des Einsatzstabs Reichsleiter Rosenberg (NS 30) im Bundesarchiv Berlin.

Booms, Hans: Wolfgang Mommsen, in: Der Archivar 41 (1988), S. 661–664.
Eckert, Astrid M.: Kampf um die Akten. Die Westalliierten und die Rückgabe von deutschem Archivgut nach dem Zweiten Weltkrieg, Stuttgart 2004.
Hehn, Jürgen von: Die Umsiedlung der baltischen Deutschen – Das letzte Kapitel baltisch-deutscher Geschichte, Marburg 1982.
Heuss, Anja: Kunst- und Kulturgutraub. Eine vergleichende Studie zur Besatzungspolitik der Nationalsozialisten in Frankreich und der Sowjetunion, Heidelberg 2000.
Musial, Torsten: Staatsarchive im Dritten Reich, Potsdam 1996.

Zu Konrad Mommsen:
Sein Nachlaß liegt im Deutschen Literaturarchiv in Marbach. Er umfaßt zahlreiche Briefe sowie Vorträge und Aufsätze über Politik und Wirtschaft in Deutschland nach dem Zweiten Weltkrieg und Dokumente zur Konferenz am Institute for Advanced Studies zur Frage der Wiederaufrüstung Deutschlands im Jahre 1950.

Hannemann, Simone: Robert Havemann und die Widerstandsgruppe «Europäische Union», Berlin 2001.

Zu Theodor E. Mommsen:
Gilbert, Felix: A European Past: Memoirs, 1905–1945, New York 1988 (zitiert nach der deutschen Übersetzung: Gilbert, Felix: Lehrjahre im alten Europa. Erinnerungen 1905–1945, Berlin 1989).
Lerner, Robert E.: Ernst Kantorowicz und Theodor E. Mommsen, in: An Interrupted Past. German-Speaking Refugee Historians in the United States after 1933, hrsg. von Hartmut Lehmann/James J. Sheehan, Washington/Cambridge 1991, S. 188–205.
Mommsen, Theodor E.: Medieval and Renaissance Studies, hrsg. von Eugene F. Rice, Westport 1959, darin bes. die «Introduction» von Frederick George Marcham, S. vii–xii.

Die Thurn und Taxis

Literaturhinweise

Behringer, Wolfgang: Thurn und Taxis. Geschichte ihrer Post und ihrer Unternehmen, München/Zürich 1990.
–: Im Zeichen des Merkur. Reichspost und Kommunikationsrevolution in der Frühen Neuzeit, Göttingen 2003.
Chifletius, Julius: Les Marques d'Honneur de la Maison de Tassis, Antwerpen 1645.
Codogno, Ottavio: Nuovo itinerario delle poste per tutto il mundo, Mailand 1608.
Dallmeier, Martin/Martha Schad: Das Fürstliche Haus Thurn und Taxis. 300 Jahre Geschichte in Bildern, Regensburg 1996.
Flacchio, Engelbert: Généalogie de la très-illustre, très-ancienne et autrefois souveraine maison de la Tour, 3 Bände, Brüssel 1709.
Ohmann, Fritz: Die Anfänge des Postwesens und die Taxis, Leipzig 1909.
Rübsam, Josef: Johann Baptista von Taxis. Ein Staatsmann und Militär unter Philipp II. und Philipp III., 1530–1610. Nebst einem Exkurs: Aus der Urzeit der Taxisschen Posten, 1505–1555, Freiburg i. Br. 1889.
Schwennicke, Dietrich (Hg.): Europäische Stammtafeln. Stammtafeln zur Geschichte der europäischen Staaten, Neue Folge, Bd. 5, Marburg 1988, Tafeln 121–145.

Die Thyssens

Anmerkungen

1 TA A/15806: Brief August Thyssens an Heinrich Thyssen-Bornemisza, Mülheim/Ruhr, 21. November 1924; TA A/15806: Brief August Thyssens an Heinrich Thyssen-Bornemisza, Mülheim/Ruhr, 30. Oktober 1925 (Hervorhebungen von August Thyssen).
2 TA A/9570: Brief August Thyssens an Carl Klönne, o. O., 19. April 1903.
3 TA A/9570: Briefe August Thyssens an Carl Klönne, o. O., 11. Juli 1902, 16. Juli 1902, 27. August 1902.
4 TA A/15806: Briefe August Thyssens an Heinrich Thyssen-Bornemisza, Mülheim/Ruhr, 27. Oktober 1925; 12. November 1925; Brief August Thyssens an August Thyssen junior, Mülheim/Ruhr, 17. Dezember 1925.
5 TA A/15806: Brief August Thyssens an Heinrich Thyssen-Bornemisza, Mülheim/Ruhr, 26. September 1925; siehe auch: Brief August Thyssens an Heinrich Thyssen-Bornemisza, Mülheim/Ruhr, 23. November 1925.
6 TA A/15806: Briefe August Thyssens an Heinrich Thyssen-Bornemisza, Mülheim/Ruhr, 26. September 1925, 13. Oktober 1925; Brief August Thyssens

an Heinrich und Margareta Thyssen-Bornemisza und Kinder, o. O. (Düsseldorf-Heerdt, Dominikus-Krankenhaus), o. D. (vor dem 8. Januar 1926).
7 TA A/15806: Briefe August Thyssens an Heinrich Thyssen-Bornemisza, Mülheim/Ruhr, 26. September 1925, 12. November 1925, 23. November 1925.
8 Siehe u. a.: TA A/9570: Briefe August Thyssens an Carl Klönne, o. O., 16. Juli 1902, 17. August 1902, 27. August 1902.
9 TA A/15805: Brief August Thyssens an Heinrich Thyssen-Bornemisza, Schloß Landsberg, 30. Juli 1919; TA A/15806: Brief August Thyssens an Heinrich Thyssen-Bornemisza, Schloß Landsberg, 18. Juli 1925.
10 TA A/15806: Brief August Thyssens an Heinrich Thyssen-Bornemisza, o. O. (Mülheim-Ruhr), o. D. (vermutlich zwischen dem 30. Juni und 2. Juli 1924).
11 TA A/9570: Brief August Thyssens an Carl Klönne, o. O., 11. Juli 1902.
12 TA A/15805: Brief August Thyssens an Heinrich Thyssen-Bornemisza, Schloß Landsberg, 17. Juli 1919.
13 TA A/15805: Brief August Thyssens an Heinrich Thyssen-Bornemisza, Schloß Landsberg, 15. Juli 1923; Brief August Thyssens an Heinrich Thyssen-Bornemisza, Mülheim/Ruhr, 27. November 1923.
14 TA A/15805: Brief Fritz Thyssens an Heinrich Thyssen-Bornemisza, Mülheim/Ruhr-Speldorf, 28. Juli 1919; Brief Fritz Thyssens an August Thyssen, Partenkirchen, 27. August 1923 (Hervorhebung von Fritz Thyssen).

Literaturhinweise

Berghahn, Volker R./Unger, Stefan/Ziegler, Dieter (Hg.): Die deutsche Wirtschaftselite im 20. Jahrhundert. Kontinuität und Mentalität, Essen 2003.
Eglau, Otto: Fritz Thyssen. Hitlers Gönner und Geisel, Berlin 2003.
Fear, Jeffry R.: Thyssen & Co., Mülheim (Ruhr) 1871–1934: The Institutionalisation of the Corporation, 2 Bde., Diss. Stanford 1993.
Kocka, Jürgen: Unternehmer in der deutschen Industrialisierung, Göttingen 1975.
Rasch, Manfred: Der katholische Großindustrielle der Wilhelminischen Epoche, in: Ders./Feldman, Gerald D. (Hg.), August Thyssen und Hugo Stinnes. Ein Briefwechsel 1898–1922, München 2003, S. 13–107.
Rother, Thomas: Die Thyssens. Tragödie der Stahlbarone, Frankfurt a. M./New York 2003.
Treue, Wilhelm/Uebbing, Helmut: Die Feuer verlöschen nie, 2 Bde., Düsseldorf/Wien 1966/69.
Uebbing, Helmut: Wege und Wegmarken. 100 Jahre Thyssen. 1891–1991. Berlin 1991.
Wegener, Stephan (Hg.): August und Joseph Thyssen. Eine Familie und ihre Unternehmungen. Essen 2004.
Wessel, Horst A. (Hg.): Thyssen & Co. Mülheim a. d. Ruhr. Die Geschichte einer Familie und ihrer Unternehmung, Stuttgart 1991.

Die Wagners

Literaturhinweise

Zeugnisse und Dokumente:
Beidler, Franz Wilhelm: Cosima Wagner-Liszt. Der Weg zum Wagner-Mythos, Bielefeld 1997.
Wagner, Cosima: Die Tagebücher, 2 Bde, München/Zürich 1976.
–: Das zweite Leben. Briefe und Aufzeichnungen 1883–1930, München 1980.
Wagner, Friedelind: Nacht über Bayreuth, Bern 1945 (Neuausgabe Köln 1994).
Wagner, Gottfried: Wer nicht mit dem Wolf heult, Köln 1997.
Wagner, Nike: Wagner-Theater, Frankfurt a. M./Leipzig 1998.
Wagner, Richard: Mein Leben, München 1963.
Wagner, Siegfried: Erinnerungen, Stuttgart 1922.
Wagner, Wolfgang: Lebensakte, München 1994.
Wagner, Wolf Siegfried: Die Geschichte unserer Familie in Bildern 1876–1976, München 1976.

Darstellungen:
Bauer, Hans-Joachim: Die Wagners. Macht und Geheimnis einer Theaterdynastie, Frankfurt/New York 2001.
Geck, Martin: Richard Wagner, Reinbek bei Hamburg 2004.
Giroud, Françoise: Cosima Wagner, München 1998.
Gregor-Dellin, Martin: Richard Wagner. Sein Leben, sein Werk, sein Jahrhundert, München/Zürich 1980.
Hamann, Brigitte: Winifred Wagner oder Hitlers Bayreuth, München 2002.
Pachl, Peter P.: Siegfried Wagner. Genie im Schatten, München 1988.
Rieger, Eva: Minna und Richard Wagner, Düsseldorf/Zürich 2003.
Schad, Martha: «Meine erste und einzige Liebe». Richard Wagner und Mathilde Wesendonck, München 2003.
Schostack, Renate: Hinter Wahnfrieds Mauern. Gertrud Wagner, Ein Leben, Hamburg 1998.
Wessling, Berndt W.: Wieland Wagner. Der Enkel, Köln 1997.
Zehle, Sibylle: Minna Wagner, Hamburg 2004.

Die Warburgs

Literaturhinweise

Bauer, Jehuda: My Brother's Keeper: A History of the American Joint Distribution Committee, 1929–1939, Philadelphia 1974.
Birmingham, Stephen: In unseren Kreisen. Die großen jüdischen Familien New Yorks, Frankfurt a. M./Berlin/Wien 1969.

Chernow, Ron: Die Warburgs. Odyssee einer Familie, Berlin 1996 (The Warburgs, 1993).
Farrer, David: The Warburgs. The Story of a Family, New York 1975.
Gombrich, Ernst H.: Aby Warburg. Eine intellektuelle Biographie, Frankfurt a. M. 1981 (Aby Warburg. An Intellectual Biography, 1970).
Krebs, Hans: Otto Warburg. Zellphysiologe, Biochemiker, Mediziner, Stuttgart 1979.
Krohn, Helga: Die Juden in Hamburg, 2 Bde., Hamburg 1974.
Roeck, Bernd: Florenz 1900. Die Suche nach Arkadien, München ²2003.
Rosenbaum, Eduard/Ari Josuah Sherman: Das Bankhaus M. M. Warburg & Co. 1798–1938, Hamburg 1976.
Vagts, Alfred: M. M. Warburg & Co. Ein Bankhaus in der deutschen Weltpolitik 1905–1933, in: Vierteljahresschrift für Sozial- und Wirtschaftsgeschichte 45 (1958), S. 289–388.
Warburg, Frederic: Ein Beruf für Gentlemen ... Begegnungen mit Menschen, Tübingen 1959 (An occupation for Gentlemen?, 1959).
Warburg-Spinelli, Ingrid: Die Dringlichkeit des Mitleids und die Einsamkeit, nein zu sagen. Erinnerungen 1910–1989, Hamburg 1990.
Wenzel, Gertrud: Broken Star. The Warburgs of Altona, Smithtown, N. Y. 1981.

Die Weizsäckers

Literaturhinweise

Blasius, Rainer A.: Weizsäcker contra Ribbentrop: «München» statt des großen Krieges, in: Machtbewußtsein in Deutschland am Vorabend des Zweiten Weltkrieges, Paderborn 1984, S. 93–118.
Dressler, Stephan: Viktor von Weizsäcker. Medizinische Anthropologie und Philosophie, Wien 1989.
Gill, Ulrich (Hg.): Eine Rede und ihre Wirkung. Die Rede des Bundespräsidenten Richard von Weizsäcker vom 8. Mai 1985 anläßlich des 40. Jahrestages der Beendigung des Zweiten Weltkrieges; Betroffene nehmen Stellung, Berlin 1987.
Görnitz, Thomas: Carl Friedrich von Weizsäcker. Ein Denker an der Schwelle zum neuen Jahrtausend, Freiburg i. Br. 1992.
Hattrup, Dieter: Carl Friedrich von Weizsäcker. Physiker und Philosoph, Darmstadt 2004.
Köpf, Ulrich: Die theologische Tübinger Schulen, in: Historisch-kritische Geschichtsbetrachtung. Ferdinand Christian Baur und seine Schüler, hg. v. Ulrich Köpf, Sigmaringen 1994, S. 9–52.
Lindner, Rolf: Freiherr Ernst Heinrich von Weizsäcker. Staatssekretär Ribbentrops von 1938 bis 1943, Lippstadt 1997.
Nutzinger, Hans G.: Regulierung, Wettbewerb und Marktwirtschaft. Festschrift für Carl Christian von Weizsäcker zum 65. Geburtstag, Göttingen 2003.

Pflüger, Friedbert: Richard von Weizsäcker. Ein Porträt aus der Nähe, Stuttgart 1990.

Rimpau, Wilhelm: Viktor von Weizsäcker im Nationalsozialismus, in: Von der Heilkunde zur Massentötung. Medizin im Nationalsozialismus, hg. v. Gerrit Hohendorf u. a., Heidelberg 1990, S. 113–136.

Völklein, Ulrich: Die Weizsäckers. Macht und Moral – Porträt einer deutschen Familie, München 2004.

Walker, Mark: Die Uranmaschine. Mythos und Wirklichkeit der deutschen Atombombe, Berlin 1990.

Wein, Martin: Die Weizsäckers. Geschichte einer deutschen Familie, Stuttgart 1988.

Die Wittelsbacher

Literaturhinweise

Adalbert, Prinz von Bayern: Die Wittelsbacher. Geschichte einer Familie, München 1979.

Hüttl, Ludwig: Das Haus Wittelsbach, München 1980.

Rall, Hans und Marga: Die Wittelsbacher in Lebensbildern, Graz 1986.

Schmid, Alois/Katharina Weigand (Hg.): Die Herrscher Bayerns. 25 historische Portraits von Tassilo III. bis Ludwig III., München 2001.

Straub, Eberhard: Die Wittelsbacher, Berlin 1994.

Abbildungsnachweis

S. 41: SV-Bilderdienst, München: Knorr + Hirth. – *S. 62:* Hessische Hausstiftung, Archiv. – *S. 87:* Historisches Archiv Krupp, FAH 4H57:3.21. – *S. 96:* Keystone-Switzerland / Thomas-Mann-Archiv. – *S. 140:* Familienarchiv von Moltke. – *S. 159:* Bildarchiv Preußischer Kulturbesitz, Berlin. – *S. 183:* Fürst Thurn und Taxis Zentralarchiv, Regensburg, Fotosammlung. – *S. 213:* Thyssen-Krupp Konzernarchiv. – *S. 258:* akg-images. Foto: Adolf von Gross. – *S. 276:* Fotosammlung des Warburg Institute Archive. – *S. 312:* Helmut R. Schulze. – *S. 353:* SV-Bilderdienst: Scherl.

Autorinnen und Autoren

Wolfgang Behringer ist Professor für Geschichte der frühen Neuzeit an der Universität des Saarlandes. – Veröffentlichungen u. a.: *Hexenverfolgung in Bayern. Volksmagie, Glaubenseifer und Staatsräson in der Frühen Neuzeit* (München ³1997); *Thurn und Taxis. Die Geschichte ihrer Post und ihrer Unternehmen* (München/Zürich 1990); *Löwenbräu: von den Anfängen des Münchner Brauwesens bis zur Gegenwart* (München 1991); *Witches and Witch Hunts. A Global History* (Cambridge 2004).

Michael Epkenhans ist Geschäftsführer der Otto-von-Bismarck-Stiftung, Friedrichsruh. – Veröffentlichungen u. a.: *Die wilhelminische Flottenrüstung 1908–1914. Weltmachtstreben, industrieller Fortschritt, soziale Integration* (München 1991); *Die Kaiserliche Marine im Ersten Weltkrieg* (Wilhelmshaven 2003); *Albert Hopman, Das ereignisreiche Leben eines Wilhelminers. Tagebücher, Briefe, Aufzeichnungen 1901 bis 1920* (Hg., München 2004).

Olaf Jessen lehrt neuere Geschichte an der Albert-Ludwigs-Universität Freiburg im Breisgau. – Veröffentlichungen u. a.: *«Preußens Napoleon» in Niedersachsen. Zur Geschichte von Militär und Bürgertum im Spätabsolutismus* (in: Niedersächsisches Jahrbuch für Landesgeschichte 72, 2000); *Ernst Friedrich Wilhelm Philipp von Rüchel, 1754–1823* (in: Aufklärung 12/1, 2000); *Mars mit Zopf? Rüchel (1754–1823). Krieg im Lichte der Vernunft* (Münster u. a. 2005).

Thomas Lau ist Privatdozent am Lehrstuhl für Allgemeine und Schweizer Geschichte der Neuzeit in Fribourg. – Veröffentlichung u. a.: *Bürgerunruhen und Bürgerprozesse in den Reichsstädten Mühlhausen und Schwäbisch Hall in der frühen Neuzeit* (Bern u. a. 1999).

Jörg Lesczenski ist wiss. Mitarbeiter am Lehrstuhl für Wirtschafts- und Sozialgeschichte an der Universität Frankfurt a. M.. – Veröffentlichungen u. a.: *«Ich werde mir Mühe geben [...] den entzückten, liebenden Ehemann zu markieren [...].» Moritz von Metzler und August Thyssen* (mit B. Wörner, in: Die deutsche Wirtschaftselite im 20. Jahrhundert, hg. von V. Berghahn u. a., Essen 2003); *Die «nächst den Kirchenführern [...] am wenigsten flexible Elitegruppe»? Soziale Rekrutierung und Lebensführung der deutschen Wirtschaftselite zwischen Kaiserreich und Bundesrepublik* (in: Geschichte in Wissenschaft und Unterricht 56, 2005); *August Thyssen 1842–1926. Lebenswelt eines Wirtschaftsbürgers.* Essen 2008.

Werner Plumpe ist Professor für Sozial- und Wirtschaftsgeschichte an der Universität Frankfurt am Main. – Veröffentlichungen u. a.: *Vom Plan zum Markt. Wirtschaftsverwaltung und Unternehmerverbände in der britischen Zone* (Düsseldorf 1987); *Betriebliche Mitbestimmung in der Weimarer Republik. Fallstudien zum Ruhrbergbau und zur chemischen Industrie* (München 1999); *Unternehmensgeschichte im 19. und 20. Jahrhundert* (vorauss. München 2010).

Stefan Rebenich ist Professor für Alte Geschichte an der Universität Bielefeld. – Veröffentlichungen u. a.: *Hieronymus und sein Kreis. Prosopographische und sozialgeschichtliche Untersuchungen* (Stuttgart 1992); *Theodor Mommsen und Adolf Harnack. Wissenschaft und Politik im Berlin des ausgehenden 19. Jahrhunderts. Mit einem Anhang: Edition und Kommentierung des Briefwechsels* (Berlin/New York, 1997); *Theodor Mommsen. Eine Biographie* (München 2002).

Volker Reinhardt ist Professor für Allgemeine und Schweizer Geschichte der Neuzeit an der Universität Fribourg – Veröffentlichungen u. a.: *Rom. Ein illustrierter Führer durch die Geschichte* (München 1999); *Geschichte Italiens. Von der Spätantike bis zur Gegenwart* (München 2003); *Francesco Guicciardini (1483–1540). Die Entdeckung des Widerspruchs* (Göttingen 2004).

Bernd Roeck ist Professor für Geschichte der Neueren und Neuesten Zeit an der Universität Zürich – Veröffentlichungen u. a.: *Lebenswelt und Kultur des Bürgertums in der frühen Neuzeit* (München 1991); *Außenseiter, Randgruppen, Minderheiten. Fremde im frühneuzeitlichen Deutschland* (Göttingen 1993); *Der junge Aby Warburg* (München 1996); *Florenz 1900. Die Suche nach Arkadien* (München ²2003); *Das historische Auge. Kunstwerke als Zeugen ihrer Zeit* (Göttingen 2004).

Eberhard Straub ist freier Journalist in Berlin – Veröffentlichungen u. a.: *Pax et Imperium. Spaniens Kampf um seine Friedensordnung in Europa zwischen 1617 und 1635* (Paderborn 1980); *Die Wittelsbacher* (Berlin 1994); *Eine kleine Geschichte Preussens* (Berlin 2001); *Albert Ballin. Der Reeder des Kaisers* (Berlin 2001); *Das spanische Jahrhundert* (München 2004).

Monika Wienfort ist Vertretungsprofessorin für neuere Geschichte an der Technischen Universität Berlin und Privatdozentin an der Universität Bielefeld. – Veröffentlichungen u. a.: *Monarchie in der bürgerlichen Gesellschaft. Deutschland und England von 1640 bis 1848* (Göttingen 1993); *Patrimonialgerichte in Preußen. Ländliche Gesellschaft und bürgerliches Recht 1770–1848/49* (Göttingen 2001); *Adel und Moderne. Deutschland im europäischen Vergleich im 19. und 20. Jahrhundert* (Hg. mit E. Conze, Köln 2004).

Barbara Wolbring ist Assistentin am Historischen Seminar der Universität Frankfurt a. M. – Veröffentlichungen u. a.: *Krupp und die Öffentlichkeit im 19. Jahrhundert. Selbstdarstellung, öffentliche Wahrnehmung und gesellschaftliche Kommunikation* (München 2000).

Stefan Bodo Würffel ist Professor für Neuere Deutsche Literatur an der Universität Fribourg – Veröffentlichungen u. a.: *Wirkungswille und Prophetie. Studien zu Werk und Wirkung Stefan Georges* (Bonn 1975); *Das deutsche Hörspiel* (Stuttgart 1979); *Der produktive Widerspruch. Heinrich Heines negative Dialektik* (Bern 1986); *Heinrich Heine* (München 1989); *Gott und Götze in der Literatur der Moderne, Hg.* (München 1999); *Totalität und Zerfall im Kunstwerk der Moderne, Hg.* (München 2005); *Fin de Siècle-Handbuch, Hg.* (Stuttgart 2005).

Personenregister

Abbe, Ernst 19
Abû Ma'schar 289
Adenauer, Konrad 7, 35, 37, 170, 306
Adorno, Theodor 116
Aign, Walter 262
Albert von Sachsen-Coburg, britischer Prinzgemahl 62, 66
Albrecht II., Herzog von Mecklenburg 120
Albrecht V. von Wittelsbach, Herzog von Bayern 345
Albrecht von Wittelsbach, Herzog von Bayern 354
Albrici, Allegria 184
Alvensleben, Gustav von 125
Amalie von England-Hannover 48
Andersen, Hans Christian 102
Appia, Adolphe 264
Arendt, Hannah 176
Arnulf, Herzog von Bayern 334 f.
Auden, Wystan H. 111
Augusta, deutsche Kaiserin; geb. Prinzessin von Sachsen-Weimar 58, 60 f., 64, 125
Auguste Victoria von Schleswig-Holstein-Sonderburg-Augustenburg, deutsche Kaiserin 66

Baden, Max von 299
Baeck, Leo 301
Bahr, Egon 307
Ballin, Albert 291
Barschel, Uwe 26
Beck, Ludwig 323
Becker, Boris 7
Beethoven, Ludwig van 7, 250
Beidler, Dagny Ricarda 269
Beidler, Franz Wilhelm 252, 262 f., 265, 269, 271
Beissel, Ludwig 210
Beitz, Berthold 91

Benn, Gottfried 141
Berg, Fritz 171
Bernadotte, Folke 36
Berthold von Reichenau 45
Bethmann Hollweg, Theobald von 135 f., 314
Bevernest, Gregorius von 212
Bicheroux, Désiré 216, 219
Bicheroux, Franz (Jacques-François) 216
Binswanger, Ludwig 297
Birmingham, Stephen 294
Bismarck, Ann-Mari von 28, 36
Bismarck, August Friedrich von 31
Bismarck, Bernhard von 28
Bismarck, Carl-Eduard von 39
Bismarck, Claus 26 f.
Bismarck, Ferdinand von, Sohn von Otto II. von Bismarck 28
Bismarck, Ferdinand von, Vater von Otto von Bismarck 27 f.
Bismarck, Friedrich I. von 27
Bismarck, Friedrich-Wilhelm von 32
Bismarck, Georg von 27
Bismarck, Gottfried von 37
Bismarck, Gunilla von 29
Bismarck, Herbert von 25, 28, 32 f., 39, 41 f.
Bismarck, Jobst von 27
Bismarck, Johanna von, geb. Puttkammer 28, 30 f.
Bismarck, Klaus von 26, 32
Bismarck, Leopold von 32
Bismarck, Malwine von 28
Bismarck, Marguerite von, geb. Gräfin Hoyos in Schönhausen und Friedrichsruh 28, 32 f.
Bismarck, Marie von 28
Bismarck, Otto II. von 28, 30, 32, 37 f., 42
Bismarck, Otto von 12, 17, 25–32, 34, 37, 40–43, 60 f., 65, 124, 126, 129, 131, 136, 152, 164, 287, 352

Bismarck, Philipp 32
Bismarck, Rudolph 26
Bismarck, Sybille von, geb. Arnim in Varzin 28
Bismarck, Wilhelm (Bill) von 25, 28, 42
Blasius, Rainer 323
Bleichröder, Gerson von 40 f.
Blücher, Gebhard Leberecht von 124
Bohlen und Halbach, Eckbert von 93
Bohlen und Halbach, Friedrich von, Bruder von Eckbert von Bohlen und Halbach 93
Bohlen und Halbach, Friedrich von, Sohn von Alfried Krupp von Bohlen und Halbach 94
Bohlen und Halbach, Gustav von 85 f., 88, 90
Bohlen, Dieter 7
Bohr, Niels 324, 326
Boisot de Rouha, Louise 194
Böll, Heinrich 305
Bordogna, Bonus de 188
Bordogna di Tassis, Lorenzo I. 188
Borgese, Antonio 111
Braganza, Elisabeth von 207
Brandenburg, Ludwig von 343
Brandt, Willy 35
Brecht, Bertolt 141
Breker, Arno 246, 270
Brinckmann, Rudolf 301, 303
Broglie, Louis-Antoine de 107
Bruhns, Johann Heinrich 100
Büchner, Georg 249
Bülow, Blandine von 255, 258, 265
Bülow, Daniela von 256, 258, 265
Bülow, Eva von 257
Bülow, Hans von 255–257, 259, 262
Bulwer-Lyttons, Edward George 251
Burckhardt, Jacob 285, 287
Busche, Axel von dem 327
Byron, George Gordon 124

Calvin, Johannes 347
Canaris, Wilhelm 320
Carolus, Johann 192
Carstens, Karl 328
Castell-Rüdenhausen, Donata zu 72
Chagall, Marc 305
Chamberlain, Houston Stewart 265

Charlotte von Hohenzollern, russische Zarin 56, 60
Chernow, Ron 277, 293
Chiaramonte, Catharina de 189
Chiaromonte, Nicola 305
Chifletius, Julius 196
Clausewitz, Carl von 124
Cordes, Walter 237
Cossa, Francesco 289

D'Agoult, Marie 246, 255
Damant, Margaret 194
Dehio, Ludwig 166
Diana, Prinzessin von Wales 9
Dietrich, Marlene 107
Dinkelbach, Heinrich 236
Doernberg, Wilhelmine Caroline von 205
Dohms, Hedwig 103
Don Carlos, Kronprinz von Spanien 186
Dönhoff, Sophie von 51
Du Bois-Reymond, Emil 156
Dülfer, Kurt 172 f.
Duncan, Isadora 265
Dutschke, Rudi 306

Ebert, Friedrich 35
Edward VII. von Sachsen-Coburg-Gotha, König von Großbritannien und Irland 61
Ehrenberg, Richard 185
Einsiedel, Horst von 141
Einstein, Albert 7
Elisabeth von Braunschweig-Wolfenbüttel, Königin von Preußen 48, 51
Elisabeth von Wittelsbach, Königin von Preußen 58 f.
Elisabeth, Kaiserin von Österreich 352
Ellstätter, Moritz 285
Encke, Wilhelmine 51
Engelberg, Ernst 29, 35
Englerth, Friedrich 210
Erdmann, Karl Dietrich 175
Erhard, Ludwig 171
Ernst August von Braunschweig 67
Ernst, Max 305
Eugen, Prinz von Savoyen 15
Eugénie, Kaiserin von Frankreich 126
Eulenburg, Philipp von 133, 262

Personenregister

Ferdinand I. von Habsburg, Kaiser d. Hl. Römischen Reichs 182, 185, 190, 194
Ferdinand II. von Habsburg, Kaiser d. Hl. Römischen Reichs 195
Feuchtwanger, Lion 113
Fischer, Samuel 102
Fossoul, Noel 215 f.
Frank, Walter 164–166
Franz Ferdinand von Habsburg, Erzherzog von Österreich 87
Franz I. von Lothringen-Habsburg, Kaiser d. Hl. Römischen Reichs 201
Franz Joseph I., Kaiser von Österreich 136, 207
Franz von Wittelsbach, Herzog von Bayern 354
Freisler, Roland 144
Freud, Sigmund 297, 316, 318
Friederike Luise von Hessen-Darmstadt, Königin von Preußen 51
Friedrich (III.) der Schöne von Österreich, deutscher Mitkönig 341 f.
Friedrich I. Barbarossa, Kaiser d. Hl. Römischen Reichs 333
Friedrich I. von Brandenburg 46
Friedrich I. von Hohenzollern, König in Preußen 47–49
Friedrich II., Kaiser d. Hl. Römischen Reichs 338
Friedrich II. von Hohenzollern, König von Preußen 18, 32, 47–49, 66, 72, 125 f., 319, 348–350
Friedrich III. von Habsburg, Kaiser d. Hl. Römischen Reichs 182
Friedrich III. von Hohenzollern, Deutscher Kaiser 60–63, 65
Friedrich Wilhelm I. von Hohenzollern, Kurfürst von Brandenburg 47
Friedrich Wilhelm I. von Hohenzollern, König in Preußen 11, 47–50
Friedrich Wilhelm II. von Hohenzollern, König von Preußen 50 f.
Friedrich Wilhelm III. von Hohenzollern, König von Preußen 51, 54–57, 67
Friedrich Wilhelm IV. von Hohenzollern, König von Preußen 51–61, 125
Friedrich, Otto 146
Friz, Diana Maria 93

Fugger, Jacob 185
Fugger, Maria Johanna 192
Fürstenberg-Heiligenberg, Adelheid zu 197
Fürstenberg-Stühlingen, Maria Henrietta von 201
Furtwängler, Wilhelm 267

Gall, Lothar 35, 281
Gautier, Judith 254
Gautier, Théophile 254
George, Stefan 319
Gershwin, George 304
Geyer, Ludwig Heinrich Christian 249 f.
Gibbon, Edward 124
Giehse, Therese 111
Gilbert, Felix 177
Gneisenau, August Wilhelm Anton 124, 127
Goebbels, Josef 267
Goerdeler, Carl 69
Goethe, Johann Wolfgang von 7, 106, 108, 115, 124 f., 204
Goethe, Rudolf Konstantin 157
Gombrich, Ernst H. 303
Göring, Hermann 303
Grillo, Friedrich 220
Gründgens, Gustaf 110
Gumprich, Gerson 283
Gumprich, Marcus 283
Gumprich, Moses Marcus 283

Haffner, Sebastian 35
Hafiz Pascha 118
Hahn-Warburg, Lola 280
Halbach, Gustav 86
Hank, Manfred 32
Hardenberg, Karl August 54
Harrach, Auguste 56
Harriman, Edward H. 295
Haubach, Theo 144
Hebbel, Friedrich 249
Heckscher, Marcus Ruben 283
Heeringen, Josias von 134 f.
Heine, Heinrich 124, 251 f., 284
Heinrich I., Deutscher König 334
Heinse, Wilhelm 251
Heisenberg, Christine 111
Heisenberg, Werner 326

Helene Caroline von Wittelsbach, Herzogin in Bayern 205
Henkel, Walter 38 f.
Henot, Jacob 194
Henri IV. de Bourbon, König von Frankreich 114
Henzen, Wilhelm 153, 176
Heuss, Theodor 34 f.
Himmler, Heinrich 22, 173
Hinckart, Johann 194
Hindenburg und Beneckendorff, Paul von 33, 161, 163
Hitler, Adolf 34 f., 89 f., 104, 106, 141–143, 163 f., 176, 235, 266 f., 270, 278, 300 f., 305, 319 f., 322 f., 327, 329
Hoffmann, E. T. A. 250
Högner, Wilhelm 354
Hohenlohe-Langenburg-Schillingsfürst, Anna Augusta zu 198
Hohenzollern, Albert von 317
Hohenzollern, Albrecht von 47
Hohenzollern, August Wilhelm von 68
Hohenzollern, Burchard von 45
Hohenzollern, Carl von 53
Hohenzollern, Eitel Friedrich von 46
Hohenzollern, Friedrich (III.) von 45
Hohenzollern, Friedrich Leopold von 238
Hohenzollern, Friedrich Wilhelm, Sohn von Wilhelm I. von Hohenzollern 125
Hohenzollern, Friedrich Wilhelm von, Sohn von Louis Ferdinand von Hohenzollern 70
Hohenzollern, Georg Friedrich von 70
Hohenzollern, Karl Emil von 49
Hohenzollern, Konrad von 46
Hohenzollern, Louis Ferdinand jun. von 72
Hohenzollern, Louis Ferdinand von 69, 70
Hohenzollern, Ludwig von 52 f.
Hohenzollern, Luise von 60
Hohenzollern, Sophia von 46
Hohenzollern, Sophie von 47
Hohenzollern, Victoria Luise von 67
Hohenzollern, Wezil von 45
Hohenzollern, Wilhelm von, Sohn von Kronprinz Wilhelm von Preußen 70
Hohenzollern, Wilhelm von, Sohn von Wilhelm II. 67–69
Hohenzollern, Wilhelmine von 50

Holborn, Hajo 177
Holl, Elias 192
Hoorn, Anna Franziska Eugenia von 196
Hoover, Herbert C. 304
Hötzendorf, Conrad von 135
Humboldt, Wilhelm von 150
Humperdinck, Engelbert 263
Hussein, Saddam 146

Ingelheim, Anselm Franz von 198
Isabeau de Bavière, Königin von Frankreich 344

Jaeger, Werner 160
Jahn, Friedrich Ludwig 29
Jaspers, Karls 110
Johannes XXII., Papst 342
Joseph II. von Habsburg, Kaiser d. Hl. Römischen Reichs 18, 202

Kahn, Otto 295 f.
Kantorowicz, Ernst 177
Karl Albrecht von Wittelsbach, Kurfürst von Bayern 200, 349
Karl Alexander, Herzog von Württemberg 199
Karl der Große, fränkischer König, römischer Kaiser 335
Karl II. von Habsburg, König von Spanien 197
Karl IV. von Luxemburg, Kaiser d. Hl. Römischen Reichs 343, 348
Karl Theodor von Wittelsbach, Kurfürst von der Pfalz und Bayern 349 f.
Karl V. von Habsburg, Kaiser d. Hl. Römischen Reichs 180, 182, 184–186, 188, 191, 194
Karl VII. de Valois, König von Frankreich 344
Karl VII. von Wittelsbach, Kaiser d. Hl. Römischen Reichs 349
Kassel, Jacob Samuel von 281
Kassel, Jacob Simon von 281
Kassel, Juspa-Joseph von 282
Kassel, Simon von 281
Katte, Hans Hermann von 47
Kleist, Heinrich von 55
Klindworth, Henriette 265

Klindworth, Karl 265
Kohl, Helmut 145, 328
Kohl, Horst 32
Konrad IV., Römischer König 338
Kraus, Karl 141
Krupp von Bohlen und Halbach, Alfried 88–92
Krupp von Bohlen und Halbach, Anneliese von, geb. Bahr 89, 91
Krupp von Bohlen und Halbach, Arndt von 89, 91 f.
Krupp von Bohlen und Halbach, Bertha, Tochter von Friedrich Alfred Krupp 84 f., 88 f., 92 f., 222
Krupp von Bohlen und Halbach, Berthold 90, 93
Krupp von Bohlen und Halbach, Claus 90
Krupp von Bohlen und Halbach, Eckbert 90
Krupp von Bohlen und Halbach, Harald 90, 93 f.
Krupp von Bohlen und Halbach, Henriette, geb. Auersperg 93
Krupp von Bohlen und Halbach, Irmgard 90
Krupp von Bohlen und Halbach, Waldtraut 90
Krupp von Ende, Margarethe 81, 86 f.
Krupp, Alfr(i)ed 73–86, 91, 94
Krupp, Arndt 75
Krupp, Barbara 85, 87
Krupp, Bertha, geb. Eichhoff 79, 87
Krupp, Friedrich, Sohn von Friedrich Krupp, Bruder von Alfr(i)ed 76, 78
Krupp, Friedrich Alfred (Fritz) 80–85, 93
Krupp, Friedrich 75 f., 79, 94
Krupp, Helene Amalie, geb. Ascherfeld 75
Krupp, Hermann 76, 78
Krupp, Ida 76, 78
Krupp, Therese, geb. Wilhelmi 76, 78

Lafferentz, Bodo 269
Lalaing, Isabelle de 187
Lange, Helene 158
Lányi, Jenö 111
Lassot, Jessie 253
Laube, Heinrich 251
Lenbach, Franz von 41, 178

Leopold I. von Habsburg, Kaiser d. Hl. Römischen Reichs 197
Lippens, Elisabeth 29
Liszt, Blandine 255
Liszt, Daniel 255
Liszt, Franz 246, 252, 255 f., 259, 263, 268, 270, 273
Lobkowitz, Maria Ludovica 198
Loeb, Nina 294, 297
Loeb, Solomon 293
Lösch, Mechthild von 192
Lothringen, Charlotte von 200
Ludwig I. von Wittelsbach, König von Bayern 352
Ludwig II. von Wittelsbach, König von Bayern 263, 350, 352–354
Ludwig III. von Wittelsbach, König von Bayern 354
Ludwig im Barte, Herzog von Bayern 344
Ludwig IV. von Wittelsbach, Kaiser d. Hl. Römischen Reichs 341–343
Ludwig von Wittelsbach, Herzog von Bayern 337
Ludwig XIV. de Bourbon, König von Frankreich 348, 352
Ludwig, Carl 157
Ludwig, Emil 33
Ludwig, Otto 247
Lühe, Volrath von der 121
Luise von Mecklenburg-Strelitz, Königin von Preußen 51–56, 124
Luitpold von Wittelsbach, bayerischer Prinzregent 354
Luther, Martin, Unterstaatssekretär im Auswärtigen Amt 1941–1945 320
Luther, Martin 7, 18, 47, 149, 347
Luytvoldi, Dorothea 184

Mack, Gudrun 272
Mahmūt, Sultan 118
Maier, Mathilde 254
Mais, Anna 191
Mann, Carla 100
Mann, Elisabeth 97, 104, 111, 116
Mann, Erika 96 f., 104, 108–113, 116
Mann, Frido(lin) 98, 111, 115, 117
Mann, Golo (eigentlich Angelus Gottfried) 96 f., 110, 116 f.

Mann, Heinrich 96–98, 100 f., 104–107, 114 f., 263
Mann, Jindrich 115
Mann, Johann Siegmund 99
Mann, Julia, geb. da Silva Bruhns 100
Mann, Julia 100
Mann, Katia (eigentlich Katharina), geb. Pringsheim 97, 103 f., 107 f., 110, 113, 115, 117
Mann, Klaus 96 f., 109–111, 116
Mann, Leonie 115
Mann, Ludvik 115
Mann, Maria, geb. Kanova 115
Mann, Michael 98, 111, 117
Mann, Monika 94, 96, 111
Mann, Nelly, geb. Kröger 114
Mann, Thomas Johann Heinrich 99 f.
Mann, Thomas 13, 96–107, 109 f., 112–116, 245
Mann, Viktor 100 f.
Marcks, Erich 28
Marcotty, Heinrich Joseph 215
Margarethe Clementine von Habsburg, Erzherzogin 206
Maria Theresia von Habsburg, Erzherzogin von Österreich, Königin von Ungarn und Böhmen 200, 348
Marie Antoinette, Königin von Frankreich 352
Marr, Wilhelm 259, 286
Marsilius von Padua 342
Marwitz, Friedrich von der 124
Massenbach, Christian von 127
Maultasch, Magarethe 343
Max Emanuel von Wittelsbach, Kurfürst von Bayern 348
Max I. Joseph von Wittelsbach, König von Bayern 206, 350 f.
Max III. Joseph von Wittelsbach, Kurfürst von Bayern 349
Max von Wittelsbach, Herzog in Bayern 352
Maximilian I. von Habsburg, Kaiser d. Hl. Römischen Reichs 180, 182, 189, 191, 193
Maximilian I. von Wittelsbach, König von Bayern 58
Maximilian II. von Habsburg, Kaiser d. Hl. Römischen Reichs 185, 194

Mazowiecki, Tadeusz 145
McCarthy, Joseph 115, 177
McLuhan, Marshall 180
Mecklenburg-Schwerin, Cäcilie von 68
Mecklenburg-Strehlitz, Georg von 53
Mecklenburg-Strehlitz, Therese Mathilde von 203
Mecklenburg-Strelitz, Friederike von 52 f.
Mehring, Franz 305
Meinecke, Friedrich 162 f., 166
Meitner, Lise 324 f.
Melchior, Carl 299
Mencken, Wilhelmine Luise 27
Meyer, Agnes 113
Meyer, Friederike 254
Michaelis, Georg 314
Michel, Alfred 237
Moltiko, Fridericus 119
Moltke, Adolf von 130
Moltke, Asta von 139 f.
Moltke, Carl Bernhard von 139 f.
Moltke, Dorothy von, geb. Rose Innes 138–140
Moltke, Eliza von, geb. Moltke-Huitfeldt 132
Moltke, Freya von, geb. Deichmann 142, 144 f., 147
Moltke, Friedrich von 122 f.
Moltke, Gebhardt von 145 f.
Moltke, Gebhart von 121
Moltke, Helmuth James von 138–144, 147
Moltke, Helmuth von (auch d. Ä.) 119, 123–132, 134, 147
Moltke, Helmuth von, Sohn von Adolf von Moltke (auch d. J.) 131–137
Moltke, Helmuth von, Sohn von Wilhelm von Moltke 138 f., 141 f., 144 f.
Moltke, Hennecke 120
Moltke, Henriette von, geb. Paschen 123
Moltke, Joachim Wolfgang von 139 f.
Moltke, Johann 120
Moltke, Kuno von 133
Moltke, Margaretha von 120
Moltke, Mary von, geb. Burt 126
Moltke, Nicholas von 147
Moltke, Siegfried Kasimir von 121 f.
Moltke, Vicke 120
Moltke, Wilhelm Viggo von 139 f.

Moltke, Wilhelm 130, 138 f.
Mommsen, Adelheid 153, 158 f.
Mommsen, Anna, geb. Germershausen 172
Mommsen, Anna, Tochter von Theodor Mommsen 159
Mommsen, August 148–151, 157
Mommsen, Clara 161
Mommsen, Ernst, Sohn von Oswald Mommsen 158
Mommsen, Ernst, Sohn von Theodor Mommsen 155–157, 161, 167
Mommsen, Ernst Wolf 161 f., 167–171, 175, 179
Mommsen, Franziska, geb. de Boor 152 f.
Mommsen, Hans, Sohn von Theodor Mommsen 156 f., 172
Mommsen, Hans, Sohn von Wilhelm Mommsen 166, 170
Mommsen, Hildegard 159
Mommsen, Jens, Sohn von Jens Mommsen d. Ä. 147–149
Mommsen, Jens, Sohn von Tycho Mommsen 157, 161
Mommsen, Jens d. Ä. 147
Mommsen, Karl 155, 157 f., 161 f.
Mommsen, Käthe 159
Mommsen, Klara, geb. Weber 156
Mommsen, Konrad, Sohn von Ernst Mommsen 161, 175–178
Mommsen, Konrad, Sohn von Theodor 156
Mommsen, Lisbet 159
Mommsen, Luise 158 f.
Mommsen, Marie, geb. Reimer 152 f., 157 f.
Mommsen, Marie, geb. Wohlers 158
Mommsen, Marie, Tochter von Jens Mommsen 148
Mommsen, Minna, geb. Mehner 158
Mommsen, Oswald 157 f.
Mommsen, Theodor E. 169, 176–178
Mommsen, Theodor 19, 148–162, 175 f., 178 f.
Mommsen, Tycho 148–154, 157
Mommsen, Wilhelm 162–167
Mommsen, Wilhelmine, geb. Raab 157
Mommsen, Wolfgang, Sohn von Theodor Mommsen 155
Mommsen, Wolfgang Arthur 167, 172–176
Mommsen, Wolfgang Justin 166

Morgan, J. Piermont 295
Mottl, Felix 263
Mozart, Wolfgang Amadeus 124
Müffling, Karl Friedrich von 127
Müller, Adam von 8 f.
Müller, Carl Friedrich von 78
Müller, Heinz 168
Murray, Gilbert 178
Mussolini, Benito 21

Napoleon I. Bonaparte 75, 119, 350
Napoleon III. 126, 129
Naumann, Friedrich 162
Nero, römischer Kaiser 319
Neuhaus, Magdalena 187
Nietzsche, Friedrich 106, 162, 245
Nikolaus das Kind, Mündel von Johann Moltke 120
Novalis (eigentlich Friedrich von Hardenberg) 55

Ockham, William von 342
Oettingen-Oettingen und Oettingen-Spielberg, Mathilde Sophie von 205
Ohle, Carl 142
Origo, Iris 304
Otto I., Kaiser d. Hl. Römischen Reichs 336
Otto IV., Kaiser d. Hl. Römischen Reichs 37
Otto von Freising 334
Otto von Wittelsbach 333, 337
Otto von Wittelsbach, König von Bayern 354

Papritz, Johannes 172
Patton, George S. 207
Pestalozzi, Johann Heinrich 29
Pflanze, Otto 35
Philipp I. der Schöne, König von Kastilien 180, 182 f.
Philipp II. von Habsburg, König von Spanien 185, 187, 194 f., 346
Philipp IV. von Habsburg, König von Spanien 195
Philipp von Schwaben, Römischer König 337
Planck, Max 276
Poensgen, Albert 212
Popitz, Johannes 69
Preetorius, Emil 267

Pringle, Carrie 254
Pringsheim, Alfred 103
Pringsheim, Julia, geb. Dohms 103

Radziwill, Elisa 57
Ranke, Leopold 309
Rantzau, Cuno Graf 25, 41
Rathenau, Walther 299
Rebmann, Georg Friedrich 14
Reichwein, Adolf 141
Reinhardt, Max 277, 279, 284
Reissinger, Gertrud 268
Reyher, Karl von 125 f.
Ribbentrop, Joachim von 319
Richter, Hans 257, 263
Ritter, Gerhard 28, 34, 163
Ritterin, Felizitas 193
Roosevelt, Eleanor 305
Roosevelt, Franklin D. 304
Rose Innes, James 139 f.
Rosenberg, Alfred 172
Rosenstock-Huessey, Eugen 141
Rothe, Anna 132
Rother, Thomas 237
Rothfels, Hans 34, 166
Rothschild, Meyer Karl von 40
Rotsmann, Georg Karl von 218
Rott, Konrad 194
Rudolf I. von Habsburg, Römischer König 338, 343
Rudolf II. von Habsburg, Kaiser d. Hl. Römischen Reichs 194
Rupprecht von Wittelsbach, Kronprinz von Bayern 354

Sachs, Hans 259
Sachsen-Weimar, Marie von 61
Salviati, Dorothea von 70
Sandri, Christophorus 181
Schacht, Hjalmar 301
Scharlach, Gustav 40
Scharnhorst, Gerhard Johann von 124, 127
Scheel, Walter 328
Scheler, Max 316
Schenk von Stauffenberg, Claus 144
Schieder, Theodor 166
Schiff, Jacob 293–296
Schiff, Mortimer 295 f.

Schiff, Paul 284
Schiller, Karl 331
Schlieker, Willy H. 168
Schlingensief, Christoph 273
Schmidt, Helmut 171
Schönaich-Carolath, Hermine von 67
Schönberg, Arnold 116
Schopenhauer, Arthur 106
Schramm, Percy Ernst 34
Schröder, Gerhard 328
Schulze, Hagen 261
Schumann, Robert 284
Scott, Walter 124
Segni, Antonio 8
Segni, Mario 8
Sigismund, Kaiser d. Hl. Römischen Reichs 46 f.
Silja, Anja 271
Silone, Ignazio 305
Silva, Maria da 100
Sixtus IV., Papst 181
Sohl, Günther 237
Sölling, Friedrich 78
Sophie Charlotte von Hannover, Königin in Preußen 49
Sophie Dorothea von Hannover, Königin in Preußen 48
Speer, Albert 168–171
Spieß, Ulla 178
Spinelli, Veniero 305
Springsfeld, Jacob 210
Staudinger, Susanna Jacobe 192
Stein, Heinrich Friedrich vom 54, 124
Steiner, Rudolf 132
Strasser, Gregor 142
Strauß, Franz Joseph 329
Stresemann, Gustav 299
Syberberg, Hans-Jürgen 270

Talleyrand, Charles Maurice de 320
Tassis de Cornello, Ser Alessandro de 181
Tassis de Cornello, Zentilius de 190
Tassis, Alegra de 187
Tassis, Antonio I. de 188
Tassis, Bartholomäus de, Vater von Caterina de Tassis 191
Tassis, Bartolomeo de, Sohn von Janeto de Tassis 191

Personenregister

Tassis, Caterina de 191
Tassis, Charles de 187
Tassis, David de 188
Tassis, Elisabeth de 188
Tassis, Ferdinando de 188
Tassis, Janetto/Johanet de 182
Tassis, Jean Baptiste de 186
Tassis, Juan de 186
Tassis, Maffeo de 186
Tassis, Mariana de 186
Tassis, Maximilien de 187
Tassis, Mutius de 181
Tassis, Octavio de 188
Tassis, Pompeo de 188
Tassis, Raimondo de 186
Tassis, Roger/Ruggiero de, Bruder von Franz von Taxis 184
Tassis, Rogerius/Ruggiero, Sohn von David de Tassis 188
Tassis, Ruggiero de, Sohn von Simon I. von Taxis
Tassis, Seraphin II. de 191 f., 194 f.
Tassis, Simon I. de 187 f.
Tassis, Zanetto de 193
Tassis/von Taxis, Simon de, Sohn von Antonio de Tassis 188, 192
Tassis-Villamediana, Juan II. de 186
Tasso, Torquato 181
Taxis, (Johann) Anton von 193
Taxis, Alexandrine von, geb. de Rye 195 f.
Taxis, Ambrosi von 193
Taxis, Anton von 189
Taxis, Augustinus von 184
Taxis, Benvenuta von 190
Taxis, Christoph von 193
Taxis, David von, Sohn von Seraphin I. de Tassis 193
Taxis, David von 190
Taxis, Ferdinand von 189 f.
Taxis, Franz II. von 194
Taxis, Franz von 180–182, 184, 186 f., 189, 191, 193
Taxis, Gabriele I. von 189
Taxis, Genoveva von 192, 195
Taxis, Giovanni Battista von 182, 184–188, 190–194
Taxis, Graziosa von 189
Taxis, Innozenz von 190

Taxis, Isabella von 192
Taxis, Janeto von 191
Taxis, Johann Anton von 186
Taxis, Johann von 193
Taxis, Juliana von 189
Taxis, Katharina von 193
Taxis, Lamoral I. von 192, 194 f.
Taxis, Leonard I. von 185, 193–195
Taxis, Leonhard II. von 195
Taxis, Lienhard von 187
Taxis, Martin von 189
Taxis, Mathias von 189 f.
Taxis, Octavio von 192
Taxis, Regina von 193
Taxis, Seraphin I. von 191, 193
Taxis, Simon von, Sohn von Franz von Taxis 184
Taxis-Bordogna-Valnigra, Johann Franz von 188
Tazzo di vicina St. Johannis Albi, Homodeus de 180
Thode, Heinrich 265
Thompson, Dorothy 141 f.
Thurn und Taxis, Albert II. von 207
Thurn und Taxis, Albert Maria (Albert I.) von 206
Thurn und Taxis, Alexander Ferdinand 200 f.
Thurn und Taxis, Anselm Franz von 182, 198, 200
Thurn und Taxis, Carl Anselm von 199, 201 f.
Thurn und Taxis, Carlo II. von 188
Thurn und Taxis, Clothilde von 207
Thurn und Taxis, Elisabeth von 207
Thurn und Taxis, Eugen Alexander von 197 f.
Thurn und Taxis, Franz Joseph von 207
Thurn und Taxis, Gabriel von 207
Thurn und Taxis, Johannes Baptista von 207
Thurn und Taxis, Karl Alexander von 203 f.
Thurn und Taxis, Karl August von 207
Thurn und Taxis, Lamoral II. Claudius von 196
Thurn und Taxis, Mafalda von 207
Thurn und Taxis, Maria Anna Augusta von 199
Thurn und Taxis, Mariae Gloria von, geb. von Schönburg-Glauchau 207

Thurn und Taxis, Maria Theresia von 207
Thurn und Taxis, Max Emanuel von (Pater Emmeram) 206
Thurn und Taxis, Maximilian Anton von 205
Thurn und Taxis, Maximilian Karl von 204 f.
Thurn und Taxis, Maximilian Maria von 206
Thurn und Taxis, Sebastian Franz von 192
Thurn und Taxis, Sophie Christine von, geb. von Brandenburg-Bayreuth 200
Thurn und Taxis, Therese von 54
Thurn-Valsassina und Taxis, Josef Sebastian von 189
Thyssen, Amélie 229, 235 f.
Thyssen, August Junior, Sohn von August Thyssen 218, 224, 227 f., 234
Thyssen, August 209–226, 228 f., 231–235, 237–242
Thyssen, Balbina 213, 216, 219
Thyssen, Christine, geb. Nellessen 210
Thyssen, Friedrich 209–211, 213, 217, 219
Thyssen, Fritz 218, 224, 226–235, 239 f.
Thyssen, Hedwig, geb. Pelzer 217 f.
Thyssen, Joseph 219, 221, 241
Thyssen, Katharina 209, 211, 213, 219
Thyssen, Margit 229
Thyssen, Nikolaus 210
Thyssen-Bornemisza, Georg-Heinrich 239
Thyssen-Bornemisza, Hans-Heinrich 239
Thyssen-Bornemisza, Heinrich 218, 224, 226 f., 229 f., 231, 234, 237–241
Thyssen-Bornemisza, Stephan 234, 238, 241
Tietjen, Heinz 267
Tirpitz, Alfred von 135
Todt, Fritz 168
Torre e Tassis, Michele II. delle 188
Torre Tassis, Carlo Ferdinando delle 188
Toscanini, Arturo 266, 268
Treitschke, Heinrich von 286
Trotha, Carl Dietrich von 141
Trott zu Solz, Adam von 305 f.
Trott zu Solz, Werner von 305

Velez de Guevara y Onate, Inigo 186
Velez de Guevara y Onate, Pedro 186
Verdi, Giuseppe 249
Verlaine, Paul 352

Vico, Giambattista 22
Victoria I. von England-Hannover, Königin von Großbritannien und Irland 61, 64 f., 71, 125 f.
Victoria von England-Hannover, deutsche Kaiserin 60–65, 71
Vitelleschi, Sulpizia 188
Volkov, Shulamit 286
Voss, Julia von 51

Wachtendonck zu Hemissem, Christina von 185
Wagner, Amélie 269
Wagner, Cosima, geb. von Bülow 244, 252 f., 255–263, 265, 269 f.
Wagner, Daphne 269
Wagner, Ellen, geb. Drexel 269, 272
Wagner, Eva 258, 265, 269, 272
Wagner, Franz Wilhelm 262
Wagner, Friedelind 253, 265, 268–271, 273
Wagner, Fritz 165
Wagner, Gertrud 260, 271
Wagner, Gottfried 269, 272
Wagner, Gottlob Friedrich 249
Wagner, Iris 269
Wagner, Isolde 252, 257, 262, 265, 271
Wagner, Johanna Rosine 249
Wagner, Johanna 249
Wagner, Karl Friedrich Wilhelm 249
Wagner, Katharina 273
Wagner, Klara 249
Wagner, Luise 249
Wagner, Manfred 269
Wagner, Minna, geb. Planer 252–254, 271
Wagner, Nike 269, 272 f.
Wagner, Richard 124, 244–252, 255–257, 259–263, 265, 268, 270–273, 352
Wagner, Rosalie 249
Wagner, Siegfried 252 f., 257 f., 260, 263–267, 269 f.
Wagner, Verena, Tochter von Siegfried Wagner 265, 269, 271
Wagner, Verena, Tochter von Verena Wagner 269
Wagner, Wieland, Sohn von Siegfried Wagner 244 f., 260, 262, 265, 267–273
Wagner, Wieland, Sohn von Verena Wagner 269

Wagner, Winifred, geb. Williams 104, 260, 265–271
Wagner, Winifred, Tochter von Verena Wagner 269
Wagner, Wolf Siegfried 269, 273
Wagner, Wolfgang 245, 265, 268–273
Walcher, Barbara 186
Wallenstein, Albrecht Wenzel von 121
Walter, Bruno 111
Warburg, Abraham Samuel 283
Warburg, Aby M. 19, 275 f., 278 f., 284, 286–290, 297 f., 302
Warburg, Aby S. 284
Warburg, Alice 301
Warburg, Anna Beata 301
Warburg, Betty 302
Warburg, Charlotte, geb. Oppenheim 284, 291, 297
Warburg, Erich 300, 303
Warburg, Felix 276–280, 284, 287, 294, 296, 300
Warburg, Frederic 280, 304
Warburg, Frederick, Sohn von Felix Warburg 297, 304
Warburg, Frieda, geb. Schiff 294
Warburg, Fritz 276 f., 284, 293, 301 f., 304
Warburg, Gerald 294
Warburg, Gerta 302
Warburg, Gisela 280, 301
Warburg, James 296, 300, 304
Warburg, Kay 304
Warburg, Lucie 302
Warburg, Mary, geb. Hertz 286
Warburg, Max 276 f., 279 f., 287, 290–292, 298–303
Warburg, Moritz M. 284, 286–288, 291 f., 294
Warburg, Otto 304
Warburg, Paul 275–277, 279, 284, 294–297, 299 f.
Warburg, Rosa 284
Warburg, Samuel Moses 283
Warburg, Sara 283 f.
Warburg, Siegmund George 302 f.
Warburg, Siegmund 283, 304
Warburg, Théophilie, geb. Rosenberg 284
Warburg-Spinelli, Ingrid 279 f., 293, 304–306

Wasa, Gustav 120
Weber, Alfred 156
Weber, Carl Maria von 250
Weber, Max, Bruder von Klara Mommsen 156
Weber, Max 37
Weigel, Helene 141
Weizmann, Chaim 280, 287
Weizsäcker, Adelheid von 311 f.
Weizsäcker, Carl Christian von 331 f.
Weizsäcker, Carl Friedrich von 311 f., 317, 322, 324–327, 330
Weizsäcker, Carl Heinrich 310
Weizsäcker, Christian Ludwig Friedrich 309
Weizsäcker, Ernst Ulrich von 331 f.
Weizsäcker, Ernst von 311, 317–324
Weizsäcker, Heinrich von 312
Weizsäcker, Julius Ludwig 309, 313
Weizsäcker, Karl Hugo 313 f.
Weizsäcker, Marianne von, geb. Grävenitz 312
Weizsäcker, Richard von 23, 145, 307 f., 311 f., 322, 327–330
Weizsäcker, Viktor von 315–318
Wellington, Arthur W. 119
Wells, H. G. 304
Wergivosse, Mathias 210
Wesendonck, Mathilde 253
Wesendonck, Otto 253
Wilamowitz-Moellendorff, Ivo von 162
Wilamowitz-Moellendorff, Marie, geb. Mommsen 158, 160,
Wilamowitz-Moellendorff, Ulrich von 158, 160–162
Wilhelm I. von Hohenzollern, Deutscher Kaiser 23, 51, 56–61, 63, 65 f., 125, 128, 130, 132
Wilhelm II. von Hohenzollern, Deutscher Kaiser 23, 25, 30, 33, 61 f., 65–69, 71, 84 f., 88, 131–133, 136 f., 263, 298
Wilhelm IV. von Wittelsbach, Herzog von Bayern 345
Wilhelm V. von Oranien, Erbstatthalter der Niederlande 50
Wilson, Woodrow 295
Windelband, Wilhelm 28
Wirtz, Paul 301
Wittelsbach, Adalbert von 354

Wolzogen, Hans von 264

Yorck von Wartenburg, Peter 141, 143 f.

Zapata, Cristina de 187
Zichy-Thyssen, Anita 235 f.
Zichy-Thyssen, Claudio 237
Zichy-Thyssen, Frederico 237
Zipfel, Ernst 173
Zuckmayer, Carl 141
Zweibrücken-Birkenfeld-Gelnhausen, Wilhelm von 206